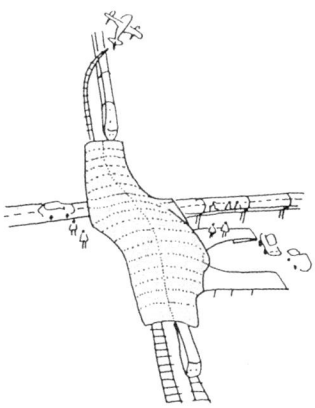

Pavillon des Verkehrs im 21. Jahrhundert

Meinhard von Gerkan

Architektur für den Verkehr
Architecture for transportation

von Gerkan, Marg und Partner

Birkhäuser Verlag
Basel · Boston · Berlin

Impressum
Imprint

Deutsche Bibliothek Cataloging-in-Publication Data

Von Gerkan, Marg und Partner <Hamburg>:
Architektur für den Verkehr // Von Gerkan, Marg und Partner / Meinhard von Gerkan = Architecture for transportation // Von Gerkan, Marg und Partner / [Autor: Meinhard von Gerkan. Übers. aus dem Dt. ins Engl.: David Brayshaw ...]. – Basel ; Boston ; Berlin : Birkhäuser, 1997

ISBN 3-7643-5611-1 (Basel ...)
ISBN 0-8176-5611-1 (Boston)

NE: Architektur für den Verkehr; Architecture for transportation; Gerkan, Meinhard von

Library of Congress Cataloging-in-Publication Data
A CIP catalogue record for this book is available from the Library of Congress, Washington D.C., USA.

Dieses Werk ist urheberrechtlich geschützt. Die dadurch begründeten Rechte, insbesondere die der Übersetzung, des Nachdruck, des Vortrages, der Entnahme von Abbildungen und Tabellen, der Funksendung, der Mikroverfilmung oder der Vervielfältigung auf anderen Wegen und der Speicherung in Datenverarbeitungsanlagen, bleiben, auch bei nur auszugsweiser Verarbeitung, vorbehalten. Eine Vervielfältigung dieses Werkes oder von Teilen dieses Werkes ist auch im Einzelfall nur in Grenzen der jeweiligen Bestimmungen des Urheberrechtsgesetzes in der jeweils geltenden Fassung zulässig. Sie ist grundsätzlich vergütungspflichtig. Zuwiderhandlungen unterliegen den Strafbestimmungen des Urheberrechts.

This work is subject to copyright. All rights are reserved, whether the whole or part of the material is concerned, specifically the rights of translation, reprinting, re-use of illustrations, recitation, broadcasting, reproduction on microfilms or in other ways, and storage in data banks. For any kind of use permission of the copyright owner must be obtained

© 1997 Meinhard von Gerkan
Birkhäuser – Verlag für Architektur,
Postfach 133, CH-4010 Basel, Schweiz.

Herausgegeben von / **Edited by:**
Meinhard von Gerkan
Übersetzung / **Translation:**
David Brayshaw, Ursula Perry, Stephen Perry, Annette Wiethüchter
Redaktion / **Copy editing:**
Jan Esche
Dokumentation / **Documentation:**
Bernd Pastuschka, Bettina Ahrens
Buchgestaltung, Umschlaggestaltung und Satz /
Layout, cover layout and Set:
vertikal! Werbeagentur, Kiel
Oliver Boy, Daniela Menge
Reproduktion / **Reproduction:**
Brandner GmbH, Kiel
Druck / **Print:**
Quickborner Offsetdruck, Norderstedt
Bindung / **Binding:**
Lange Lüddecke GmbH, Braunschweig

Gedruckt auf säurefreiem Papier, hergestellt aus chlorfrei gebleichtem Zellstoff (TCF ∞)
Printed on acid-free paper, produced of chlorine-free pulp (TCF ∞)

Printed in Germany
ISBN 3-7643-5611-1
ISBN 0-8176-5611-1

9 8 7 6 5 4 3 2 1

Inhalt
Contents

8	Meinhard von Gerkan – Verkehrsbauten als Gestaltungsaufgabe
	Meinhard von Gerkan – The design of transportation structures
16	John Zukowsky – Mehr als nur Abfahren und Ankommen: Die Verkehrsbauten von gmp
	John Zukowsky – Beyond simply departure and arrival: the transportation works of gmp
28	Meinhard von Gerkan – Architektur für den Flugverkehr
	Meinhard von Gerkan – Architecture for air transportation
30	Flughafen Langenhagen, Hannover, 1964
	Langenhagen Airport, Hanover, 1964
32	Flughafen Kaltenkirchen, Hamburg, 1968
	Kaltenkirchen Airport, Hamburg, 1968
34	Flughafen Tegel, Berlin, 1965/1975
	Tegel Airport, Berlin, 1965/1975
48	Flughafen München, 1975
	Munich Airport, 1975
52	Flughafen Moskau, 1976
	Moscow Airport, 1976
54	Flughafen Dar El Beida, Algier, 1976
	Dar El Beida Airport, Algier, 1976
58	Flughafen Pjöngjang, 1985/1986
	Pyongyang Airport, 1985/1986
66	Flughafen Paderborn, 1989
	Paderborn Airport, 1989
68	Flughafen Köln-Wahn, 1989
	Cologne-Wahn Airport, 1989
70	Flughafen Stuttgart, 1980/1990/1993
	Stuttgart Airport, 1980/1990/1993
86	Airport-Center, Flughafen Stuttgart, 1990
	Airport-center, Stuttgart Airport, 1990
88	Flughafen Fuhlsbüttel, Hamburg, 1986/1993
	Fuhlsbüttel Airport, Hamburg, 1986/1993
106	Airport-Center, Flughafen Fuhlsbüttel, Hamburg, 1990
	Airport Center Fuhlsbüttel Airport, Hamburg, 1990
108	Jumbohalle der Deutschen Lufthansa, Hamburg, 1986/1992
	Jumbo hall Lufthansa, Hamburg, 1986/1992
116	Werkstätten der Deutschen Lufthansa, Hamburg 1986
	Lufthansa Workshops, Hamburg, 1986
120	Airport-City Schönefeld, Berlin, 1994
	Airport City Schönefeld, Berlin, 1994
122	Flughafen Zürich, 1994
	Zurich Airport, 1994
128	Meinhard von Gerkan – Architektur für den Schienenverkehr
	Meinhard v. Gerkan – Architecture for rail transportation
130	Bahnhof 2000, 1994
	Station 2000, 1994 – Station 2000, 1994
136	Lehrter Bahnhof, Berlin, 1993
	Lehrter Station, Berlin, 1993
146	Lehrter Bahnhof, Berlin, Variante 0.3, 1993
	Lehrter Station, Berlin, model 0.3, 1993
148	Bahnhof Spandau, Berlin, 1993
	Spandau railway station, Berlin, 1993
154	Messebahnhof EXPO 2000, Hannover, 1995
	Trade fair station EXPO 2000, Hanover, 1995

162	Hauptbahnhof Potsdam, 1995	
	Potsdam main station, 1995	
164	Hauptbahnhof Dresden, 1996	
	Dresden main station, 1996	
166	Hauptbahnhof Erfurt, 1995	
	Erfurt main station, 1995	
168	Bahnhof Helsinki, 1994	
	Helsinki station , 1994	
172	Hauptbahnhof "Stuttgart 21", 1994	
	"Stuttgart 21" main station, 1994	
180	Städtebauliche Planung "Stuttgart 21", 1993	
	Urban design project "Stuttgart 21", 1993	
186	Hauptbahnhof "Frankfurt 21", 1996	
	"Frankfurt 21" main station, 1996	
190	Städtebauliche Planung "Frankfurt 21", 1996	
	Urban design project "Frankfurt 21", 1996	
194	Hauptbahnhof "München 21", 1995	
	"Munich 21" main station, 1995	
200	Städtebauliche Planung "München 21", 1995	
	Urban design project "Munich 21", 1995	
204	Hauptbahnhof Duisburg, 1990	
	Duisburg main station, 1990	
206	Bahnhof Blankenese, Hamburg, 1993	
	Blankenese station, Hamburg, 1993	
208	Bahnhof Wilhelmshaven, 1991	
	Wilhelmshaven station, 1991	
212	Schallschutzbebauung Burgerfeld-Markt Schwaben, 1992	
	Noise barrier in Burgerfeld-Markt Schwaben, 1992	
214	S-Bahnhof Flughafen, Stuttgart, 1992	
	S-Bahn station Stuttgart Airport, 1992	
216	Stadtbahnhaltestelle, Bielefeld, 1980/1990	
	Tram station, Bielefeld, 1980/1990	
222	Bahn 2000, Innenraumgestaltung der Reisewagen, 1995	
	Bahn 2000, Interior design of carriages, 1995	

228	Meinhard von Gerkan – Architektur für den Straßenverkehr
	Meinhard von Gerkan – Architecture for road transportation
230	Parkhaus Poststraße, Hamburg, 1978/1983
	Multi-storey car park, Poststraße, Hamburg, 1978/1983
232	Hillmann-Garage, Bremen, 1983/1984
	Hillmann car park, Bremen, 1983/1984
236	Parkhaus Oberpostdirektion Braunschweig, 1984/1986
	Multi-storey car park, Regional Postal Directorate, Brunswick, 1984/1986
240	Parkhaus Stadthalle Bielefeld, 1980/1990
	Multi-storey car park, Stadthalle Bielefeld, 1980/1990
244	Parkhaus Saargalerie, Saarbrücken, 1988/1991
	Multi-storey car park, Saargalerie, Saarbrücken, 1988/1991
246	Parkhaus, Flughafen Fuhlsbüttel, Hamburg, 1989/1990
	Multi-storey car park, Hamburg Airport, 1989/1990
254	Fußgängerbrücke, Kiel, 1994
	Pedestrian bridge, Kiel, 1994
258	Doppelbrücke Fürst Pückler Park, Bad Muskau, 1996
	Two-part bridge in Prince Pückler Park, Bad Muskau, 1996
260	Tiergartentunnel, Berlin, 1994
	Tiergarten tunnel, Berlin, 1994
262	Anhang
	Appendix

Meinhard von Gerkan

Verkehrsbauten als Gestaltungsaufgabe
The Design of Transportation Structures

Unser Verhältnis zum Verkehr ist widersprüchlich. Wir ärgern uns über Verkehrsstauungen und plädieren gleichzeitig für die Verhinderung von Straßenbauten. Uns überkommt die Wut angesichts des Blechs, das unsere Fußwege und Plätze unbenutzbar macht, aber wir zwängen unser eigenes Auto zwischen die nächste Baumreihe.

Das Bewußtsein ist zwischen Theorie und Praxis gespalten. Die Moral ist bei denen, die kein Auto haben oder es sich leisten können, nicht Auto zu fahren. Eine Lösung des Konfliktes ist nicht in Sicht. Politik und Stadtplanung scheinen konzeptionslos. War es noch vor wenigen Jahren oberste Zielsetzung jeder Stadtplanung, in der City möglichst viele Einstellplätze zu schaffen und bei jedem Neubau eine große Zahl von Garagenplätzen zu fordern, so hat sich die heutige Zielsetzung ins Gegenteil verkehrt. Durch den absichtlichen Mangel an Parkmöglichkeiten soll der Individualverkehr aus den Innenstädten ferngehalten werden. Dadurch werden jedoch unsere Städte, die auf dem Irrweg zu dem Ideal einer „autogerechten" Stadt durch Verkehrsbauten bereits zerstört wurden, nicht automatisch wieder „menschengerecht". Durch diesen Wandel stadtplanerischer Zielsetzung ist jedoch die Verkehrsplanung von der rein technologischen in eine politische und weltanschauliche Dimension getragen worden. Damit steht im Mittelpunkt der Problemstellung nicht mehr das „Machbare", sondern das „Gewollte". Das eingleisige Primat der Straßenplanung mit finanzieller Präferenz und zeitlichem Vorlauf scheint einer ganzheitlicheren Betrachtung gewichen zu sein. Damit wird das Tätigkeitsfeld des Architekten auf den Plan gerufen. Wir Architekten sollten uns dieser zentralen Aufgabe nicht nur abwartend stellen, sondern die Pflicht und das Recht unserer Berufsrolle in der Gesellschaft mit Nachdruck anmelden, um an dem Prozeß einer neuen städtebaulichen Zielfindung und ihrer Umsetzung entscheidend mitzuwirken.

Betrachtet man „Verkehr" als ein organisiertes Verhalten des Menschen, durch das er seine Umwelt räumlich und zeitlich beherrscht, so gibt es neben der primären Antriebskraft, Distanz zu überwinden und damit den Raum zeitlich auszuschalten, „Verkehr" auch als Selbstzweck, Bewegung als Lebensäußerung an sich. Beim Spazierengehen, Tanzen, Skilaufen und Segeln ist diese offenkundig. Bei der „Fahrt ins Grüne" ist das Ziel oft nur Vorwand und die Autofahrt selbst das Hauptmotiv.

Verkehr, ob als Mittel zum Zweck oder als Selbstzweck, stellt jedenfalls eine elementare menschliche Lebensäußerung dar und prägt damit die Struktur einer Stadt als einem Netzwerk aus Kommunikationskanälen, durch die sich Menschen bewegen und Information und Güter fließen.

Our relationship to transportation in all its many forms is full of contradictions. We get annoyed over traffic jams, pleading at the same time for a reduction in road works, we rage over the metallic boxes that turn our footpaths und squares into no-go areas, yet at the same time squeezing our own car in-between the next row of tree's.

Appreciation of the problem is drawn between our intentions and what we do in practice. The moral high ground is held by those who either have no car or those who cannot afford one. A solution to the conflict does not appear to be in sight. Whereas up to a few years ago it was the aim of the town planner to create as many parking spaces as could possibly be fitted into new building projects within the city, exactly the opposite aims are now being pursued. Now through the intentional restriction of parking area within the city the motorcar will be banned. This however will not make our cities automatically 'humanised' again – the car orientated city structure has already been destroyed by previous transportation projects. During this evolution in design aims transportation planning has been carried from a pure technological emphasis in the past into a new political and ideological dimension. The issue now is not what is possible but rather what is wanted. The one-track supremacy of city planning with its financial predelections und preference for the exigencies of time have now given way to a global more all-round viewpoint and through this the influence and planning ability of the architect is called upon. We as architects should not play a waiting game with this central issue, we need to rigorously promote the right and obligation of our professional role in society to decisively participate in these new city planning process's and their future realisation.

One could perceive transportation as an organising human behavioural phenomena. The human being attempts to control his environment with respect to spacial quality and time – the primary driving forces in our development are conquering distance and reducing the time factor. Transport and movement can also be a self-serving device.

Whether it's by walking, dancing, skiing or sailing on a trip into the country it becomes obvious the declared motive is often a pretext for the real aim, which might be the drive itself.

Movement whether as means to an end or as an aim in itself stamps a quintessential structure onto the form of our cities. Communication channels offer ways through which people are moved and information and goods flow.

Meinhard von Gerkan

Technisierung, gestiegener Lebensstandard, Arbeitsteiligkeit, Wirtschaftsstruktur und andere Faktoren haben bewirkt, daß sich die Verkehrsmenge rapide vermehrt hat. Die Kilometerleistung pro Kopf und Jahr hat sich in weniger als 100 Jahren auf das 10fache erhöht bei zusätzlichem Wachstum der Bevölkerungszahl. Bereits heute wird vom Volkseinkommen in Deutschland für den Verkehr mehr ausgegeben als für das Wohnen. Mobilität ist für viele zum Lebensinhalt geworden. Nicht nur ein höherer Grad beruflicher Komplexität, gesellschaftlicher und politischer Verantwortung bei Politikern, Managern, Kaufleuten und Technikern bewirkt eine stärkere und häufigere Ortsveränderung, auch für Millionen anderer Menschen hat die Industrialisierung das Nomadentum zur lebenserhaltenden Notwendigkeit gemacht.

Die in den USA verkauften Hemden, deren Baumwolle in Ägypten geerntet, in Italien gewoben und in Hongkong genäht wurden, sind fast ein normales Beispiel für die Mobilität unserer Wirtschaft.

Wenn in Deutschland mittlerweile jeder 7. vom Auto lebt, so dürfte vermutlich jeder 3. vom Verkehr insgesamt leben, da Bahn, Schiff und Flugzeug ein etwa gleich großes volkswirtschaftliches Paket darstellen. Zur Zeit dreht sich diese Schraube immer weiter.

Nach der Kausalitätsgesetzmäßigkeit des Konsums erzeugt das Verkehrsangebot neuen Verkehrsbedarf. So bieten die Fluggesellschaften, die primär von Geschäftsreisen leben, ihre zeitweise freien Kapazitäten zu billigen Preisen feil und verführen damit zu einem Wochenendshopping in London.

Der Grad der Mobilität und damit die Menge und Dichte von Verkehr gelten sogar als direkter Indikator für Fortschritt, Zivilisation und Lebensstandard, obgleich alle um die verheerenden Auswirkungen dieser Mobilität wissen.

Die Verkehrstoten, der Verschleiß an Zeit und Geld und die Zerstörung unserer Umwelt durch Verkehrsbauwerke, Luftverschmutzung und Lärmbelästigung werden einhellig beklagt, kaum einer jedoch, weder im politischen noch im persönlichen Bereich, zieht Konsequenzen daraus. Erkenntnis und Handeln spalten unser Bewußtsein.

Zur Zeit befinden wir uns in der westlichen Welt in einer Phase, in der wir Vorzüge und Segnungen des Verkehrs fast zügellos ausnutzen, ohne die dadurch hervorgerufenen Probleme für die übrigen Bereiche unseres Lebens zu beherrschen.

Außer der Proklamation politischer Phrasen, die sich darin genügen, das Auto zu verteufeln, ist bis heute nichts Nennenswertes passiert, was eine Perspektive erkennen ließe, wie wir trotz hoher und weiter wachsender Mobilität unseren Lebensraum von den zerstörerischen Auswirkungen freihalten können. Viele Hoffnungen sind zwar darauf gerichtet, den Privatwagen durch ein

Technological developments, raised living standards, work opportunities and economic structures have all had a bearing on rapid increases in traffic loads. The kilometre rate per head pro year has increased tenfold over the last one hundred years. Today in Germany studies show that more personal expenditure is allocated to the family car than to the flat – mobility has become the very essence of life for many people. Not only the higher degree of professional complexity; social and political responsibilities, managers, sales people or technicians create a need for the rapid changing of place, millions of people are moved on through the effects of industrialisation have become nomadic as a necessary means of survival.

The shirt which was bought in the USA, whose cotton is harvested in Egypt, woven in Italy und sewn together in Hongkong is a very everyday example of the real mobility inherent in our present day economy.

At the present time every seventh person in Germany is dependant in some way upon the car, every third person is in some way connected into the wider transport systems of rail, shipping or air traffic this in total represents a similar dependancy as the car and the trend is continuing further in this direction. As in the law of supply and demand, ever increasing transportation demand is generating move traffic-supply. The air-lines who live primarily from business travel offer their surplus capacity at knockdown prices seducing people into weekend shopping trips to London.

The level of mobility and with it the volume and density of traffic can be used as a direct indicator of progress, civilisation and standard of living, although we are all aware of the disastrous implications caused through this mobility.

Road traffic victims, the wastage of time and money and the further destruction of our environment are regretted by all – yet very few in either political or secular life draw conclusions out of it. Perception and action divide our loyalties.

At present, we in the western hemisphere, unashamedly take advantage of the advances and merits of our transportation systems without a thought to the problems these same systems raise in other areas of our lives.

Apart from the occaisional political declaration, usually aimed at demonising the car, nothing appreciable has really happened to change the present situation – how can we inspite of the high and still growing levels of mobility attempt to protect our environment from its destructive effects?. Many hopes are placed on the eventual aim to replace the private

anderes Verkehrsmittel zu ersetzen, aber alle Bemühungen, die in dieser Richtung in der westlichen Welt angestellt wurden, sind nicht nur an ihrer Halbherzigkeit gescheitert.

Unter fortschrittlichen Stadtplanern und Architekten ist es fast ein Grundsatz, die Verbannung des Autos aus den Städten zu postulieren und planerisch mit neuen Systemen des öffentlichen Personennahverkehrs zu operieren. Tatsache ist jedoch, daß trotz zahlreicher Forschungen und Entwicklungen bis heute kein Verkehrsmittel bekannt ist, geschweige denn in Betrieb genommen wäre, das die Vorteile des Privatwagens nur halbwegs bieten könnte und auch bezahlbar wäre, selbst unter größten Anstrengungen der Gesellschaft. Die Überlegenheit des privaten Autos ist mit technologischen, planerischen oder fiskalischen Mitteln offensichtlich nicht zu überwinden.

Nachdem wir haben erkennen müssen, daß es nicht möglich ist, unsere Städte gleichzeitig „autogerecht" und „menschengerecht" zu gestalten, sollten wir einsehen, daß alle planerischen und technischen Alternativen ohne politische Unterstützung Wunschträume bleiben.

Um diesen Konflikt zu lösen, bedarf es jedoch mehr als der deklamatorischen Postulate von Stadtbauräten und der unverbindlichen Lippenbekenntnisse von Politikern. Voraussetzung wäre ein grundsätzlicher Austausch inhaltlicher Werte in unserem gesellschaftlichen Wertsystem, wenn nicht sogar eine weltanschauliche Neuorientierung. Die Chance hierfür ist jedoch äußerst gering.

Es ist zwar sehr progressiv, die politische Zwangslösung zu fordern, aber zugleich sehr unrealistisch, damit konkret zu rechnen.

Bei pragmatischer Einschätzung unseres eigenen Verhaltens und unserer politischen Struktur muß davon ausgegangen werden, daß das Privatauto trotz aller verheerenden Auswirkungen seinen hohen Rang in unserem Wertsystem behalten wird. Die totalitäre und kompromißlose Programmatik von Hanns Adrian, die „keine heile Welt mit dem Auto für möglich hält", wird uns eher die kaputte Welt bescheren als das Auto verdrängen. Jeder wird Adrian zustimmen, wenn er in seinem Beitrag „Das Auto in der Stadt" fordert, „daß unsere Städte, die nur noch Städte für autofahrende Männer sind, zurückerobert werden müssen, für die, die bei offenem Fenster schlafen wollen, die vor dem Hause spazierengehen wollen, für die Frauen, für die alten Leute und vor allem für Kinder". Es bleibt jedoch solange eine Leerformel, solange nicht gleichzeitig erkennbar wird, wie dieses Ziel erreicht werden soll. Sicher nicht mit einschmeichelnden Worten.

Was ist zu tun?
So fragt man sich als Architekt, der durch seine Arbeit mit dem Konflikt ständig konfrontiert wird und als fach-

car through another form of transportation. But all efforts the western world has invested in this direction have failed – usually through their half-heartedness. Amongst progressive town planners and architects it has become a matter of course to postulate the banishing of the car from within the city bounds and to plan on the basis of new localised transportation systems. For all of this the plain fact is that the numerous research efforts and developments show no viable affordable alternative to the advantages offered by the private car – not with standing the massed efforts of society.

The superiority of the car it seems is not to be overcome by technological planning or for that matter fiscal measures.

If we recognise that it is impossible to design cities on the basis of purely 'car-friendly' or 'human-friendly' strategies we must also accept that all planning and technical alternatives will remain purely wishful thinking without corresponding political support. In order to solve these problems we need far more than the declamatory postulations offered by the municipal planning committees or un-committed lip-service from politicians. A pre-condition would be a fundamental exchange in basic values within our society, a virtual ideological re-orientation. It is essentially progressive to demand compulsive political solutions and at the same time rather unrealistic to actually count upon it.

Through a pragmatic assessment of our behaviour and our political structures one is led to the assumption that the car, inspite of all its inherent disadvantages, will keep its present position within our value system. The totalitarian and uncompromising viewpoint offerd by Hanns Adrian in which he 'does not think of an ideal world with the car as possible', will rather bless us with a wrecked world than manage to remove the car. Everyone would agree with Adrian in his paper 'The Car in The City', where he demands 'that our cities, which have become mere towns for car-driving men, have to be re-conquered for those who want to sleep with an open window, or to take a stroll in front of the house, for the women and for the old people and above all for the children'. These will remain empty words as long as it is not immediately perceptible how these aims are to be achieved – definately not with purely good intentions.

What can we do?
Pondering this question as an architect who is constantly confronted in his work with this conflict and who in his role as informed citizen carries a special

Rechte Seite:
Hauptbahnhof
„Stuttgart 21",
Strukturmodell,
Dachaufsicht.

Right page:
'Stuttgart 21',
Hauptbahnhof,
structural model,
roof plan.

kundiger Bürger besondere Verantwortung trägt. Soll man sich in den Schmollwinkel der zivilisatorischen Ignoranz zurückziehen und zusammen mit Bürgerinitiativen für die Verhinderung jedweder Verkehrsbauten kämpfen, seien es Straßen, Brücken oder Flughäfen?

Soll man alles, was mit Verkehr zu tun hat, für ein Werk des Teufels erklären und sein Gewissen reinhalten durch die Verkündung der heilen Welt ohne Auto und die Klage über das Laster der Mobilität in unserer Gesellschaft?

Ich meine, daß sich der Architekt durch diese Verhaltensweise für die schwerwiegenden Entscheidungen über die Gestaltung unseres Lebensraumes in das Abseits manövriert. Der augenblickliche Stand stadtplanerischer Zielsetzungen eröffnet eine große Chance für die Architekten und ihr Anliegen an dem Gestaltungsprozeß entscheidend mitzuwirken.

Nachdem das Primat der Verkehrs- und Straßenplanung, die bisher ohne Rücksicht auf die Konsequenzen einfach Verkehrsraum schuf, einer ganzheitlicheren Betrachtung gewichen ist und jedem bewußt ist, daß Verkehrsräume nicht nur Funktionskanäle zur Abwicklung technischer Vorgänge sind, sondern vor allem auch Lebensräume, muß die berufliche Qualifikation der Architekten zur Gestaltung dieser Lebensräume mit Nachdruck geltend gemacht werden.

Dabei darf sich die Mitwirkung nicht nur auf die kosmetische Nachbehandlung angeblicher technischer Zwangsvorgaben beschränken, sondern sollte übergeordnet integriert werden. So wenig wie Bahnhöfe und Flughäfen nicht nur einfach Abfertigungsanlagen sind, sondern vor allem Teile unserer Umwelt, die Anspruch auf Gestaltung als Lebensraum haben, so sehr gilt das auch für Straßen, Brücken und Tunnelanlagen.

In dem Maße, wie den Verkehrsbauten nicht nur eine untergeordnete und den Verkehrsmitteln technisch dienende Funktion zugestanden wird, sondern anerkannt wird, daß sie Bestandteil unserer Umwelt sind, muß ihnen materiell und ideell eine adäquate Behandlung zukommen. Zwar wird sich dadurch unsere Welt nicht so heilen lassen, als wenn wir das Auto abschaffen könnten, sie wird sich jedoch entscheidend lebensfreundlicher gestalten lassen.

Für uns Architekten stellt sich damit eine zentrale Aufgabe der Umweltgestaltung.

responsibility. Should one in our ignorance turn our backs on civilisation and fight together with the Bürger initiatives against all new transportation structures be they roads, bridges or airports?

Should one declare that everything that is in any way connected with the field of transportation is the work of the devil and maintain a clear open conscience by proclaiming an ideal world without the motor car and the inherent vice of mobility within our society?

I believe in adopting this position the architect manoevres himself outside of any involvement in the planning of our built environment. The present state of city development planning offers major opportunities for architects and their ability to participate in this development process.

After a period of primacy of pure traffic mangement and road planning, which up to the present time has resulted in pure transport – 'space' without any regard for its further consequencies, we have emerged into a more comprehensive view and everyone would now accept that transportation 'spaces' are not only seen as functional channels for the delivery of technical goods but above all 'living spaces' – the professional suitability of architects in the design of these spaces must be emphatically asserted.

In so doing this participation should not be only restricted to a cosmetic treatment to the chosen so-called technological solution but should be placed in a superior position to this. Railway stations and airports are not simply dispatch facilities, but above all should be seen as major parts of our environment which have a clear right to be designed as 'environmental space' as is also the case with our roads, bridges and tunnels.

In the same way that these transport structures are taken away from being purely technology-serving functions and into the realm of our design environment, we must also ensure that their materials and design ideals meet the new expectations.

This may not solve or completely heal our world, which only the complete removal of the car could possibly achieve, but it will certainly allow these spaces to become more attractive in their use.

In so doing a central test is set for us architects and that is Environmental Design.

John Zukowsky

Mehr als nur Abfahren und Ankommen: Die Verkehrsbauten von gmp

Beyond Simply Depature and Arrival: The Transportation Works of gmp

Viele Untersuchungen der Arbeiten von gmp – Meinhard von Gerkan (geboren 1935) und Volkwin Marg (geboren 1936) – erwähnen entweder ihre Beziehungen zu einer norddeutschen Architekturschule oder die Tatsache, daß ihr Büro zu den produktivsten in ganz Deutschland gehört. Derartige Beobachtungen sind korrekt. Seit sie sich 1965 als Partner zusammentaten, haben sie wichtige Bürohäuser, Hotels, öffentliche Gebäude, Krankenhäuser und andere Bauten in ganz Deutschland errichtet. Ihr Architekturschaffen in Norddeutschland, vor allem in Hamburg, zeigt in manchen Fällen Anklänge an die Hamburger Schule der Handelsbauten aus den zwanziger Jahren, insbesondere im Hinblick auf das gebaute städtische Umfeld aus roten Backsteinbauten eines Fritz Schumachers und anderer Architekten jener Zeit. Anstatt historistisch orientierte Imitatoren oder simple Kontextualisten zu sein, haben gmp häufig ein High-Tech-Architekturvokabular verwendet, um Elemente beider Welten – historisch und modern – miteinander zu kombinieren. Noch interessanter ist jedoch ihr Bau- und Raum-Repertoire für Verkehrszwecke.

In den letzten Jahrzehnten unseres Jahrhunderts sind wir Zeugen eines erstaunlichen Wachstumsschubs im Verkehrswesen geworden, und die Auswirkungen auf unsere gebaute Umwelt sind enorm. Die Entwicklungen nach dem 2. Weltkrieg – das Automobil und die Hochgeschwindigkeits-Autobahnen – haben unsere Entscheidungen beeinflußt, wo wir leben und wie wir zwischen Arbeit und Zuhause hin- und herpendeln. Der in den letzten drei Jahrzehnten erfolgte Ausbau von Eisenbahntrassen für Hochgeschwindigkeitszüge – z. B. den Shinkansen in Japan, den TGV in Frankreich oder den ICE in Deutschland – haben den Intercity-Verkehr vereinfacht und auf bis zu etwa 260 km/h beschleunigt. Und schließlich hat mit der Demokratisierung der Flugreisen die größte Dynamik Einzug in das Verkehrswesen der Nachkriegszeit gehalten. Düsenflugzeuge mit Spitzengeschwindigkeiten von etwa 850 km/h im kommerziellen Linienverkehr waren dabei seit den Fünfzigern und Sechzigern die Katalysatoren. In den achtziger und neunziger Jahren sorgten gelockerte Flugverkehrsordnungen und Preisrabatte dafür, daß die internationale Luftfahrt über Meere und Kontinente hinweg genau so normal wurde wie die U-Bahnfahrt zur Arbeit oder ein Ausflug aufs Land im Auto. Diese Revolution im Lufttransport wird deutlich, wenn man sich einige Statistiken anschaut. Man denke zum Beispiel nur an den Flughafen Berlin-Tempelhof, der Mitte bis Ende der zwanziger Jahre mit etwa 15.000 Passagieren pro Jahr wahrscheinlich der am stärksten frequentierte Flughafen der Welt war. Heute ist Chicagos O'Hare International der belebteste: Jedes Jahr werden dort ungefähr 66 Millionen Passagiere abgefer-

Many discussions of the work of gmp – Meinhard von Gerkan (born 1935) and Volkwin Marg (born 1936) – either talk about their relationship to a North German school of architecture or the fact that their firm is one of the most prolific in Germany. Observations such as those are indeed true. Since they became partners in 1965, they have done major office buildings, hotels, public buildings, hospitals, and other facilities throughout Germany. Their work within North Germany and, in particular, Hamburg sometimes harkens back to the Hamburg School of commercial architecture from the 1920s, particularly if one recalls the red brick urban environments created by Fritz

Flughafen Tegel, Hauptzufahrt.

Tegel Airport, Approach road.

Schumacher and others in Hamburg from that time. Rather than being historicist imitators or simple contextualists, they also often work within a high tech vocabulary to combine aspects of both worlds, historic and modern. What is even more interesting, however, is their repertoire of structures and spaces for transportation.

The last decades of our century have witnessed an amazing growth in the transportation industry and its impact on our built environment has been tremendous. Post-World War II developments with the automobile and high speed expressways influenced where we live and how we commute. The construction of high speed trains over the past three decades – trains like Japan's Shinkansen, France's TGV, or Germany's ICE – have made inter-city travel simple and swift at

John Zukowsky

tigt oder durchgeschleust! Heute sind Flughäfen wahrscheinlich die wichtigsten und teuersten öffentlichen Bauten, die eine Stadt überhaupt verwirklichen kann. In den vergangenen drei Jahrzehnten ist das Architekturschaffen von Meinhard von Gerkan und Volkwin Marg Teil der rasanten Entwicklungen auf dem Gebiet des Luft-, Auto- und Eisenbahnverkehrs gewesen.

An erster und vielleicht auch im übertragenen Sinne vorderster Stelle steht ihr Flughafen Berlin-Tegel mit seinem eindrucksvollen Abfertigungsgebäude von 1974 und der optisch kraftvollen Lärmschutzhalle von 1975. Der Sechseck-Grundriß des Terminals, im Wettbewerbsentwurf von 1965 noch – im Blick auf spätere Erweiterungen – als Doppel-Hexagon vorgesehen, hat seine Wurzeln in von Gerkans Diplomarbeit von 1964, in der er für den Flughafen Hannover-Langenhagen einen hexagonalen Baukörper vorschlug. Das offene Zentrum des Tegeler Sechsecks sollte ursprünglich als Parkhaus ausgebaut werden, wodurch der Flughafenterminal die höchste Stufe der „drive-in"-Bequemlichkeit erreicht hätte. Die architektonische Lösung für Tegel kombiniert die überzeugende Ästhetik eines zentralisierten Terminals und die Effizienz einer linearen Baustruktur. Sie hat eine monumentale, zentrierte Form ähnlich derjenigen des 1968–74 erbauten Terminal I am Flughafen Charles de Gaulle / Roissy, und die bequem zu bewältigende Raumsequenz vom Check-in bis zum Flugsteig, wie sie der Dallas-Fort Worth Terminal von 1965–73 oder der Terminal II in Roissy (1981) sowie spätere Flughafengebäude bieten. Der Flughafen Berlin-Tegel statuierte an diesem Vorposten des Westens ein Exempel für Schönheit und Leistungsfähigkeit, und zwar ungefähr zur gleichen Zeit wie der vom ostdeutschen Verkehrsministerium errichtete einfallslose, modernistische Kasten des Flughafengebäudes Berlin-Schönefeld, Ergebnis dieses „Wurst-wider-Wurst"-Architekturwettstreits zwischen den beiden Hälften Berlins im Kalten Krieg. Obwohl der Flughafen Tegel nach dem Fall der unrühmlichen Berliner Mauer im Jahr 1989 vor Passagieren aus allen Nähten platzte, tut er auch heute noch als Berlins Haupt-Flughafen seine guten Dienste und sieht auch immer noch gut aus. Wenn man bedenkt, daß der Tegeler Terminal über zwanzig Jahre alt ist, ist das eine beachtliche Leistung, besonders wenn man ihn mit anderen ähnlichen Bauten jener Zeit vergleicht, z.B. Tokio-Narita, Scheremetjewo bei Moskau, oder (nicht so weit entfernt) mit den Terminals Frankfurt-Rhein-Main, Paris-Orly oder Roissy I. Berlin-Tegel erscheint zeitlos gegenüber dem einigermaßen „gealterten" und abgenutzten Erscheinungsbild der genannten Beispiele, und man empfindet das Tegeler Ensemble als das Gegenstück zu Saarinens berühmten Abfertigungsgebäuden der Flughäfen John Foster Dulles und John F.

some 260 kph. Finally, the greatest dynamism in postwar travel has come with the democratisation of air transport. This has been catalysed by commercial jetliners since the 1950s and '60s which travel at speeds of some 850 kph. Deregulation and price discounting in the '80s and '90s all helped to make, transoceanic and transcontinental air travel as commonplace as either taking the subway to work or taking a drive in the country. This revolution in air transportation within our century is all the more apparent if one looks at a few statistics. For instance, just think that in the mid to late 1920s Berlin's Tempelhof Airport was probably the world's busiest with some 15,000 passengers per year. Today, the world's busiest airport is Chicago's O'Hare International which handles some 66 million passengers per year! Airports today are probably the most important and most expensive public building that any community can undertake. The architectural careers of von Gerkan and Marg have been integral to that dramatic history of air, auto, and rail travel over the past three decades.

Perhaps the first and foremost of their works related to transportation in our era is Berlin's Tegel Airport with its striking terminal of 1974 and visually powerful noise abatement hangar of 1975. The hexagonal plan of the airport, designed originally in 1965 for the competition to be a double-hexagon to accommodate future expansion, relates to von Gerkan's 1964 thesis which proposed a hexagonal design for Hanover's Langenhagen Airport. The open hexagon at Tegel was intended to function as space for a multi-story parking lot, making the airport here the ultimate in drive-in convenience. Combining the aesthetic strengths of a centralised terminal with the efficiency of a linear one, their architectural solution at Tegel provides a monumental, centrally-planned form akin to the 1968-74 Terminal I at Charles de Gaulle / Roissy airport along with the easy check-in to boarding sequence of a terminal such as that at Dallas-Ft. Worth of 1965-73 and Terminal II at Roissy from 1981 and later. Berlin's Tegel Airport provided an example of beauty and efficiency in this outpost of the west at essentially the same time as East German authorities had constructed their somewhat uninspired modernist box of a terminal at Berlin's Schönefeld Airport in this tit-for-tat architectural rivalry between both Berlins during the Cold War. Even after the 1989 fall of the infamous Berlin Wall prompted Tegel's spaces to bulge with travelers, it still serves quite well today as Berlin's primary airport, and it still looks good too. Considering the fact that Tegel's terminal is more than twenty years old, that is something of a major accom-

Kennedy International aus den Sechzigern.

Der Berlin-Tegeler Erfolg des gmp-Architekturbüros führte zu weiteren Flughafen-Aufträgen und -Wettbewerbsprojekten für so weit entfernte Länder wie Nordkorea, Algerien und Simbabwe. Bei der Betrachtung von Plänen und Arbeitsmodellen für diese und andere Bauten wird man daran erinnert, daß das Büro von gmp Architekten bekannt ist für seine beeindruckenden Architekturmodelle, die gebaute und ungebaute Entwürfe ebenso dokumentieren wie Wettbewerbsprojekte. Zum Beispiel: Das Modell des von gmp 1985 vorgeschlagenen, aber nicht realisierten Abfertigungsgebäudes für den Flughafen Pjöngjang zeigt geschwungene Fachwerkträger, die

plishment, especially when you look at others from that era, from Tokyo's Narita to Moscow's Sheremetyevo, or even closer in Frankfurt's Rhein-Main or Paris' Orly or Roissy I. Berlin-Tegel seems timeless, compared with the somewhat dated and worn appearance of those examples, and one feels that they are the equivalent of a landmark akin to Saarinen's famous terminals at Dulles and Kennedy International from the '60s.

The success of Berlin-Tegel led the firm to other airport commissions and competitions as far away as North Korea, Algeria, and Zimbabwe. Looking at the presentation and study models for projects such as

1

2

1 Flughafen Stuttgart, Abflughalle.
2 Flughafen Fuhlsbüttel, Hamburg, Abflughalle.

1 Stuttgart Airport, departure hall.
2 Fuhlsbüttel Airport, Hamburg, departure hall.

das Dach des Terminals zu traditionellen asiatischen Architekturformen in Bezug setzen, ebenso wie High-Tech Stahlträger, wie gmp sie in ihren neuesten Flughafenbauten verwendet haben. Glücklicherweise konnten die Architekten in den letzten Jahren vergleichbare Entwürfe zu neuen Terminals in Stuttgart und Hamburg verwirklichen.

Das in Stuttgart von 1991 bis 1993 errichtete Abfertigungsgebäude (1. Preis im Wettbewerb 1980) besteht aus einer riesigen Stahl-Glas-Halle, deren Schrägdach von baumartigen Stahlstützen getragen wird. Dies ist eine geistreiche Referenz an in Atrien aufgestellte Pflanzenkübel und zugleich an die Bäume in der freien Natur. Dagegen hat der 1993 fertiggestellte Terminal in Hamburg (1. Preis im Wettbewerb 1986) ein geschwungenes Dach über einem weitläufigen Eingangsbereich, der dem Besucher das Gefühl vermittelt, sich in einem großen Flugzeughangar zu befinden. Monumentalräume in beiden Flughäfen sind ausgestattet mit Tragflächenmotiven an Außen- und Innenwänden. Neben dem neuen Hamburger Terminalgebäude befindet sich der neue Lufthansa Reparaturhangar, in dem Großraumflugzeuge gewartet und neu lackiert werden: die Jumbohalle (1992 fertiggestellt; erste Planungen: 1986). Der Entwurf zu diesem Bauwerk steht in Bezug zu einem ähnlich kühnen Hangar, der in den dreißiger Jahren am Flughafen Mailand-Linate entstand. Die Tragwerkstruktur des Hamburger Gebäudes ist so etwas wie eine Hängebrücke, deren große, sich überschneidende Bögen auf vier Eckpfeilern

those and others reminds one that the studio of gmp is well known for their striking architectural models that document their built as well as unbuilt works, including competition entries. For instance, the model of their proposed but unexecuted Pyongyang Airport of 1985 shows curved metal trusses that relate the building's roof to traditional forms in Asian architecture as well as the high-tech steel trusses of their recent airports. More important, they were able to design and construct comparable major new terminals at Stuttgart and Hamburg in recent years.

The 1991-93 terminal at Stuttgart (competition won 1980) consists of an enormous glass and steel shed whose slanting roof is supported by tree-like steel columns in a clever reference to both potted trees in atrium spaces as well as trees outside in nature, whereas the 1993 terminal at Hamburg (competition won 1986) has a curved roof over a great entry space that gives one the feeling of being in a massive hangar. Monumental spaces in both airports are detailed with airfoil-forms on the exterior and interior. Adjacent to the new terminal at Hamburg is the new Lufthansa maintenance hangar for reconstructing and repainting wide-body jets, the 1992 Jumbo hall (originally planned 1986). The design of this building has a relationship to a similarly bold hangar from the 1930s at Milan's Linate airport. The structure for the Hamburg building is akin to a suspension bridge, where large intersecting arches rest on four corner

ruhen und das gesamte Gebäude von oben zusammenhalten, so daß eine riesige offene Halle mit einer Spannweite von 170 Metern entsteht, die groß genug ist, um zwei oder drei Jumbo-Jets aufzunehmen. Wie bei den Abfertigungsgebäuden in Stuttgart und Hamburg schafft auch die eindrucksvolle Tragstruktur des Lufthansa-Hangars einen Monumentalraum, mit dem das Büro die in Berlin-Tegel begonnene Tradition der Großbauten für den Luftverkehr fortsetzt.

Flugverkehrsbauten wie die in Hamburg und Stuttgart sind so etwas wie die Kathedralen unserer heutigen Zeit geworden, vielleicht mehr noch als Wolkenkratzer. Letztere repräsentieren das Ego eines Unternehmens, einer

1

kommerziellen Gesellschaft, im Gegensatz zu den Flughäfen, die eine Projektion des kosmopolitischen Images der Städte und Nationen darstellen, denen sie dienen. Und was ist mit den Bauten für Schiene und Straße? Erscheinen sie nicht eher prosaisch im Vergleich zu Flughäfen? Nicht, wenn gmp etwas damit zu tun haben! Die Architekten haben seit Anfang der achtziger Jahre eine Reihe von Parkhäusern gebaut, die das Auto in der Stadt sozusagen adeln. In der Tradition des norddeutschen Backsteinbaus verwendet ihre Hillmann-Garage in Bremen (1984) drei verschiedene Sorten Mauerziegel, wodurch die Monotonie der Fassade eines mehrstöckigen Parkhauses vermieden wird. Die Hauptfassade zum Hillmannplatz ist so gestaltet, daß es aussieht, als ob Schichten von Backsteinen abgeschält wurden – fast als sei ein Archäologe am Werk gewesen –, um das dahinterliegende Gebäude erahnen zu lassen. Einen ähnlichen „Entmaterialisierungseffekt" hat das amerikanische Büro SITE mit seinem Best-Supermarkt erzielt – ein interessantes visuelles Erlebnis! Die Architekten von gmp haben 1990 am Flughafen Hamburg ein Parkhaus gebaut: ein kühn wirkender Zylinder mit einem „inszenierten" offenen Kern, der an die berühmte Autorampe in der Turiner Fiat-Fabrik aus den zwanziger Jahren (Giaccomo Matté-Trucco) denken läßt oder an die monumentalen zylindrischen Garagenprojekte europäischer Vertreter der Moderne aus der gleichen Zeit, veröffentlicht in der vielfach zitierten Übersichtspublikation „Neuzeitlicher Verkehrsbau" von 1931 (insbesondere Stefan Ballas Entwurf

piers and hold the entire building beneath, creating an enormous open span of 170 meters, large enough to hold two to three wide-body / double-aisle airliners. As with the terminals at Stuttgart and Hamburg, the Lufthansa hangar has a striking structure that creates a monumental space, continuing the tradition they established in Berlin-Tegel of great spaces for air transport.

Buildings for air transport such as those at Hamburg and Stuttgart have become the equivalent of cathedrals in our era, perhaps even more than skyscrapers. The latter are representations of corporate or commercial ego as opposed to new airports which project the cosmopolitan image of the cities and nations that they serve. But what about buildings for rail and road? Are they not somewhat pedestrian in appearance when compared with airports? Not in the hands of gmp. They have executed a number of parking garages from the early 1980s through today which ennoble the automobile within the city. Their Hillmann Garage in Bremen from 1984 uses three different types of brick, in the tradition of North German buildings, to help break up the monotony of a multistory car park's wall. The main facade on Hillmann Platz is designed to look as if layers of brick have been peeled away, almost archaeologically, to give you a sense of the building underneath in a way that the American firm SITE used to dematerialize their Best product stores, yet made them an interesting visual experience. Their 1990 parking lot at Hamburg's airport is a bold cylinder with a dramatic open core akin to the famous auto ramp in the Fiat factory in Turin from the '20s along with monumental cylindrical garages proposed by European modernists from the same era as published in the oft cited 1931 survey Neuzeitlicher Verkehrsbau (see, particularly, Stefan Balla's Tower Garage for a site in Berlin). As with the triangular plan and expressed structure of the noise shelter at Tegel, and the dramatic open span and arched-structure of the Lufthansa Jumbohalle in Hamburg's airport, the Hamburg airport garage is a tribute, at today's scale and using today's design technology, to modernist design forms, thus elevating the mundane parking lot and aircraft hangar to monumental, architectural status.

Besides executing equally strong work for air and auto travel, v.Gerkan, Marg und Partner have recently devoted their attention to buildings and spaces for rail transport. Although stations in the nineteenth century were grand spaces, much as airports are today, rail travel has only begun to effectively compete with air travel in the past decade, at least in

zu einer Turmgarage für ein Berliner Grundstück). Wie bei dem Dreiecksgrundriß und sichtbaren Tragwerk der Lärmschutzkabine in Tegel und der dramatisch wirkenden weitgespannten Bogenstruktur der Lufthansa-Jumbohalle am Flughafen Hamburg, ist das Hamburger Flughafen-Parkhaus eine Hommage an Gestaltungsformen der Moderne – im heutigen Maßstab und unter Verwendung der uns heute zur Verfügung stehenden technischen Mittel. So werden die Gebrauchsbauten Parkhaus und Flugzeughangar in den Status architektonischer Monumente erhoben.

In letzter Zeit haben sich gmp Architekten neben der Ausführung ihrer ebenso eindrucksvollen Entwürfe für den Luft- und Autoverkehr der Gestaltung von Gebäuden und Räumen für den Eisenbahnverkehr gewidmet. Obwohl die Bahnhöfe des 19. Jahrhunderts großartige Räumlichkeiten boten, ähnlich wie die heutigen Flughafen-Terminals, ist der Bahnverkehr erst im letzten Jahrzehnt zu einem ernstzunehmenden Konkurrenten des Flugverkehrs geworden, zumindest in Europa. In den letzten Jahren bauten gmp attraktive S-Bahn- und Straßenbahnstationen in Bielefeld und Hamburg. 1993 haben sie begonnen, ihr Repertoire zu erweitern und für die Deutsche Bahn AG die Bahnhöfe der Fernverkehrsstrecken umzugestalten. Hier lag in den letzten Jahren der Schwerpunkt ihrer Arbeit. Viele Bahnhöfe entstanden im vorigen Jahrhundert und erfordern einen weitgehenden Um- und Ausbau, damit sie für den Bahnverkehr im 21. Jahrhundert gerüstet sind – vor allem in den neuen Bundesländern. Und da das Büro sich bereits mit Lärmschutzentwürfen, z.B. in Tegel, beschäftigt hatte, entwickelten die Architekten 1994 ähnliche Lärmschutzkonstruktionen für den Bahnhof in Berlin-Spandau, nachdem sie im 1993er Wettbewerb für den eigentlichen Bahnhofsbau den dritten Preis gewonnen hatten. Der Entwurf sah eine „Wellenreihe" von Glastonnengewölben über den Gleisanlagen vor; die Lärmschutzwand besteht aus einem fünf Meter hohen Stahlrahmenwall mit lichtdurchlässiger Glasbausteinausfachung und schirmt die angrenzenden Wohngebiete vom Zuglärm im Bahnhof ab. Als Variation der für Spandau vorgeschlagenen Wellenreihe entwickelte das Büro 1994 den Typ des offenen Bahnsteigdachs für kleinere Bahnhaltestellen: ein Tonnendach, bei dem Segmente oder Halbtonnenelemente am Ende des mittigen Hauptdaches vorkragen.

Einige der jüngsten Großprojekte verdienen es, hier näher betrachtet zu werden, als erstes der Lehrter Bahnhof in Berlin, der am Humboldthafen im Bau ist. Der Entwurf stammt aus dem Jahr 1992, die Fertigstellung ist für 1999 vorgesehen. Der Bahnhof ist für Hochgeschwindigkeitszüge ausgelegt, aber ebenso für den öffentlichen Nahverkehr, die S-Bahn und die U-Bahn.

Europe. Although gmp has designed and built attractive urban rail stations for subways and commuter trains in Bielefeld and Hamburg in recent years, they began to branch out in 1993-96 to revitalize the long distance rail stations for Deutsche Bahn AG, and this is where their most extensive design work has been done in the last few years. Many of these railroad stations were built in the last century and, especially in the eastern half of Germany, only recently reunited with the west, in need of major redesign to accommodate the needs of rail travel into the next century. And, as with their work on noise abatement with the Berlin airport hangar, in 1994 the firm recently de-

2

signed, comparable noise abatement walls for the station in Berlin-Spandau, after their 1993 third-place competition entry for the station itself. The station proposal consisted of a wave of glass barrel vaults that spanned the tracks whereas the sound-proofing wall is a five meter high embankment with a steel frame filled with translucent glass blocks that protects the neighbouring residential areas from the noise of trains in the station. In 1994, as a variation of the wave proposed for Spandau, they developed, typical smaller stations over open platforms that are roofed with a barrel vault that has segments or half-barrel forms springing from the ends of the central roof. But several recent and very substantial projects bear further discussion here.

The first is their Lehrter Station in Berlin which is being built in the Humboldthafen district. Designed in 1992 with its completion projected for 1999, it will serve high speed trains going across the country as well as local rail service, the S-Bahn, and also the

1 Jumbohalle der Deutschen Lufthansa, Hamburg.
2 Parkhaus, Flughafen Fuhlsbüttel, Hamburg.

1 Jumbo hall for Lufthansa, Hamburg.
2 Multi storey car park, Fuhlsbüttel Airport, Hamburg.

Das große Stahl-Glas-Tonnengewölbe des Bahnhofs folgt der Gleisanlagenkurve in ähnlicher Weise wie Nicholas Grimshaws berühmter Waterloo Terminal von 1991-93, mit dem Unterschied daß der Lehrter Bahnhof Teil eines größeren städtischen Gesamtkomplexes ist, mit Sichtbezügen zum Industriegebiet von Moabit und dem zukünftigen Regierungsviertel. Außerdem wird die gekrümmte Form des eigentlichen Bahnhofsgebäudes von länglichen Gebäuderiegeln durchschnitten, die verschiedenen Zwecken dienen sollen. Der neue Bahnhof wird sowohl optisch als auch strukturell in die Stadt eingebunden und schafft auch im Inneren des Bahnhofsraums städtische Strukturen – die Architekten sehen also den Bahnhof als den Nukleus eines umfassenderen Stadtneubaus. Das Büro hat im Moment, Mitte der neunziger Jahre, verschiedene Projekte auf dem Zeichenbrett, die sich in dieser Kategorie von Architektur qualifizieren.

1

Eines davon ist das Projekt „Stuttgart 21", ein Bahnhofsneubau, der um den Bahnhof von Bonatz und Schoeler (1914-1928) – eine Art Wahrzeichen – entstehen soll. Alle Gleise werden in Tieflage neu verlegt, und die Bahnsteighalle des alten Gebäudes mit einem gebogenen Glasdach überspannt. Das neue städtische Mehrzweckzentrum wird Teil eines größeren Komplexes, einer 2,2 km langen „Avenue", die das Rückgrat der flankierenden Stadterweiterung bildet und als Verbindung zwischen dem Bahnhofsneubau und dem Rosensteinpark dient.

Ein weiteres, ähnlich großmaßstäbliches Projekt ist der ideenreiche, intelligente Entwurf für den Hauptbahnhof „München 21", einschließlich der Neugestaltung des Bahnhofsviertels. Die Pläne von gmp sehen einen nach außen hin niedrigen Baukörper vor. Wenn der Besucher ihn betritt, befindet er sich jedoch in einem mehrstöckigen Atrium, das bis zur tiefgelegenen Bahnsteigebene hinabreicht und dem Bahnhof einen spektakulären terrassierten Innenraum verschafft, vergleichbar mit der Imposanz historischer Bahnhöfe und heutiger Flughafenterminals. Der Atriumraum überhöht noch das Spannungsvolle an der Reise im Hochgeschwindigkeitszug und bietet sowohl Reisenden als auch Stadtbewohnern

Underground. The steel and glass shed follows the curve of the tracks in a way similar to Nicholas Grimshaw's famed addition to Waterloo Station from 1991-93, only here the Lehrter Station is part of a larger urban complex that includes a visual link to both the industrial district of the Moabit with the new governmental quarter. Moreover, the curved space of the station itself is bisected by rectilinear blocks for multi-functional uses. As this new station connects to the urban fabric in both visual and actual terms, as well as creating an urban structure within the train shed structure, so the latest work of gmp views the railroad station as a focal point for great urban redevelopment. The firm has several projects on the boards from the mid 1990s that qualify in this category.

One is Stuttgart 21, a new city center formed around the old landmark railroad station designed by Bonatz and Scholer from 1914-28. By putting all rail service underground and re-roofing the old building's boarding areas with an arched glass roof, this new multi-use urban center becomes part of a larger 2.2 km long avenue. The avenue itself is the spine for developments flanking it, and it serves also as an urban link between the redeveloped station and Rosensteinpark. Another comparable large scale project is the very clever plan for Munich 21, a new main sta-

2

tion for Munich and replanning of adjacent city area. In their scheme the station assumes a low-rise profile outside but, upon entering the space, the visitor encounters a multi-story atrium that descends to the railroad tracks below, giving the station a spectacular terraced space somewhat comparable to railroad stations of old and airports of today. Its form of an atrium space enhances the drama of high speed rail transportation, and offers travelers and city residents alike the opportunity for entertainment and shopping. In a way, this is akin to the increasing experience air travelers have today where shopping malls are inte-

Gelegenheit, zur Unterhaltung und zum Einkaufen. In gewisser Weise ist es das, was Flugreisende in zunehmendem Maß erleben: Shopping Malls sind bereits integraler Bestandteil von Flughafen-Neubauten – vom Kansai-Flughafen in Japan bis zum Terminal von Pittsburgh, USA. Helmut Jahn plant die Errichtung einer „Airport City", d.h. eines Einkaufszentrums auf dem Gelände des neuen internationalen Münchener Flughafens. So haben auch gmp Architekten Büros, ein Hotel und Konferenzbereiche in ihrem Bahnhofskomplex vorgesehen, als Teil umfassenderer Pläne für einen drei Kilometer langen Grünzug oder für einen von Mehrzweckbauten flankierten Park oberhalb der Gleistrassen.

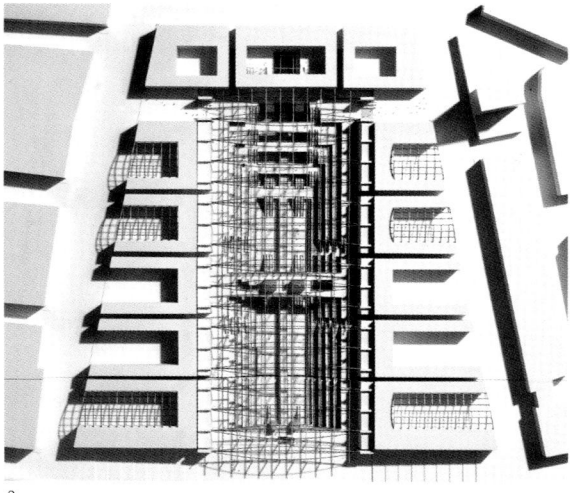

3

Die Entwürfe für den neuen Münchener Hauptbahnhof und der Umbau des historischen Stuttgarter Bahnhofs folgen weitgehend der Tradition der „Stadt innerhalb der Stadt", wie sie ursprünglich zu Beginn des 20. Jahrhunderts für den New Yorker Grand Central Station geplant war, wo die Grundstücke an der Park Avenue, unter der die Bahngleise verliefen, mit Hotels, Büro- und Wohnhäusern bebaut wurden. Vergleichbare Pläne werden zur Zeit für den Um und Neubau des Frankfurter Hauptbahnhofs ausgearbeitet. Das Projekt „Frankfurt 21" schlägt eine großartige Stahl-Glas-Halle vor, die die mit Arkaden versehenen Gleise und Bahnsteige überspannt; das historische Bahnhofsgebäude bleibt davor erhalten. Wie bei den Projekten „Stuttgart 21" und „München 21" und dem berühmten Prototyp des Grand Central Station, beinhaltet die städtebauliche Neuentwicklung auch hier die Überlagerung der Gleistrassen außerhalb des Bahnhofsgebäudes mit einem „Central Park" und Bauten zu beiden Seiten sowie eine ähnliche Überbauung der Gütergleisstrecke am Messegelände.

Schließlich soll noch der Bahnhof erwähnt werden, der für die Hannover EXPO 2000 geplant wird. Sein wellenschlagendes High-Tech-Dach bildet eine phantastische, futuristisch anmutende Bedeckung für die Funktion

grated with airport design at new terminals from Kansai airport in Japan to Pittsburgh airport in the U.S.A. As with many airports, notably with Helmut Jahn's planned insertion of an 'Airport city' commercial complex within the grounds of Munich's new international airport, gmp has planned office, hotel, and conference spaces and structures within their larger station complex, as part of an even greater redevelopment plan for a three-kilometer-long green space or parkland flanked by mixed-use buildings above the railroad tracks.

The plans of the new Munich Station and the redevelopment of Stuttgart's historic station relate to the tradition of creating a city within a city, much as was originally envisioned with New York's Grand Central Station in the early twentieth century. There, the adjacent areas above the submerged tracks under Park Avenue were developed for hotels, offices, and residential buildings. Comparable major redevelopment

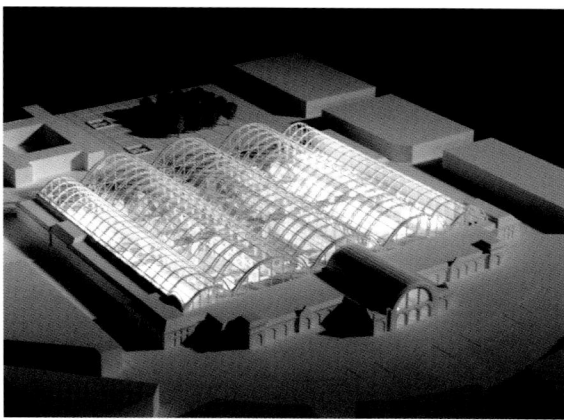

4

plans are in the works for Frankfurt's main station as well. The Frankfurt 21 proposal includes a spectacular glass and steel shed over arcaded train tracks, all placed behind the façade of the historic main station. As with Stuttgart and Munich 21 and the famous prototype of Grand Central Station, the larger urban plan here includes covering the tracks outside the station for a 'Central Park' flanked by buildings, as well as making a similar arrangement along the nearby freight tracks adjacent to the Messe or trade fair area.

Their final project worth citing here is the railroad station planned for the Hanover Expo of 2000. Its undulating high tech roof creates a spectacular futuristic envelope for the train station function underneath, and, more important, gives a visitor to the world's fair and then, later, congress center visitor the feeling of 'arrival' into an exciting event. The form of the roof reaches into the landscaped entrance plaza, physically connecting itself with buildings of the fair area, and the elevated people mover actively brings

1 Lehrter Bahnhof, Berlin, Modell.
2 Hauptbahnhof „Stuttgart 21", Modell.
3 Hauptbahnhof „München 21", Modell.
4 Hauptbahnhof „Frankfurt 21", Modell.

1 Lehrter Bahnhof, Berlin, model.
2 'Stuttgart 21' Hauptbahnhof, model.
3 'Munich 21' Hauptbahnhof, model.
4 'Frankfurt 21', Hauptbahnhof, model.

John Zukowsky ist Kurator für Architektur am Art Institute of Chicago. Er hat zahlreiche Ausstellungen veranstaltet und Bücher veröffentlicht, z.B. »Mies Reconsidered« (1986); »Chicago Architecture: 1872-1922« (1987); John Zukowsky/Ian Wardropper: »Austrian Architecture and Design. Beyond Tradition in the 1990s« (1991); »Chicago Architecture and Design 1923-1993« (1993); »Karl Friedrich Schinkel. 1781-1841: The Drama of Architecture« (1994); »Building for Air Travel: Architecture and Design for Commercial Aviation« (1996).

John Zukowsky is Curator of Architecture at The Art Institute of Chicago. He has organised numerous exhibitions and books such as Mies Reconsidere (1986), Chicago Architecture: 1872-1922 (1987), Austrian Architecture and Design: Beyond Tradition for the Nineties (1991), Chicago Architecture and Design, 1923-1993 (1993), Karl Friedrich Schinkel, 1781-1841: The Drama of Architecture (1994), and Building for Air Travel: Architecture and Design for Commercial Aviation (1996).

„Zughaltestelle" und vermittelt, was noch wichtiger ist, den Besuchern der Weltausstellung und späteren Konferenzteilnehmern im Kongreßzentrum das Empfinden, zu einem spannenden Happening anzukommen. Die Dachform kragt vor über den landschaftlich gestalteten Eingangs-Vorplatz und leitet zu anderen Bauten des Messekomplexes über. Das aufgeständerte Laufband transportiert die Besucher in das Messegelände. Die EXPO-Projekte von gmp Architekten für Stuttgart, München, Frankfurt und Hannover offenbaren sämtlich die immer stärker werdende Verbindung zwischen Architektur und Städtebau in der Arbeit des Büros, wobei gmp bereits jetzt ein Stadium höchster Professionalität und Reife in seinen späteren Bauten erreicht hat.

Insgesamt trägt das Team von Meinhard von Gerkan, Volkwin Marg und ihrer Kollegen in den verschiedenen Niederlassungsbüros in Hamburg, Braunschweig, Aachen, Leipzig und Berlin nicht nur wesentlich dazu bei, Deutschlands gebaute Umwelt zu gestalten, wobei man darüber streiten kann, ob sie dies genauso oder in noch stärkerem Maße als andere Architektenkollegen tun, wichtiger noch: Ihre Bauten haben unseren Reiseerfahrungen und -erlebnissen wieder neues Leben eingehaucht. Sie schaffen spannungsvolle Räume, in denen man ankommt oder von denen man auszieht – und die zum Besten gehören, was an Bauten für Schiene, Straße und Flugverkehr in unserem Jahrhundert geschaffen worden ist. Die jüngsten Entwürfe von gmp Architekten weisen darauf hin, daß diese dramatisch anmutenden Räumlichkeiten auch inmitten der größeren Anzahl von neuen Verkehrsbauten des 21. Jahrhunderts erfolgreich bestehen werden. Es sind Gebäude, die gut funktionieren und in der Entwicklungsgeschichte von Verkehrsbauten ein eindrucksvolles Design-Image vermitteln.

John Zukowsky
Chicago, Mai 1996

them into the fair complex. The Stuttgart, Munich, Frankfurt and Hanover Expo projects all reveal an increasing interconnection between architecture and the larger issues of urban planning within the firm's work, as gmp reaches a stage of high proficiency in its mature work.

In all, the team of Meinhard von Gerkan, Volkwin Marg, and their colleagues within the various offices of Hamburg, Braunschweig, and Aachen, Leipzig and Berlin are not only shaping Germany's built environment, arguably as much if not more than many other German architects. Most important, their buildings have reinvigorated our experience of travel. They are creating exciting spaces -- spaces in which to depart or arrive -- that rank with the best of any such done for rail, road, and air travel within our century. Their latest designs indicate that these dramatic spaces will successfully contribute to the greater body of buildings for transportation of the next century -- structures that function well and also project a striking design image within the history of those buildings type for air, road, and rail travel.

John Zukowsky
Chicago, May 1996

Rechte Seite:
Messebahnhof EXPO 2000, Hannover, Dachstruktur
Nächste Seite:
Bahnhof Spandau, Berlin, Längsschnitt (Zeichnung: Tuyen Tran Viet).

Right page:
Trade fair station EXPO 2000, Hannover, shell roof structure
Spandau railway station, Berlin, longitudinal section (Drawing: Tuyen Tran Viet).

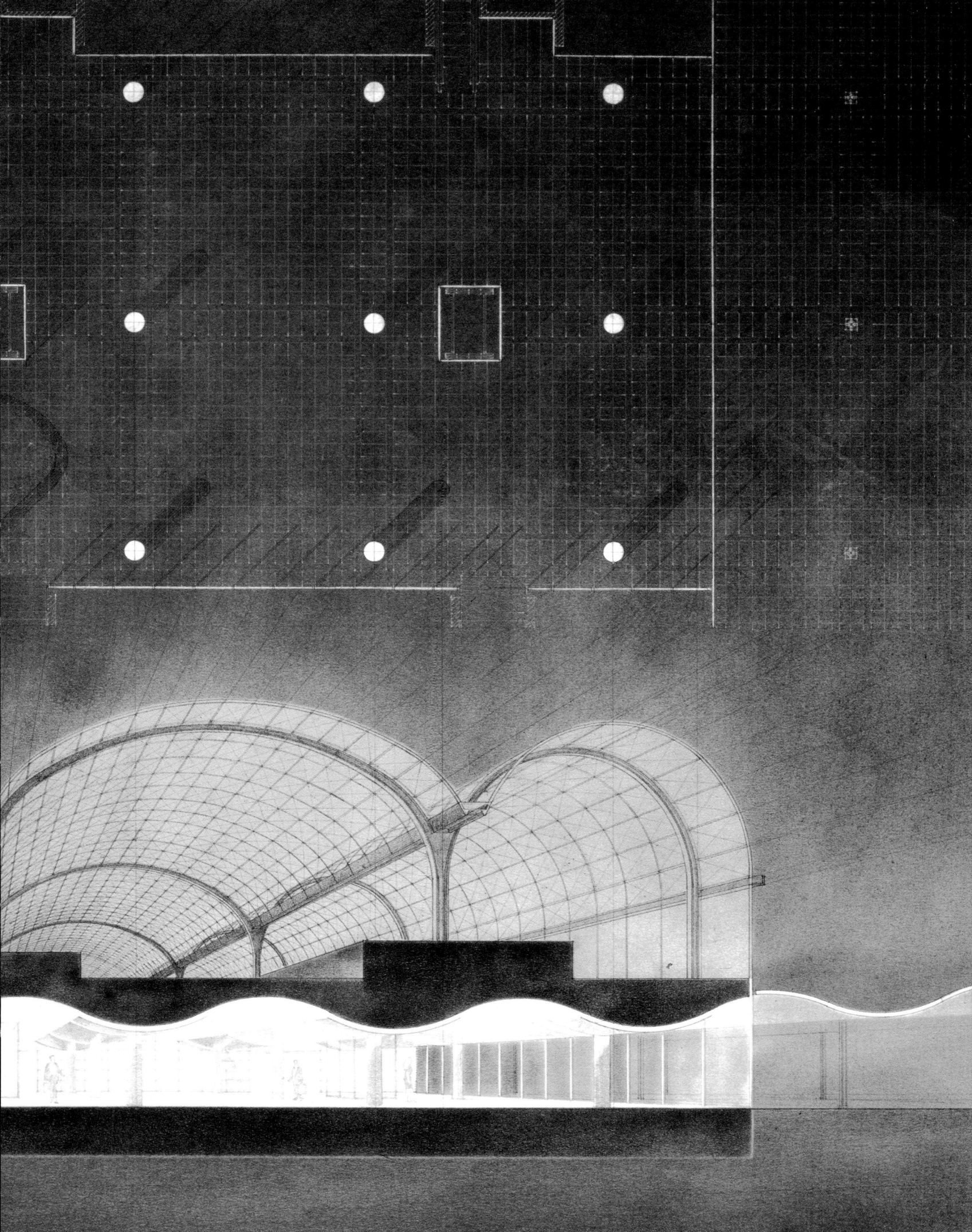

Meinhard von Gerkan

Architektur für den Flugverkehr
Architecture for air transportation

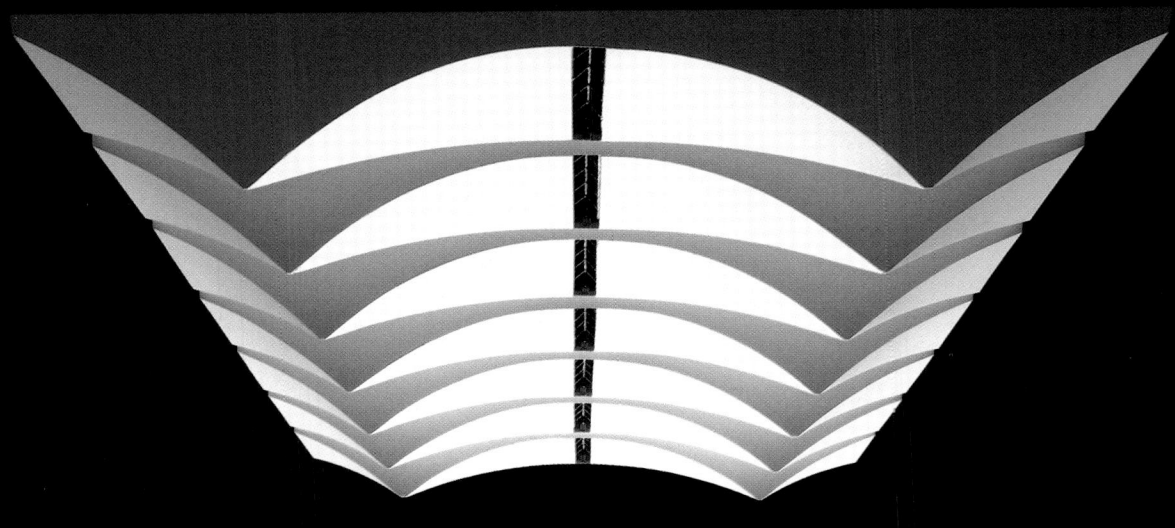

In der fortschrittlichsten Verkehrstechnik, dem Fliegen, sind die Orte des Abfliegens und Ankommens, also die Flughäfen, die Achillesferse. Hier werden aus Kapazitätsengpässen Verspätungen erzeugt, stößt die Vernetzung mit dem Bodenverkehr auf logistische und städtebauliche Probleme, sollen Kontrollen für Sicherheit sorgen sowie Dienstleistungen die Kunden verwöhnen und ihren Geldbeutel anzapfen. Die daraus resultierenden Bedingungen unterliegen einem permanenten und rasanten Wandel. Deswegen sind Flughäfen kein Zustand, sondern ein Prozeß.

Nichts ist konstant – deswegen wird jedes architektonische Konzept in kürzester Zeit obsolet, erfährt radikale Veränderungen und Brüche, wird durch Gegenkonzepte chaotisiert.

Alle älteren großen Flughäfen der Welt sind städtebaulich und architektonisch heterogenes Flickwerk, bei dem scheinbar konzeptionslose Willkür Veränderung und Wachstum bestimmen. Diese Erkenntnis ist der entscheidende Parameter beim Entwerfen von Flughäfen, nicht Fragen des Stils oder der Ästhetik. Flughäfen müssen im ersten Entwicklungsschritt eine äußerst robuste Struktur aufweisen und sie müssen für Erweiterungsmaßnahmen den übergeordneten Rahmen verbindlich festlegen, jedoch genügend Freiraum lassen für die Vielfalt des Einzelnen. Nur auf diese Weise bieten sie die Chance, daß ein Gesamtkonzept über viele Jahre gewahrt bleibt und die Logik eines Systems Oberhand behält, statt zu einem funktionalen Irrgarten wie in London-Heathrow oder Zürich-Kloten zu entarten.

Deswegen liegt das Schwergewicht beim Entwerfen von Flughäfen eindeutig im konzeptionellen und nicht, wie viele Flughafenbetreiber irrtümlich meinen, im Formal-Gestalterischen. Dabei haben die Parameter Wachstum und Veränderung eine ebenbürtige Bedeutung neben der Schaffung eines funktionsfähigen Status Quo.

Wenn es an einem stringenten und dominanten Gesamtkonzept mangelt, die Konzeption also „weich" ist, werden die begonnenen Strukturen schnell verlassen und entwickeln sie sich nach dem Prinzip von aktuellen Tagesentscheidungen zu einem wild wuchernden Konglomerat. Dies ist das Schicksal fast aller Flughäfen der Welt.

Unsere Flughafenentwürfe orientieren sich an dieser Erkenntnis. Deswegen dient die Stringenz der Geometrie als ordnende Struktur, seien es Sechseck, Kreis, Quadrat oder Riegel.

Ein gleichgewichtiges Parameter der Flughafenentwürfe ist die Schaffung von baulicher Identität.

Keiner unserer Flughafenentwürfe gleicht dem anderen, trotz sehr ähnlicher funktionaler Anforderungen. Sehrwohl typologisch, wie z. B. die Terminals in Stuttgart und Hamburg oder durchaus in den einzelnen Gestaltungsvokabeln, jedoch nicht in ihrer Gesamtheit. Ein Flughafen, der das neuzeitliche Tor zu einer Stadt darstellt, hat geradezu die Verpflichtung, unverwechselbar zu sein und sich als Ort des Ankommens und Abreisens einzuprägen. Diese Identität zu entwickeln, ist uns ein zentrales Anliegen.

Dies gilt mit nicht geringerer Gewichtung auch für die dienenden Funktionsgebäude eines Flughafens – vom Streugutlager, über die Energiezentrale und Frachtgebäude bis zu den Hangars und Werkstätten. Flughäfen sind mehr als nur die Passagierterminals. Es sind Gewerbeanlagen mit großem Flächenverbrauch und hoher Verpflichtung zu geordneter und ästhetischer Wohlgestalt.

Flight - the most progressive of transportation methods, where the places of departure and arrival form the Achilles heel. It's here that through capacity short fall delays can be caused, networks and ground traffic thrown into logistic and planning problems. The control mechanism has to provide security as well as a service to accommodate the passenger and to tap into their purse. The resulting requirements are subject to a permanent and rapid change. That's why airports are not a static condition but should be viewed as a continuing process.

Nothing is constant - meaning that every architectural concept becomes obsolete within a very short period of time. The system experiences radical evolution and disruption and is constantly challenged by conflicting demands.

The older large airports of the world are in a town planning and architectural sense dense patchworks, within which apparently concept-free and arbitrary decisions have determined development and growth. The recognition of these parameters is a crucial factor in the designing of airports, and not questions of style or aesthetics. Airports have to provide an especially robust structure within their first developement stages, they must lay down a defining framework for future expansion, and at the same time leave enough free space for individual variety. Only in this way can they offer the possibility of an overall concept which can be maintained over many years and through which a sense of logic can predominate, instead of degenerating into a functional labyrinth such as London, Heathrow or Zürich-Kloten.

The emphasis in the designing of airports lies unequivocally in the conceptual, not as many airport management teams believe in the formal design. The parameters of growth and change have an equal significance to the functioning status quo.

If there is a lack of a stringent and dominant overall structure then the concept can be termed 'soft', the evolving structures will be quickly abandoned and the developement will be carried out on the principal of immediate daily decision making resulting in a wild free for all. This is the destiny of nearly all world airports.

Our airport designs are orientated towards a recognition of this phenomena. That's why the stringence of geometry serves as an ordering device, be it hexagonal, circular, a square or a block.

A further essential characteristic of airport design is grounded in the creation of a built identity.

None of our airport designs is like the other in spite of often very similar functional requirements. Similarities exist in topology, as in the terminals in Stuttgart and Hamburg or possibly in the design vocabulary. An airport which represents the major gateway to a modern city has a duty to be unmistakable and to impress itself on our conscience as a place of arrival and departure. The development of this identity is for us a central design aim.

These aims apply with the same degree of importance to the secondary serving structures of an airport - from the grit storage sheds, the power stations and air freight buildings up to the hangars and workshops. Airports are more than pure passenger terminals. They are commercial enterprises with a huge surface area use and have a major obligation to provide ordered and aesthetic form.

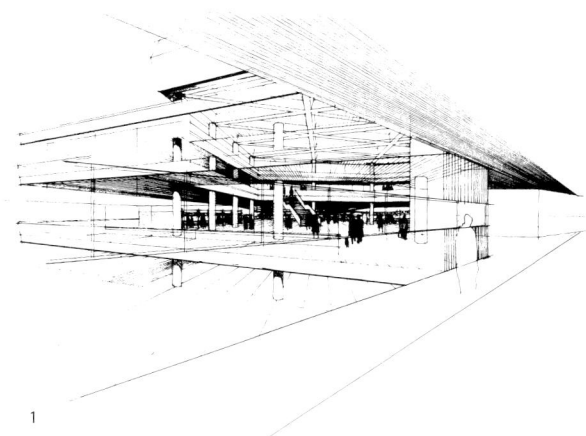

Flughafen Langenhagen, Hannover, 1964
Langenhagen Airport, Hanover, 1964

Linke Seite:
 Modell.
1 Perspektivische Skizze mit Blick in den Innenraum.
2 Der sechseckige Ring bildet den Übergang von der Land- zur Luftseite. Vorfahrten, Parkplätze und Servicefunktionen liegen im Inneren und sechzehn Flugzeuge docken radial an.
3 Blick auf das Modell von der Anfahrt.

Previous page:
 Model.
1 Perspective sketch with a view of the interior.
2 The hexagonal pier makes the transition from landside to airside. Driveways, car parks and service spaces are on the inside of the ring, sixteen aeroplanes dock onto it on the airside.
3 Model, viewed from the driveway.

Um einen sechseckigen Ring, der auf einer Seite offen ist, sind die sechzehn Flugzeugpositionen angeordnet. Die Fluggastabfertigung ist auf zwei Ebenen für Abflug und Ankunft getrennt. Der Zentralbau in der Mitte ist für übergeordnete Funktionen vorgesehen. Der Straßenverkehr wird in der Innenseite des Sechsecks herangeführt. Für Busse ist eine zusätzliche Vorfahrt vorgesehen, die durch einen kreisförmigen Hubschrauberlandeplatz abgedeckt wird. Im Untergeschoß erfolgt ein Schnellbahnanschluß nach Hannover.

The sixteen pier-served aircraft positions are arranged around a hexagonal ring structure, with one open side. Check-in concourses and assembly points are accommodated separately on two levels for departures and arrivals. The building section in the middle houses administrative, supervisory and other central functions. Cars are directed to the interior of the hexagon. There is an additional driveway for buses, covered with a circular heliport. On the underground level, passengers will be able to board an express train to Hanover.

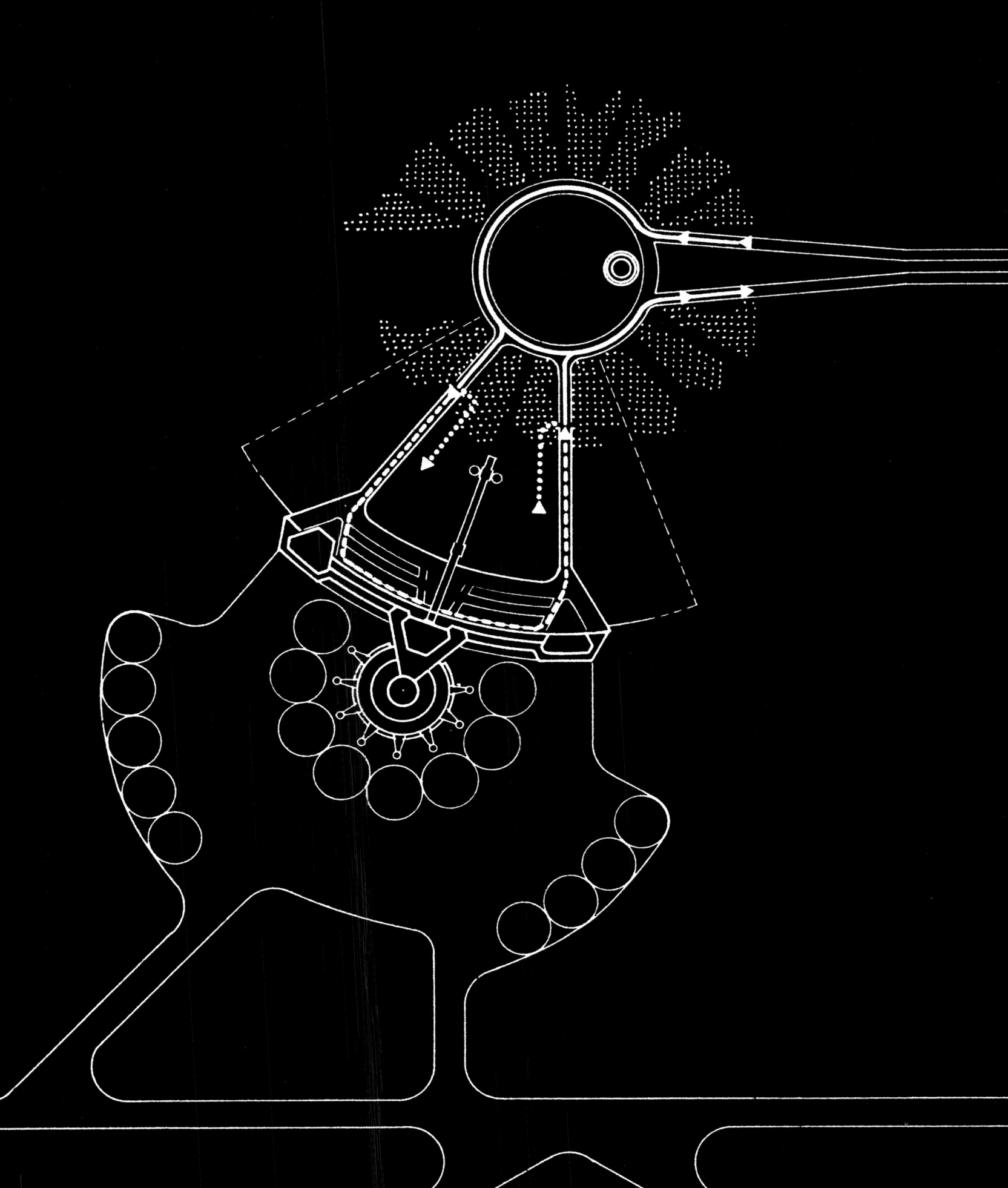

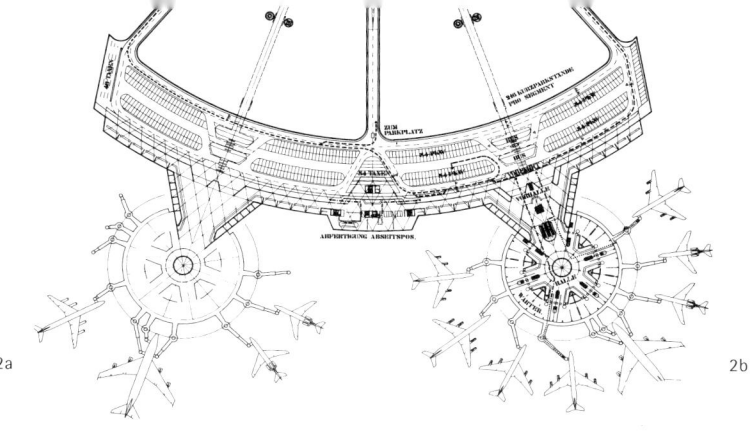

2a 2b

Alle primären Abfertigungseinrichtungen sind auf einem großen Ring dezentralisiert in Abfertigungsrotunden angeordnet. Der Zentralknoten nimmt die übergeordneten Sekundäreinrichtungen auf und dient der Erschliessung durch öffentliche Verkehrsmittel. Gleichzeitig ist er Drehscheibe für die Umsteigeverbindungen. Sämtliche Rotunden sind über diesen Knoten durch Rollsteige auf zwei Ebenen für Inland- und Auslandsflüge verbunden. Die Dauerparkplätze sind zusammengefaßt und den Abfertigungseinheiten zugeordnet. Die Vorfahrtszone für Abflug und Ankunft auf Abfertigungsebene sind durch radial verlaufende Rampen mit dem Parkplatz und dem inneren Verteilerkreisel verbunden. Die überdeckten Vorfahrten hängen taschenartig an der Vorfahrtsringstraße. Pro Rotunde sind ihr ca. 210 Kurzparkplätze angeschlossen.

Um eine zentrale Halle der Rotunde ordnen sich radial 5 Doppelabfertigungseinheiten. Ein den Warteräumen ringförmig vorgeschalteter Verteilergang ermöglicht es, an jeder beliebigen Stelle der Fassade Fluggastbrücken entsprechend den Flugzeugtypen anzuschließen. Bindeglied zwischen Abfertigungsrotunde und Vorfahrt bildet eine keilförmige Vorhalle, in der sekundäre Abfertigungseinrichtungen angesiedelt sind. Während die primären Abfertigungsfunktionen für Abflug und Ankunft auf zwei Ebenen getrennt sind, liegen die sekundären Einrichtungen sowie Vorfahrt und Kurzparkstände auf einer gemeinsamen Ebene.

Die Gesamtanlage läßt sich in acht Baustufen bei gleitender Bedarfsanpassung erstellen.

The reception concourse with check-in, security and all the other facilities is divided into decentralized rotundas with a common central nodal structure containing the spaces for airport administration, central services and supplies, as well as access areas for public transport. It is also the transit lounge for connecting flights. Every rotunda is linked with and via the central building section by means of moving walkways, for national flights on one level, for international flights on another. Each rotunda has its own permanent car-park section. Ramps lead from the canopied access driveways (which hang from the access ring road like marsupial pouches) to the car-park and to the central distribution area. There are 210 short-term parking spaces for each rotunda.

Each rotunda has a central departure hall with five pairs of check-in units grouped around it. The ring-shaped pier in front of the waiting lounges is constructed in such a way as to allow the docking of loading bridges at any point on the pier façade, depending on the type of aircraft. Wedge-shaped front halls make the link between each rotunda and its access driveway and also contain the assembly points. There are two separate levels in the terminal building for departures and arrivals, containing all the check-in, passport and security check and baggage claim areas. Pier assembly points as well as access areas and short-term car-parks are all on the same level. The whole complex is designed to allow a phased development, to meet the need and increase in demand.

Flughafen Kaltenkirchen, Hamburg, 1968
Kaltenkirchen Airport, Hamburg, 1968

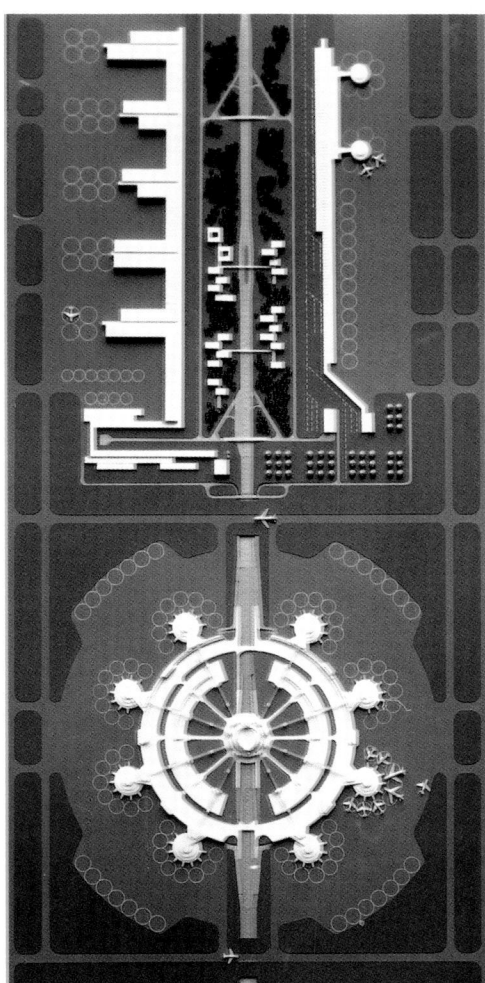

Linke Seite:
Erste Baustufe.
1 Modell der Gesamtanlage.
2a Abflugebene.
2b Ankunftebene.

Previous page:
First phase.
1 Model of overall complex.
2a Departure level.
2b Arrival level.

1

Linke Seite: Flugsteigring im Ausführungsmodell.
1 Gesamtplan.
2 Grundrißausschnitt der Abfertigungsebene des Flugsteigrings mit Funktionsablauf für Abflug und Ankunft.

Previous page: Final model of hexagonal piers.
1 Overall site layout.
2 Floor plan section of check-in/check-out level with function diagram of departures and arrival.

Flughafen Tegel, Berlin, 1965/1975
Tegel Airport, Berlin, 1965/1975

So nah wie möglich können Fluggäste an die Flugsteige heranfahren. Alle Bauten haben eine direkte Vorfeld- und Straßenseite. Die Flugschalter sind im sechseckigen Flugsteigring untergebracht. Die offene Mitte des Sechsecks dient als Parkhaus für Langzeitparker. Zum Rollfeld hin sind an vierzehn erkerartigen Vorbauten flexible Fluggastbrücken angebracht. Ein gleichartiger sechseckiger Gebäudering ist auf der Ostseite des Towers vorgesehen.

Das Ordnungsprinzip des Dreiecksraster findet seine Entsprechung im Aufriß: Die Geometrie wird als gestaltendes Ordnungselement von Konstruktion und Technik eingesetzt. Die Rohbaustruktur des Betons ist außen und innen sichtbar gelassen. Das konstruktive „Knochengerüst" des Bauwerks bleibt ablesbar. Fassaden und Unterdecken spannen sich als „Haut" zwischen dieses Gerüst. Geneigte Fassadenflächen werden ebenso wie die Ausbildung von Brüstungselementen und Vouten der Stützenköpfe als durchgängige gestalterische Sprache verwendet. Die rote Farbe ist in der äußeren Erscheinung des Flughafens die einzige Kontrastierung zum Grau des Betons und dem Bronzeton von Scheiben und flächigen Fassadenelementen.

Die erkerartigen Vorbauten der Fassade münden in einem Rundbau, der

Passengers are able to drive as extremely close as possible to the aircraft pier positions. All buildings have an adjoining apron and streetside area. Check-in counters are placed in the hexagonal pier structure. The open centre of the hexagon serves as a car park for long-term parking. There are flexible loading bridges from fourteen oriel-like projections out towards airside. Another hexagonal pier ring is planned to the east of the control tower.

The floor plan is based on a triangular grid and is echoed in the elevation: the ordering principle for both structure and technical installations is the geometry of the triangle. The concrete shell is left exposed both inside and outside. The structural 'skeleton' of the building remains legible. Façade claddings and suspended ceilings stretch like 'skins' over and between the skeletal structure. Slanting façade surfaces are used as the 'words' of the design language throughout, as in the parapet elements and the inclined haunches of column tops. The colour red appearing on the outer façades of the airport terminal constitutes the only strong contrast with the grey concrete and the bronze hues of the window glazing and smooth façade surfaces.

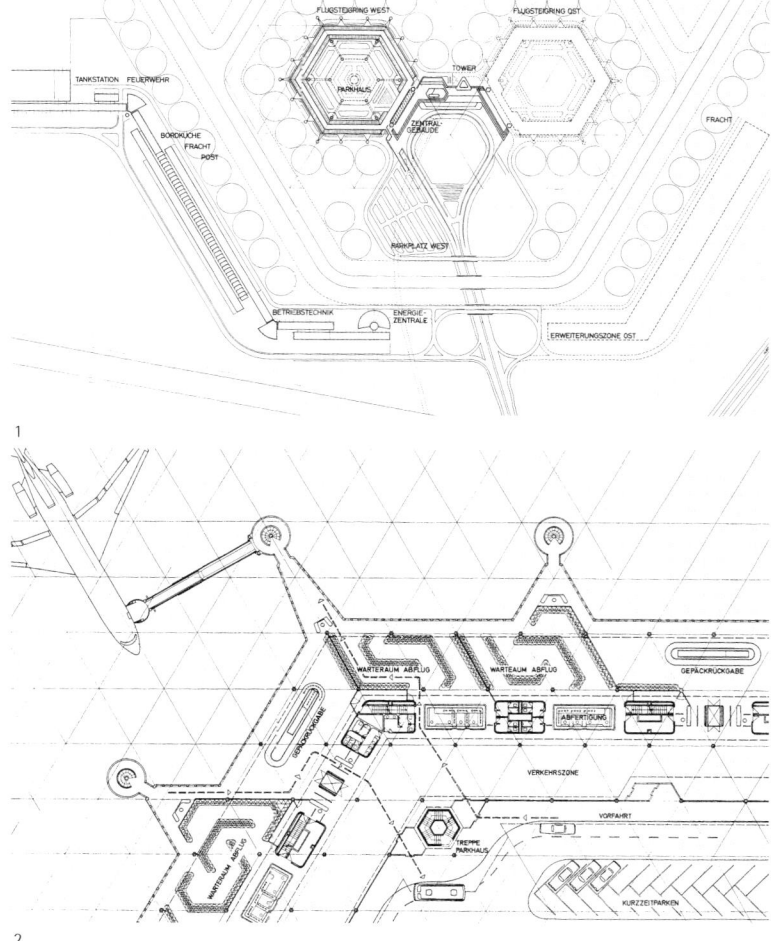

1

2

das Gelenk zwischen dem Bauwerk und den beweglichen Fluggastbrücken darstellt. Technik und Bauwerk verschmelzen zu einer gestalterischen Einheit.
Die zweigeschossige Schalterhalle im Zentralbereich wird durch eine Glasdachkonstruktion abgeschlossen. Die Rohheit des Werkstoffs Beton erhält durch Brechungen und plastische Ausformung Maßstäblichkeit und Proportionen, die im Innenraum zusammen mit Klinkerplatten und warmer Farbgebung eine harte Atmosphäre vermeiden.

The projections on the airside façade lead into a circular building section, the 'joint' between piers and the flexible loading bridges. Technical elements and architecture merge to form a design unity.
The double-storey main concourse hall is covered by a glazed roof. The roughness of the concrete receives an appropriate scale and proportion by virtue of staggered surfaces and the plasticity of form. In the interior it combines with fired floor tiles and a warm colour scheme to soften its effect.

1

1 Blick auf den Flug-
  steigring über das
  Vorfeld hinweg.
2 Blick vom Flugzeug
  auf das Terminal.
3 Blick auf den Zentral-
  bereich von der
  Hauptzufahrt.

1 View onto the pier
  hexagon across the
  apron area.
2 The terminal seen
  from an aircraft.
3 The main concourse
  section viewed from
  the approach road.

Architektur für den Luftverkehr / Architecture for air traffic

1 Fassadenausschnitt Zentralbereich.
2 Zentralbereich mit Vorfahrt.
3 Galerie im Zentralbereich mit Blick in die Schalterhalle.
4 Die verglasten Pyramiden auf dem Dach der zentralen Halle.
5-6 Innen- wie Außenfassade des Flugsteigrings ist von Design-Charakteristiken des Flugzeugbaus geprägt.
7-8 Innenansichten Zentralbereich.
Rechte Seite:
Die Zufahrt zum Flughafen führt unter dem ringförmig geschlossenen Rollweg der Flugzeuge hindurch.

1 Façade detail of main concourse building.
2 Main building with drive-way.
3 View from gallery into main concourse hall.
4 Glazed pyramids on the roof of the main concourse.
5-6 Inside and outside of the gangways are evolved from airplane interior styling.
7-8 Interior views of main concurse.
Next page:
The main access road to the terminal passes underneath the aircraft taxiway.

38 Architektur für den Luftverkehr / Architecture for air traffic

aus Berlin in alle Welt...

1 Transparente Überdachung der Taxiplätze.
2 Horizontale und vertikale Konstruktionsteile sind durch plastische Ausformung verklammert.
3 Unterhalb der Brücke. Lamellen schützen gegen die Abgasstrahlung der Flugzeuge und brechen das Licht.
4 Durchfahrt zum Flugsteigring.

1 Transparent taxi stand roofing.
2 Horizontal and vertical structural components are joined to create a unified sculptural form.
3 Below the bridge: slats shield the tunnel from aircraft exhaust fumes and serve as a daylight refractor.
4 Tunnel passage to the inner pier ring.

Taxistandüberdachung

Eine leichte, filigrane Stahlhohlprofil-Konstruktion überdeckt die Fußgängerinsel unmittelbar vor der Vorfahrt des Abfertigungsgebäudes. Das Dach mit Plexiglas-Klarglasschalen ist völlig durchsichtig gehalten, es überdeckt eine Fläche von 8,66 Meter x 65 Meter und steht auf vier eingespannten runden Stahlrohrprofilstützen.

Taxistandüberdachung

A light weight structure of hollow steel sections covers a pedestrian island immediately in front of the terminal building. The three-span roof surface is completely transparent (barrel-shaped Plexiglass) and covers an area of 8.66 x 65 metres supported upon four tensioned steel tubular columns.

Brücken und Straßen

Alle Straßen, Brücken und Außenanlagen im Bereich des Flughafens sind organisch einbezogen. Horizontale und vertikale Konstruktionsteile sind durch plastische Ausformung verklammert. Die Taxiway-Brücke zeigt leicht schräg gestellte Fronten, plastisch herausgezogene Stützmauern, ausgerundete Ecken im Auflagerbereich und am Sockel sowie die Abbildung der lasttragenden Funktion bei den Widerlagern. Die 120 Meter breite Brückenanlage besteht aus drei nebeneinanderliegenden Brücken, auf denen zwei Verbindungsstraßen und ein Flugzeugrollweg über die Zufahrt zum neuen Empfangsgebäude geführt werden. Die Widerlager aller Brücken und der dazwischenliegenden Lamellenfelder sind durchgehende Fußgängertunnel.

Ein hierarchisiertes Informationssystem und ein Reglement für die Werbung dämmt den größten Teil der willkürlichen und individuellen Schilderflut ein.

Bridges and roads

All roads, driveways, bridges and ancillary structures around the airport are organically integrated into the overall complex. Horizontal and vertical building parts fused together by sculptural forms. The taxiway bridge has a slightly sloping front, projecting support walls and round cornered seating and basecourse. The bridge's load-bearing function is legible in the shape of its abutments. The entire 120 metre-wide bridge structure actually consists of three parallel bridges carrying two connecting roads and one taxiway over the access driveway to the new terminal building. All abutments to the bridges and the intermediate perforated wall surfaces create pedestrian through tunnels.

A controlled information system and a ruling for the use of advertisement posters throughout the airport building stops the haphazard and confusing proliferation of signs.

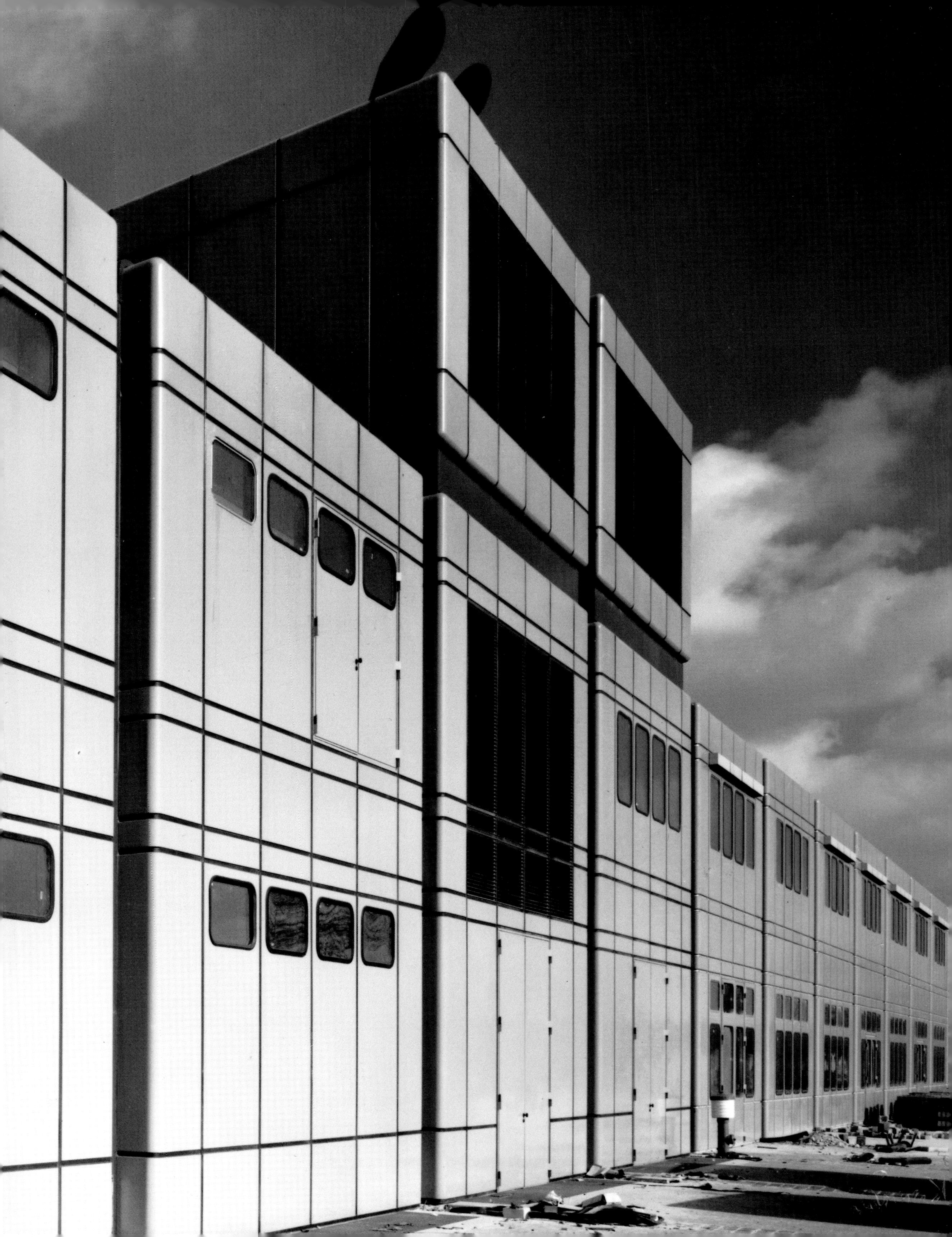

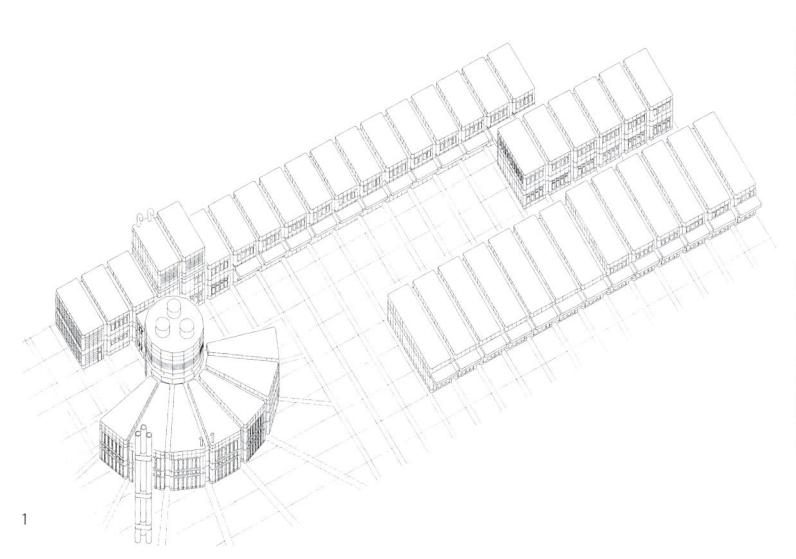

Service-Gebäude

Alle dem Flughafen dienenden Gebäude basieren auf einem modularen Bausteinsystem. Durch Addition der Bausteine entsteht eine flexible und zugleich geordnete Baustruktur, die den extrem unterschiedlichen Nutzungsanforderungen Rechnung tragen und zugleich Wildwuchs vermeiden soll.

Service building

The airport buildings are designed upon a modular 'kit of parts' system. Additional building blocks, create a flexible yet at the same time 'ordered' building structure which accomodates the wide variety of programme uses and avoids uncontrolled development.

Linke Seite:
Die einzelnen Gebäudecontainer nehmen unterschiedliche Funktionen auf.
1+5 Die radial angeordneten Baukörpersegmente der Energiezentrale schließen an den runden Turmbau an.
2–4 Ansichten Energiezentrale.

Previous page:
Seperate building containers with different functions.
1+5 The radially arranged wedges of the airport power station are linked with the circular tower.
2–4 sights energy centre.

Flugzeugwartungshalle

Die Flugzeugwartungshalle fügt sich mit den rückwärtigen zweigeschossigen Anbauten in die städtebauliche Konzeption des Flughafens ein. Sie bedeckt eine Fläche von 105 m x 93,75 m. Eine Erweiterung auf 420 m Länge ist möglich.

Die Konstruktion erlaubt eine Nutzung über die gesamte Länge, da keine Wand tragend ausgebildet wurde und das gesamte Dach einschließlich der 19,50 m hohen Schiebetore an Pylonen aufgehängt ist. Die Hallentore können auf die gesamte Breite aufgefahren werden.

Aircraft hanger

The aircraft maintenance hangar, together with its double-storey rear annexes, inserts itself harmoniously into the urban layout design of the airport. It covers an area of 105 x 93.75 metres and could be extended to a length of 420 metres.

The structure allows full use of the entire hangar floor space; none of the walls has a load-bearing function, and the roof was suspended from 19.50 metre-high pylons. The gates can be opened across the whole width of the hangar.

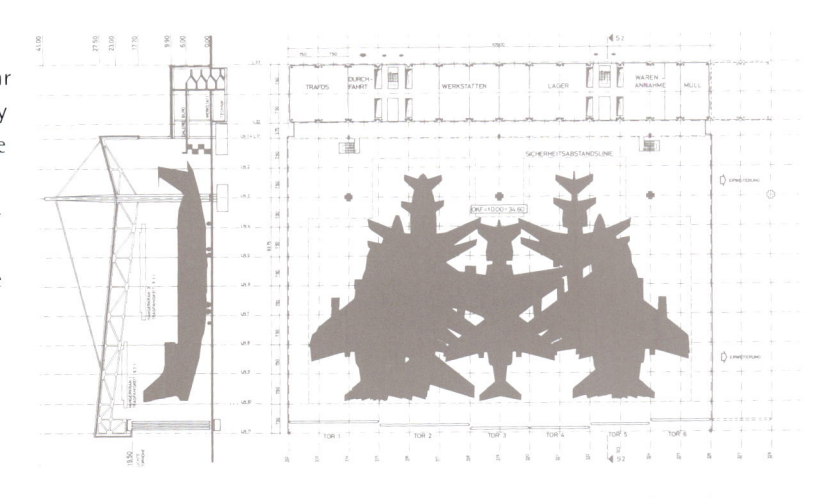

1 Grundriß und Schnitt
2 Die 19 Meter hohen Hallentore können in drei Ebenen über die gesamte Breite aufgefahren werden.

Rechte Seite:
Im Vordergrund die Gebäudecontainer der Tankstation, dahinter die Flugzeughalle mit den rückwärtigen Werkstatt- und Lagerbauten im gleichen System

1 Floor plan and section
2 The hangar gates are 19 metres high and can be opened across the whole width on three levels.

Next page:
In the foreground the container buildings of the filling station, behind them the hangar with structurally coherent rear workshop and store buildings

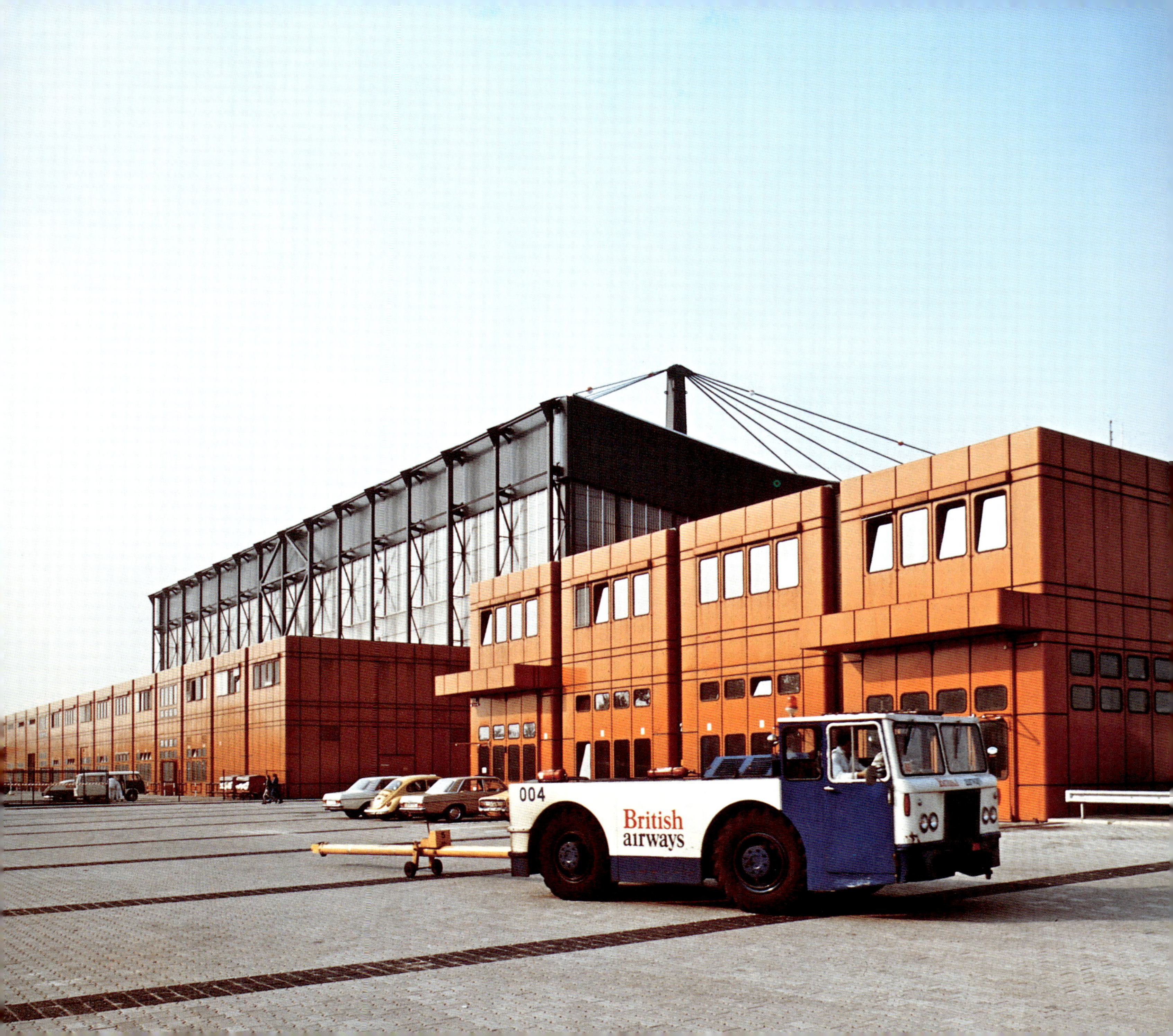
004
British
airways

Lärmschutzkabine

Es handelt sich um eine freistehende Stahl-Fachwerkkonstruktion, mit Leichtmetallplatten verkleidet. Der Scheitelpunkt der Dreiecksflächen liegt bei 27 Meter. Der Schall wird durch die umschließende Dach- und Wandkonstruktion gedämmt. Der flache Beugungswinkel des Schalls wird dadurch vergrößert, daß die Schallquelle seitlich und oberhalb abgeschirmt ist. Die frei austretenden Schallwellen werden über die geneigten Flächen entsprechend gebeugt. Die Lärmschutzkabine gewährleistet je nach Flugzeugtypus und Abstrahlmaximum eine Schallreduktion mehr als 20 dB.
Sie vermeidet die hohen Kosten und technischen Schwierigkeiten einer geschlossenen Halle.

Noise Control Tunnel

The peak of the triangular surfaces lies at a height of 27 metres. The hall is a free-standing steel truss structure, infilled with light-weight corrugated metal sheets. Sound is deadened by the surrounding roof-cum-wall. The shallow sound deflection angle is extended because the source of the noise is shielded both from the sides and from above. Sound waves from the aircraft are deflected by the slanting wall surfaces. The hall guarantees a noise reduction of more than 20 decibels, dependant upon plane type and exhaust pavera. It avoids the high cost and technical problems of a closed noise control chamber.

Lärmschutzkabine
von der Rückseite.
Die Zeichnung zeigt
den Längsschnitt.

**Noise control hangar
from the rear, longi-
tudinal section.**

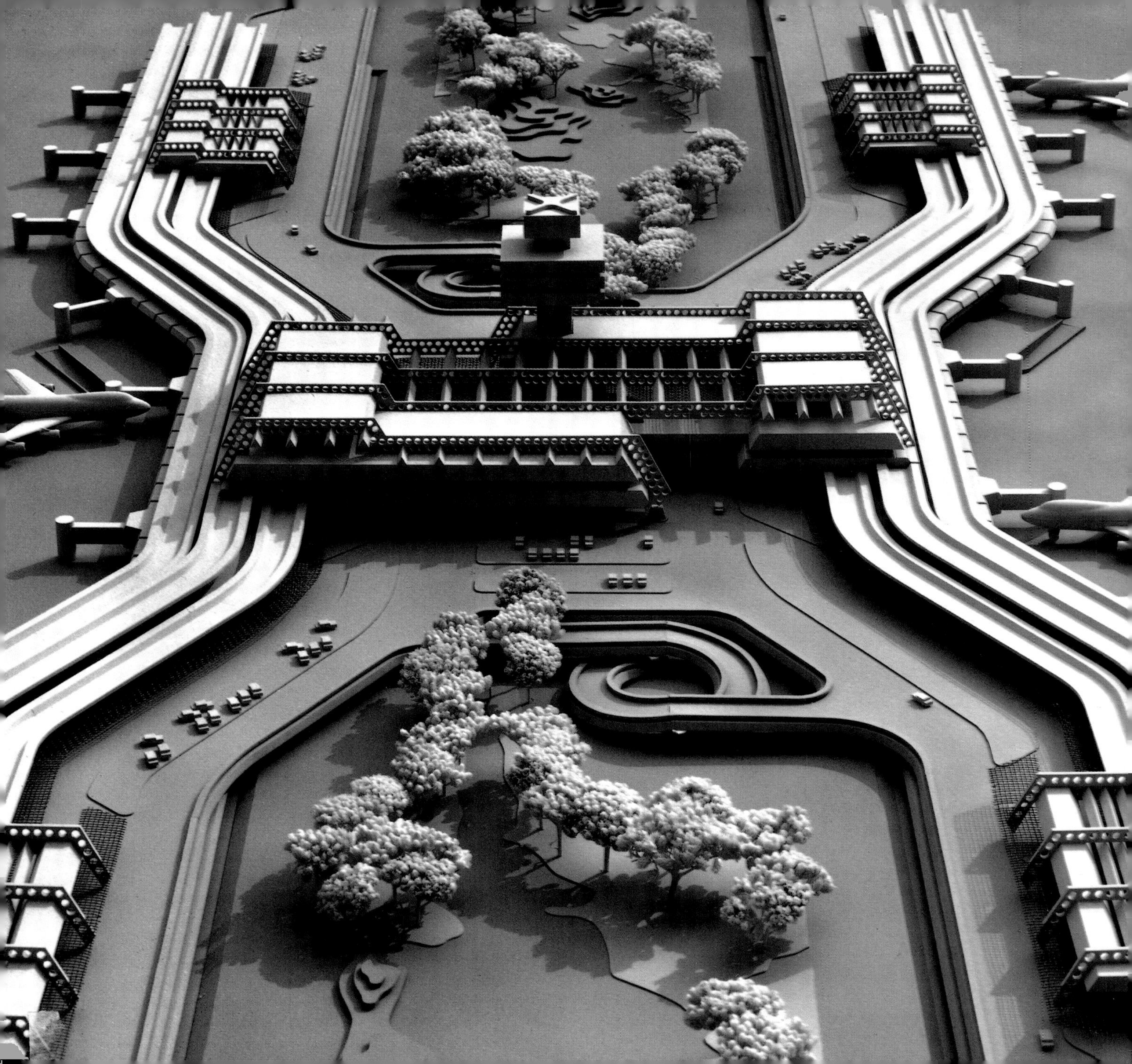

Linke Seite:
Modell in der Schrägaufsicht.
1-2 Skizzenhafte Erläuterungen zur Konzeption.

Previous page:
Bird's-eye view of model.
1-2 Concept sketches.

ERLÄUTERUNGEN ZUR KONZEPTION

FLIEGEN · FLIEGEN · FLIEGEN

FÜR SYMBOLISTEN
IDENTITÄT VON FORM UND INHALT

1

Flughafen München, 1975
Munich Airport, 1975

Zwei gerade Gebäudestangen werden durch einen Zentralbau verklammert. Im Inneren dieser H-Konfiguration sind ebenerdig die Dauerparkplätze angeordnet, während die Individualvorfahrt auf der oberen Ebene liegt. Die Abfertigung für Abflug und Ankunft erfolgen gemeinsam auf einer Ebene. Für zentralisierte Funktionen sind im Gebäude knotenförmige Ausweitungen vorgesehen, die über ein Flughafen-internes Verkehrssystem mit der Zentrale verbunden werden. Im Zentralbereich sind alle übergeordneten und einmaligen Funktionen zusammengefaßt. Er stellt zugleich die Verbindung zwischen beiden Gebäudestangen her. In der Wettbewerbslösung wird die H-Konfiguration der Gesamtanlage durch die Einschnürung in der Mitte abgewandelt. Das „H mit Taille" vermindert im Zentralbereich die Entfernung der beiden Gebäudestangen, innen- wie außenräumlich werden lange Gebäudefluchten vermieden. Die „Stangen" erhalten eine gefaltete Dachstruktur, die durch einen Höhenversatz im Schnitt seitliche Lichtführungen herstellt und den Innenraum basilikaartig mit Tageslicht versorgt. Der Zentralbereich erhält in der Mitte durch ein großes Glasdach mit durchgehendem Luftraum über mehrere Geschosse den introvertierten Charakter eines Gewächshauses.

Two long, straight building blocks are linked by a central bar structure. On the ground level between the three bars of the 'H' is located the permanent parking. The driveway for private cars is on the upper ramp. Check-in units for departures and baggage claims for arrivals are on the same level. Centrally controlled functions are located in modular extensions within the building complex. These nodes are linked to their respective headquarters via an internal airport traffic system. The middle section of the 'H' accommodates all the central functions.
The competition design revised the H-configuration of the overall structure by constricting its middle part. The 'H with a waist' in the centre of the complex reduces the distance between the two long building bars; this eliminates long alignments both inside and outside of the centre. The 'bars' are covered by folded roofs which, by virtue of their staggered heights, let in daylight through lateral openings, as seen in the section, a bit like in a basilica. The middle section is an atrium, a void several storeys high, covered by a large glazed roof structure that suggests the introverted mood of an over-sized conservatory.

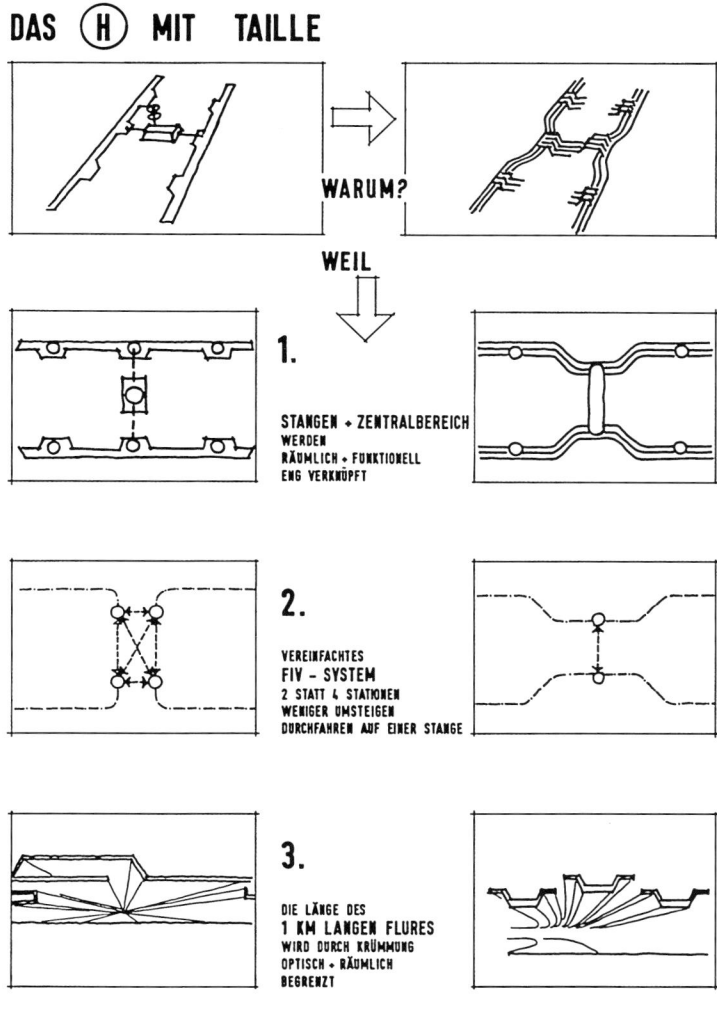

DAS (H) MIT TAILLE

WARUM?

WEIL

1. STANGEN + ZENTRALBEREICH WERDEN RÄUMLICH + FUNKTIONELL ENG VERKNÜPFT

2. VEREINFACHTES FIV - SYSTEM 2 STATT 4 STATIONEN WENIGER UMSTEIGEN DURCHFAHREN AUF EINER STANGE

3. DIE LÄNGE DES 1 KM LANGEN FLURES WIRD DURCH KRÜMMUNG OPTISCH + RÄUMLICH BEGRENZT

2

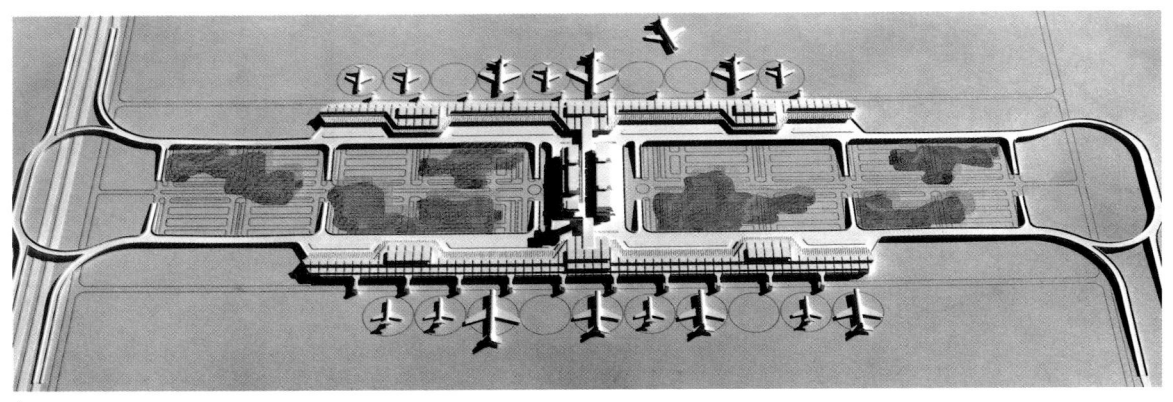

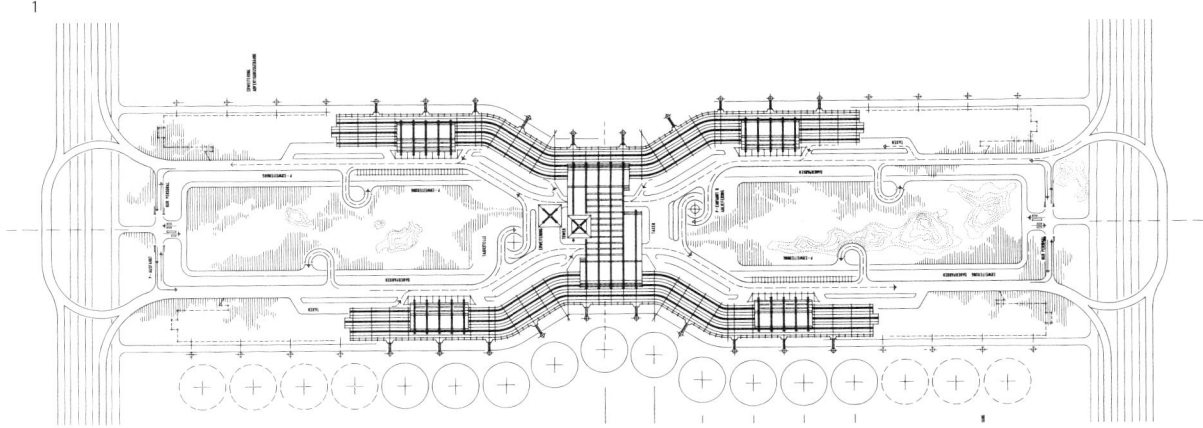

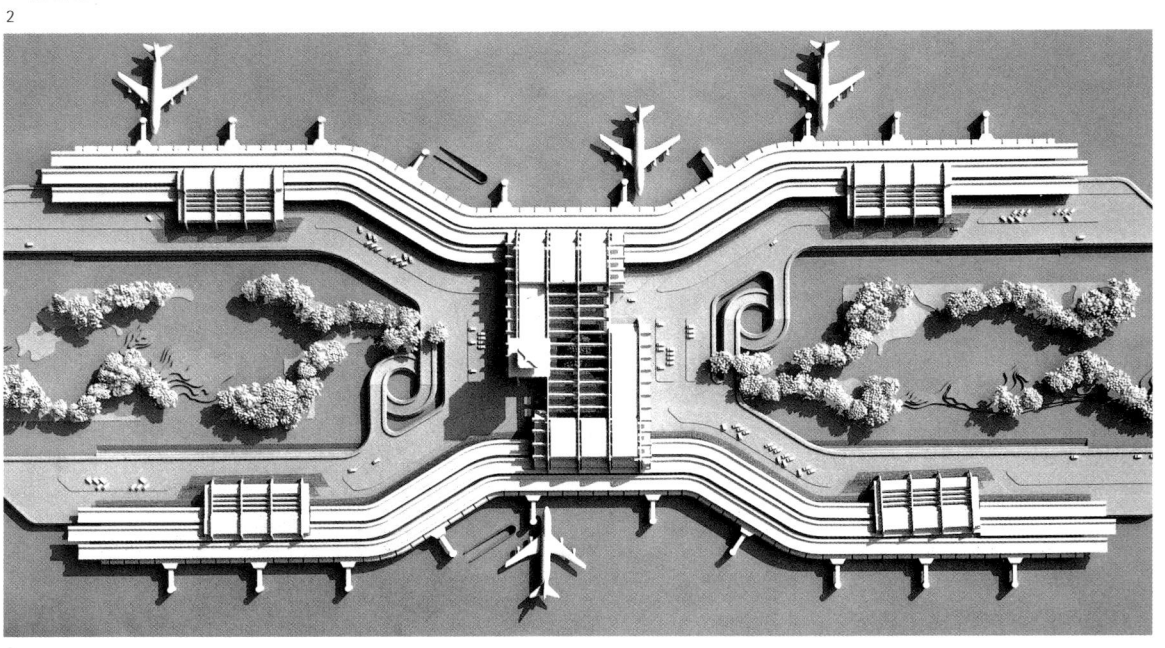

1

2

3

1 Vorausgegangene Entwurfsfassung aus der Bearbeitungsphase des Generalausbauplans.
2 Lageplan des Wettbewerbsentwurfs.
3 Modell des Wettbewerbsentwurfs.
4 Modell des Alternativentwurfs: Zentrale Kreislösung.

1 Early design version of the final planning stage for the complex.
2 Site plan of competition design.
3 Model of competition project.
4 Model of design alternative: central circular solution.

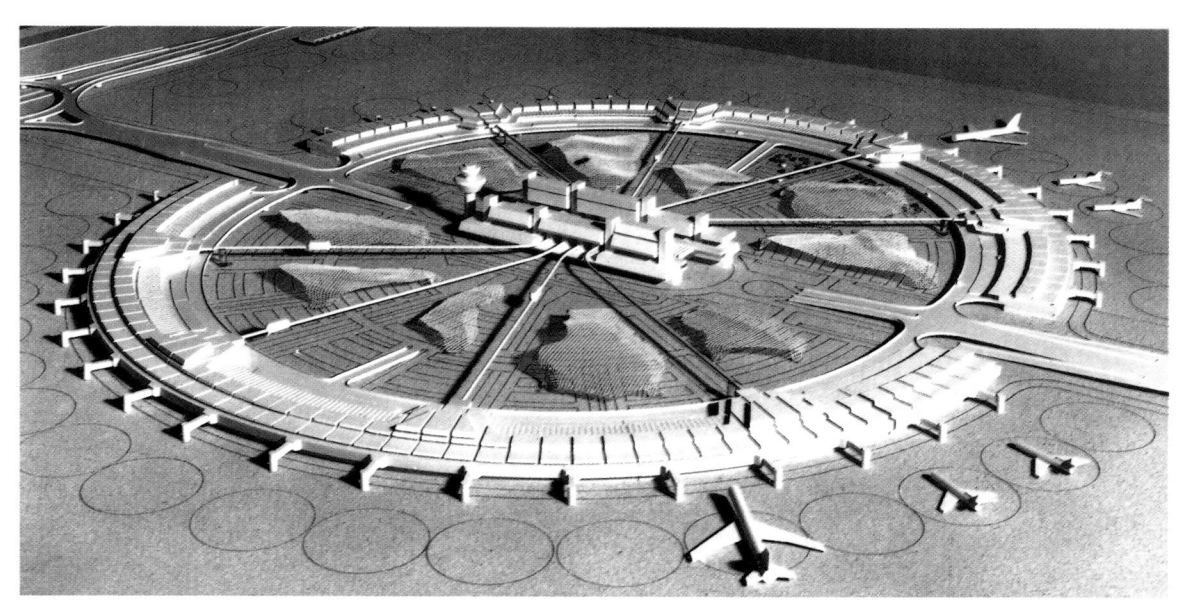

4

In der Kreislösung werden die beiden Gebäudestangen zu einer kreisförmigen Gesamtanlage um einen zu allen Abfertigungspositionen gleichwertig gelegenen Zentralmittelpunkt geschlossen. Die Verbindung von dem Zentralgebäude in der Mitte zu dem Flugsteigring erfolgt über ein radial verlaufendes internes Transportsystem. Dadurch wird den unterschiedlichen Anforderungen des dezentralisierten Individualverkehrs und des zentralisierten öffentlichen Verkehrs besser entsprochen. Die Einrichtungen für Abflug und Ankunft liegen im Wechsel zusammen auf der gleichen Ebene. Ihnen werden die Flugzeugpositionen auf der „Luftseite" und die Vorfahrt und Kurzparkplätze auf der „Landseite" gebäudenah zugeordnet. Der große Dauerparkplatz liegt innerhalb des Kreises auf der Null-Ebene.

In this circular building complex the two long bars from the previous project are transformed and joined into a ring around a central node that is set at the same distance from each pier assembly point (gate) and aircraft position. The building in the middle of the complex is linked to the airside ring via radially arranged traffic and transport passages. This serves the different needs of both de-centralized individual traffic and centralized public traffic. Check-in, security check and baggage-claim areas for departures and arrivals alternate on the same level. The aircraft positions on the airside and the access driveways and short-term parking spaces on the landside are positioned close to the building. The vast long-stay car-park is situated on level 0 within the ring enclosure.

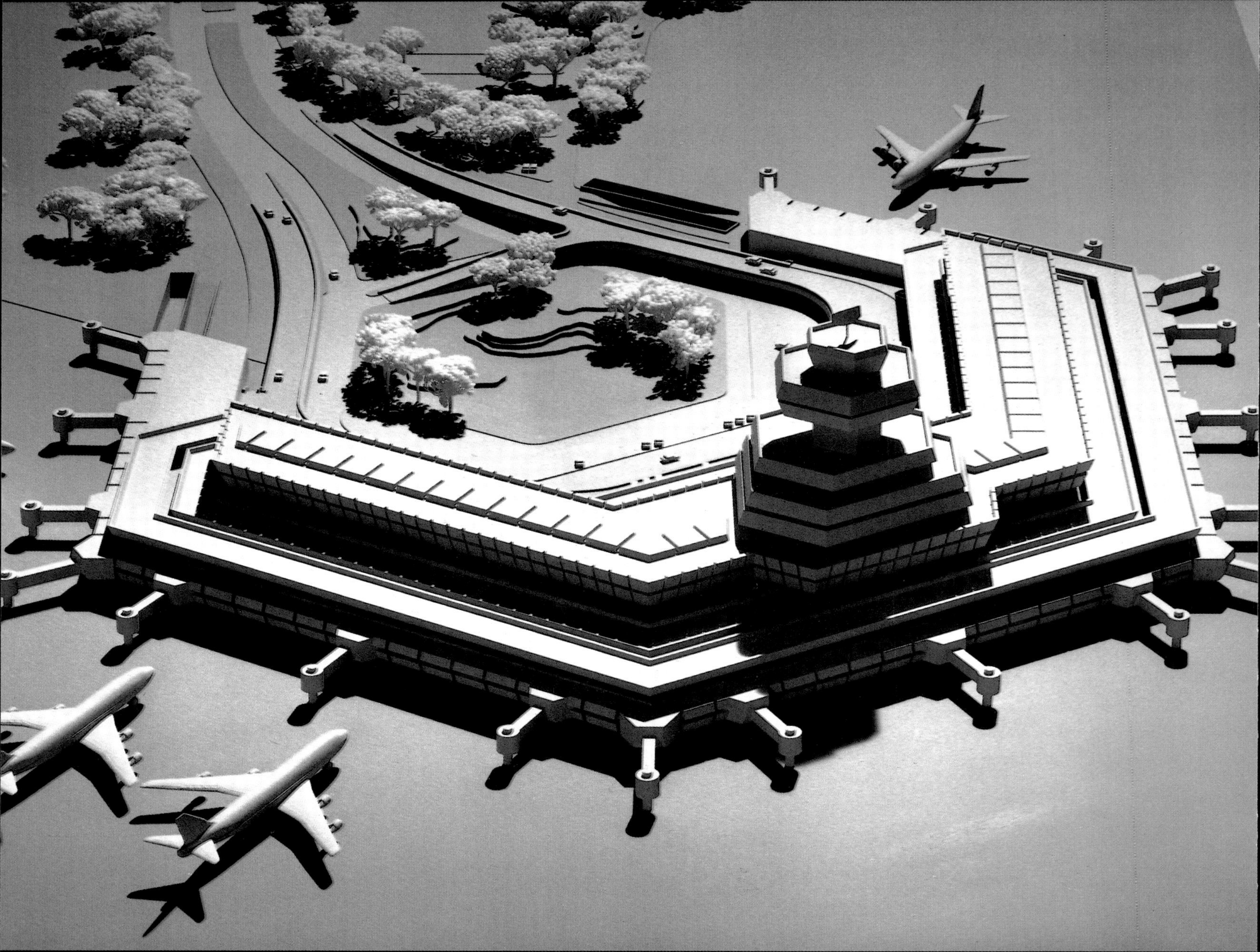

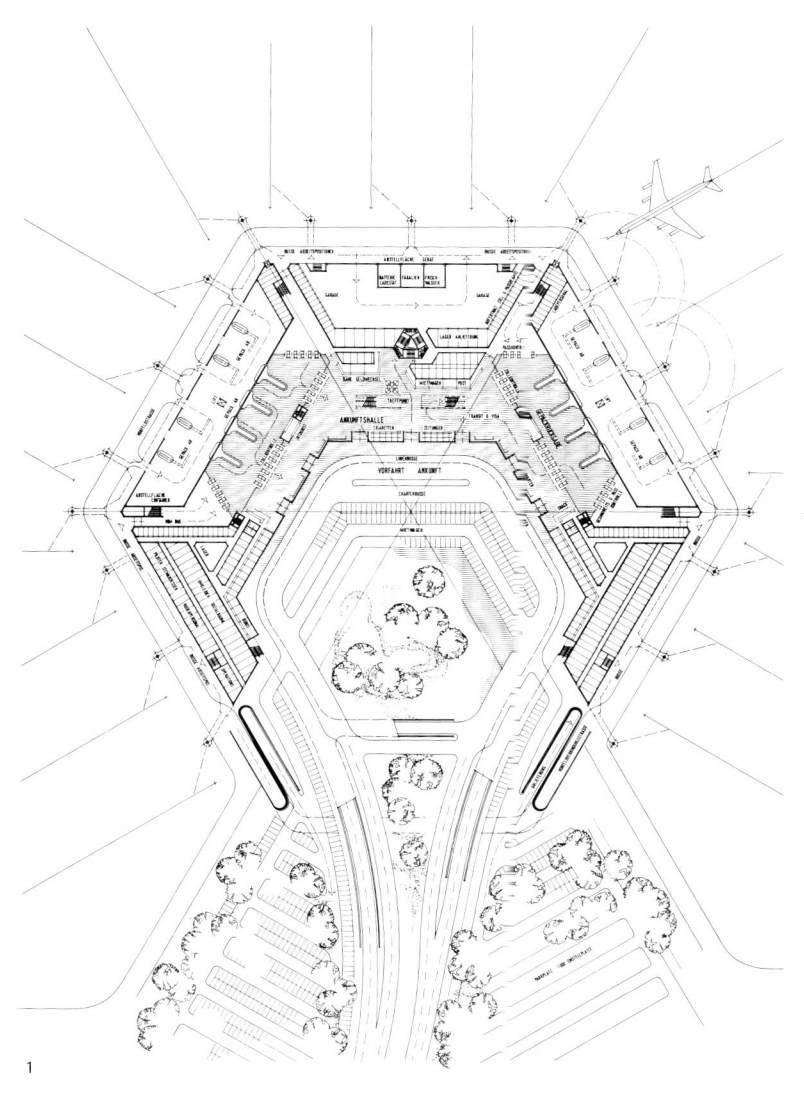

Flughafen Moskau, 1976
Moscow Airport, 1976

Um ein geometrisches Sechsecksystem gruppieren sich 19 gebäudenahe Positionen. Die übergeordneten und zentralen Funktionen sind in einem mittig angeordneten Turmbau zusammengefaßt; er ist durch Schrägstellung der Fassaden mit dem kompakten Sockelbau verschmolzen. Die beiden Hauptverkehrsströme sind auf zwei Ebenen mit jeweils zugeordneten Vorfahrten getrennt: Abflug oben, Ankunft unten.

Nineteen served aircraft bays are placed around a hexagonal structure. The operational management and other centralized services are grouped together in a tower in the middle of the complex. The tower's slanted façades merge with the compact plinth. There are two main driveways, on the upper level for departures, on the lower level for arrivals.

Linke Seite:
Modellansicht der Gesamtanlage.
1 Grundriß der Ankunftebene.
2 Modell von der Flugfeldseite.
3 Der mittig angeordnete Tower betont die Achsialsymmetrie.

Previous page:
Model view of the complex.
1 Floor plan of arrivals level.
2 Model, viewed from the airfield.
3 The central tower emphasizes the axial nature of the terminal building.

Architektur für den Luftverkehr / Architecture for air traffic 53

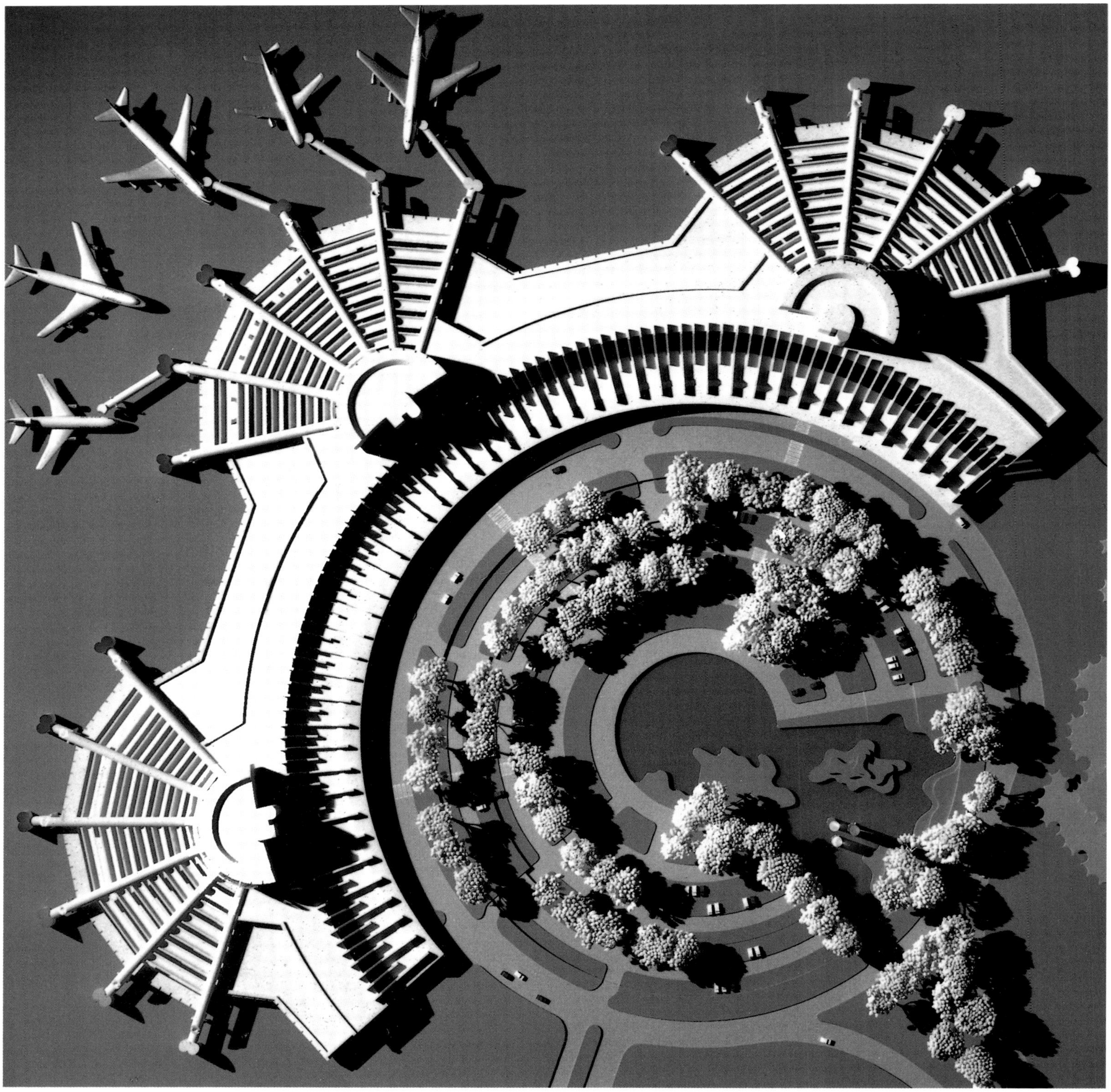

Flughafen Dar El Beida, Algier, 1976
Dar El Beida Airport, Algier, 1976

Entwurf A

Das aufgefaltete und von Bindern profilierte Rund der Haupthalle prägt den Terminal. Die zentrale Halle wie auch die Warteräume werden durch Oberlichter im Dach beleuchtet. Abflug- und Ankunftabfertigung von Fluggästen und Gepäck auf einer Ebene und Abflug-Warteräume auf einer oberen Ebene kennzeichnen die sogenannte 1 1/2-Ebenen-Lösung. Die alternierende Anordnung von Abflug- und Ankunftseinrichtungen in einer gemeinsamen ebenerdigen Halle bestimmt die Größe des Terminals. Der Entwurf gliedert sich in drei Module, von denen im ersten Bauabschnitt zwei realisiert werden sollen. Die Jahreskapazität beträgt 6-7 Millionen Passagiere. Der Generalausbauplan ist bei einem Endausbau auf 25 Millionen Passagierkapazität ausgelegt.

Design A

The unfolded spherical shape of the main concourse, defined through the configuration of the roof joists, is the key part to the airport terminal. The concourse and waiting lounges are daylit via roof skylights. Departures and arrivals for passengers and baggage handling are on one level, and departures with their assembly points are on the upper level. This represents the so-called 'one-and-a-half-level solution'. The alternating layout of departures and arrivals in a common ground-level concourse determine the size of the terminal. The design is based on three modules, two of which are to be built in the first construction phase. The terminal will have the capacity to handle six or seven million passengers a year. It is envisaged that the airport will eventually handle 25 million passengers per year on completion of the entire complex.

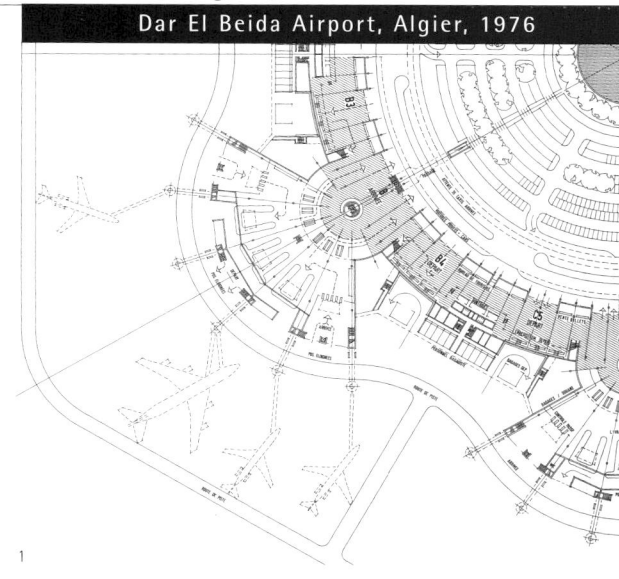

Linke Seite:
Entwurf A.
1 Grundriß EG.
2 Modellansicht eines Moduls.

Previous page:
Design A.
1 Ground floor plan.
2 One of the pier sections, model view.

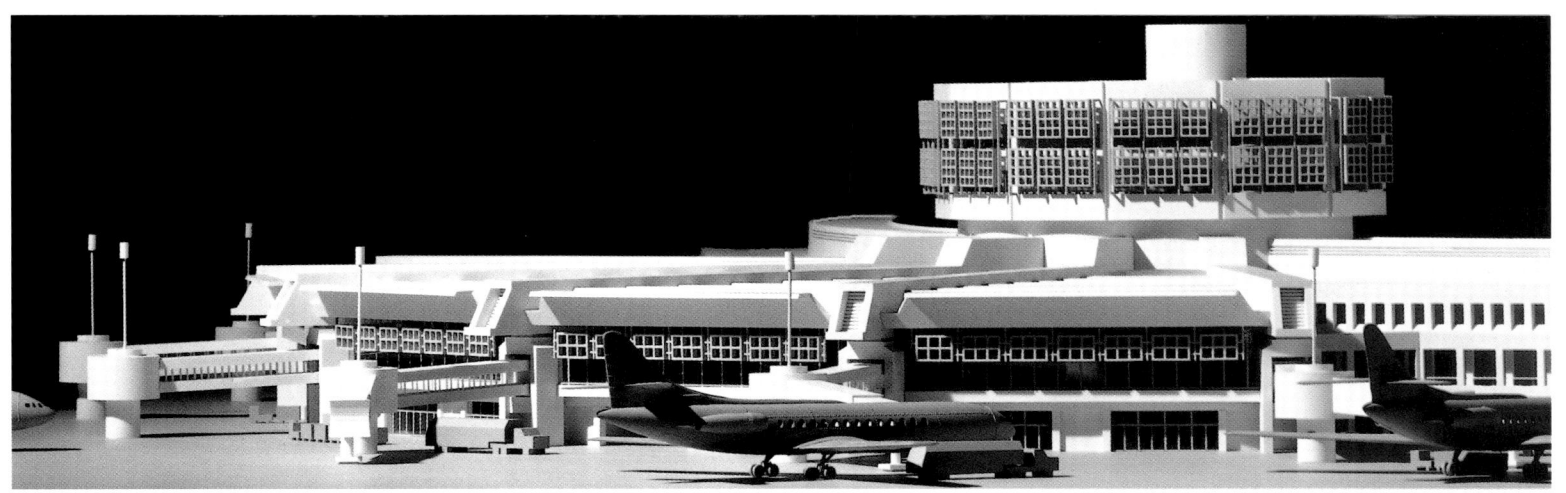

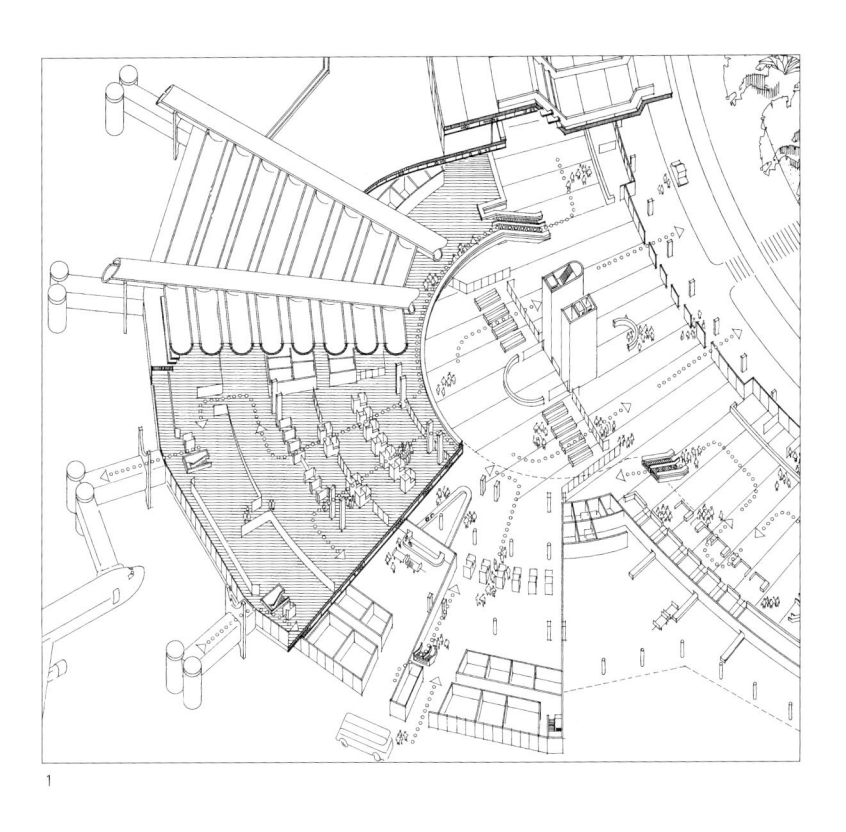

1 Entwurf A:
 Isometrie eines
 Moduls.
2-3 Bauzustand 1996.
4 Blick in die Halle.

1 Design A:
 Isonometric view
 of one of the
 moduls.
2-3 1996: the airport under construction.
4 Interior drawings.

Rechte Seite:
1 Isometrie des Terminals zeigt die Funktion der zwei Ebenen.
2 Entwurf B. Modellaufsicht.

Right page:
1 An isometric view of the terminal building showing how the two levels function.
2 Design B. Model overview.

Architektur für den Luftverkehr / Architecture for air traffic

Entwurf B	**Design B**
Die Einfassung der mittleren Park- und Grünzone durch die angehobene Vorfahrt sowie die Struktur der großen Fachwerkroste des Dachs kennzeichen den Terminal. In das Trägersystem sind Oberlichter integriert. Es handelt sich um einen sogenannten 2-Ebenen-Terminal, Abflug auf der oberen Ebene und Ankunft auf der unteren Ebene sind vertikal vollkommen getrennt. Durch Übereinanderschichtung von Abflug- und Ankunfthalle ist die Gebäudeausdehnung reduziert, die Vorfahrt auf zwei Ebenen erlaubt eine stärkere Krümmung des Gebäudes, der Terminal ist kompakter. Die Gesamtkapazität ist auf 6-7 Millionen Passagiere pro Jahr ausgelegt.	The central landscaped park and green zone is enclosed by the access ramps. Large-scale roof trusses are the characteristic elements of the terminal. Skylights are integrated into the roof framework. The complex functions on the basis of a two level system. Departures on the upper level and arrivals on the lower level have completely separate concourses. This layering of levels means that the area covered by the terminal is reduced and access on two levels allows for a more pronounced curvature of the structure. The terminal building is more compact. It is to handle six or seven million passengers a year.

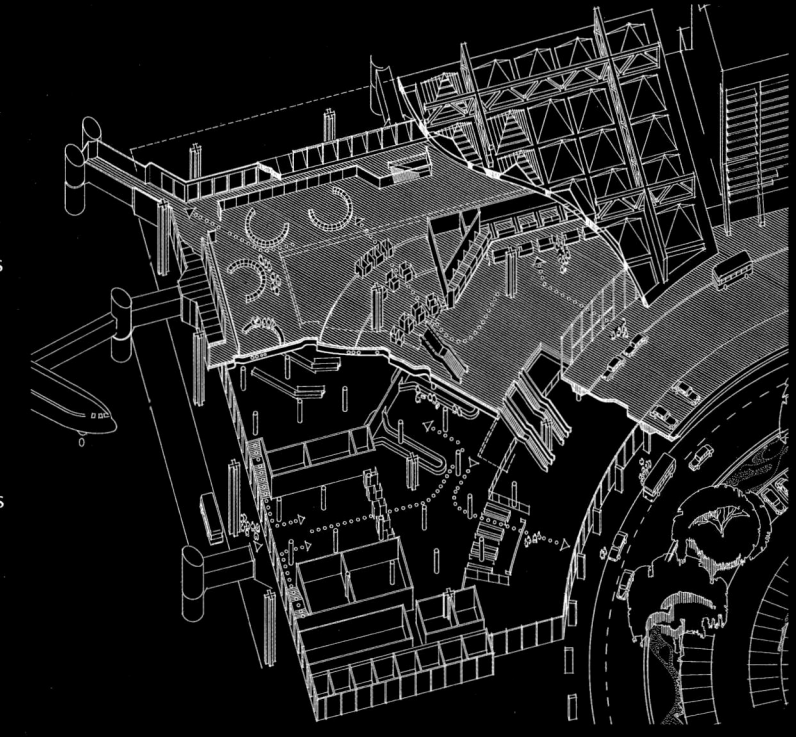

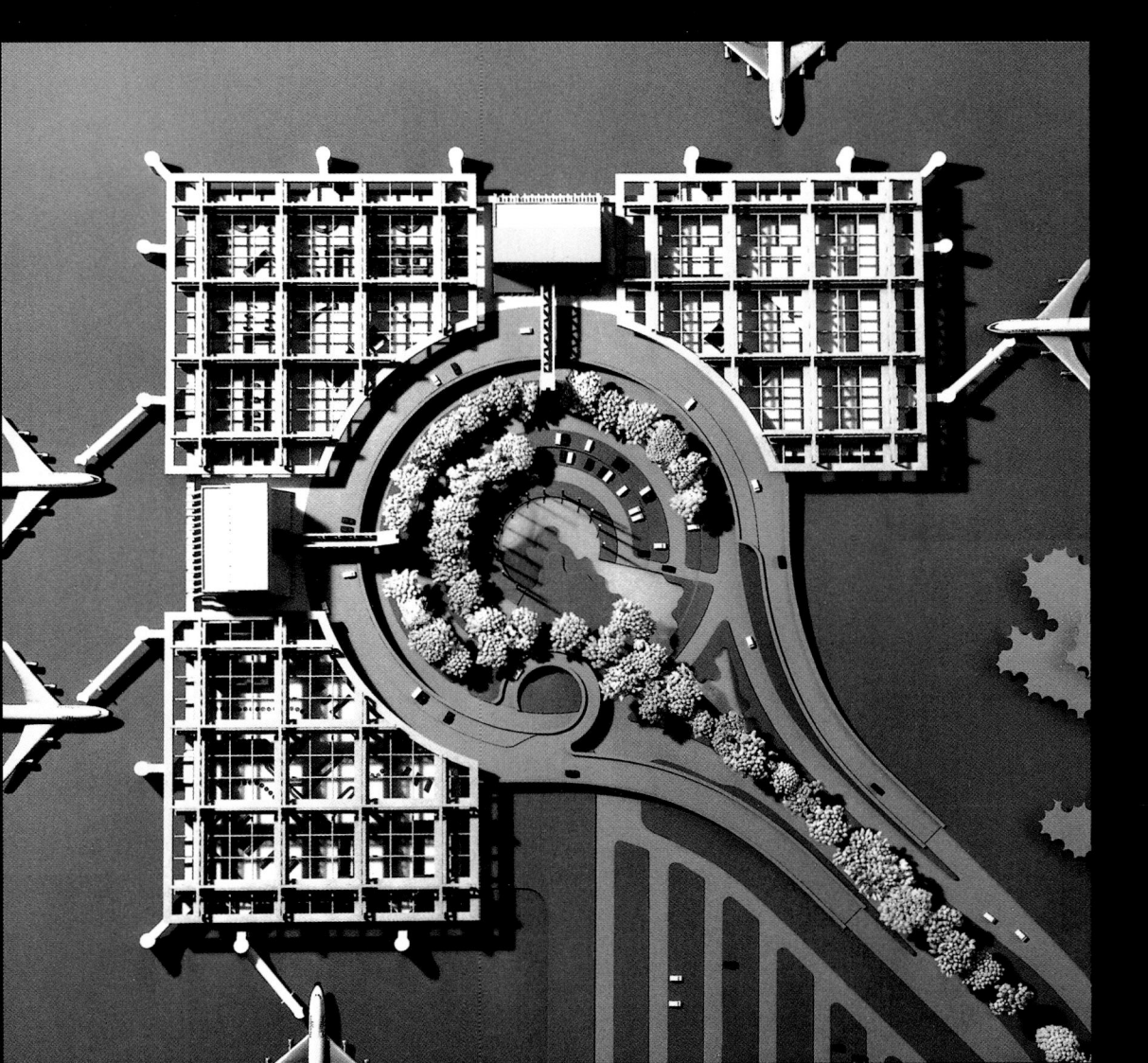

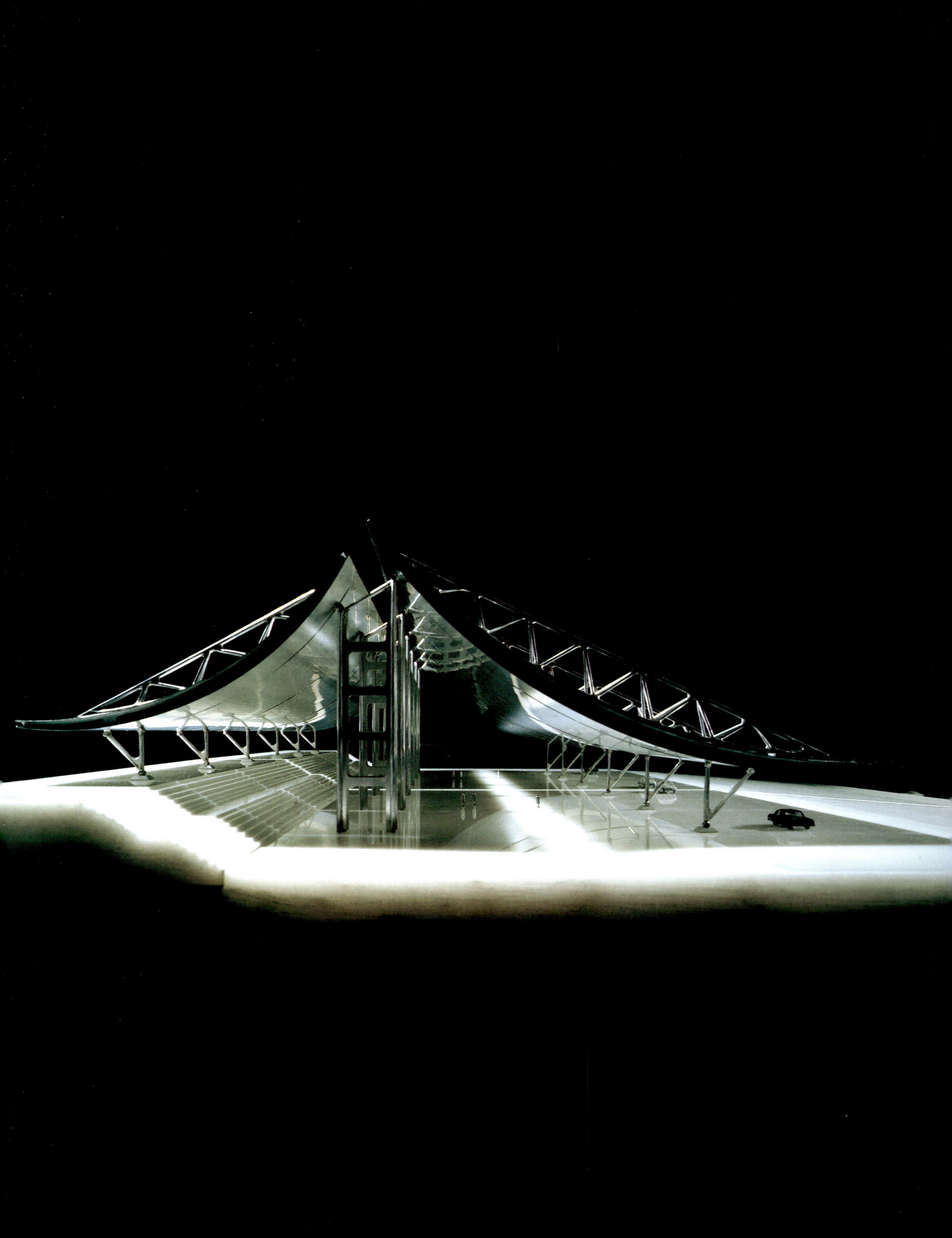

Die städtebauliche Ausformung des Flughafengeländes wird durch Straßenachsen und Alleen, weitläufige Grünanlagen und markante Gebäude in ablesbare, übergeordnete Gesten geprägt. Es wird ein klares und einfaches Organisationsprinzip für die langfristige Entwicklung des Flughafens erzielt. Die untere Ebene stellt mit der großen Halle und der vorgelagerten Straßenvorfahrt die Ankunftsebene dar. Die darüberliegende Ebene nimmt Abflugfunktionen auf. Dem großen Hallenraum ist auf der Luftseite ein Gebäuderiegel vorgelagert, an dem Flugzeugpositionen über Brückenverbindungen angelagert sind. Es entstanden vier Entwurfsvarianten, die sich weniger funktional, hingegen in der gestalterischen Ausformung und der Konstruktion des jeweiligen Daches sehr wesentlich unterscheiden.

Entwurf A

Als Hauptträger für die zwei weitspannenden, sich gegeneinander stützenden ungleich großen Dachschalen des Entwurfs A dienen von außen sichtbare Stahlfachwerkbinder, die jeweils an der landseitigen und luftseitigen Fassade von Stützen und gemeinsam in der Hallenmitte von großen, ebenfalls als Fachwerk aufgelösten Pylonen getragen werden. Der Typus der Dachform stellt eine Analogie zur Bautradition eines Pagodendaches her, kehrt das Konstruktionsprinzip gleichwohl um. Die tragende Struktur der räumlich gespreizten Fischbauch-Fachwerkbinder liegt außerhalb der Dachebene, die Dachschale hängt darunter. Die vertikalen Auflagerpunkte durchstoßen die Dachfläche und lassen Tageslicht in das Halleninnere fallen.

The airport land is structured with a layout of street-axes and avenues, it is characterized by spacious landscaped areas and prominent buildings. A clear, basic ordering principle is achieved for the long-term development of the airport in the future. Access to the main large concourse and the flight arrival areas is on the ground floor, with departures on the next upper level. Airside, a pier structure with aircraft positions accessible via bridges is placed in front of the main concourse. Four design variations were offered, they each produce a differing approach to structure and roof form whilst remaining functionally similar.

Design A

In design A, the main structural beams of the wide-span, mutually supporting roof shells are created by two steel trusses, visible from outside, which rest on the airside and landside façade columns and are both supported in the centre of the hall by large framework pylons. This type of roof configuration is an analogy to the traditional pagoda roof, yet it reverses the construction principle. The load-bearing structure of the three-dimensional bow trusses lies above the roof surface, the roof shell is suspended below. The vertical points of support pierce the roof surface. Daylight is directed into the hall through openings at these points.

Flughafen Pjönjang, 1985/1986
Pyongyang Airport, 1985/1986

1

Linke Seite:
Entwurf A: Die Entwurfsidee in der Abstraktion des Modells.
1 Das Dachmotiv als Symbiose aus Landestradition und Dynamik des Fliegens.

Previous page:
Design A – the design idea translated into an abstract model.
1 The roof : a symbiosis of tradition and the dynamics of flying.

1

2

1 Entwurf A:
 Strukturlinien der
 Dachbinder.
2 Die große Halle von
 der Vorfahrtseite.

1 Design A: lattice roof
 girder structure.
2 The large concourse
 hall seen from the
 entrance side.

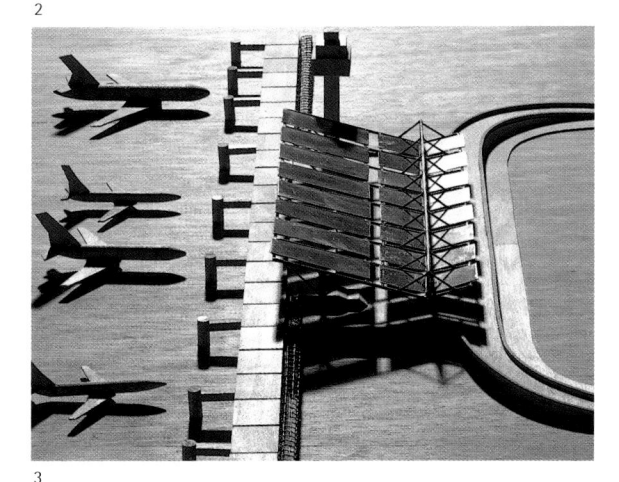

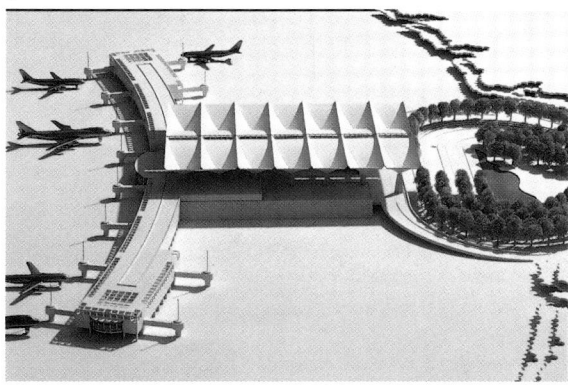

Die vier Entwurfsvarianten A, B, C, D im Modell:

1 Entwurf A

2 Entwurf B
Für die große Halle sind pyramidenförmig abgestaffelte Flachdächer vorgesehen.

3 Entwurf C
Zwei längsgerichtete räumliche Träger tragen quer dazu gerichtete geneigte Dachflächen. Der eine Binder liegt oberhalb, der andere unterhalb, der eine außen, der andere innen, positiv und negativ: Eine Zeichensprache, die sich aus dem landestypischen Symbol von Yin und Yang herleitet.

4 Entwurf D
Die große Halle wird von einer strukturell stark ausgeprägten weitgespannten Faltdachkonstruktion überwölbt. Drei Ebenen sind gestaffelt angeordnet und werden über eine breite Treppenanlage untereinander verbunden. Der vorgelagerte Gebäuderiegel ist nun gekrümmt.

Rechte Seite:
Entwurf D: Die Struktur des Gebäudesockels und des Dachfaltwerkes

The four design alternatives A, B, C, D as models:

1 Design A

2 Design B
The concourse with a roof of staggered planes, creating the effect of a pyramid.

3 Design C
Two longitudinal three-dimensional trusses support the slanting roof decks, one truss above, the other below; one truss on the external side, the other on the inside. Positive-negative: as in the national emblem Yin and Yang.

4 Design D
The concourse is overarched by a complex wide-span folded roof structure. Three split-level floors are linked by broad stairs. The 'docking' structure in front of the hall is now curved.

Next page:
Design D – structure of the plinth and folded roof.

Architektur für den Luftverkehr / Architecture for air traffic

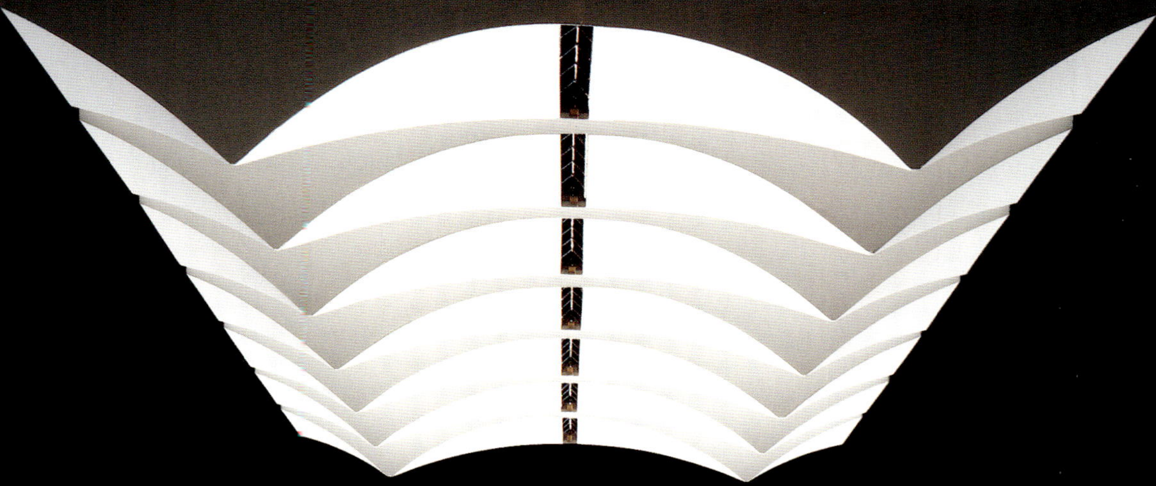

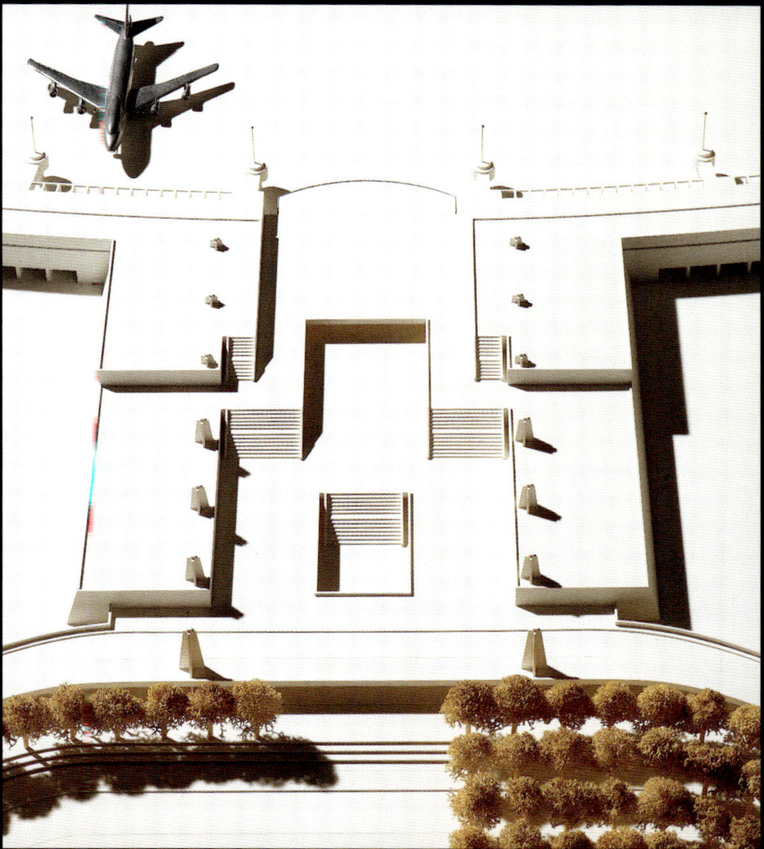

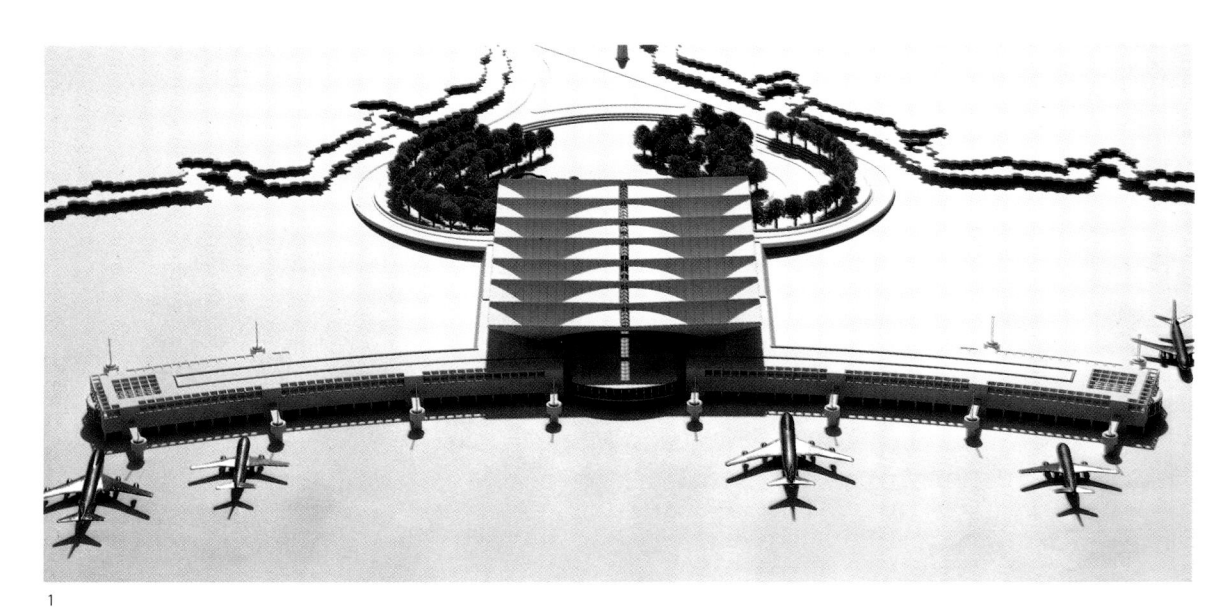

Entwurf D:
1 Modell.
2 Passagierterminal von der Vorfahrtseite.
Rechte Seite: Konstruktionszeichnung zum Dach.

Design D:
1 Model.
2 Passenger terminal, view from the main entrance.
Next page: structural diagram of the roof.

1

2

CONSTRUCTIV DETAILS

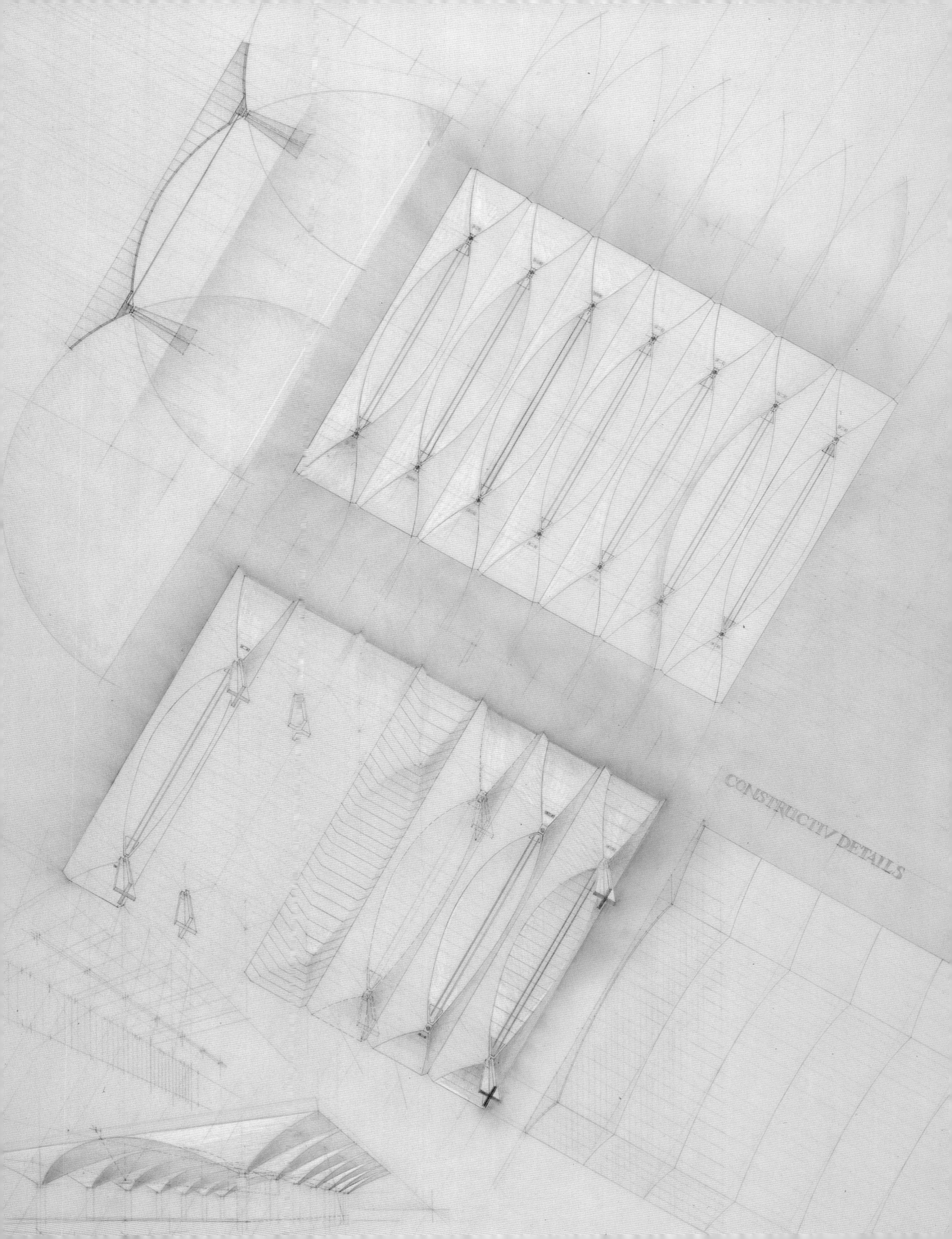

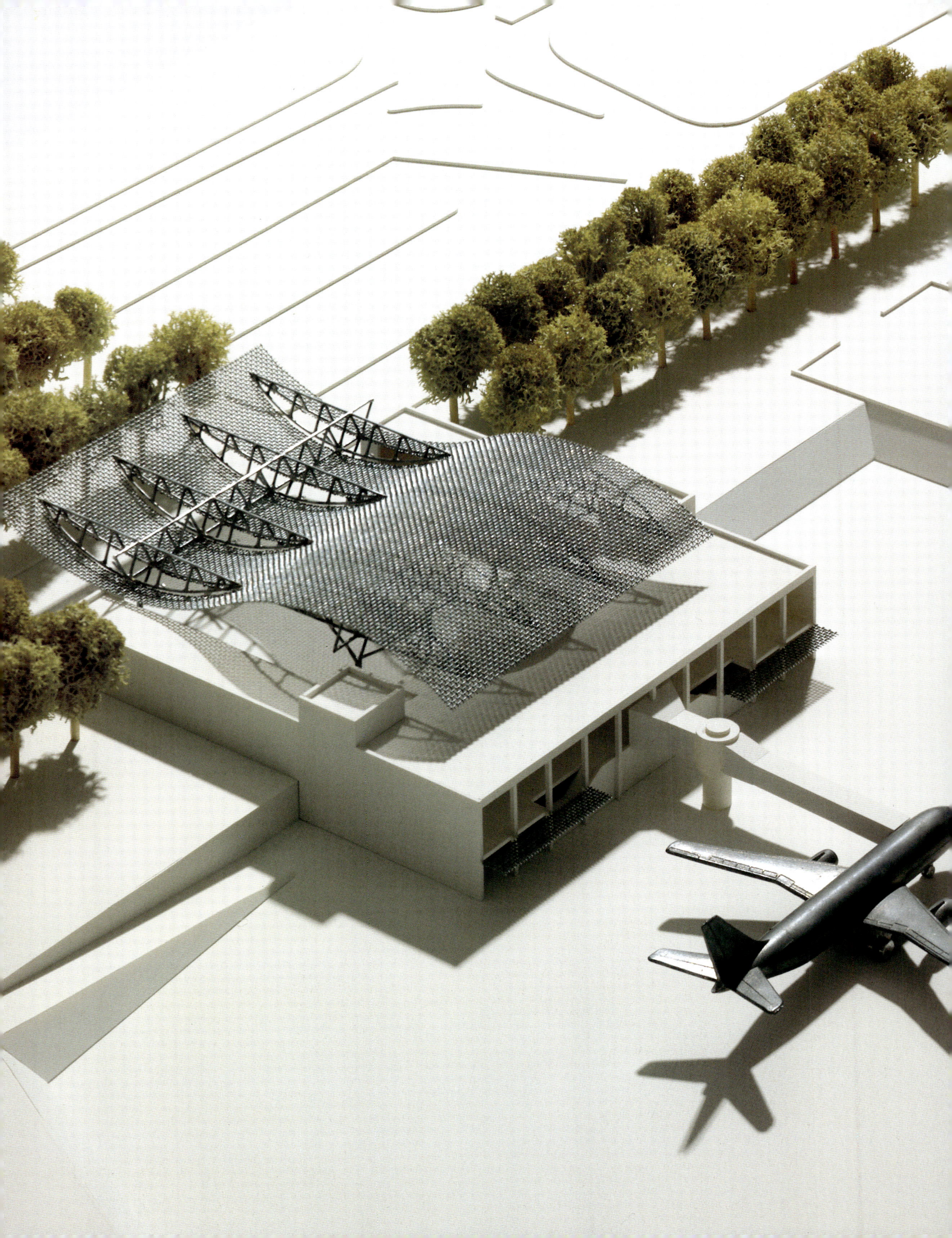

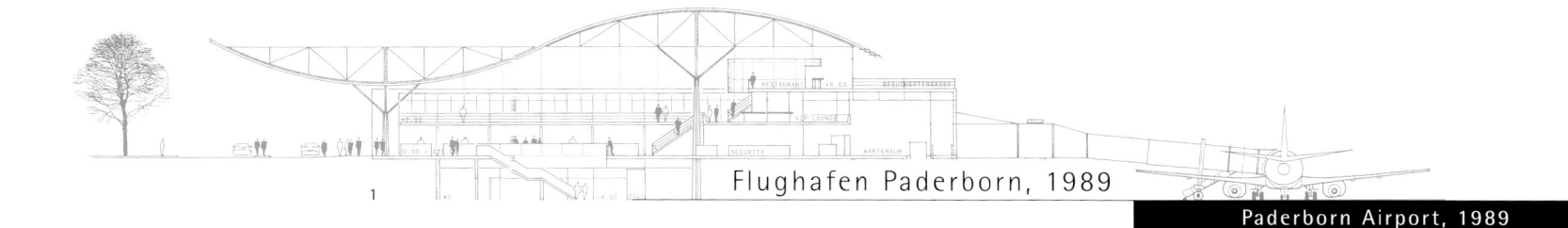

Flughafen Paderborn, 1989
Paderborn Airport, 1989

Linke Seite:
 Modell aus der Vogel-
 perspektive.
1 Schnitt.
2 Lageplan.

Previous page:
 View of model.
1 Section.
2 Site plan.

Das Gebäude präsentiert sich im Inneren als eine große Empfangshalle. Sie wird durch ein geschwungenes Dach abgeschlossen, das durch seine weite Ausladung auch die Vorfahrt abdeckt. Die einseitig gekrümmten Dreigurtbinder aus Stahl ruhen auf räumlich ausgebildeten Stützen. Oberlichter im landseitig niedrigen, nach unten geschwungenen Dachteil sorgen für gute Ausleuchtung, während im vorfeldseitigen gekrümmten Dachbereich das Tageslicht durch die seitlich Verglasung einfällt. Entsprechend der funktionalen Zweiteilung in Linie und Charter sind die Grundrisse axialsymmetrisch organisiert. Vorfeldseitig liegt ein großer Warteraum. Die Empfangshalle wird seitlich von zwei Gebäuderiegeln flankiert.

The building presents itself as a large concourse, covered by a curved roof that projects over the access driveway like a huge canopy. Unilaterally convex, three-hinged steel girders are supported by framed columns. Skylights in the sloping roof surface, that is lower on the landside, ensure adequate daylighting. The roof area towards the apron side is closed, allowing daylight into the concourse hall through high level lateral glazing.

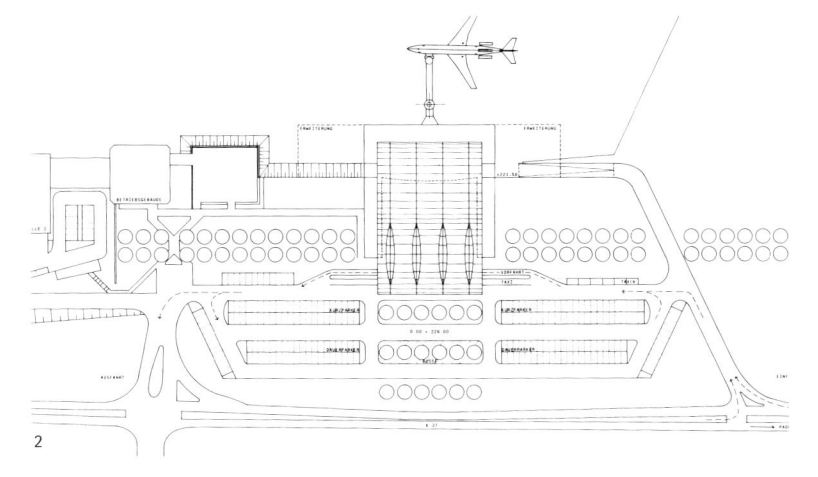

Architektur für den Luftverkehr / Architecture for air traffic

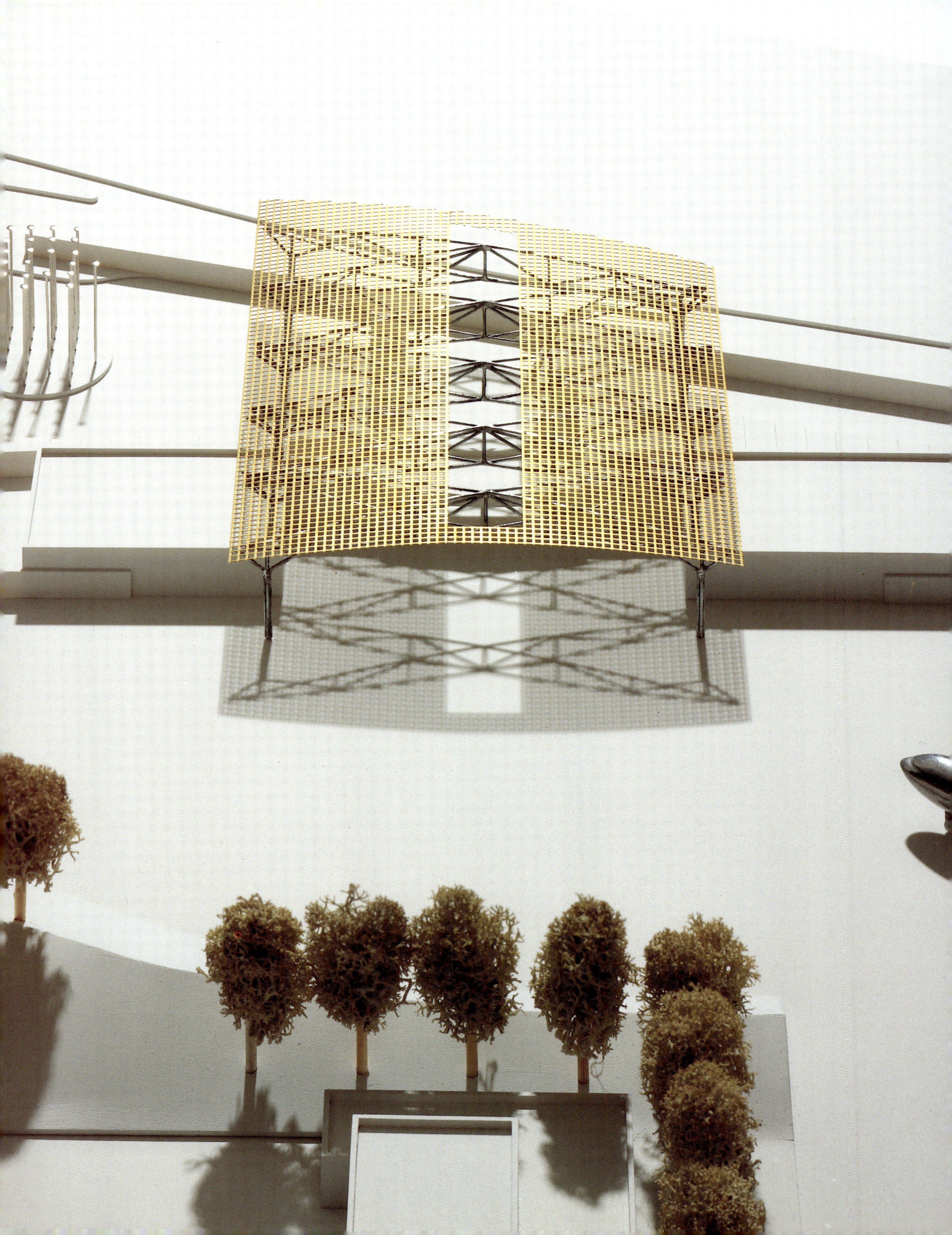

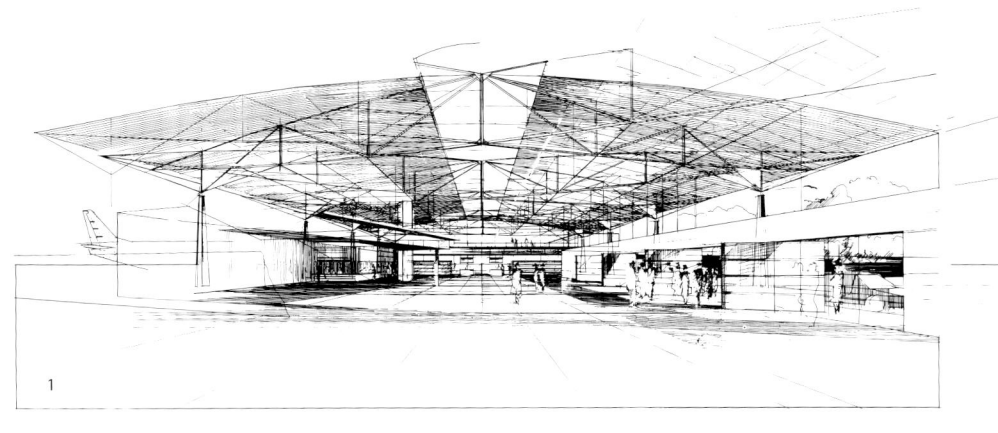

Flughafen Köln-Wahn, 1989
Cologne-Wahn Airport, 1989

Die große Halle wird von einem bogenförmigen Dach überspannt, das von rautenförmig angeordneten Stahlbindern mit Unterspannung getragen wird. Lange aus dem Baukörper auslaufende Wandscheiben bilden die Grenze zwischen öffentlichem und kontrolliertem Bereich. Sie schaffen aber zugleich die sich öffnende Gebärde des landseitigen Gebäudezugangs mit der Vorfahrt. Die räumliche Organisation ist auf eine einfache und selbstverständliche Benutzung und einen ökonomischen Betrieb ausgelegt.

The large hall has an arched roof cover, supported by steel girders stabilized by underlying rhomboid structured tie beams. Shear walls form long projections beyond the end of the building mass. These mark the border between public and controlled areas. At the same time, they create the opening gesture to the land-side entrance and approach zones. The spatial organization of the complex is geared to simple and effective operational use.

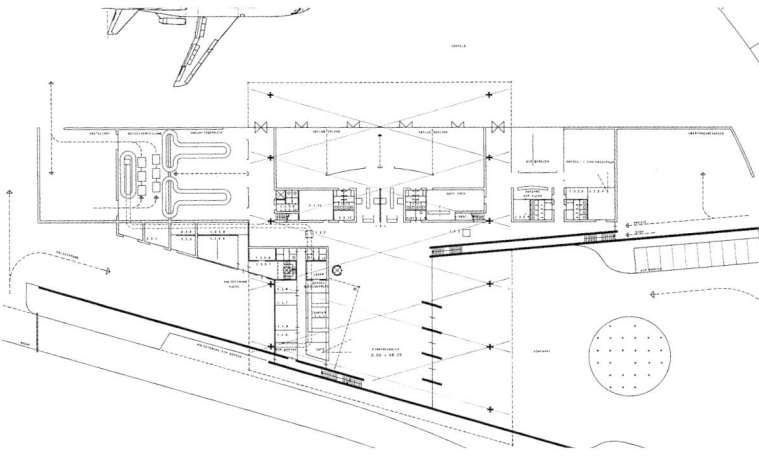

Linke Seite:
   Modell aus der Vogelperspektive.
1 Blick in die Halle.
2 Modellaufsicht.
3 Grundriß EG.

Previous page:
   View of model.
1 Interior view.
2 Model from above.
3 Ground floor plan.

Architektur für den Luftverkehr / Architecture for air traffic

STUTTGART

Flughafen Stuttgart, 1980/1990/1993
Stuttgart Airport, 1980/1990/1993

Das Terminalgebäude ist auf die elementaren Formen des Längstraktes mit Dreiecksquerschnitt und der rechteckigen Halle reduziert. Die konstruktive Baumstruktur des Hallendaches dient als unverwechselbares und spezifisches Merkmal des Flughafens. Das Traggerüst entspricht der Bauart einer Dolde. Die Last des Daches wird über ein enges Stützenraster mit vier bis fünf Meter Spannweite in die „Zweige" geleitet, von denen jeweils vier von einem „Ast" getragen werden. Zwölf „Äste" aus Rohrprofilen werden in einem Stamm vereinigt, der in das Fundament eingespannt ist.

Die Oberlichter mittig über den Stützen sind mit Heliostaten ausgerüstet. Bewegliche Spiegel, die dem jeweiligen Sonnenstand folgen, reflektieren jeweils das Sonnenlicht auf die Kronen der Stahlbäume sowie auf die Bodenplatten der Sockel. Unterhalb einer Glasplatte angeordnete Spiegel reflektieren das Licht auf die Unterseiten der „Äste" und „Zweige" zurück.

Die Lüftungsanlagen sind als frei im Raum stehende Maschinen, Rohrfügungen und Ausblasdüsen entworfen. Die Lüftungstechnik wird zu einem architektonisch gestalteten Environment in der Halle.

The terminal building is reduced down to the basic forms of the longitudinal wing with triangular cross-section and the rectangular hall. The structural 'trees' supporting the roof are the inimitable characteristic of the airport building. The skeleton corresponds to the structure of the Compound umbel. Force flowing from the roof loads is transmitted down into the 'twigs' via a narrow grid of supporting members (4 to 5 metre span), groups of four branches being supported by a further thicker 'branch' each. Twelve tube section 'branches' combine to form one of the 'tree trunks' which tie into the base.

The skylights directly above these supports are equipped with heliostats. Movable mirrors follow the sun and deflect sun rays onto the steel treetops down onto the floor tiles around their bases. Reflectors arranged within glass tiles throw the light back onto the underside of the tree canopy.

The ventilating system is a freestanding installation with pipelines and jet nozzles. Thus the ventilation technology becomes a design tool within the new hall environment.

1

Linke Seite:
Die zum Vorfeld geneigte Fassade des Terminals mit plastischer Gliederung aus Werk- und Naturstein.
1 Die Doldenstruktur der Dachkonstruktion prägt die Identität des Terminals.

Previous page:
The façade of the terminal building slopes down to the apron level. It is moulded from ashlars and natural stone.
1 The tree structures are the characteristic feature of the airport terminal roof.

Entsprechend der linearen Aufstellung der Flugzeuge sind die Warteräume und Verbindungswege zwischen Land- und Luftseite in einem langgestreckten Gebäude angeordnet. Es legt sich als Lärmschutzwall zwischen Land- und Luftseite. Die geneigten Fassadenflächen binden die Gebäudemasse topographisch in den Außenbereich ein. Dadurch öffnet sich die große Flugzeughalle wie ein klimageschützter Freibereich nach allen Seiten und dominiert als zeichenhafte Großform.

Auf der Vorfeldseite überlagern und durchdringen sich die beiden Baukörperelemente. Der Höhenrücken des Längsgebäudes löst sich in der Halle in Terrassen auf, die sich in der Mitte halbkreisförmig vorwölben. Die Fassade des Gebäudesockels ist mit Naturstein verkleidet. Indem die Fensteröffnungen vertieft und senkrecht in der schrägen Ebene liegen, entsteht eine plastische Wirkung des monolithischen Gebäudesockels. Über diesen greift die filigrane Stahlkonstruktion der großen Halle. Der verglasten Südfront der großen Halle sind motorisch bewegliche Beschatter vorgelagert. Die formale Analogie zu Tragflächen und Landeklappen von Flugzeugen ist beabsichtigt.

Corresponding to the linear arrangement of aircraft positions, the waiting halls and connecting passages are aligned in a long element which serves as a noise barrier towards landside. The raking façade surfaces bind the building mass into the typography of its environment. The huge aircraft hangar opens up on all sides as a weather-protected open space and dominates the complex, forming a large-scale 'airport marker'.

On the apron side both building forms overlap and interpenetrate. The longitudinal building's ridge dissolves in staggered levels into the hall, curving out in a semicircle in the middle. The façade of the plinth is clad in natural stone. The windows are recessed and set vertically in natural stone in the slanting façade surface – the monolithic plinth thereby aquires a sculptured quality. The light weight steel structure of the large concourse hall rises above. The glazed south front of the great hall is shielded from the sun by motor-driven shading devices. The analogy to aircraft wings and landing flaps is intentional.

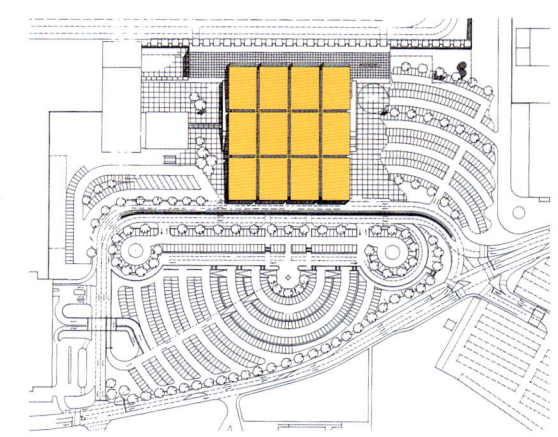

1 Lageplan.
2 Querschnitt im Modell.
3 Blick in die Halle bei Nacht.
4-5 Die mechanisch beweglichen Beschatter auf der Vorfeldseite des Terminals verwandeln dessen Erscheinung.

1 Site plan.
2 Cross section of model.
3 Terminal interior by night.
4-5 The mechanically moveable shading elements on the apron side of the terminal modulate the appearance of the façade.

4

5

Architektur für den Luftverkehr / Architecture for air traffic 73

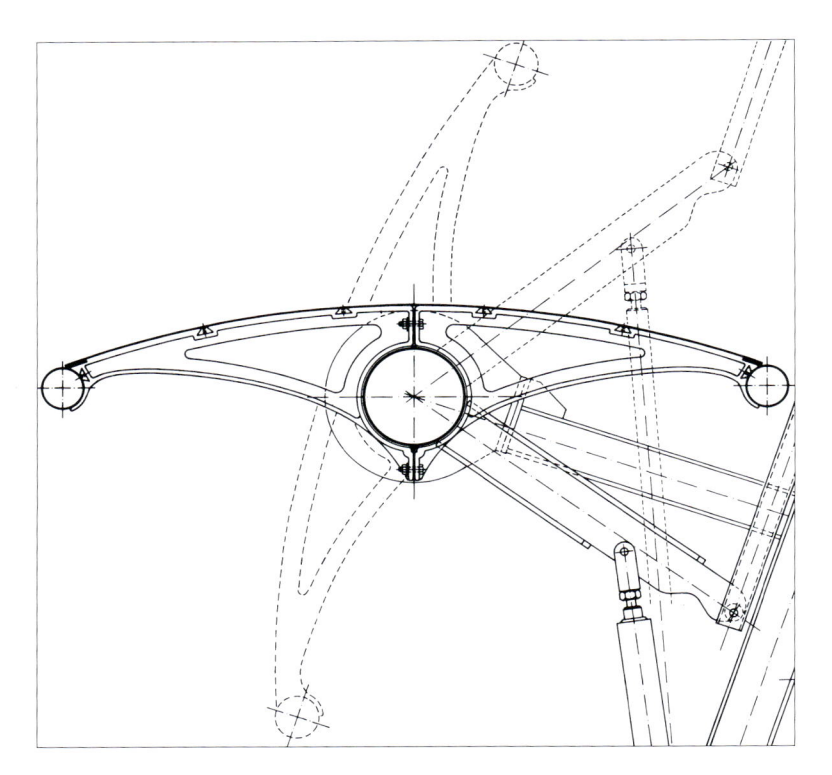

Der verglasten Südfront der großen Halle sind motorisch bewegliche Beschatter vorgelagert: Eine formale Analogie zu den Tragflächen und Landeklappen von Flugzeugen.

The moveable shading elements of the glazed south façade are designed as an analogy to aircraft wings and landing flaps.

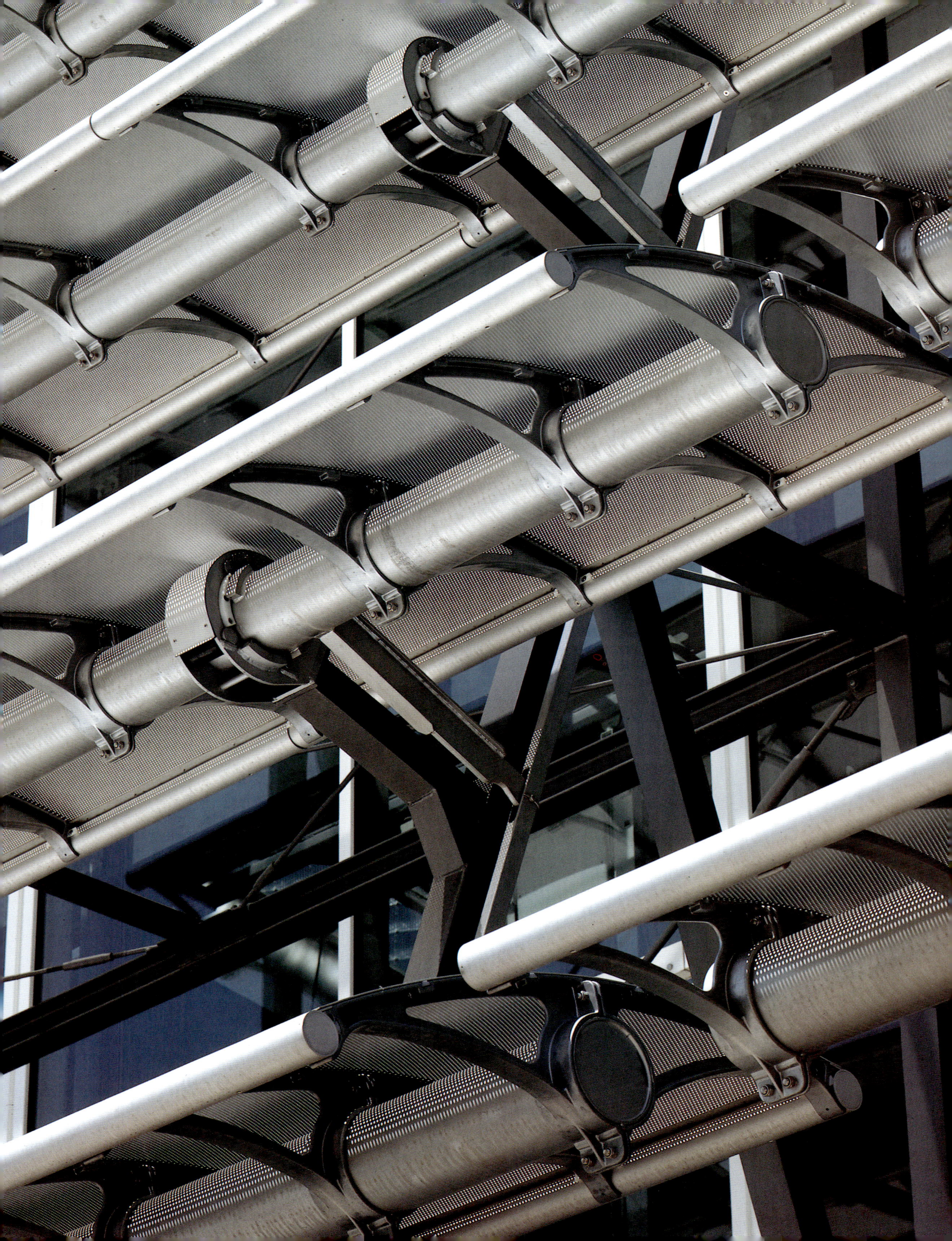

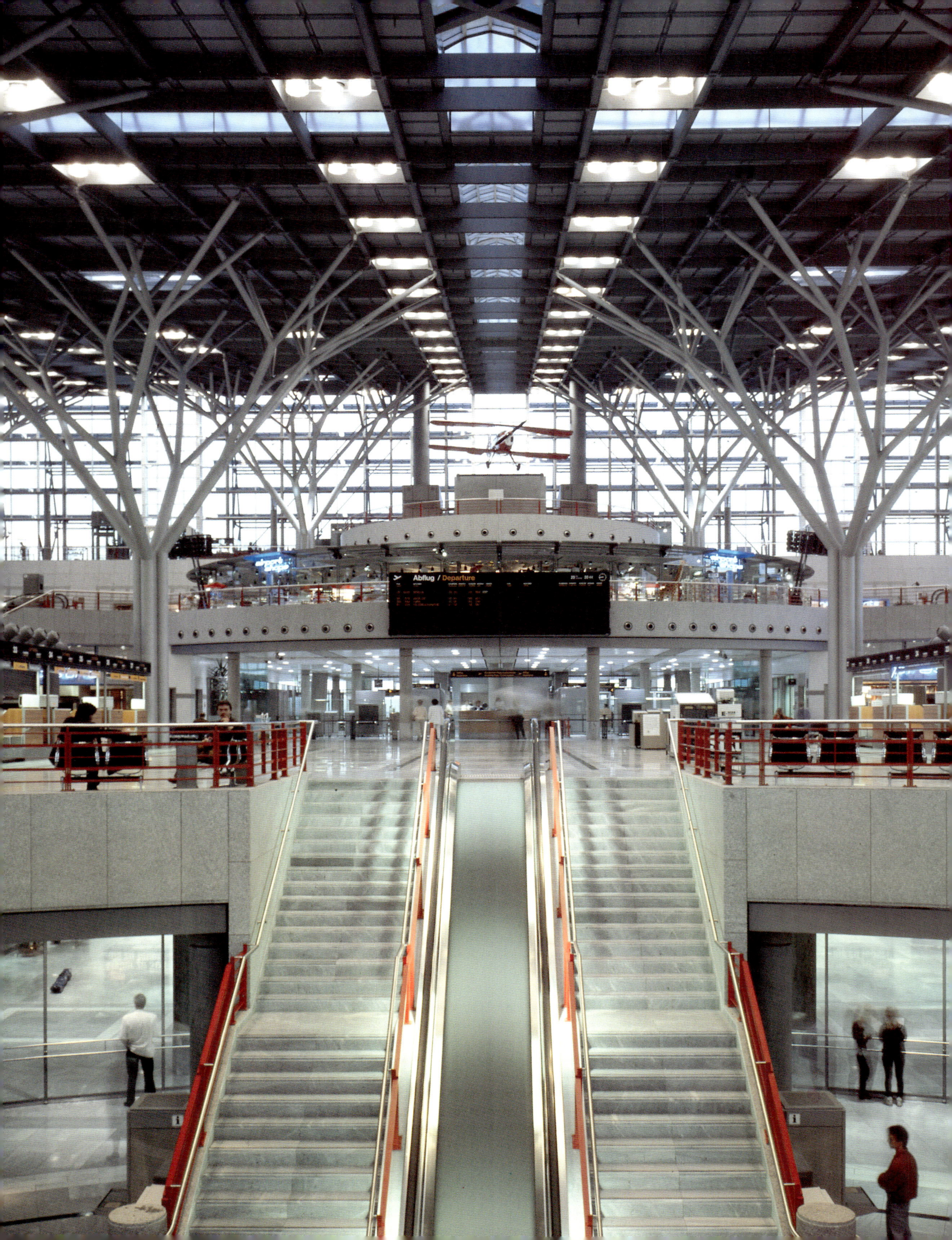
Abflug / Departure

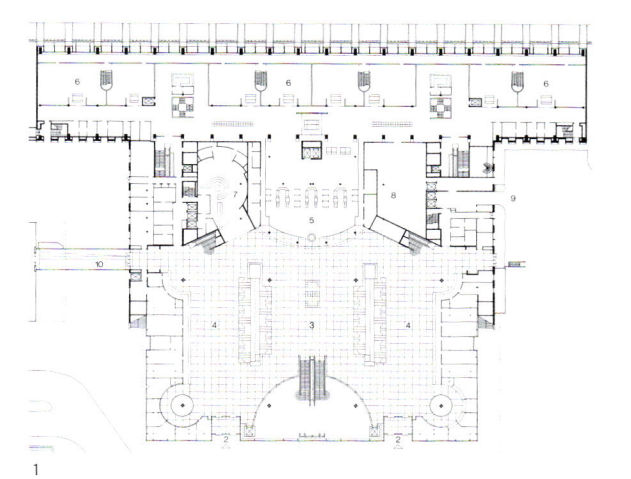

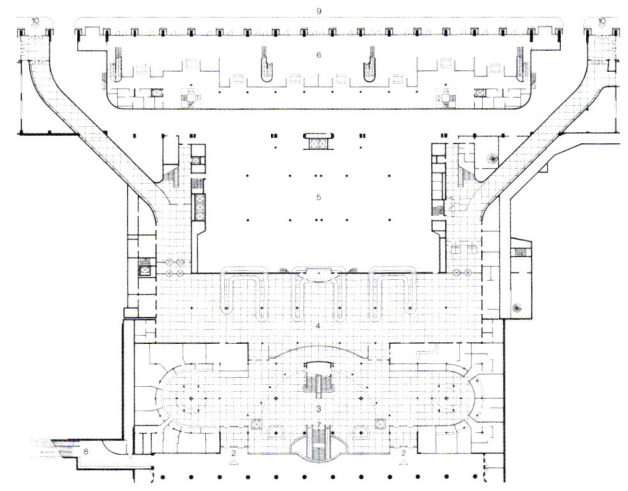

Linke Seite:
Über einen großzügigen Luftraum sind Abflugebene und Ankunftebene räumlich verbunden. Unterhalb der Treppe blickt man in die Gepäckrückgabe.
1 Grundriß Abflugebene.
2 Achsialer Blick in die Abflughalle von der obersten Ebene zur Vorfahrtseite.
3 Fahrstuhlzugänge und technische Nebenräume stehen nach dem Haus-im-Haus-Prinzip frei in der Halle.
4 Grundriß Ankunftebene.

Previous page:
A large, high volume embraces both departure and arrival levels. View into the baggage claims area on the lower level.
1 Arrivals floor.
2 Central axial view from the uppermost level into the departures hall and to the entrance drive beyond.
3 Access area to lifts and ancillary cubicles are freely distributed in the hall, following the 'house-set-in-a-house' idea.
4 Departures area.

Architektur für den Luftverkehr / Architecture for air traffic 77

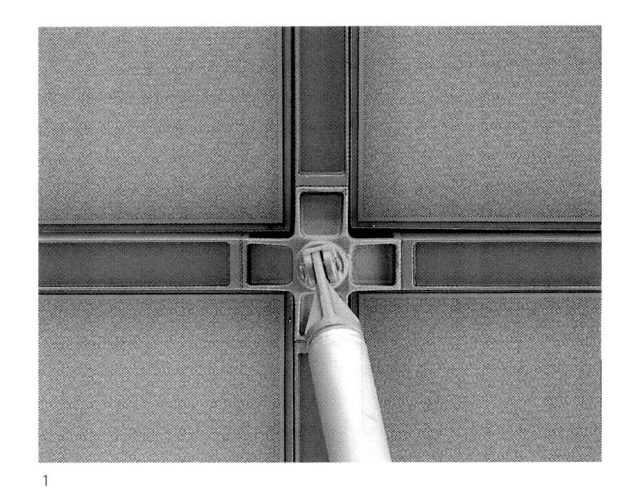

1 Auflagerung der Trägerroste des Daches auf die Spitzen der „Baumzweige".
2 Gabelung des „Baumstammes" in vier „Äste".
3 Stützenfuß im Untergeschoß.
4 Der Stützenfuß.
Rechte Seite:
Durch die Schräge des Daches hat jeder Knoten eine andere Form.

1 Point of support at the top of a 'tree branch' for the roof cross girders.
2 The 'tree trunk' divides into four 'branches'.
3 Ground floor columns.
4 Support base.
Right Page:
Due to the angle of the roof every support beam has its own individual form.

78 Architektur für den Luftverkehr / Architecture for air traffic

MALEV Hungarian Air
RFG
swissair
FINNAIR
AUSTRIAN
Bank
SORTEN
Bank

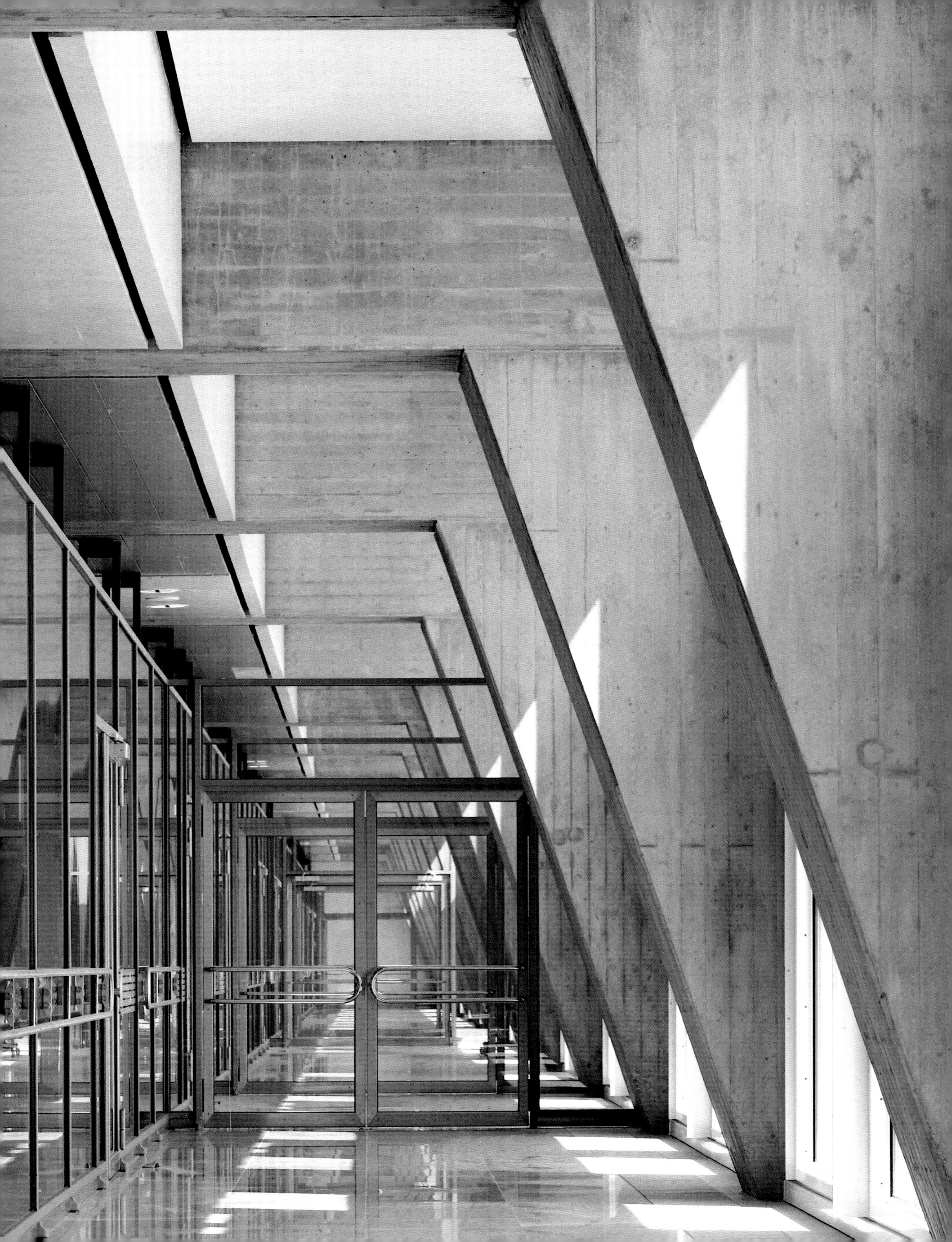

Linke Seite:
Die Rohbaukonstruktion wird im Inneren durch den roh belassenen Beton sichtbar.
1 Baukörpergefüge zwischen Riegel und Erweiterungsbau.
2 Verglaste Vordächer überdecken die Busvorfahrt.

Previous page:
The main structure is revealed in the interior through exposed concrete surfaces.
1 Configuration of building elements between the 'slab' and the extension.
2 Glazed canopies above the station entrance.

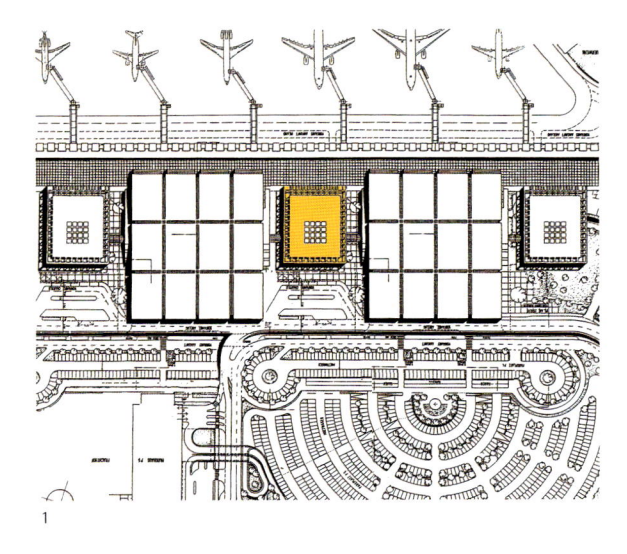

Erweiterung A-Mitte

1993 erfuhr der Flughafen Stuttgart eine Erweiterung: Stuttgart A-Mitte Terminal 2. Das langgestreckte zum Vorfeld hin orientierte Gebäude, mit deichartigem Querschnitt, wird verlängert und bildet somit das Rückgrat, an den sich der Neubau Terminal II anlehnt. Der quadratische zweigeschossige Baukörper wird durch eine schmale Glashalle vom Warteraumgebäude getrennt. Im Gegensatz zum verglasten Terminal I ist die Fassade geschlossen in Granit verkleidet und orientiert sich somit ausschließlich nach innen zu einer zentralen Halle, die durch ein Oberlicht belichtet wird. Die Granitfassade ist maßstäblich in Pilaster und Pfeiler gegliedert und bildet sich im 1. Obergeschoß zu einer steinernen Pergola aus.

Extension 'A-Mitte'

In 1993 the airport was extended through the construction of Terminal 2. The long stretched-out building is orientated to the apron and has a dyke-like cross section, is to be extended, thus forming the back-bone supporting the new Terminal 2 building. The square two-storey structure is separated from the waiting building by a narrow glass hall. The façade is closed - in contrast to the glazed Terminal 1 – by granite cladding and is thus totally introverted focussing inward to a central court, which is lit by a roof light. The scale of the granite façade is modulated by pilasters and columns forming a stone pergola at first floor level.

1 Lageplan mit dargestellten Erweiterungsstufen.
2 Die steinerne Baukörperstruktur steht im Kontrast zur gläsernen Halle mit den Baumstützen.
3 Deckenstruktur mit Polarisationsverglasung.
4 Die zweigeschossige Halle mit Oberlicht.
Nächste Doppelseite: Terminal I von der Vorfahrtseite bei Nacht.

1 Site plan with possible extension stratagies.
2 The stone parts contrast with the glazed envelope of the 'tree-top'-supported roof.
3 Ceiling with polarized glazing.
4 The two-storey hall with skylights.
Next double page: Terminal I by night, viewed from the entrance drive.

Architektur für den Luftverkehr / Architecture for air traffic 83

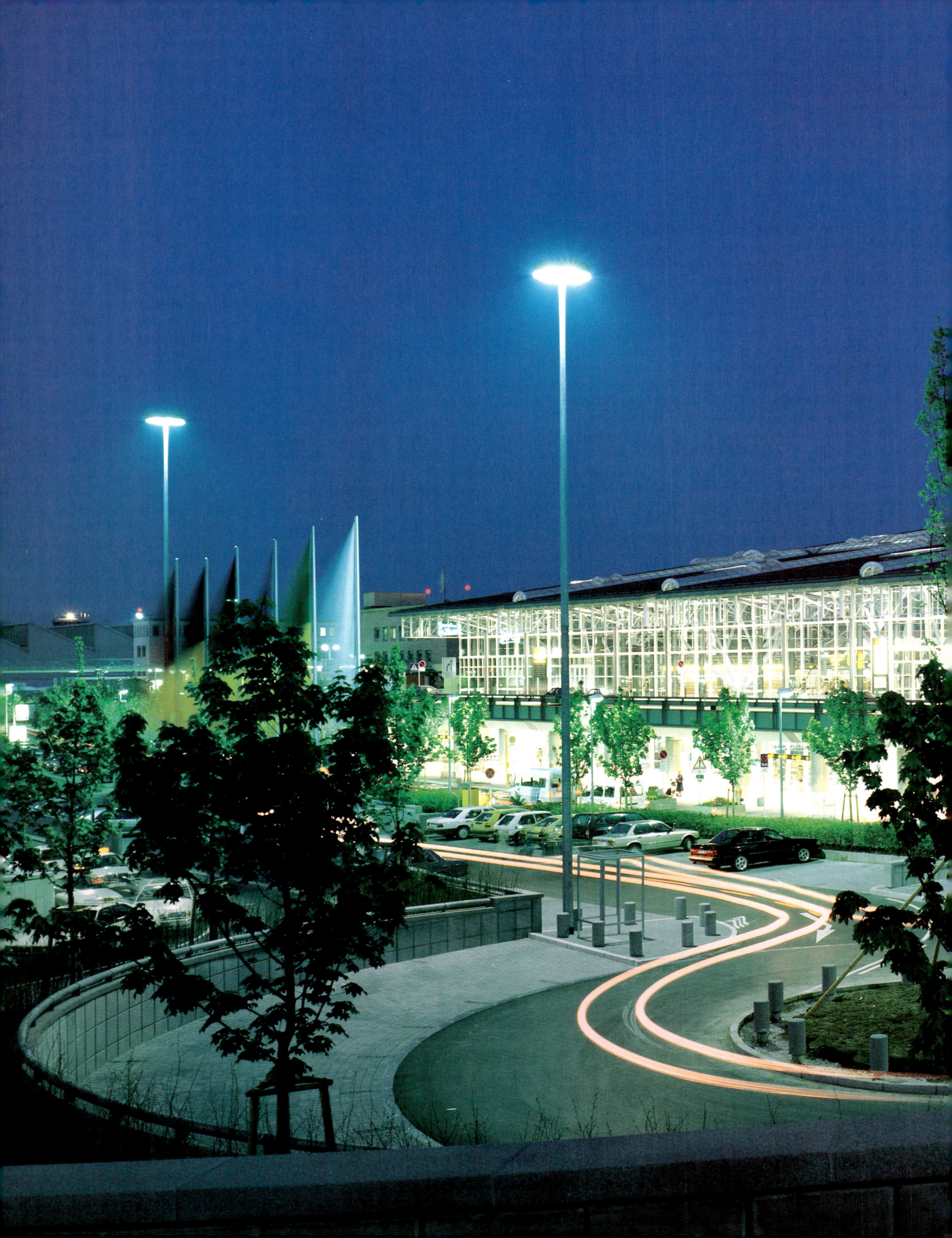

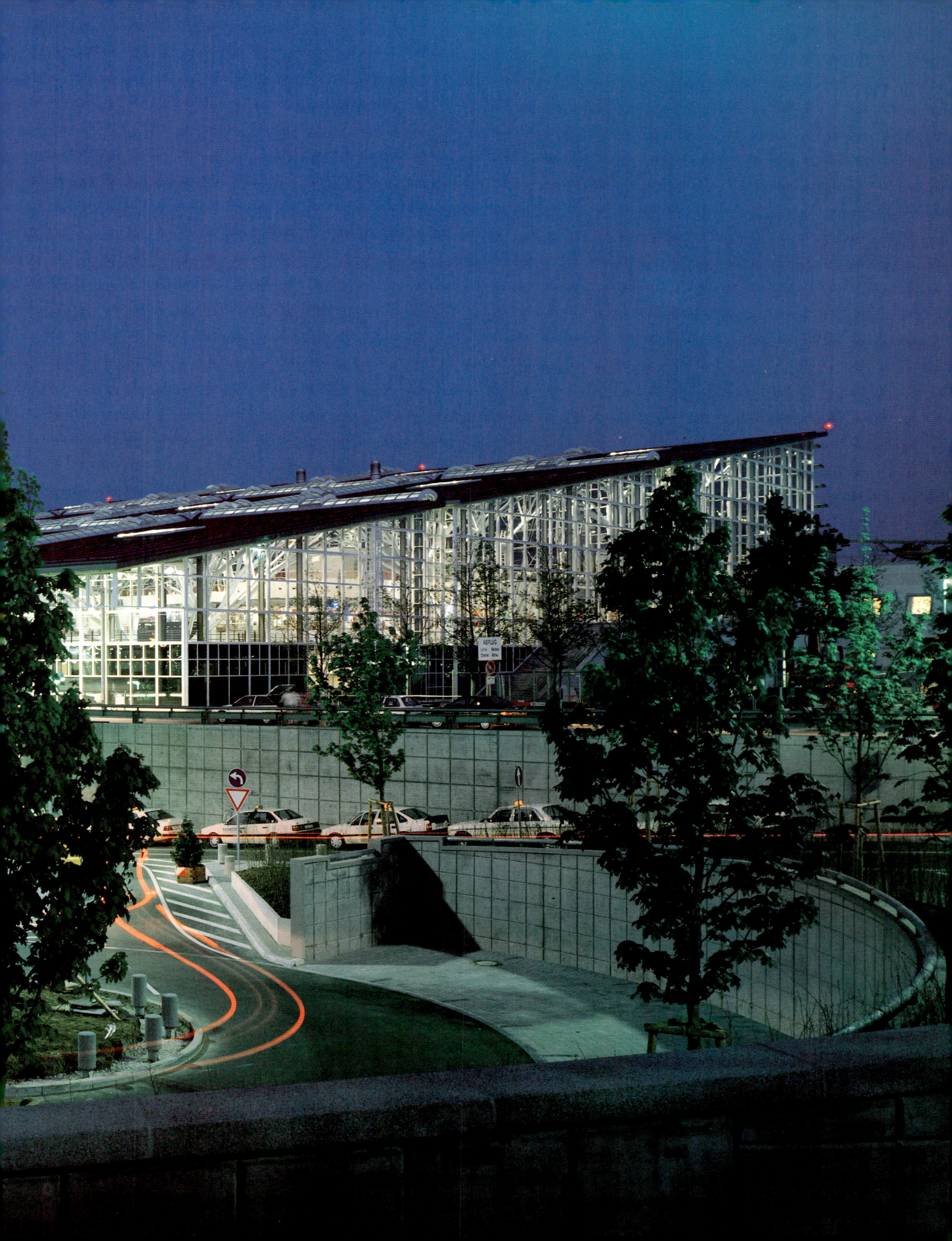
ABFLUG

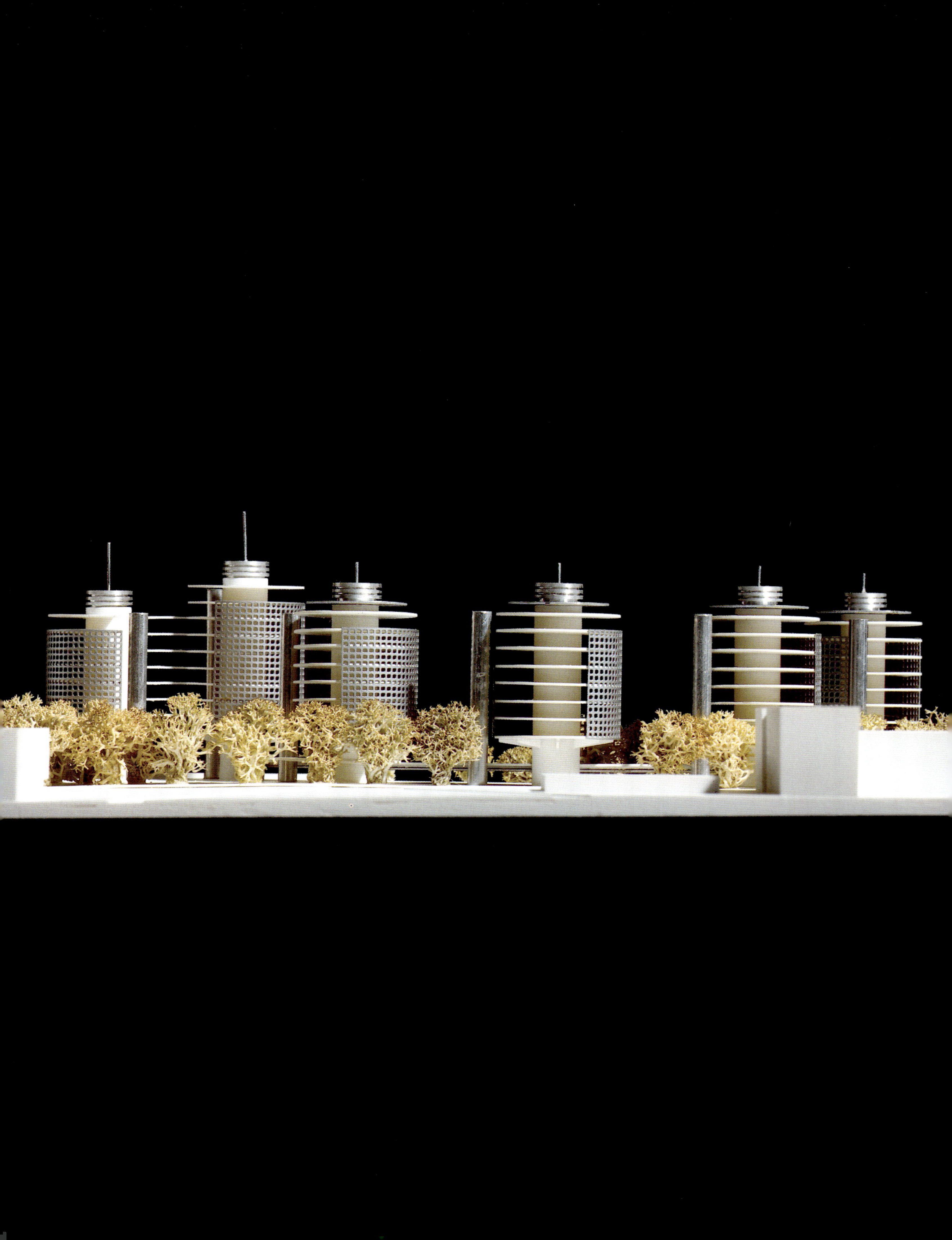

Airport-Center, Flughafen Stuttgart, 1990
Airport-center, Stuttgart Airport, 1990

Die Anlage mit standortbezogener Nutzung besteht aus einer eingeschossigen Wandelhalle, die halbkreisförmig die vier neungeschossigen Bürotürme und den elf- bzw. neungeschossigen Doppelturm eines Hotels miteinander verbindet. Das Gelände stuft sich vor der Anlage zur Ankunftsebene des Flughafens ab und bildet einen großzügigen Empfangsbereich, dem der Zugang zur Garage mit 1.000 Einstellplätzen zugeordnet ist. Die Wandelhalle als öffentlicher Raum bildet das „Herz" des Zentrums. Während die Südseite mit den Haupteingängen auf ganzer Länge verglast ist, liegt an der Nordseite die Laden- und Restaurantzone. Der Bürokomplex mit ca. 13.500 qm ist in vier Einzelgebäude aufgelöst. Ein flexibler Ausbau ist damit möglich.

The complex with airport-related uses consists of a one-storey concourse that forms a half-circle link between the four nine-storey office towers, and the eleven- and nine-storey twin towers of an hotel. The land in front of the complex slopes down in a staggered formation to the arrival hall of the airport and makes a spacious reception area with an entrance structure to the car park offering space for 1,000 vehicles. The concourse, the public space, is the 'heart' of the airport. While the entire length of the south façade with its main entrances is fully glazed, shops and restaurants line the north side. The office complex with a total floor space of 13,500 m² is divided into four separate units. This allows for a flexible interior arrangement.

Linke Seite:
Ansicht von Norden.
1 Lageplan.
2 Gesamtanlage mit Passagierterminal von Süden gesehen.

Previous page:
North view.
1 Site plan.
2 Overall view of model, passenger terminal seen from the south.

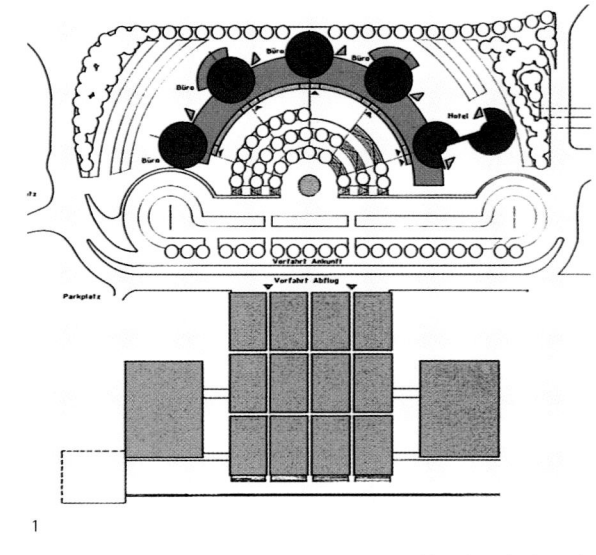

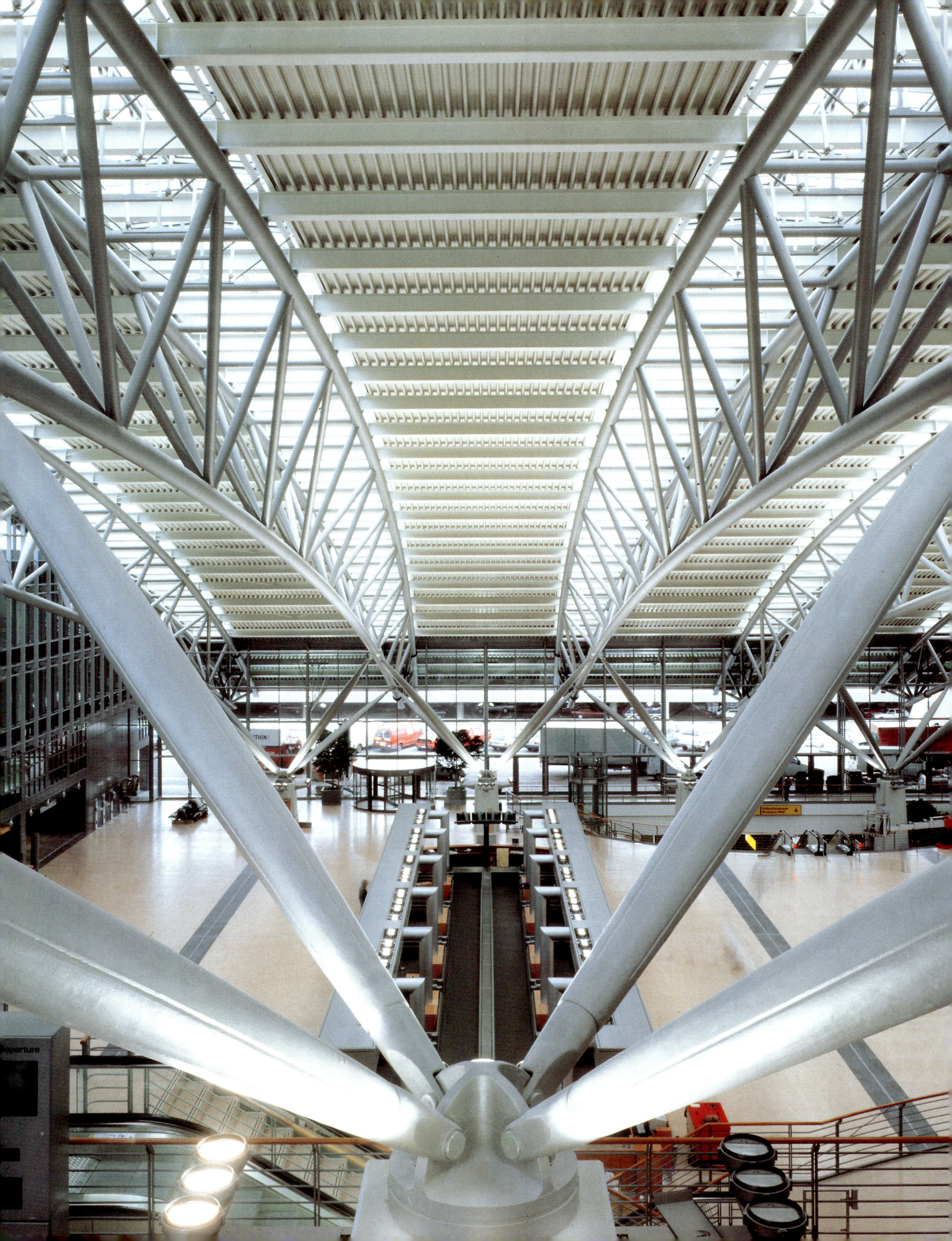

Flughafen Fuhlsbüttel, Hamburg, 1986/1993
Fuhlsbüttel Airport, Hamburg, 1986/1993

Die in der Wettbewerbsarbeit 1986 zugrunde liegenden Leitgedanken zur architektonischen Gestalt des Gebäudes haben auch in der Phase der Realisierung ihre Gültigkeit behalten: Das zusammenbindende „Rückgrat" der gesamten Anlage stellt die Flugsteigspange dar. Sie schwingt am nördlichen Ende nach Westen aus:
- um vorerst die Charterhalle erhalten zu können,
- um später durch bauliche Ergänzungen auf der Ostseite drei zusätzliche gebäudenahe Positionen gewinnen zu können,
- um die lange, landseitig asymmetrisch angebundene Spange am Ende "aufzufangen".

Die quer zur Spange angeordneten Gebäudescheiben bilden strukturelle Zäsuren, um der landseitigen Bebauung mit unterschiedlichen Architekturelementen eine einheitliche Fassung zu geben, ein städtebauliches Ordnungsprinzip ohne vorzeitige Festlegung weiterer Entwicklungen. Das strukturelle Bauprinzip faßt „Alt" und „Neu" integrierend zusammen und hält trotz langfristiger Ordnung genügend Freiraum für zukünftige Entwicklungen offen. Der neue Terminal ist als weite luftige und tageslichtdurchflutete Halle konzipiert. Das große geschwungene Dach faßt die Abflugebene mit den sich nach oben staffelnden Laden- und Konferenz- sowie Restaurant- und

The main design aims of the building set out in the competition entry in 1986 have remained true into the built phase: the linking 'back-bone' of the complex is the aircraft docking zone. This swings to the west at the northern end:
- to preserve the charter hall,
- to allow a later extension to the east for three new additional buildings,
- to 'gather in' the end of the long asymetrical block on the landing side.

The building blocks placed across form structural intervals, ensuring that the various architectural elements have a common framework. This gives them an urban planning concept without predetermining their future development. The building concept integrates both 'old' and 'new' and retains enough flexibility for extension in spite of its long-term planning programme. The new terminal is designed as a spacious and naturally lit hall. The

1

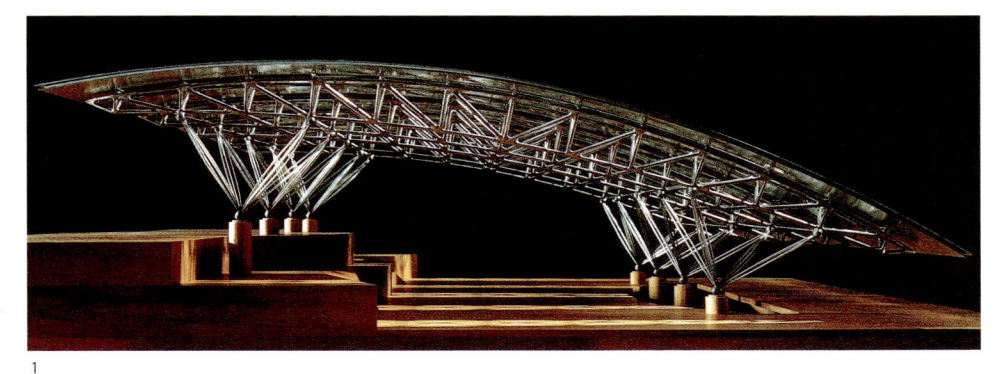

Linke Seite:
Glasoberlichter sorgen für Tageslicht in der Halle.
1 Konzeptmodell: Die Abstraktion der Idee.

Previous page:
Glass skylights direct daylight into the hall.
1 Conceptual model: abstract idea.

Besucherebenen zu einem großen räumlichen Kontinuum zusammen. Form und Konstruktion des Daches stellen eine Analogie zu einer Flugzeugtragfläche her. Diese dynamisch geformte Stahlkonstruktion steht im bewußten Gegensatz zu den monolithisch blockhaften Gebäudescheiben, die den Hallenraum seitlich begrenzen. Das Dach überspannt mittels sieben dreieckigen Fachwerksbindern eine Fläche von 75 x 101 Metern. Über diagonal gespreizte Stützenpaare wird die Dachlast auf zwölf unten eingespannte Betonstützen abgeleitet. Trotz der lichten Spannweite von 62 Metern ist das Dach eine leichte und wirtschaftliche Konstruktion. Das ganze Dach ist ohne Fugen als einheitliche Schale ausgebildet. Glasoberlichter sorgen für die gewünschte Tageslichtqualität der Halle und lassen von unten die Konstruktion im Gegenlicht ablesbar werden. Das Dach übernimmt die anteiligen Windkräfte aus der Fas-

large curving roof contains the departure hall with its stacked shopping, meeting, as well as restaurant and visitor levels into one spatial unit. The form and construction of the roof is based on an aircraft wing. This dynamically formed steel construction stands in deliberate contrast to the monolithic blocks which flank the sides of the hall. The roof covers an area of 75 by 101 metres with seven triangular roof trusses. The roof loading is spread over diagonal split pairs of columns onto 12 prestressed concrete pillars. The roof construction is light and economic in spite of its span of 62 metres. It is constructed as one element without expansion joints. Roof lights provide the required day-lighting into the hall and allow the structure to be viewed lit from behind. The roof takes over the wind loading from the façade via a series of split columns and is free standing. The steelwork

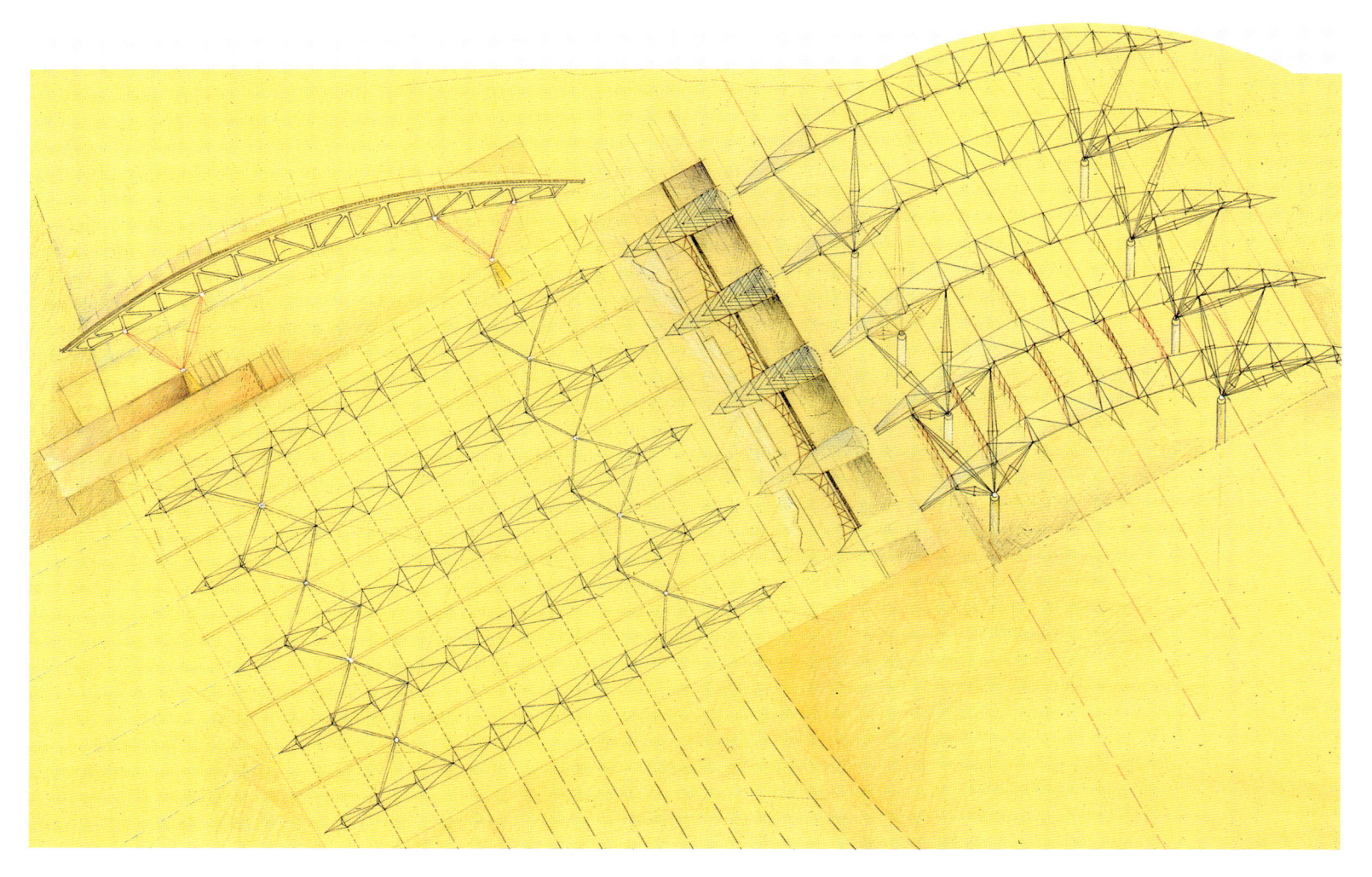

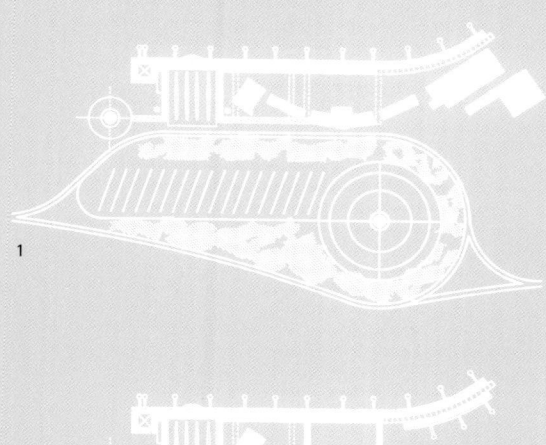

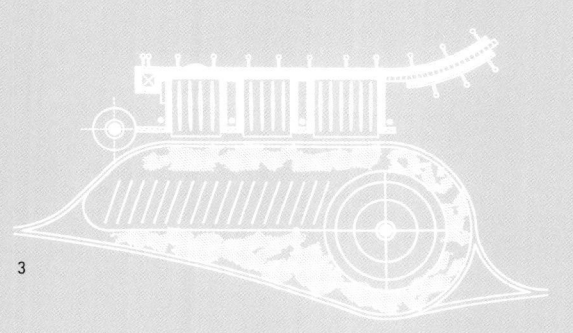

Linke Seite:
Konstruktionszeichnung zum großen Hallendach.
1–3 Realisierung in Baustufen A, B, C.
4 Grundriß Abflugebene.
5 Grundriß Ankunftebene.

Previous page:
Construction drawing of the large hall structure.
1–3 Plans for construction stages A, B, C.
4 Floor plan of departures level.
5 Floor plan of arrivals level.

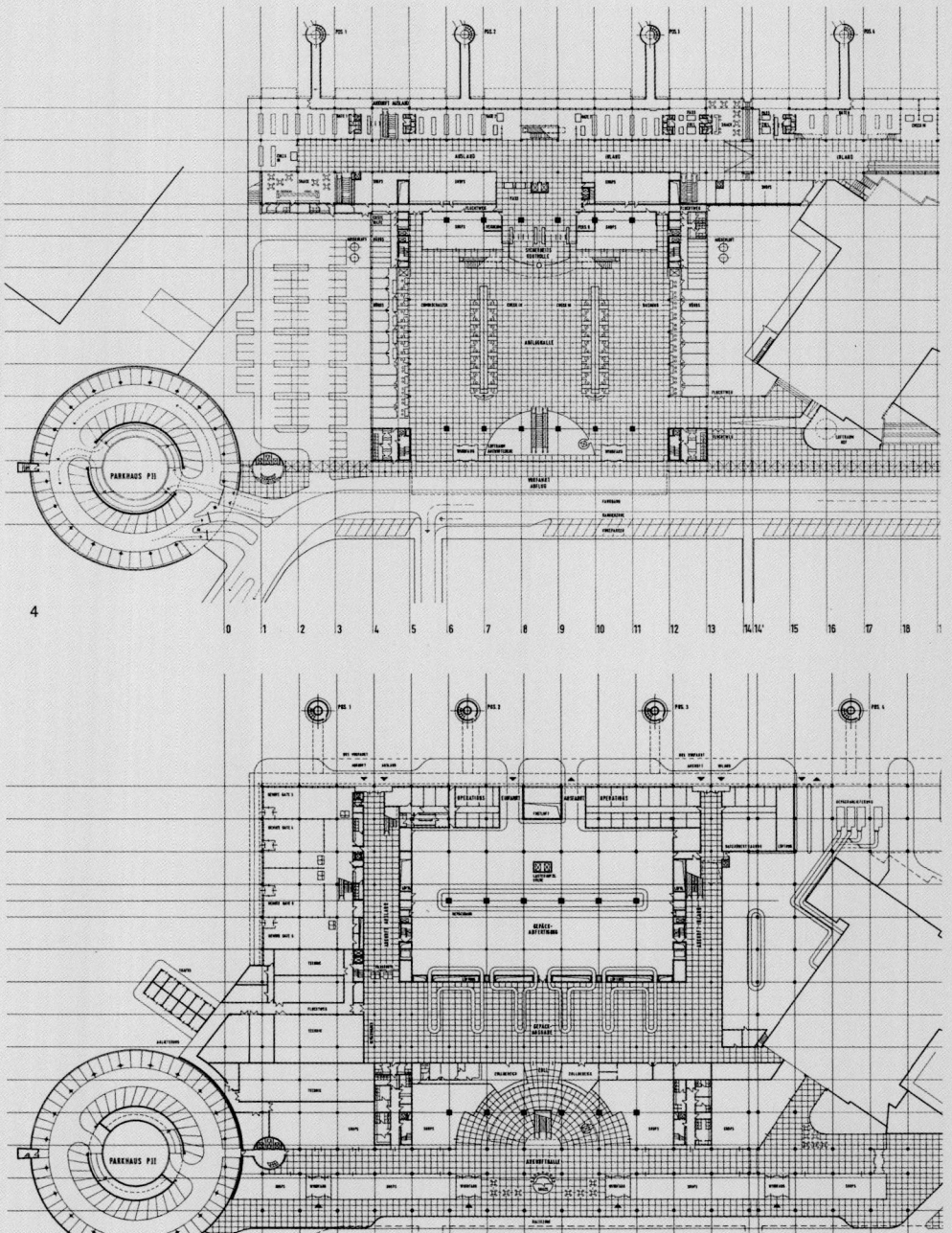

sade über die Spreizen in die Stützen und steht in sich selbst ohne weitere Aussteifungen. Um die Konstruktion architektonisch voll wirksam werden zu lassen, blieb der Stahl unverkleidet und ist gestrichen. Durch eine große, halbkreisförmige Deckenöffnung mit Fahrtreppen und gläsernem Aufzug nimmt auch die Ankunftshalle auf der unteren Ebene an dem eindrucksvollen Raumerlebnis der Abflughalle teil, die für den Hamburger Flughafen ein einprägsames Charakteristikum werden ist.

remains painted and visible, showing the full architectural quality of the structure. A large semi-circular opening in the floor of the hall with escalators and glazed lifts allows the lower arrivals area to participate in the striking spatial experience of Hamburg Airport's new departure hall.

1 Wettbewerbsmodell der Gesamtanlage.
2 Flughafen Hamburg, Situation 1996.
3 Terminal bei Tag von der Vorfahrtseite.
4 Terminal bei Nacht von der Vorfahrtseite.

1 Competition model of entire complex.
2 Hamburg Airport, 1996.
3 Terminal by day, seen from the entrance area.
4 And by night.

Architektur für den Luftverkehr / **Architecture for air traffic**

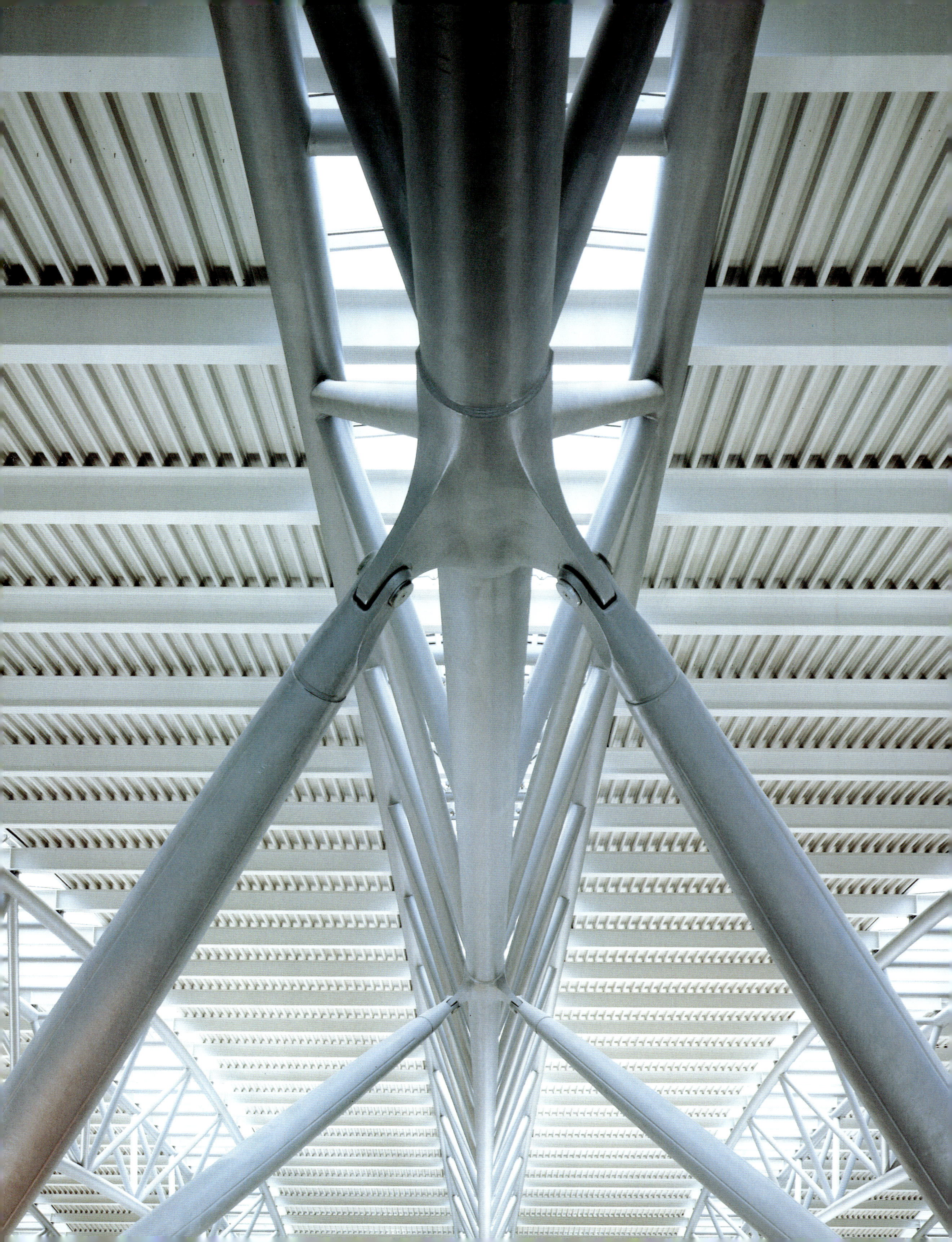

Linke Seite:
Auflagerknoten des Binders auf der Gabelstütze, gefertigt in Gußeisen.
1 Wie die Tragfläche eines Flugzeuges wölbt sich die Dachfläche über der großen Halle.
2 Das große geschwungene Dach faßt die Abflugebene mit den sich nach oben staffelnden Laden- und Konferenz- sowie Restaurant- und Besucherebenen zu einem großen räumlichen Kontinuum zusammen.

Previous page:
Cast-iron girder joint and forked support.
1 The roof spans the large hall-like manner of an aircraft wing.
2 The vast curved roof encompasses the departures level, with all its staggered galleries of shops, conference restaurant areas and visitor terraces, developing an open expansive space.

Architektur für den Luftverkehr / Architecture for air traffic

1 Lüftungstechnik: Rohre als freistehende Skulpturen.
Rechte Seite: Sieben geschwungene, im Querschnitt dreieckige Binder ruhen auf zwölf räumlich ausgebildeten Stützenköpfen.

1 Circular ventilation ducts as free-standing sculptural elements.
Next page: Seven slanting girders (triangular in section) are supported by twelve top sections of massive box-like columns.

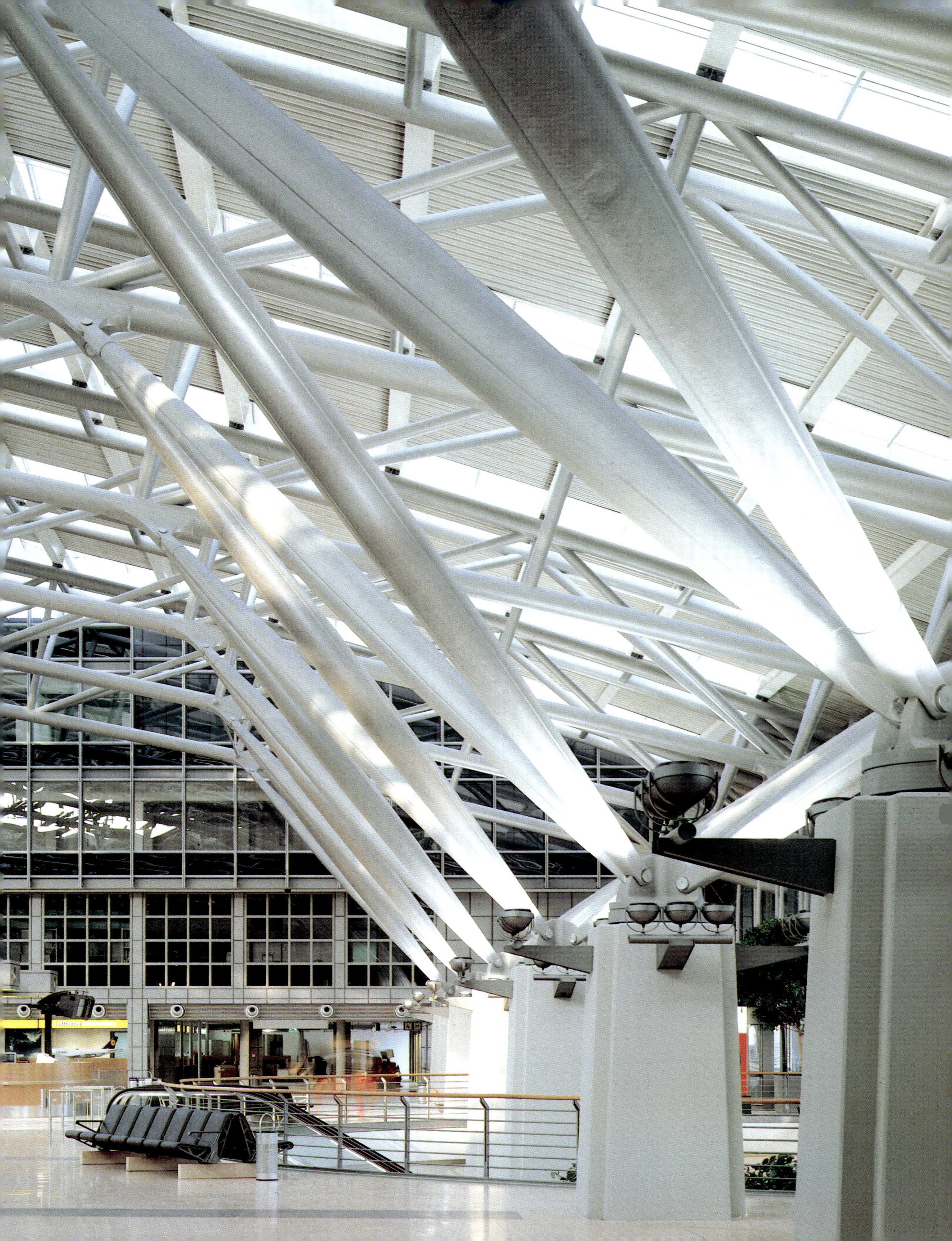

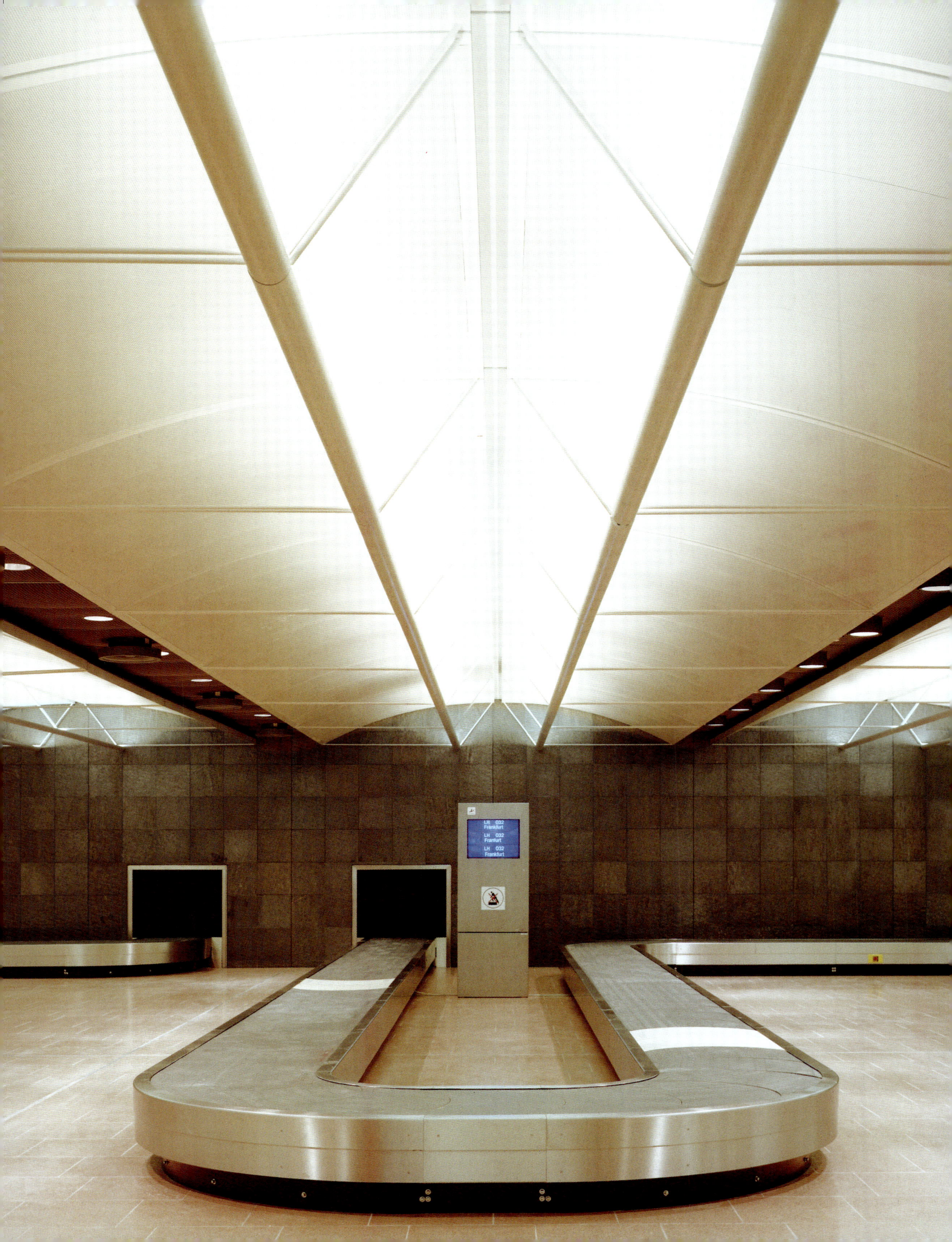
LH 032
Frankfurt
LH 032
Frankfurt
LH 032
Frankfurt

Linke Seite:
Die Decke in der Gepäckrückgabehalle bewirkt durch die indirekte Reflexion in den gekrümmten Schalen optische Überhöhung und Baufreiheit.
1 Die Lüftungstechnik wird zu einem architektonisch gestalteten Environment in der Halle.
2 Die Ladenpassage in der Ankunftsebene.
3 Verteilergang in den Piers.

Previous page:
The ceiling in the baggage claims hall is made of concave modules and, with increased light reflexion, appearing higher and more open.
1 Ventilation system utilised as an architecturally designed environment in the terminal concourse.
2 Shopping arcade in the arrivals area.
3 Circulation pier.

Architektur für den Luftverkehr / Architecture for air traffic

1 Verbindungstreppe zur Transitebene hinter transparenter Lochblechverkleidung.
2 Transparenz und Tageslicht sind dominierende Gestaltparameter der Wartezonen.
3 Tresen im Kontrollbereich für Abflieger.
4 Tresen Check-in.
Rechte Seite: Wartezonen mit Blick auf das Vorfeld.

1 The stairs leading to the transit lounge, concealed behind a perforated metal partition.
2 Transparency and daylight: predominant design parameters for the waiting lounges.
3 Control counter in the pier assembly point.
4 Check-in counter.
Next page: Waiting lounge with a view to the runways.

Architektur für den Luftverkehr / Architecture for air traffic

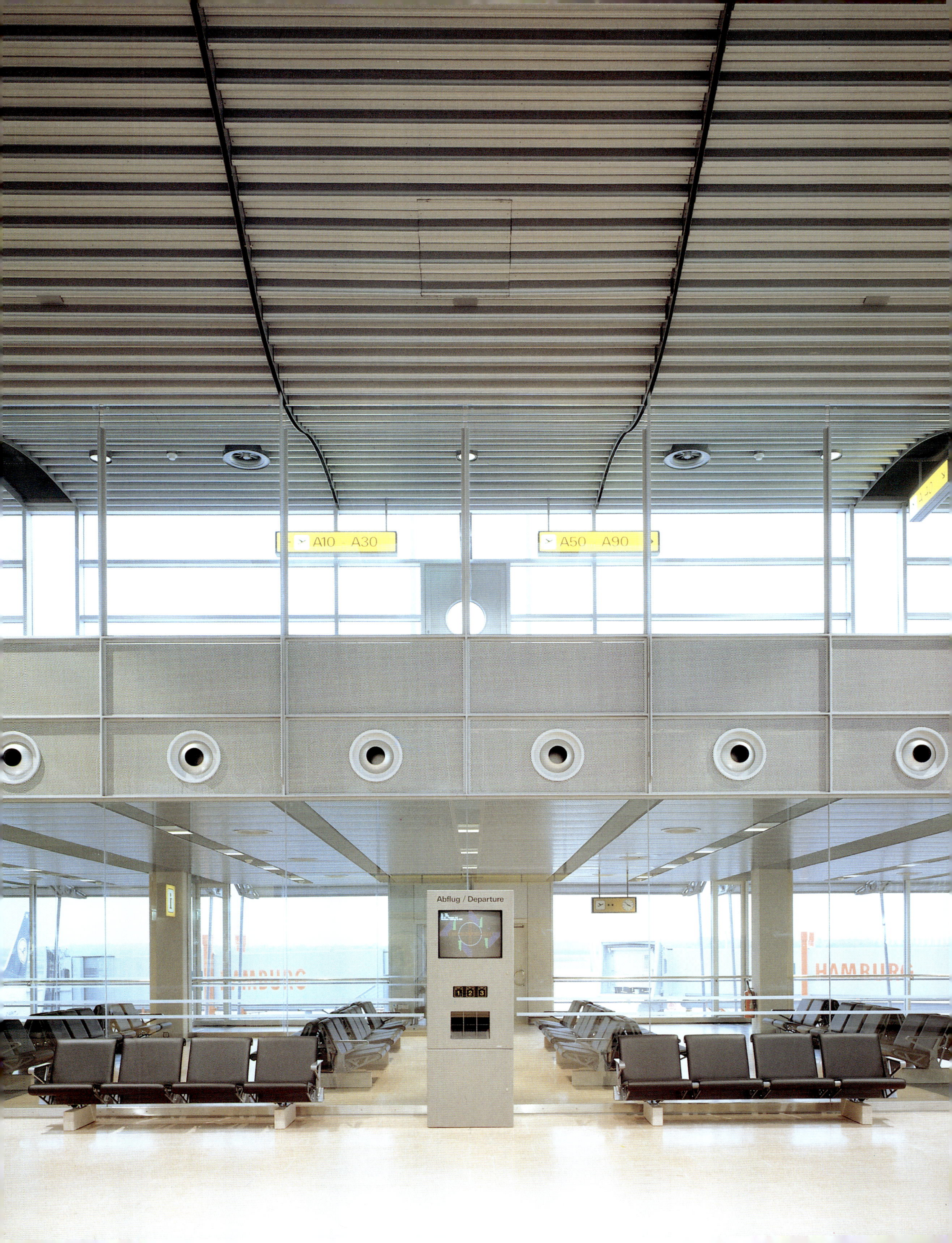

A10 – A30
A50 A90
Abflug / Departure
HAMBURG

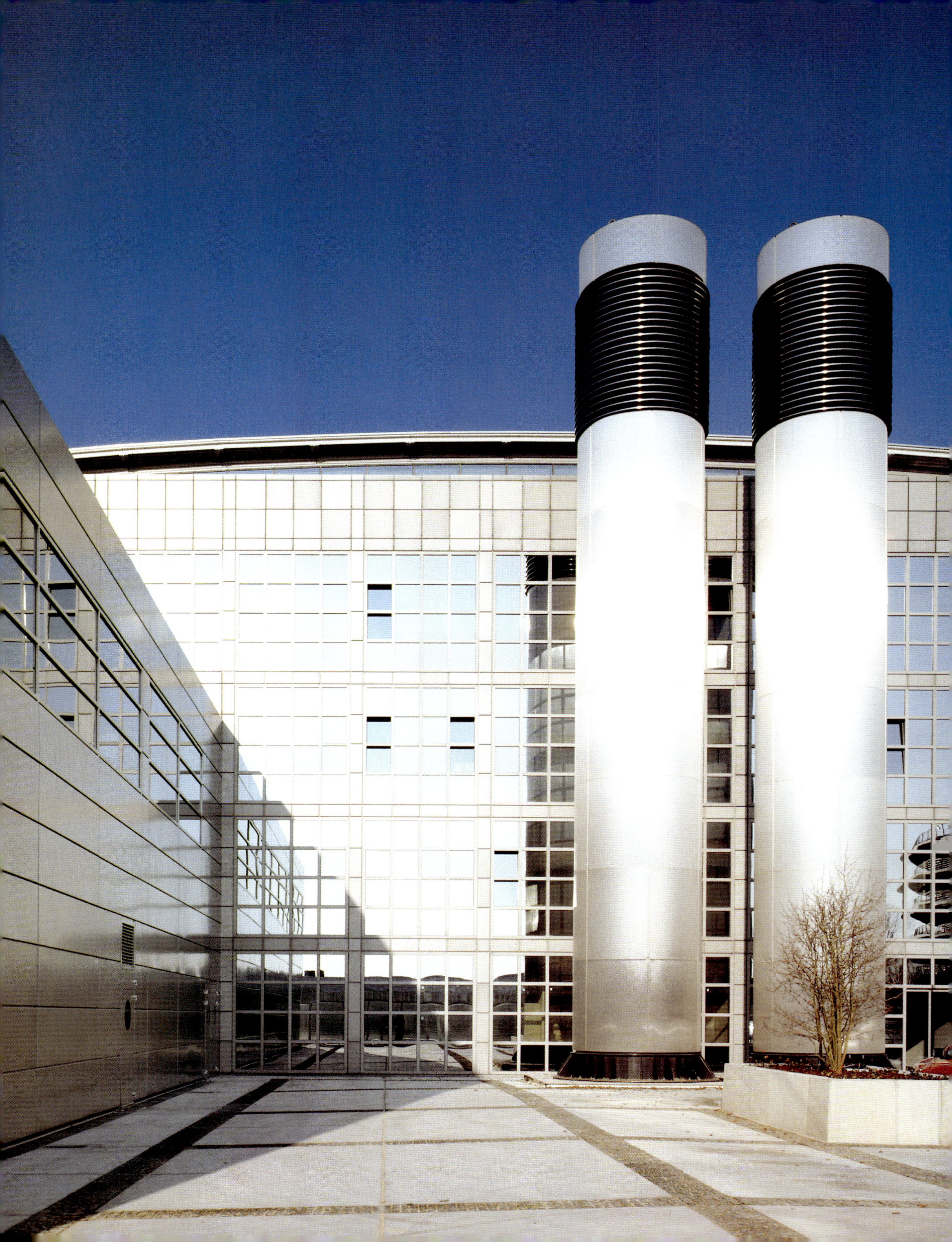

Linke Seite:
 Abluftrohre vor dem Büroriegel, der die Abflughalle seitlich einfaßt.
1 Das Dach der Abflughalle überragt die Pier.
Nächste Doppelseite:
 Die Vorfahrtseite bei Nacht.

Previous page:
 Exhaust stacks in front of the office wing which forms the lateral closure of the departures hall.
1 The roof of the departures hall projects over the pier.
Next double page:
 The entrance area at night.

Architektur für den Luftverkehr / **Architecture for air traffic**

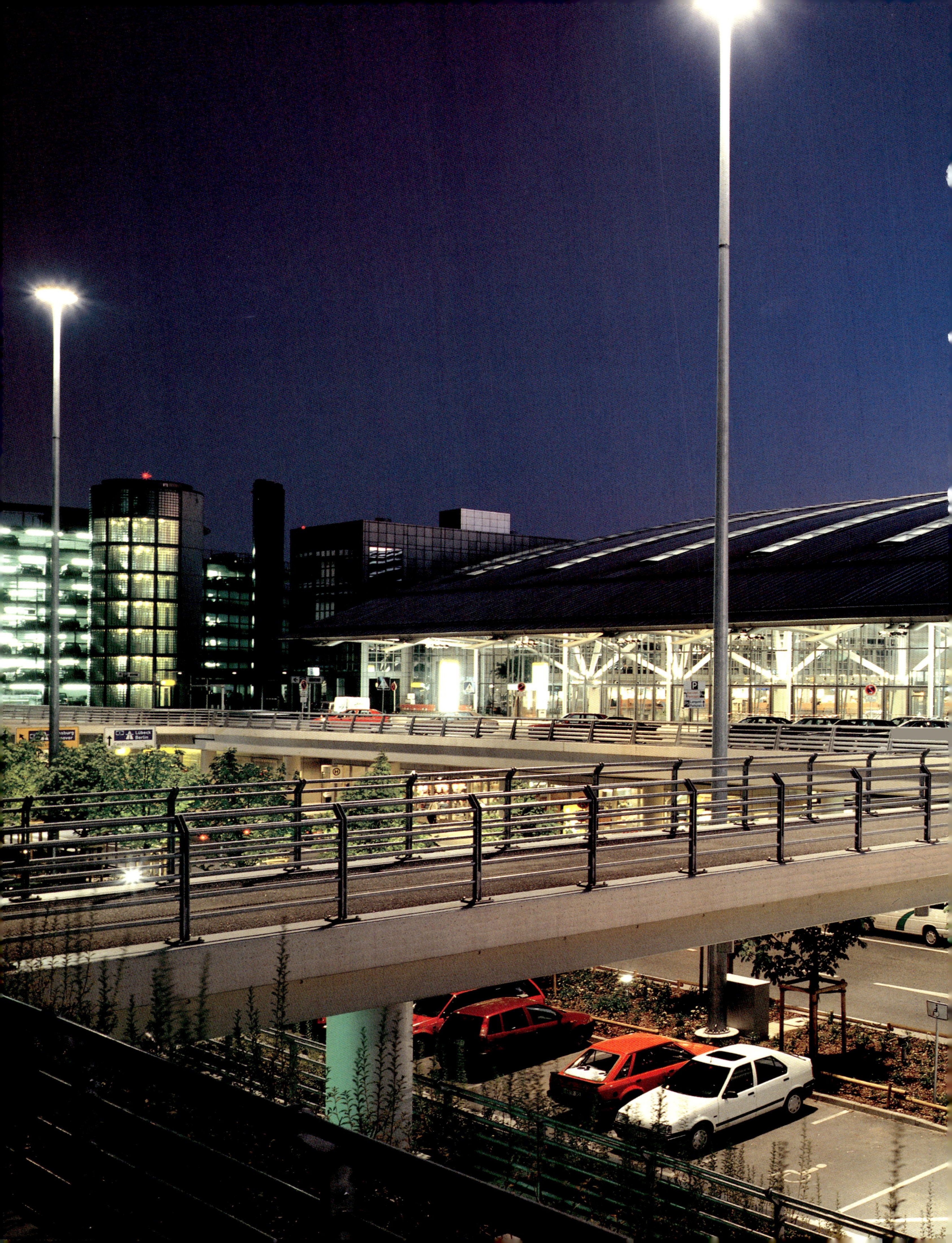

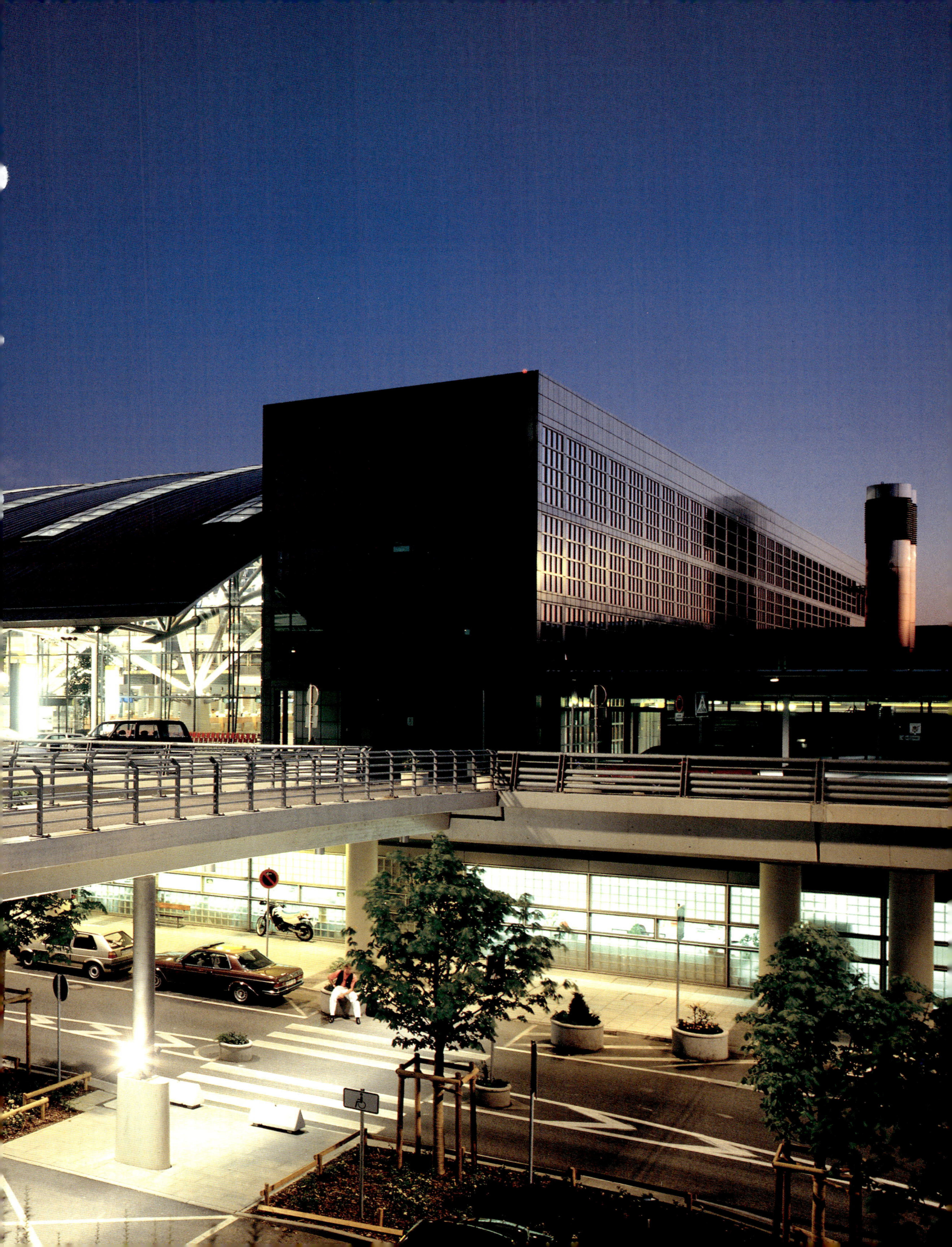

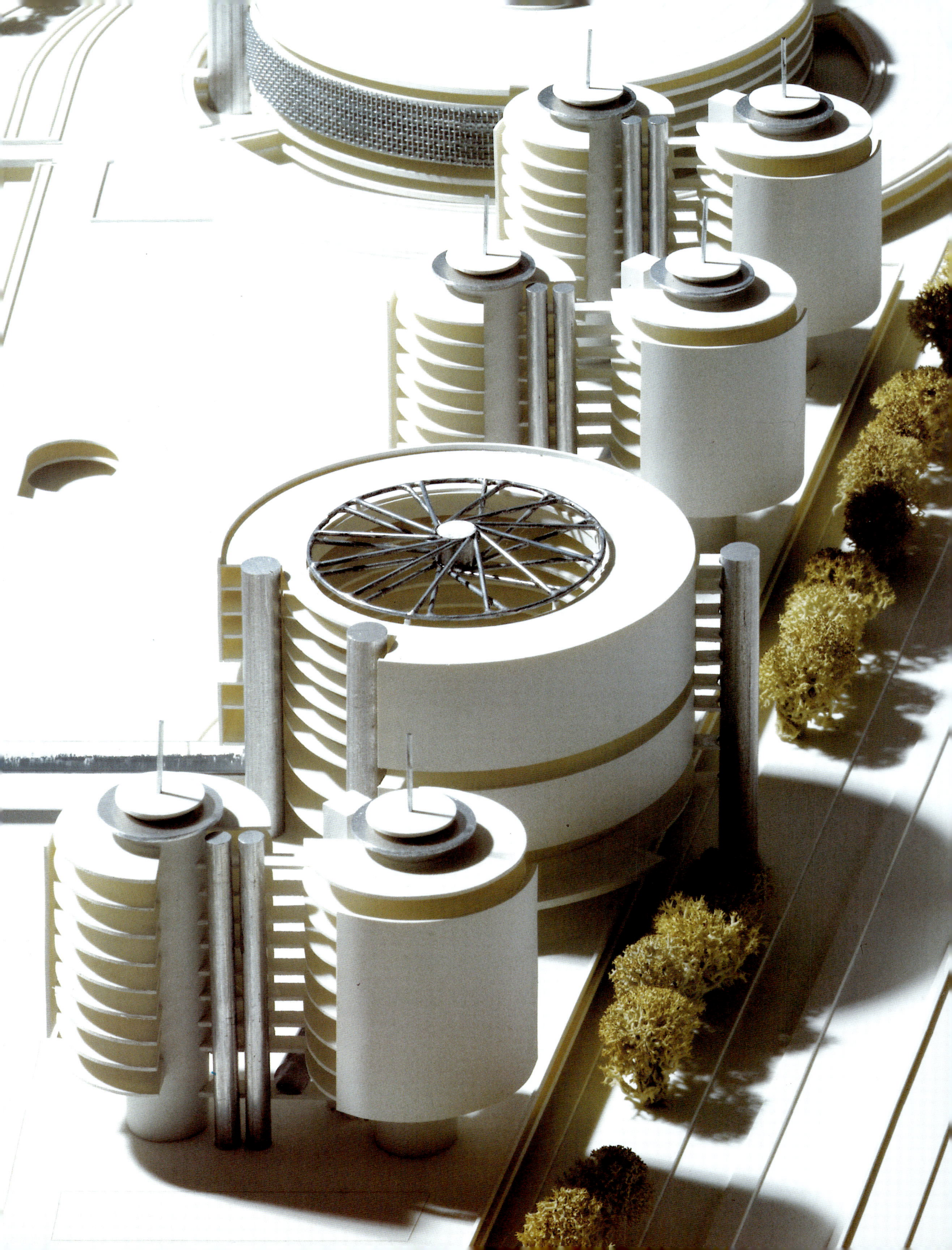

Airport-Center, Flughafen Fuhlsbüttel, Hamburg, 1990
Airport-center, Fuhlsbüttel Airport, Hamburg, 1990

Linke Seite:
Die zylindrischen Baukörper nehmen den Formenkanon der Parkhäuser auf.
1 Blick von Süden.
2 Das Airport-Center als bewußt kontrapunktisches Thema gegenüber der Baustruktur der Passagieranlagen.

Previous page: the cylindrical buildings copy the formal language of the multi-storey car parks.
1 South view.
2 The Airport Center forms a deliberate counterbalance to the configuration of the passenger terminal.

Auf der Landseite des Flughafens entsteht eine standortbezogene Nutzung. Das Flughafenhotel bildet den zentralen Knotenpunkt. Die Verbindung mit dem Passagierterminal sowie zwischen den einzelnen Gebäuden des Centers erfolgt oberhalb der Abflug- und Parkdeckebene über aufgeständerte Fußgängerbrücken, die sich im Hotelfoyer als halböffentlicher Kommunikationsbereich treffen. Der zehngeschossige tageslichtdurchflutete Kuppelraum der Hotelhalle öffnet sich über die verglaste Südostfassade zum Terminal. Der Bürokomplex ist in jeweils drei Doppelzylinder aufgelöst. Dadurch ist ein flexibler Ausbau möglich.

Airport-related functions are to be accommodated in a new structure with the airport hotel forming the central node. The new buildings are connected to the passenger terminal and to each other by means of cantilevered pedestrian bridges above the departures and car park levels. The bridges converge in the hotel lobby, a kind of semi-public communication space. The ten-storey-high, daylit dome of the hotel hallway has a fully glazed southeast façade with a view across towards the airport terminal. The office complex consists of three double cylinders. This allows for future flexibility in use.

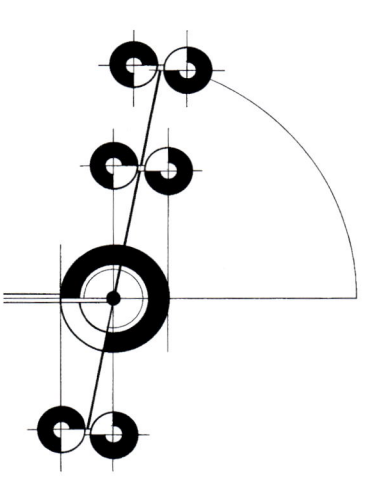

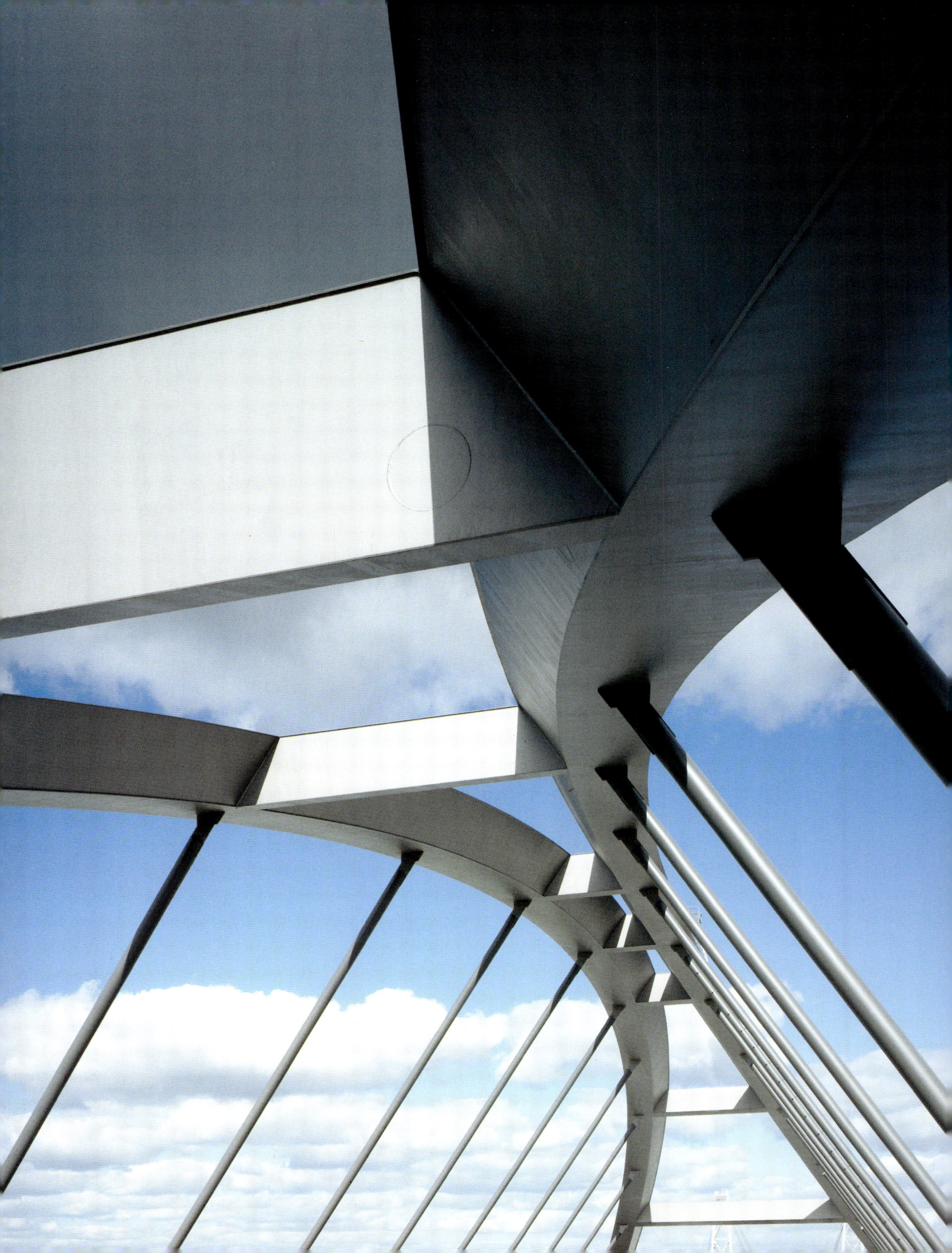

Die Deutsche Lufthansa hat ihr Werftzentrum für die Wartung ihrer Großraumflugzeuge vom Typ Boeing 747 – „Jumbojet" – und Airbus auf dem Flughafen Hamburg-Fuhlsbüttel eingerichtet. Auf dem Erweiterungsgelände der dort schon seit langem bestehenden Lufthansawerft wurden mehrere Neubauten errichtet. Unübersehbar ist die am Südrand des Flughafengeländes gelegene Überholungshalle. Sie hat einen Hallenraum von 150 Metern Länge, 81 Metern Tiefe und einer lichten Höhe von 26 Metern erhalten, um das gleichzeitige Arbeiten an zwei „Jumbojets" und einem Airbus zu ermöglichen. Um diese gewaltige Halle stützenfrei zu überdachen, bildet ein 175 Meter weit gespannter, aus zwei gegeneinander geneigten Einzelbögen bestehender Tragbogen mit einem jeweiligen Querschnitt von 2 Meter auf 1,70 Meter das Primärtragwerk. An diesem Bogen, der seine Last auf zwei Bockkonstruktionen seitlich der Halle abträgt, hängt das gesamte, aus einer offenen Fachwerkkonstruktion bestehende Hallendach. Diese Form gleicht einer großen Hängebrücke und bestimmt weithin sichtbar das Erscheinungsbild der neuen Halle. Die Außenwände sind mit einer silbergrauen Metallfassade verkleidet, deren Wellenstruktur an frühe Flugzeugrümpfe erinnert. Die Hallentore sind bei einer Gesamtlänge von 150 Meter und einer Höhe von 22 Meter vollständig verglast. Sie haben ein gliederndes Raster von 4 x 4 Meter. Dieses überdimensionale „Schaufenster" erlaubt den im Flugzeug vorbeirollenden Passagieren einen Einblick in die Großwerkstatt der Deutschen Lufthansa. Feste und fahrbare Wartungs- sowie bewegliche Arbeitsbühnen, Teleplattformen, koppelbare Kranbrücken und hydraulisch versenkbare Energieversorgungssäulen lassen die Ausrüstung der Halle zum „who is who" der Wartungstechnik geraten, das in dieser aufwendigen Form einen noch nirgends erreichten Standard und zum Teil echtes Neuland darstellt.

Lufthansa has located its engineering facilities for the servicing of its Boeing 747 ('Jumbo jet') and Airbus at Hamburg Airport. Several new buildings have been added to the long Lufthansa facilities arranged on the expansion site. The repair shed on the southern side of the airport cannot be missed. With its hangar space 150 metres long, 81 metres deep and a clear working height of 23 metres, two 'Jumbos' can be dealt with simultaneously. In order to provide a gigantic column free hall, a primary structural system is created by two bows leaning against each other, each having a cross section of 2 metres by 1.7 metres. The whole roof consisting of an open gridwork, hangs on these bows, the main loads being transferred into two buttress structures at the side of the hangar. The form, similar to a large suspension bridge, determines the appearance of the new halls and is visible from a great distance. The façades are covered with a silver grey metal cladding, the wavelike structure being similar to the skin of the early aircraft. The hangar doors have a total length of 150 metres and a height of 22 metres and are totally glazed. They are based on a grid system 4 x 4 metres. This gigantic 'window' allows passengers rolling past in an aircraft to appreciate some of the 'goings on' in the massive Lufthansa workshop. Static and moveable service levels; moveable assembly platforms, linkage bridges, hydraulic energy equipment make the hangar into a 'Who's who' of service technology, this complicated form reaches a standard never achieved before with completely new areas of technology.

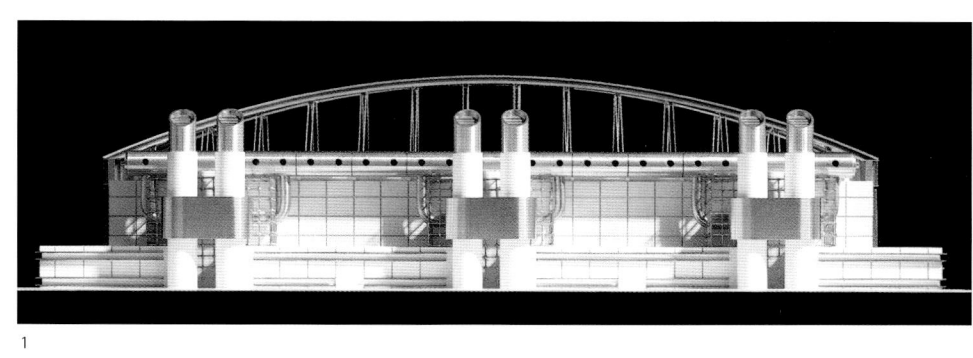

Jumbohalle der Deutschen Lufthansa, Hamburg, 1986/1992
Jumbo hall Lufthansa, Hamburg, 1986/1993

1

Linke Seite:
Der 175 Meter weit gespannte Bogenbinder des Daches.
1 Modell von der Andienungsseite.

Previous page:
The arched roof girder spans 175 metres.
1 View of model.

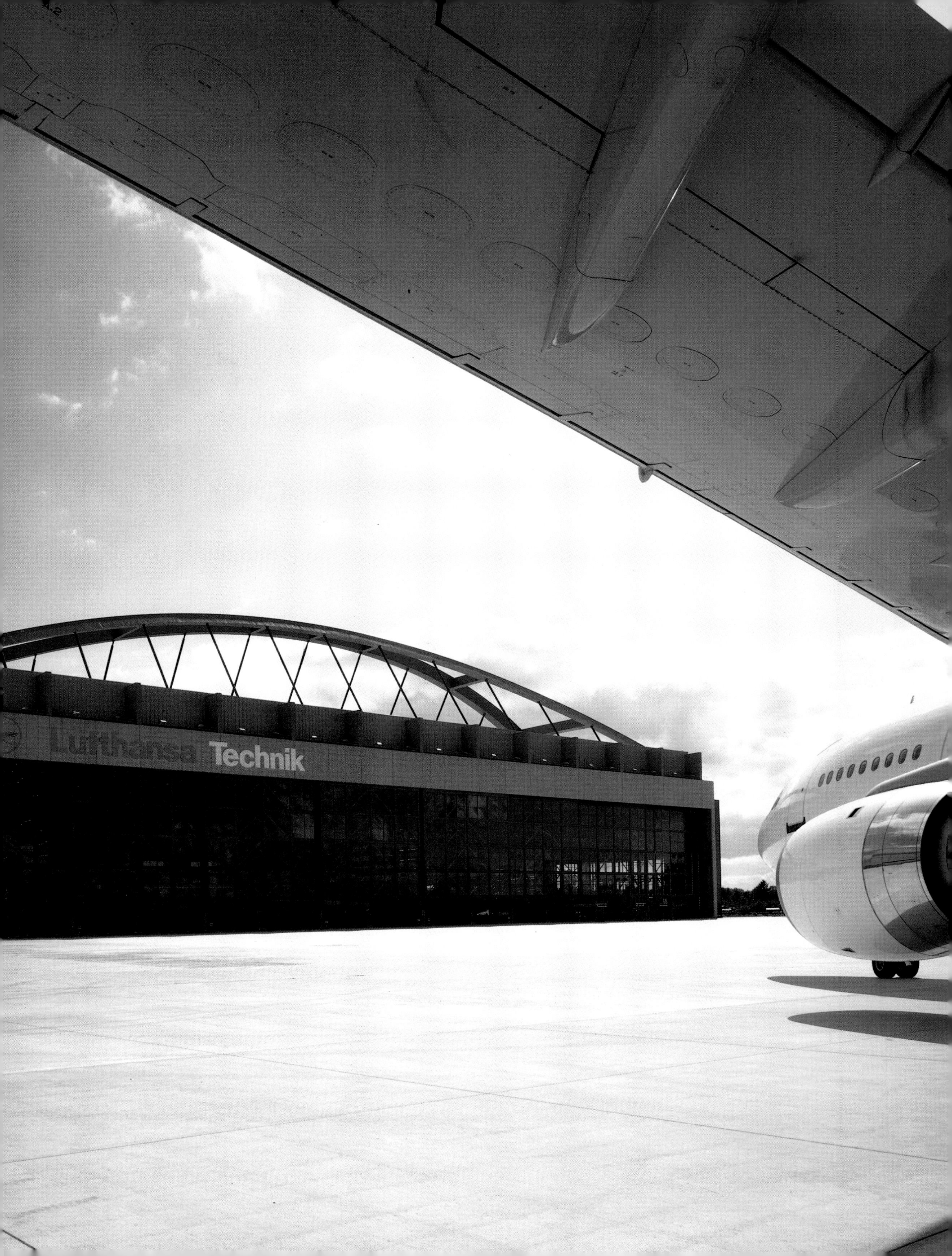
Lufthansa Technik

1

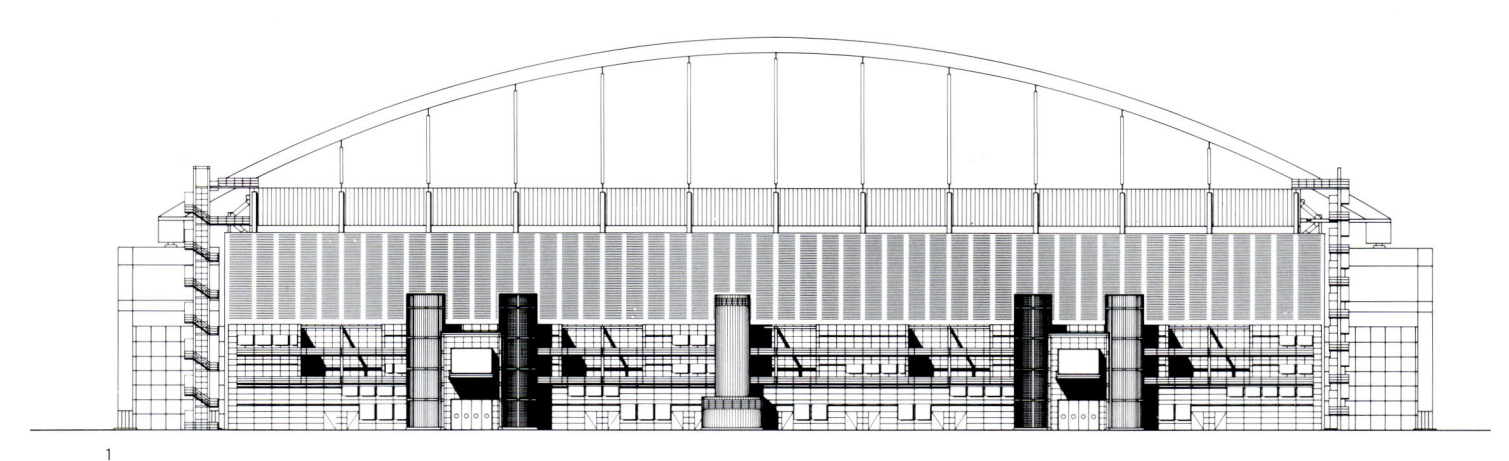

Linke Seite:
 Blick vom Flugfeld.
1 Ansicht von Süden.
2 Blick in die verglasten Tore bei Nacht.

Previous page:
 The hangar seen from the airfield.
1 South view.
2 Night view through the glazed entry doors.

2

Architektur für den Luftverkehr / Architecture for air traffic 111

1 Westliches Bogenauflager mit verglastem Abstellraum für große Geräte und Hubbühnen.
Rechte Seite:
Knotenpunkt zur Verankerung der Zugkräfte in der Untergurtebene des Bogenträgers.
Nächste Doppelseite:
Die voll verglasten 23 Meter hohen Schiebetore sorgen für tagesbelichtete Arbeit im Inneren der Halle. Die Querträger markieren sich in der Attika der Fassadenfront.

1 Western buttresses and glazed storeroom for large machinery and hydraulic lifting gear.
Next page:
Massive bottom chord junction of the arched girder.
Next double-spread page:
The fully glazed, 23-metre-high sliding gates provide daylit workspaces in the hangar interior. The transverse girder marks the parapet in the front façade.

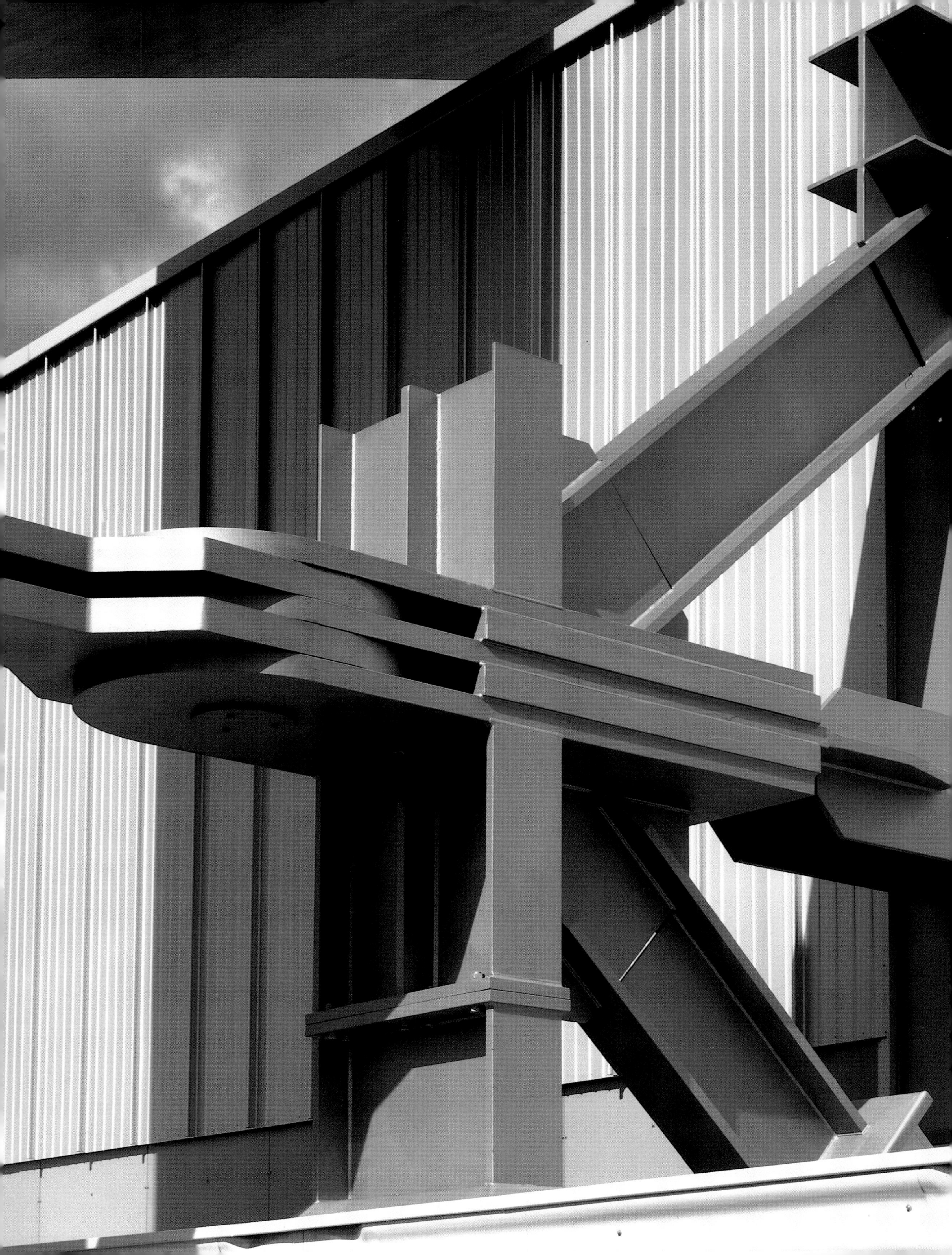

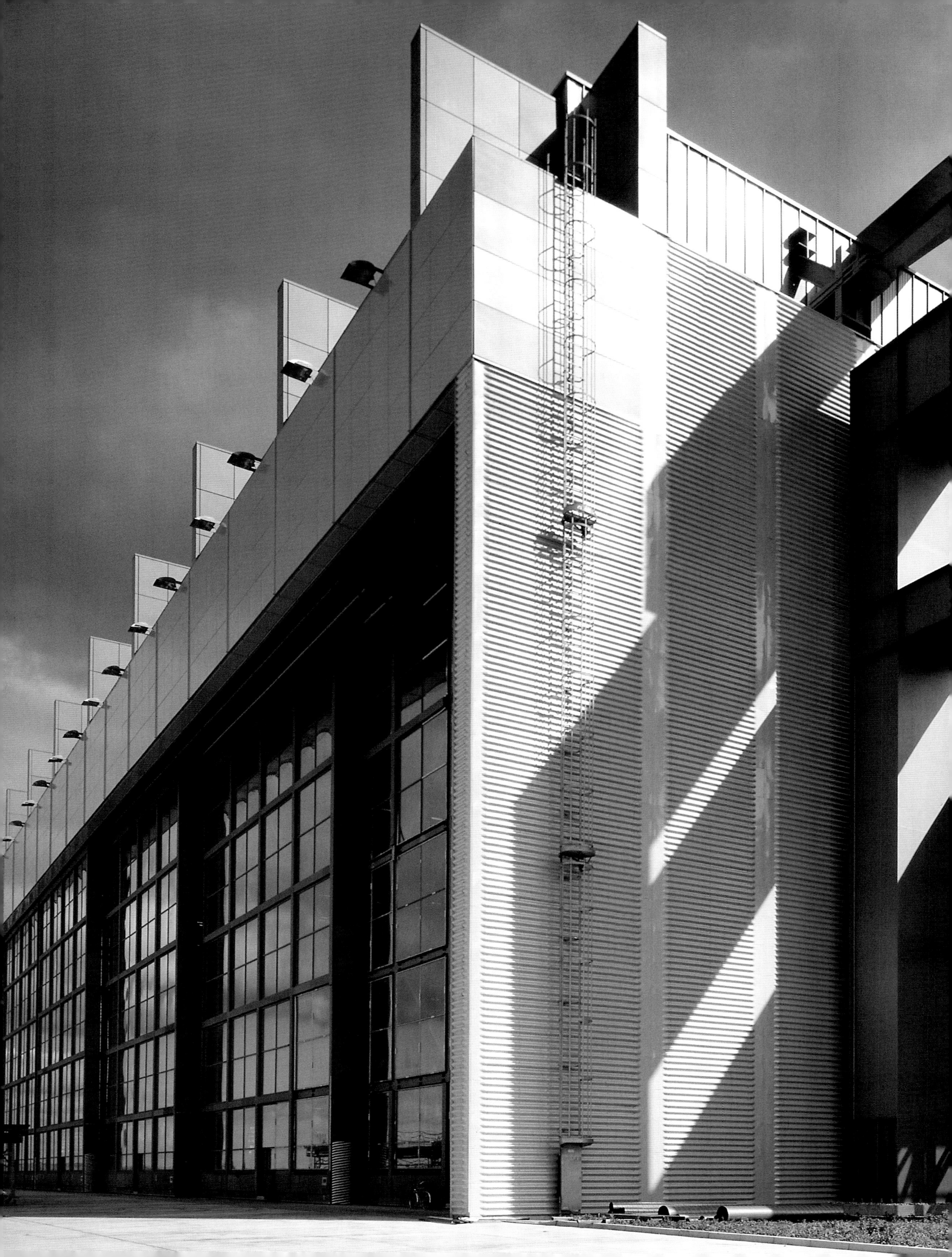

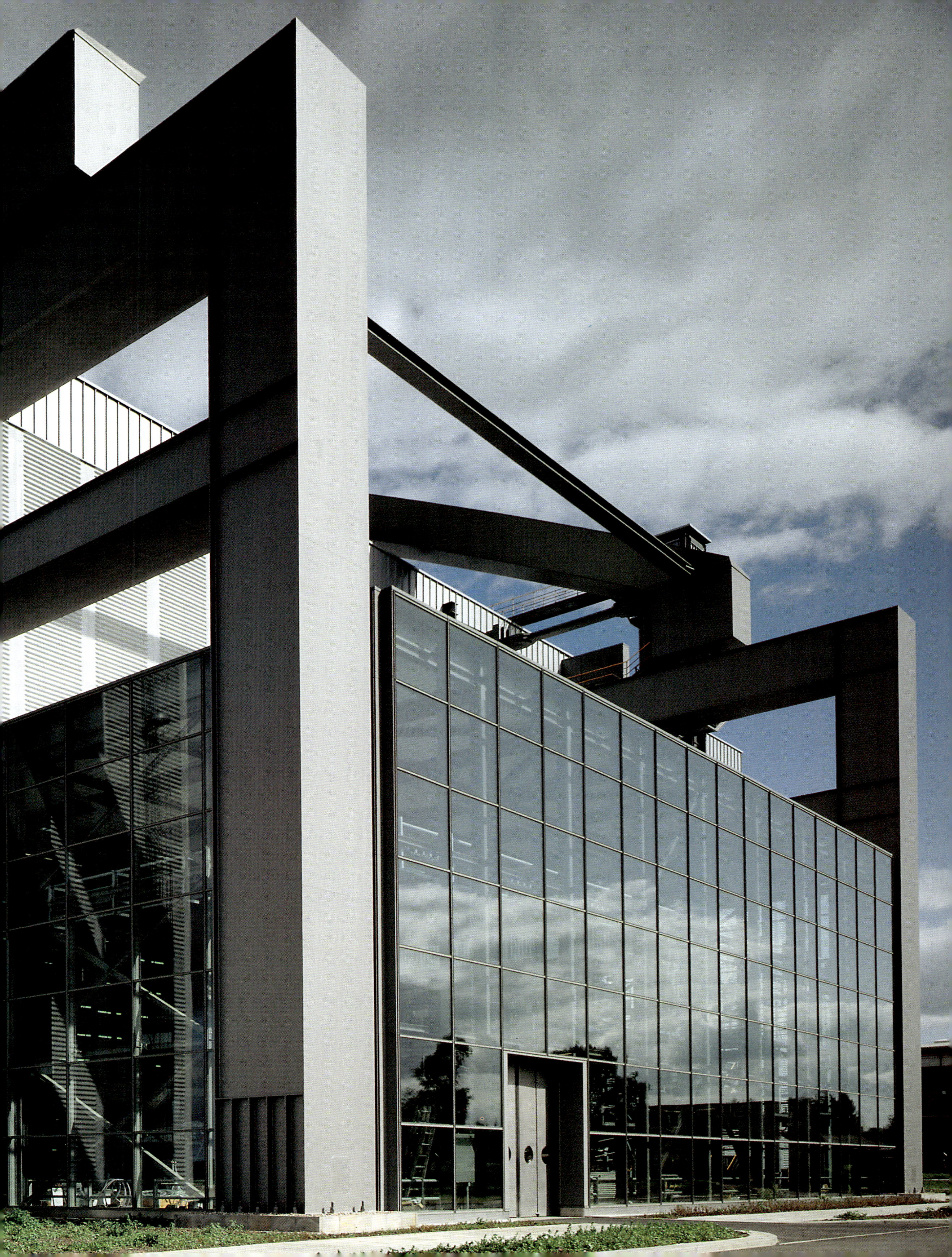

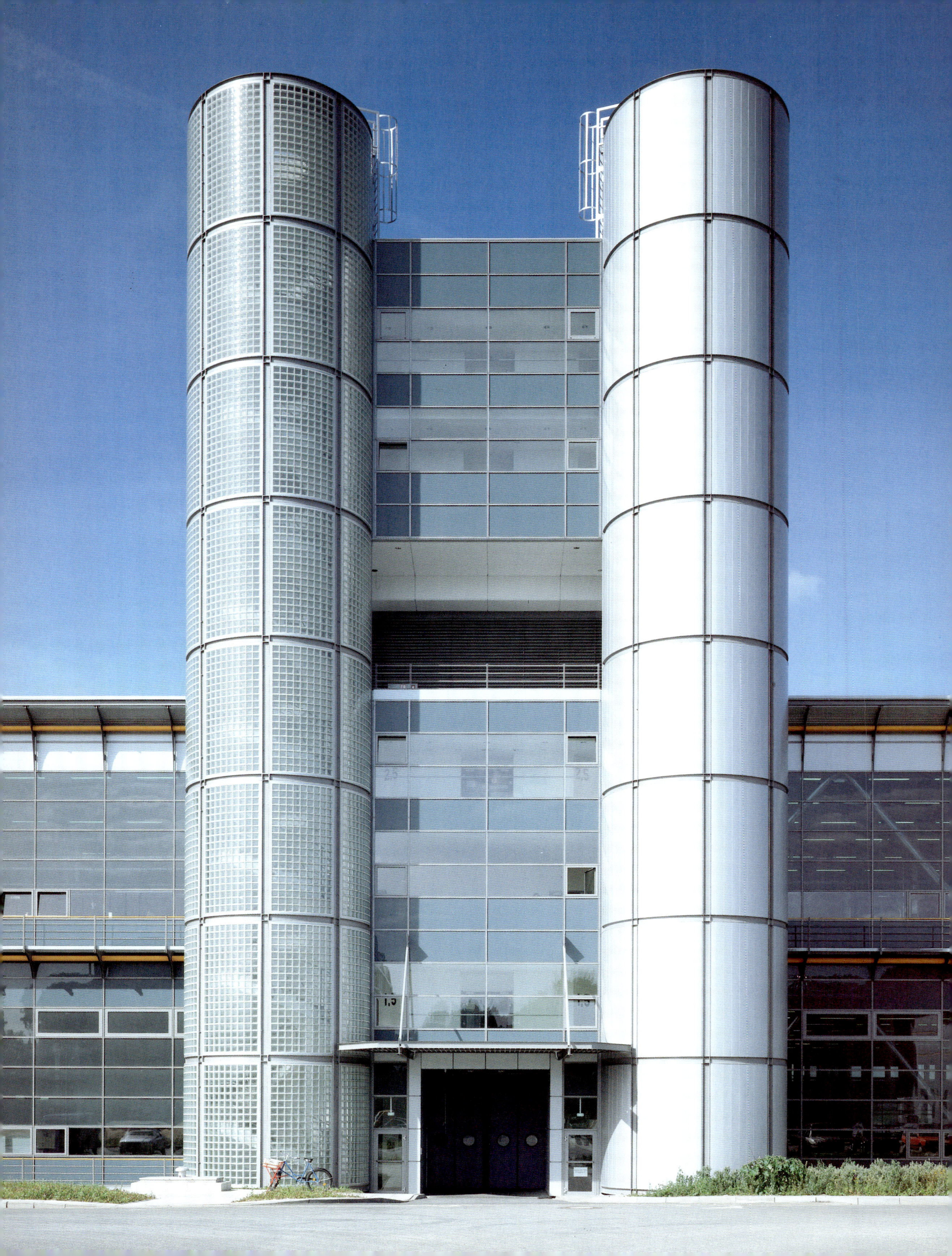

Linke Seite:
Zylindrische Turmpaare nehmen Aufzüge und Treppen auf.
1 Über die zweigeschossigen Werkstätten spannen sich die dazugehörigen technischen Büros als Gebäudebrücke.

Previous page:
Cylindrical twin-towers form the lift and stair wells.
1 The two-storey workshops are bridged over with two building sections, housing related technical offices.

Werkstätten der Deutschen Lufthansa, Hamburg, 1989-1992
Deutsche Lufthansa workshops, Hamburg, 1989-1992

Im Anschluß an die Überholungshalle wurde ein großflächiges, zweigeschossiges Werkstattgebäude realisiert. Über Brücken sind die Jumbohalle und das Werkstattgebäude miteinander verbunden. In der Halle werden Einzelteile der zerlegten Flugzeuge gewartet und repariert. Das allseitig verglaste und damit gut tagesbelichtete Werkstattgebäude ist großflächig ausgebildet und hinsichtlich der Nutzungsaufteilung sehr flexibel. Die zugehörigen technischen Büros befinden sich in zweigeschossigen brückenartigen Riegeln, die oberhalb der Werkstätten angeordnet sind. Zylindrische Türme stellen die Verbindung und Erschließung der Nutzflächen her. Das Gebäude hat eine Bruttogeschoßfläche von 33.300 qm, mißt in der Länge 170 Meter und in der Tiefe 50 Meter bei einer Gebäudehöhe von 33 Meter.

A large double-storey workshop building was built next to the maintenace hall. The Jumbo Hall and the workshop building are connected together through bridges. Dismantled parts of aircraft are serviced and repaired in the hall. The workshop building has good natural lighting through glazing on all sides, it is spaciously designed and has very flexible space planning. The adjoining technical offices are located in a double-storey bridge block placed above the workshops. Cylindrical towers form the link and access to the zones. The building has a total area of 33,000 m², is 170 metres long, 50 metres deep and 33 metres high.

1

Architektur für den Luftverkehr / Architecture for air traffic

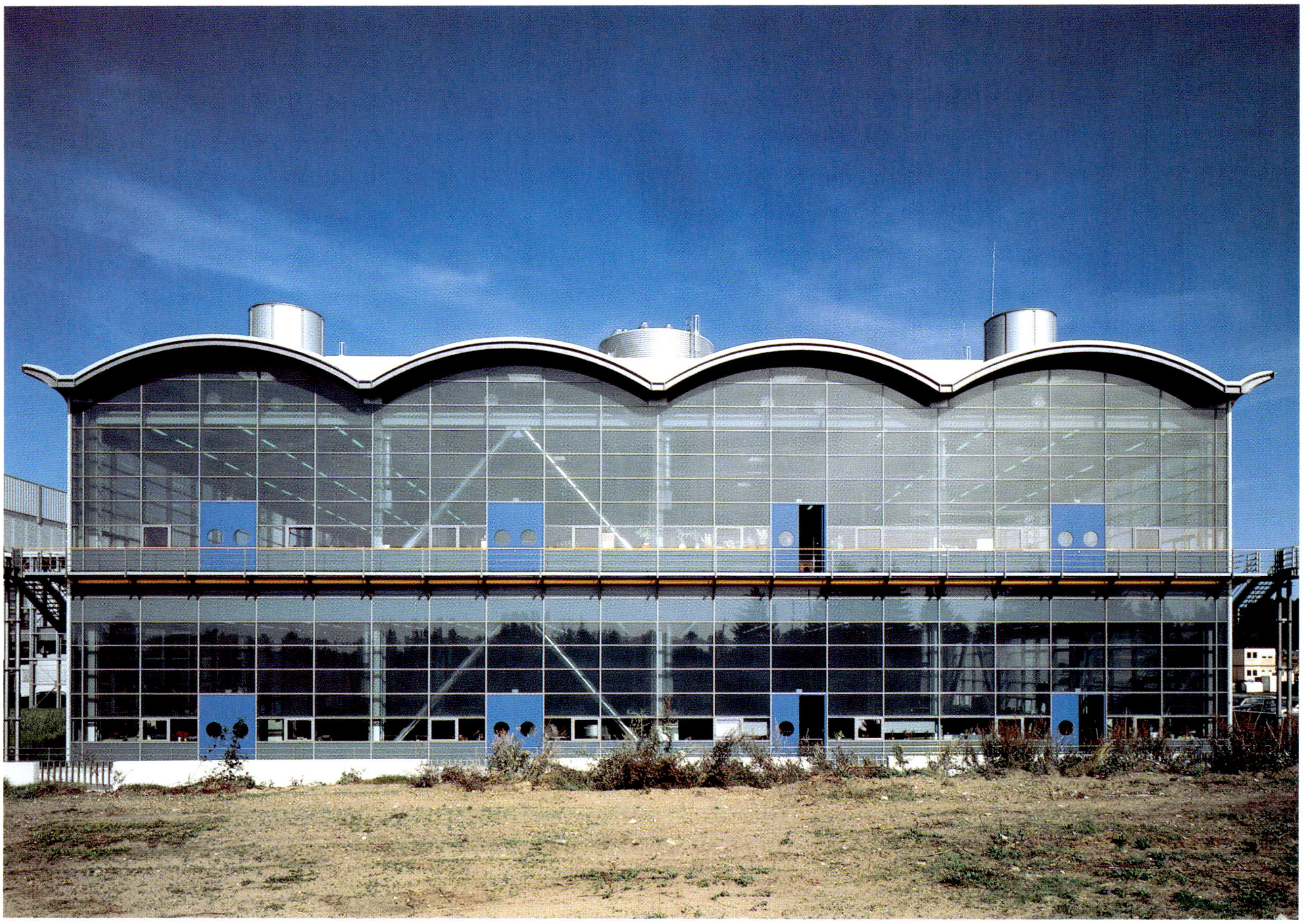

Die rundum verglasten Werkstätten bieten optimale Arbeitsbedingungen bei Tageslicht. Nachts scheint sich die Grenze zwischen Innen und Außen aufzulösen.

The fully glazed workshops offer optimal daylit working conditions. At night the partition between interior and exterior seems to dissolve.

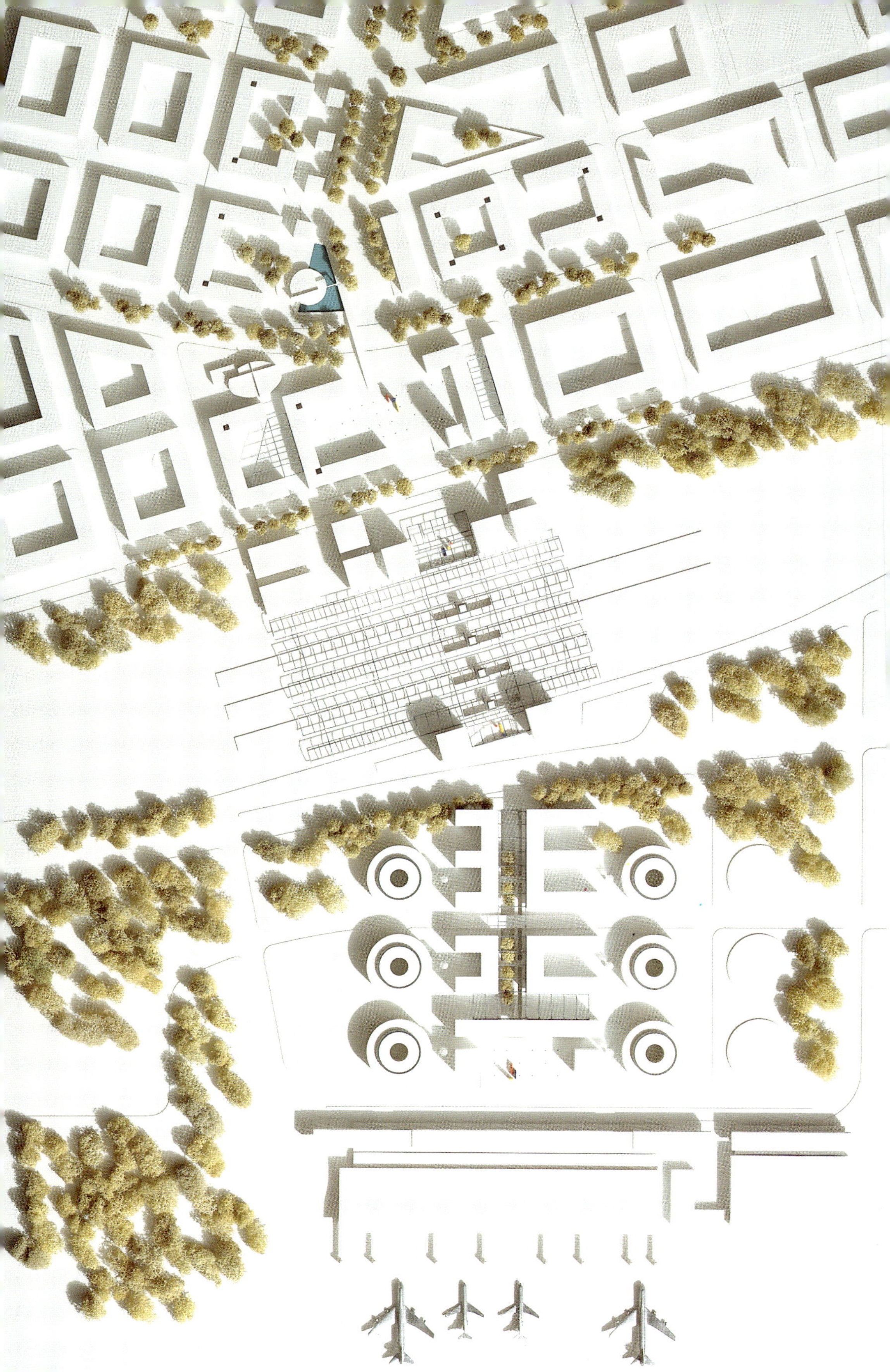

Airport-City Schönefeld, Berlin, 1994

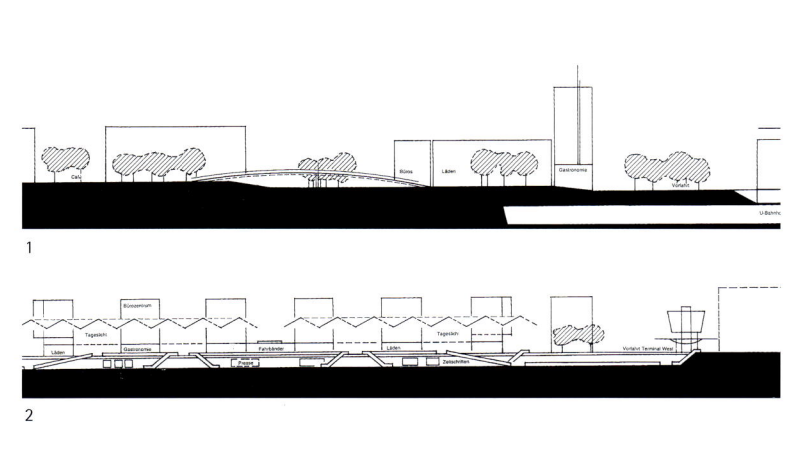

Linke Seite:
Modellaufsicht.
1 Schnittansicht nördliches Gebiet.
2 Schnittansicht südliches Gebiet.
3 Lageplan.

Previous page:
Top view of model.
1 Section of north complex.
2 Section of south complex.
3 Layout plan.

Um eine attraktive von maximaler Urbanität geprägte Verbindung zwischen Flughafen und Bahnhof herzustellen, werden alle Nutzungen der „Airport-City" kompakt entlang eines Rückgrats konzentriert. In einer kammartigen Anordnung sind die sechsgeschossigen Baukörper mit ihrem jeweiligen Rücken direkt an die glasüberdachte Mall angelagert. Sechs zylindrische Parkhäuser mit einer Gesamtkapazität von 9.000 Stellplätzen gewährleisten die Konzentration des ruhenden Verkehrs. Die Eingangshallen des Bahnhofs werden durch ein großzügiges Glasdach, das sich gleichzeitig über den Gleisanlagen fortsetzt, mit einer Empfangsgeste ausgestattet. Turmhäuser, die das auskragende Glasdach seitlich flankieren, markieren zeichenhaft die Bahnhofszugänge. Sehr einfache städtische Blockstrukturen mit Platz und Boulevard charakterisieren das nördlich anschließende Neue Zentrum Schönefeld.

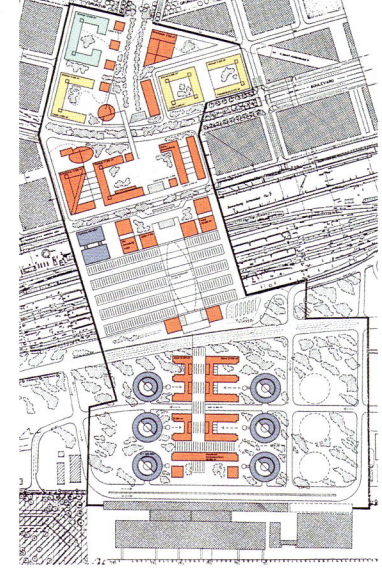

In order to create an attractive link between the station and airport with maximum urban effect, all facilities for the 'Airport City' are concentrated along a backbone structure. Comb formed blocks of six-storey buildings are set with their backs onto a glazed mall. Six cylindrical car park towers having a total capacity of 9,000 parking spaces guarantee a concentration of all vehicles. The entrance foyers of the station are drawn over the platforms by a spacious glass roof, forming an embracing and welcoming feature. Tower blocks which flank the projecting glass roof signal the station entrances. The new centre of Schönefeld to the north is characterised by simple urban blocks with courtyards and boulevards.

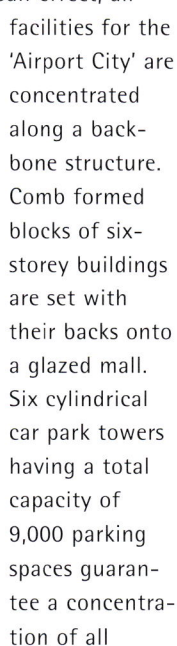

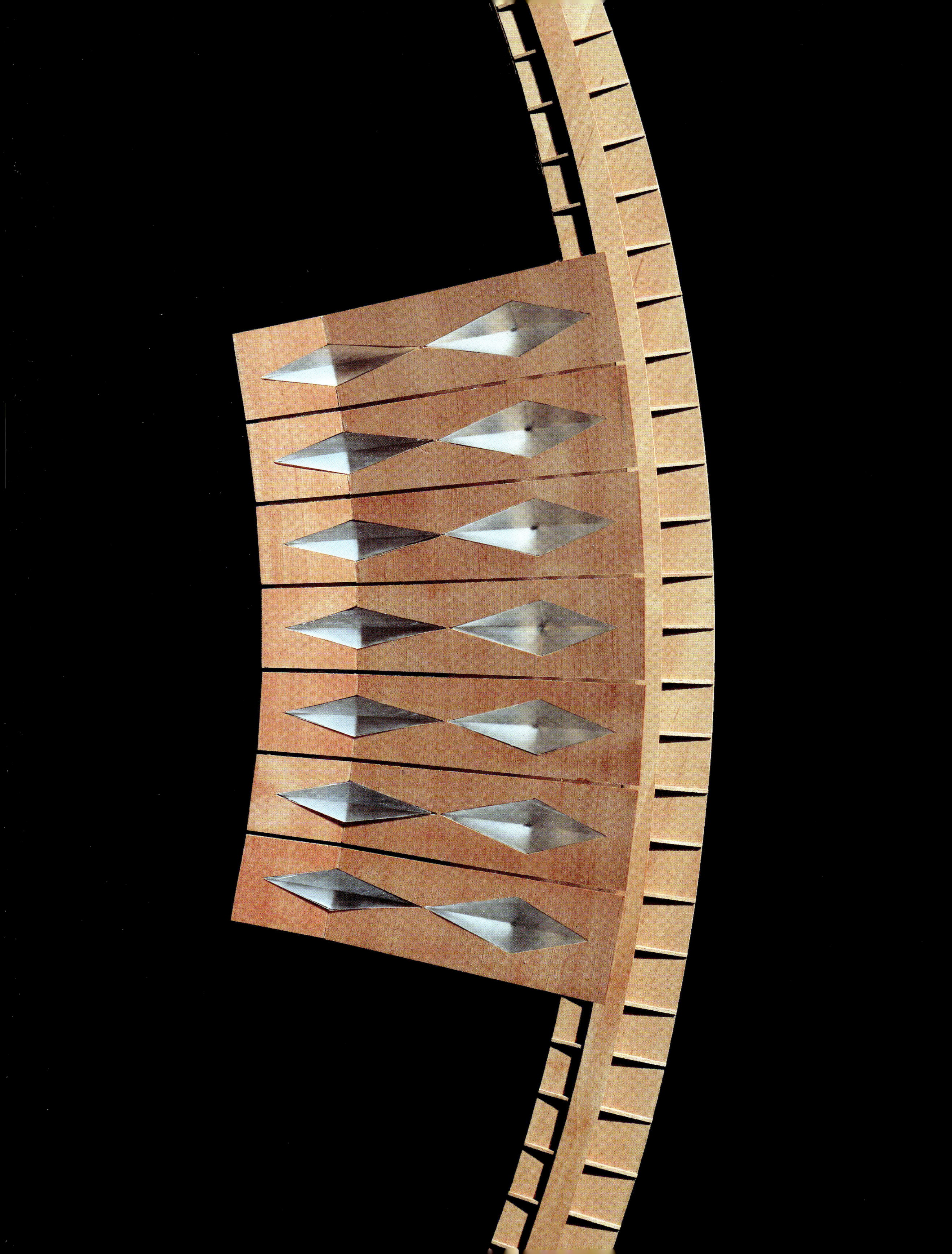

Flughafen Zürich, 1996
Zurich Airport, 1996

Die logistische, funktionale und städtebauliche Situation des Flughafens Zürich wird neu definiert. Ein hohes Maß an Flexibilität und Kompatibilität kennzeichnet dabei die Erweiterung. Der neue Terminal unmittelbar südlich der bestehenden Bausubstanz bildet den Schwerpunkt der neuen Anlage. Er befindet sich exakt über den Gleisanlagen und Perrons des bestehenden Bahnhofs. Die direkten Sichtbeziehungen zwischen ihm und den Abfertigungsebenen des neuen Terminals können durch eine entsprechend großzügige Architektur zu einem großartigen Raumerlebnis inszeniert und unmittelbar mit Tageslicht von oben versorgt werden. Ein zylindrisches Parkhaus schafft die Übersichtlichkeit im Vorfahrtsbereich. Auf der Luftseite eröffnen sich eine Vielfalt von Ausbauvarianten. Das „Midfield-Dock" stellt dabei die „ultima ratio"-Baustufe der Vorfelderweiterung dar. Ein „People-Mover-System" bindet die älteren Terminaleinrichtungen funktional an die „neuen" Terminalbereiche an.

The logical, functional and urban location of Zurich Airport will be redefined. A high degree of flexibiliy and compatibility typifies the new expansion. The new terminal set south of the existing buildings forms the centre of the new complex. It is positioned over the railway lines and platforms of the existing station. The direct visual contact between it and the passenger check-in levels of the new terminal will be enhanced by naturally daylit spacious architecture creating a spectacular interior. A cylindrical car park creates a clarity in the airport entrance areas. The 'Midfield Dock' thus forms the 'ultima ratio' stage of the apron extension. A people-mover system links the old terminal facilities to the areas of the 'new' terminal.

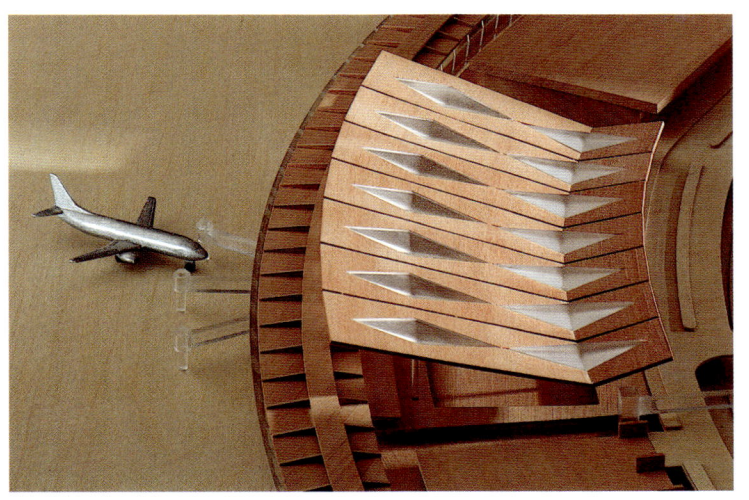

Die Kreisfigur der Pier mit einem Durchmesser von ca. 600 m verklammert die existierende Bausubstanz mit den neuen Elementen zu einer klar organisierten und hierarchischen Einheit. Die 900 Meter lange Pier weist durch ihre Krümmung eine räumliche Kontinuität auf und bietet auf der gesamten Länge optisch Bezug zum Vorfeld.

The circular pier form with a diameter of 600 metres encircles the existing building structure with a new clearly read organising unity. The 900 metre long pier defines through its curved form a spatial continuity and offers along its length visual connections onto the runways.

1 Modell Gesamtanlage. Im oberen Bildbereich das Midfield-Dock als möglicher vierter Bauabschnitt.
2 Zentralbereich: Phasen einer möglichen Entwicklung
3 Gesamtsituation.

1 Overall complex, model. Below: the Midfield Pier, a possible fourth construction stage.
2 Central area: possible development stages.
3 Urban layout.

124 Architektur für den Luftverkehr / Architecture for air traffic

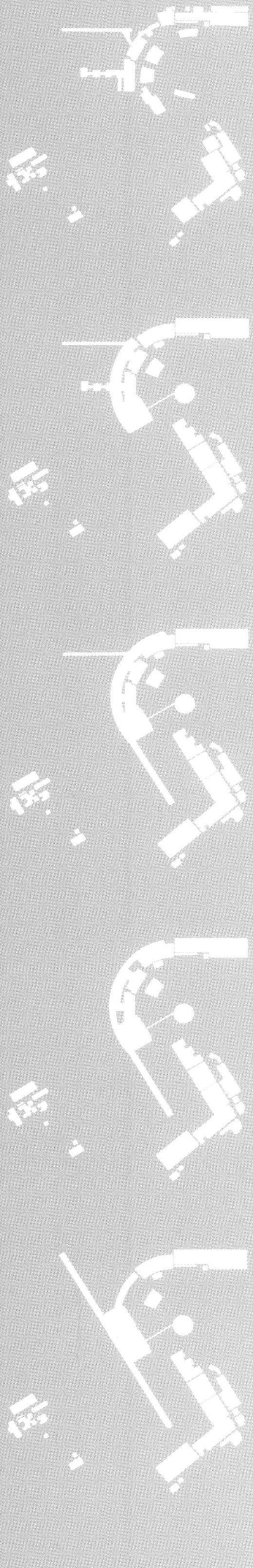

2

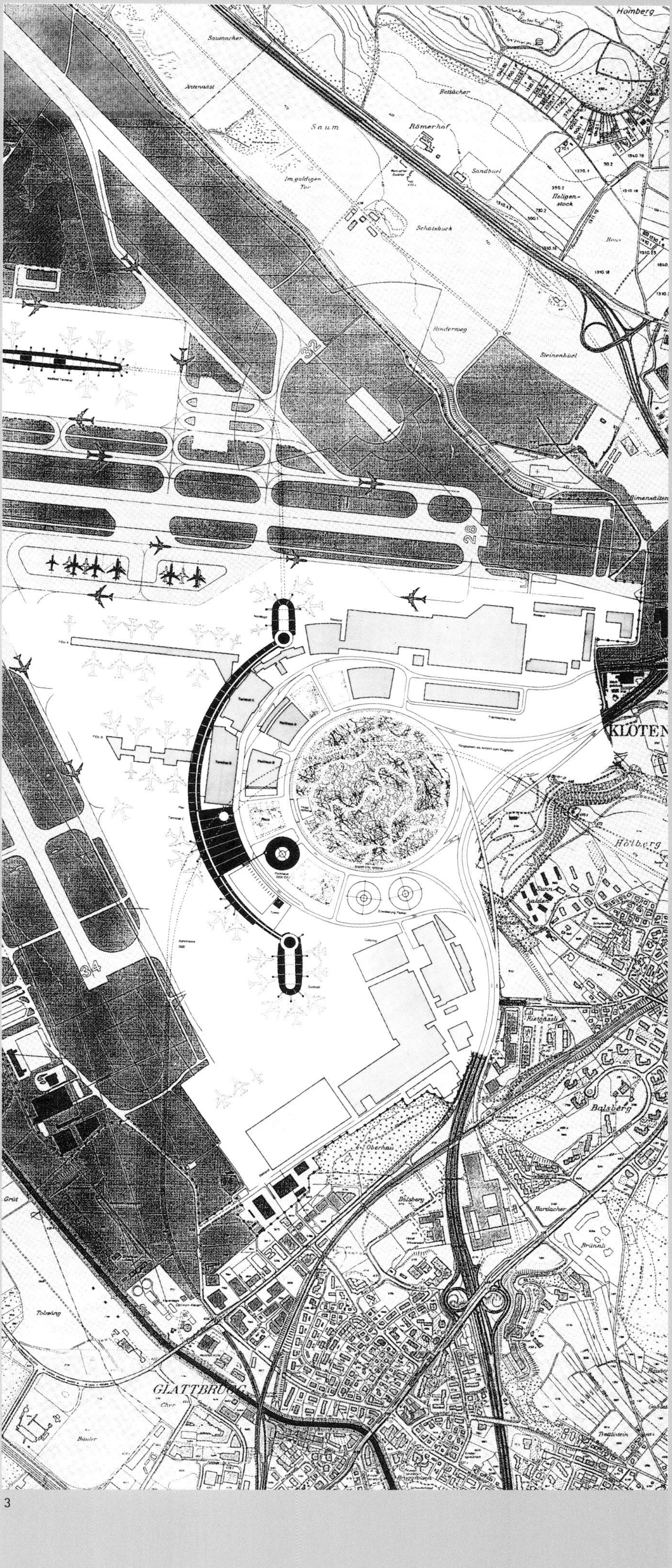
Homberg
Saumacher
Antennäst
Saum
Römerhof
Bettäcker
Sandbüel
Im goldigen Tor
Schätzbuck
Rinderweg
Steinenbüel
32
28
34
KLOTEN
Hölberg
Balsberg
Oberhau
Hardacher
Grüt
GLATTBRUGG

3

1

2

1 Terminal C Querschnitt im Modell.
2 Die Konstruktion des Hallendaches in der Modellansicht.
3 An den beiden Enden der Pier werden ein Kopfbau Süd und ein Kopfbau Nord angelagert.
4 Die gespannte gläserne Gebäudegroßform des Midfield-Docks ist nach innen und außen transparent. Eine tageslichtdurchflutete Erschließungshalle bildet das räumliche Zentrum und wird zum „Erlebnisraum".

1 Model section.
2 Modelling of the hall structure.
3 A south-end and a north-end section round off the pier.
4 The tensioned building volume is fully transparent. The concourse hall, flooded with daylight, forms the core to the structure, and spatial experience.

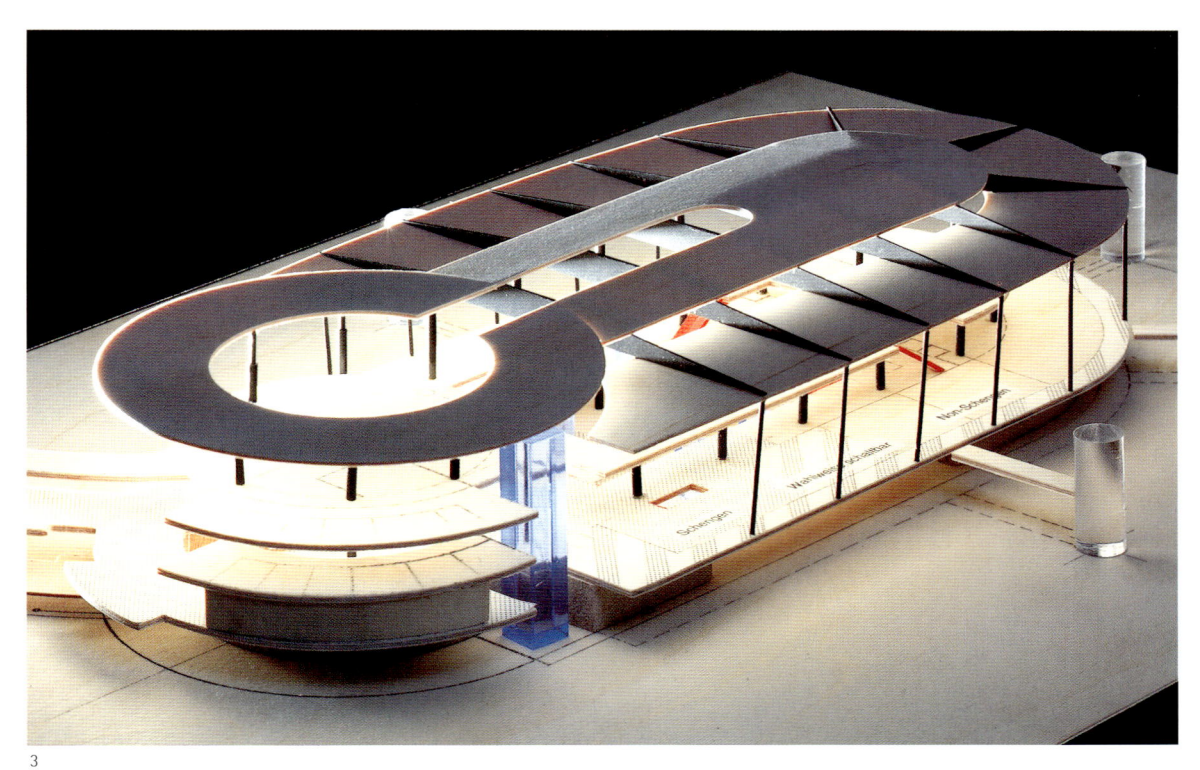

Meinhard von Gerkan

Architektur für den Schienenverkehr
Architecture for rail transportation

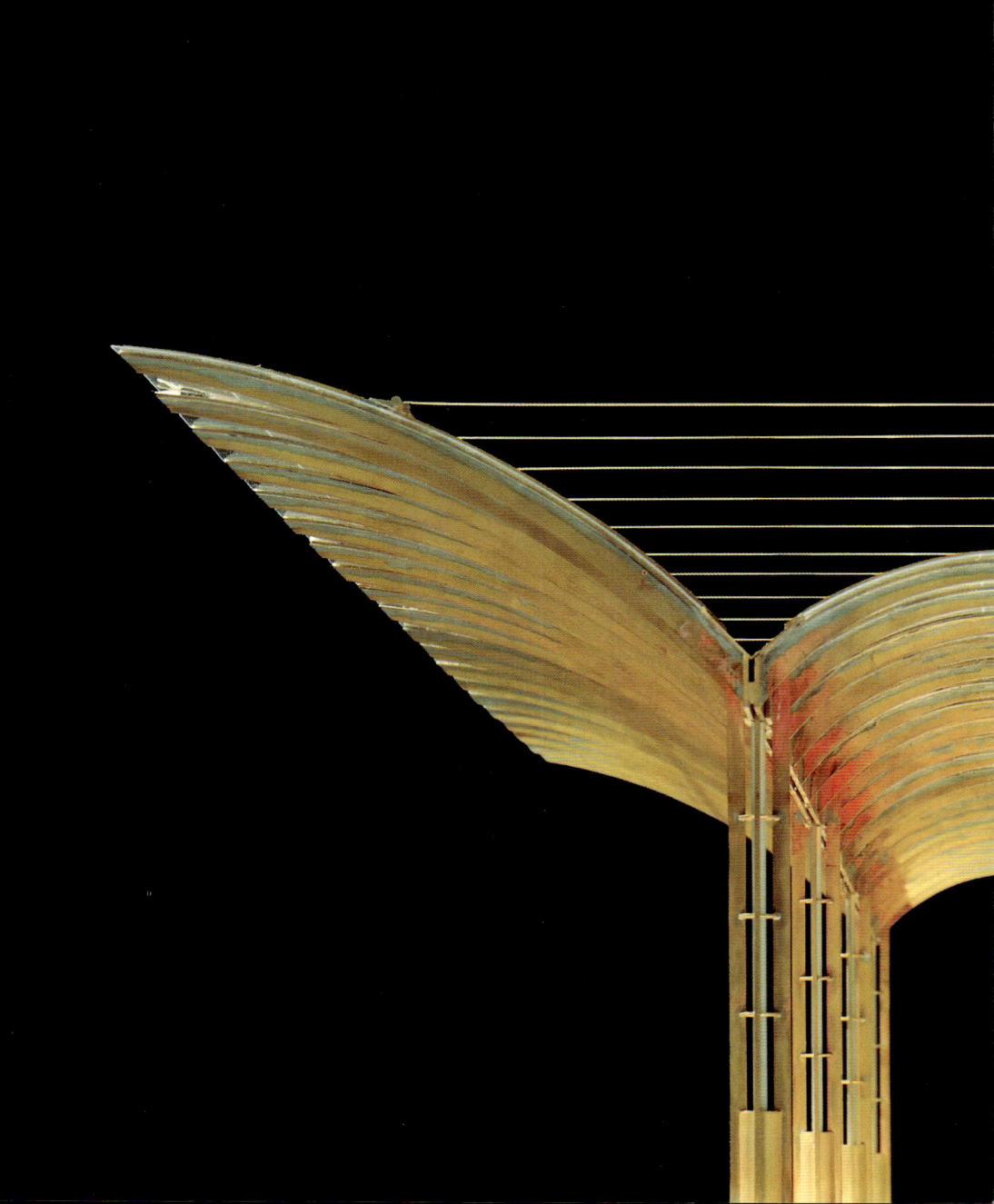

Die Erfindung der Dampfmaschine und ihre Verwendung als Lokomotive hat in der Mitte des 19. Jahrhunderts die Menschheit in Bewegung gebracht. Der Schienenverkehr wurde zum Wegbereiter unserer mobilen Gesellschaft. Die Bahnhöfe wurden zu Kathedralen der Mobilität, Orte größter gesellschaftlicher Bedeutung. Die Bahnhofsadresse war eine 1A-Adresse.

Bis heute gehören Bahnanlagen und Bahnhöfe in den Stadtgrundrissen zu den markantesten Strukturmerkmalen.

Mit dem Siegeszug des Automobils und der Ausweitung des Luftverkehrs degradierte der Verkehr auf der Schiene zur Drittklassigkeit. Das Arme-Leute-Syndrom zog auch die Bahnhöfe in den sozialen Abstieg. Die grandiosen Rauminszenierungen der großen Bahnhöfe in ihrer Symbiose aus imposanter Weiträumigkeit und wohlgeformter Ingenieurkunst, mit dem Flair von Fern- und Heimweh überkrusteten mehr und mehr mit den Insignien der Mediokrität.

Mit dem Verfall der Attraktivität verkam auch der Erhaltungszustand und das Interesse an Wohlgestalt und Ästhetik. Um- und Anbauten wurden ohne architektonischen Anspruch und durch Derbheit so sehr verunstaltet, daß die Bahnhöfe zu Orten der minderwertigsten Milieuqualität wurden. Rotlichtmilieu, Drogenszene und Kriminalität fanden hier ihre Heimat und verstärkten ihrerseits den Niedergang. Die pulsierenden Herzen der großen Städte wurden zu Schandflecken.

Der Krieg zerstörte große Teile wertvoller Substanz. Die rücksichtslose Abrißmentalität der Nachkriegszeit opferte unwiederbringliche Baudenkmäler.

Seit einigen Jahren wandelt sich das Szenario. Überfüllte Straßen pervertieren den Komfort des individuellen Reisens mit dem Automobil zu qualvoller Ohnmacht.

Die Ölkrisen und in deren Gefolge das zunehmend verantwortungsvollere Umweltbewußtsein haben politisch wie persönlich die Rangstellung des Reisens auf der Schiene wieder aufgewertet.

Die neue DB AG hat die gesellschaftliche Funktion der Eisenbahn in Deutschland neu bestimmt. Die Führung des Unternehmens will den Menschen das Reisen auf der Schiene wieder attraktiv und komfortabel machen und damit zugleich dem ökologischsten aller Verkehrsmittel gesellschaftliches Ansehen zurückgewinnen. Dies bedeutet, daß die Bahnhöfe hohen Milieuwert, gesellschaftliche Wertschätzung und attraktive Öffentlichkeit wiedererlangen müssen.

Damit erfahren die Bahnhöfe eine umfassende gesellschaftspolitische Renaissance. Sie werden zu Prüfsteinen eines von ökologischer Verantwortung getragenem Staatsbewußtseins.

Hieraus erwachsen Bauaufgaben, die das Thema „Bahnhof" inhaltlich und architektonisch neu bestimmen müssen.

Sachliche Funktionalität, ein hohes Maß an Öffentlichkeit und optimiertes Tageslichtmilieu stehen als Gestaltparameter neben der Notwendigkeit, durch kommerzielle Nutzflächen die Ökonomie der Bahn aufzuwerten.

Um den Verkehr zügiger und attraktiver zu machen, werden Kopfbahnhöfe zu Durchgangsbahnhöfen, innerstädtische Gleisanlagen wandern unter die Erde. Wertvolle Entwicklungsflächen in zentraler Lage offerieren das Potential „bahnbrechender" städtebaulicher Neustrukturen im 21. Jahrhundert. Erste konkrete Planungen für Stuttgart 21, München 21 und Frankfurt 21 offenbaren, welche atemberaubend neue Entwicklungen sich anbahnen, wo eine eminent wichtige Aufgabe der deutschen Architektur in den nächsten Jahren liegen wird.

Der Bahnhof, seit Jahrzehnten eine vernachlässigte, fast vergessene Bauaufgabe, gewinnt damit in der zeitgenössischen Architektur wieder einen bedeutungsvollen Platz.

The invention of the steam engine and its use as locomotive power in the middle of the 19th century brought the human race finally into movement. Railway transportation paved the way for a more mobile society. The railway stations became cathedrals of mobility and therefore places of major significance within our society. The station itself became the ultimate address. Up to the present time railway installations and station structures are seen as belonging to the most prominent structural features within our city plans.

With the triumphant march of the motor car and the expansion of air traffic, railways devolved into a third place position. The image of the railway as a poor man's transport choice drove the further social decline. The overwhelming scale of the grand old railway stations and their combination of imposing spacial quality and well proportioned engineering, contrasts with the emotions of travel and home sickness, slowly disappeared under layer after layer of ensuing mediocrity.

With the decline in their attractiveness came also a decline in maintainance and correspondingly proportion and aesthetic. Extensions and additions were carried out without due regard to architectural meaning and in this way a disfiguring of the structures took place. The stations became places of low-grade inferior quality. Redlight districts, the drug scene, and crime found their homes here and reinforced a further part in the process of their decline, vibrant parts of our major cities turned into eyesores.

The war destroyed major areas of precious urban fabric. Insensitive demolition work in the post war period also sacrificed irretrievably major historical monuments.

The past few years have seen a change in this process. Overfilled streets compromise the sense of comfort for individual car drivers and become a trial of despair.

The oil crisis resulted in an increasing mood of responsibility for environmental consciousness and has once more elevated the position of rail travel on to the political scene.

The new DB AG (Deutsche Bundesbahn Aktiengesellschaft) has re-established the social role of the railway in Germany. The new enterprise seeks to make rail travel once more an attractive and comfortable alternative for the people and at the same time to win back the social status of this most ecological of all transport systems. This means that the new railway stations have to gain a high profile, attractiveness and increased public appreciation.

Through this process railway stations are experiencing a comprehensive social and political Renaissance. They become touch-stones of ecological responsibility and carry the new confidence of the state.

Out of this process develop design tasks which revolve around a re-definition of this newly defined theme - the station.

Functionality, and a high measure of publicity with an optimal daylit environment are established as major design parameters next to the economic necessity of upgrading the commercial use of space.

To ensure a more efficient and effective traffic flow the terminals have become 'through' stations in a city, railway tracks moving under the earth's surface.

Valuable developement areas in central positions offer the potential of pioneering new city planning structures aimed into the 21st century. The first concrete plans for Stuttgart 21, Munich 21 and Frankfurt 21 reveal which new breathtaking developements are now on the way and where the pre-eminent task for German architecture will lie in the next few years.

The railway station which has for the last few decades become a neglected and forgotten design issue will obtain once again a significant place within the role of contemporary architecture.

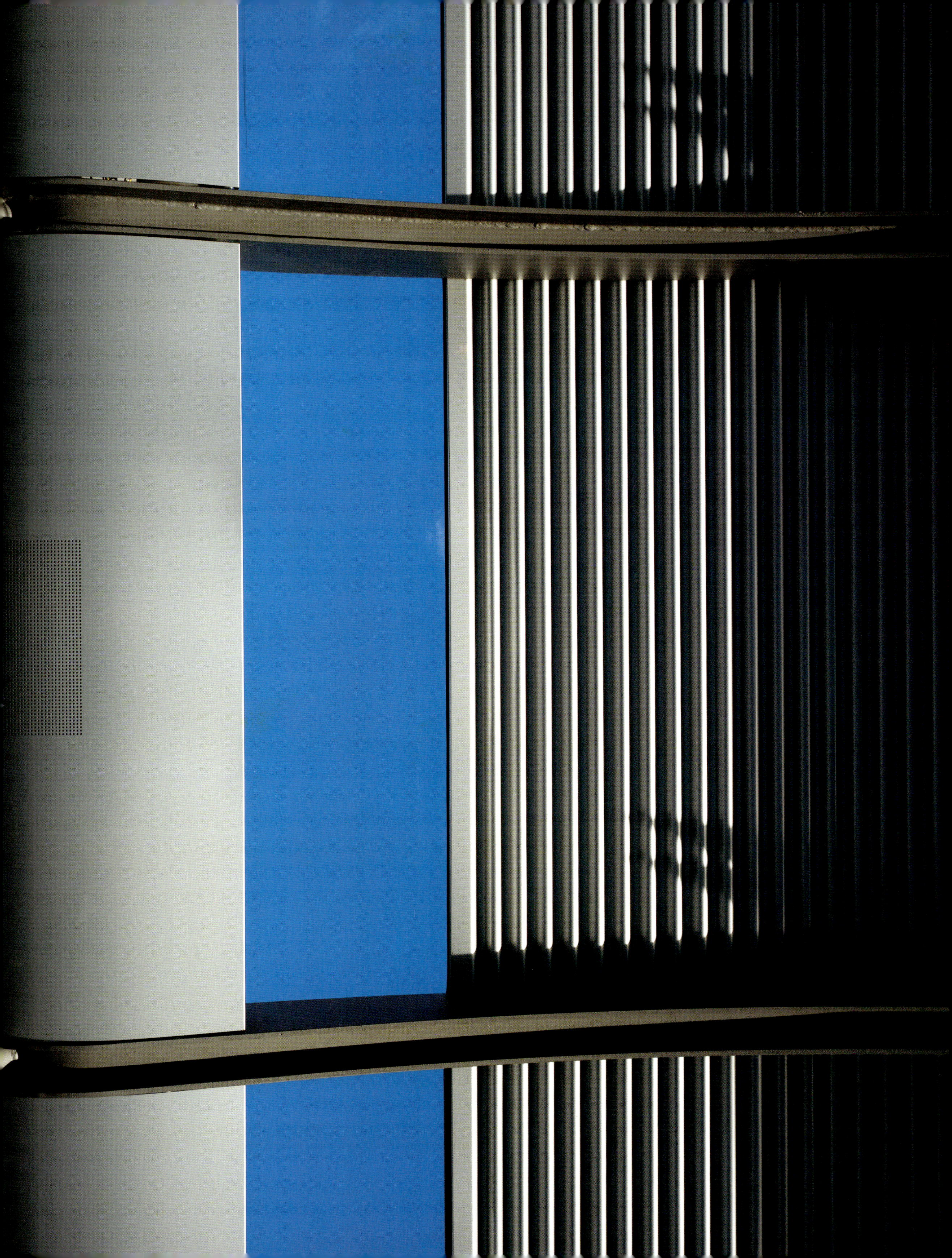

Bahnhof 2000, 1994
Station 2000, 1994

Linke Seite:
Die Untersicht des Daches besteht aus gewelltem Edelstahlblech. Diese Struktur stabilisiert das Tragverhalten und erzeugt lebendige Lichtreflexe.
1 Die Rahmenkonstruktion besteht aus modular elementierten Stahlseilen.

Previous page:
The underside of the roof is clad with corrugated stainless steel sheeting. This stabilizes the structure and produces lively light reflections at the same time.
1 The framework is composed from modular steel rods.

1

Eine sanft geschwungene Stahl-Glas-Konstruktion überdacht die Bahnsteige. Sie ruht auf einer Doppelstützenreihe im Abstand von 9 Metern. Durch die wirbelartige Segmentierung läßt sich die Konstruktion in der Länge variieren. Auch die Breite ist variabel. Durch Kappen der Querträgerenden kann das Dach sich verjüngenden Bahnsteigen anpassen. Auch Kurven folgt die Konstruktion durch Brechung der Längsachse.

A lightly curved steel-glass structure roofs the platforms. It sits on a row of doubled columns at 9 metre intervals. The length of the structure can be varied by the spine-like segmentation. The width is also variable. The roof span matches the narrowing platforms by shortening the cross beam members. The structure follows the curve along its longitudinal axis.

1

2

3

4

Studien am Arbeitsmodell:
1 Das Dach teilt den Bahnsteig in drei Zonen: die Mittelzone als Aufenthaltsbereich, die beiden äußeren Zonen als Einstiegs- und Gehbereiche.
2 Struktur der wirbelartigen Segmentierung.
3 Die Anpassung an verschiedene Bahnsteigbreiten erfolgt durch proportionales Wachsen der Querträger.
4 Durch Kappen der Querträger paßt sich das Dach verjüngenden Bahnsteigen an.

Working models for study purposes:
1 The roof divides the platform into three zones: the central area for waiting, the two outer zones for boarding and circulation.
2 Structure of the roof segments.
3 A proportional lengthening of transverse girders extends the roof cover over widening platforms.
4 The transverse girders are shortened to adapt to narrowing platforms.

5 Der Bahnsteig wird von den Dachrändern beleuchtet.
6 Indirektes Licht modelliert die Form.
7 Wasserrinne mit Laufsteg zu Wartungszwecken.
8 Lichtstimmung aus einer Mischung diffusen und gerichteten Lichts.
9 Tageslicht fällt durch die Glasstreifen entlang der Wellentäler.
10 Dominierend ist die Eigenfarbe des Materials mit den Reflexen der Wellenstruktur.
Nächste Doppelseite: Die Vogelschwingenanalogie betont die Geste von Leichtigkeit und Schweben.

5 Platform lighting comes from the roof edges.
6 Indirect lighting moulds the form.
7 Drainage gutter with maintenance catwalk.
8 Light ambience: a mixture of diffuse and directional lighting.
9 Daylight is transmitted through glass strips along the roof 'valley'.
10 The dominating colour is that of the material, enhanced by light reflexes from the corrugated sheeting.
Next double-spread page:
The analogy to a bird's wing emphasizes the architectural gesture of lightness and suspension.

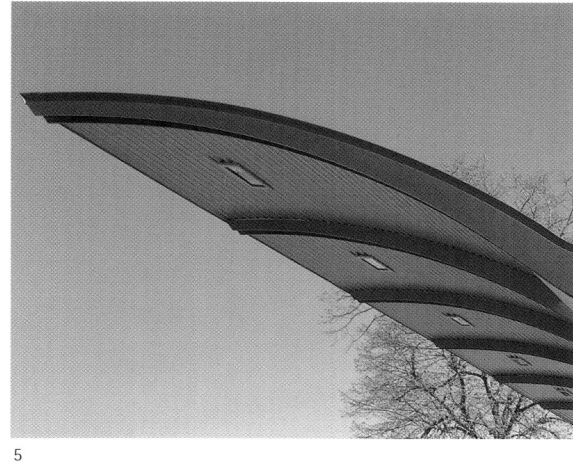

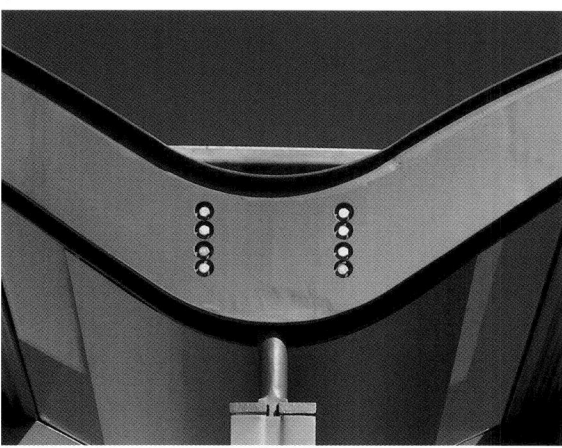

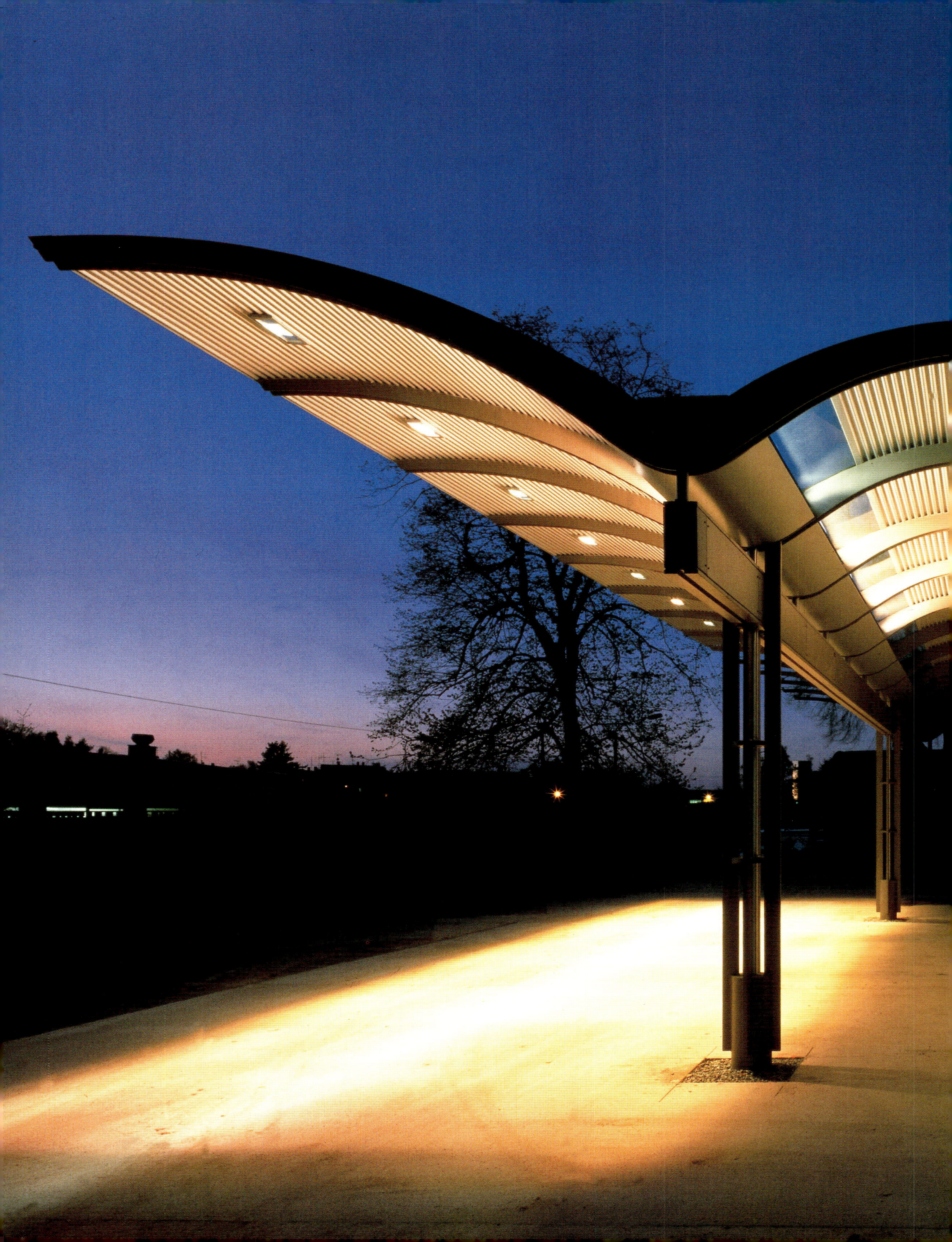

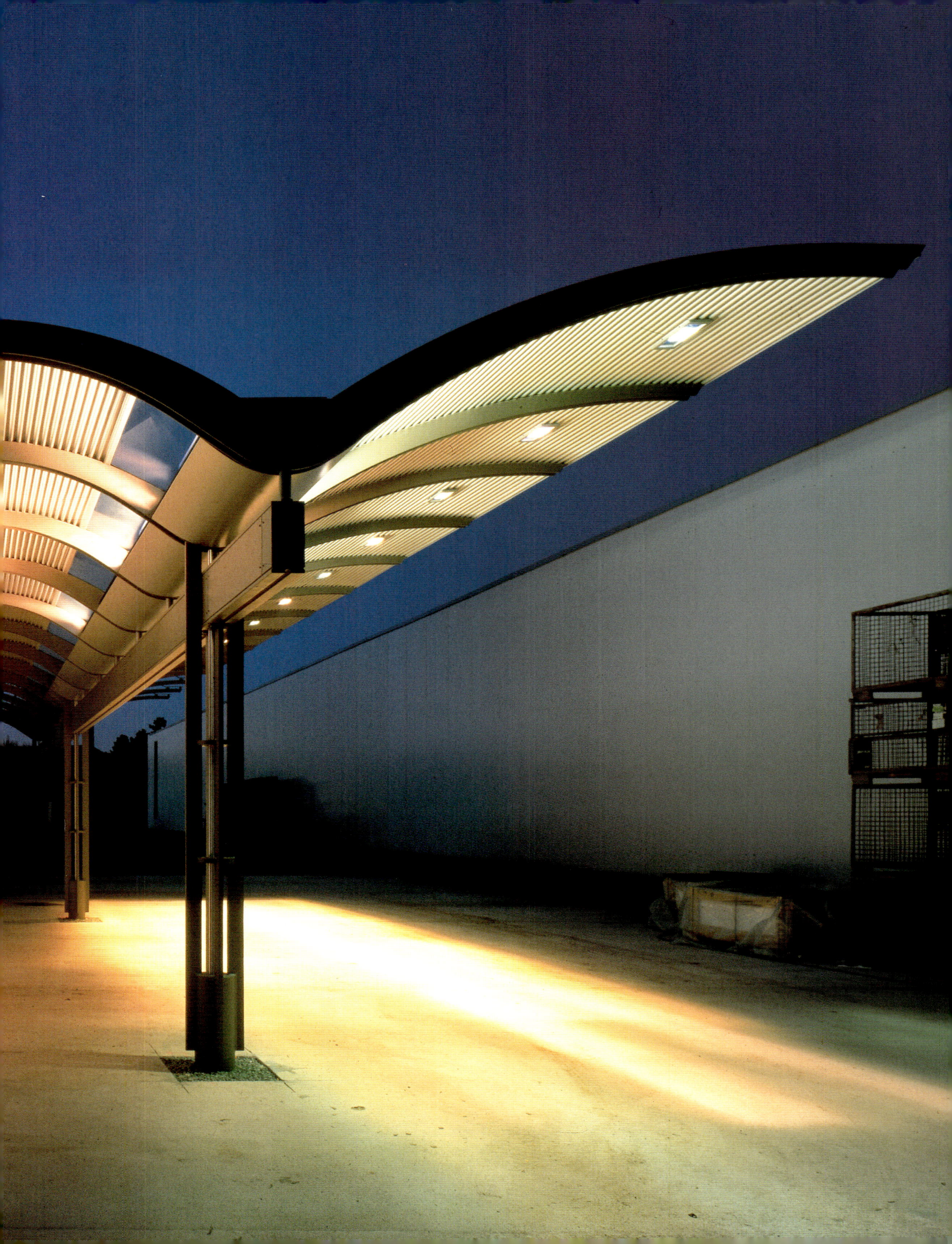

LEHRTER BAHNHOF

Lehrter Bahnhof, Berlin 1993–2000
Lehrter Bahnhof, Berlin, 1993–2000

An der historischen Stelle des Lehrter Bahnhofs westlich vom Humboldthafen entsteht einer der bedeutungsvollsten Kreuzungsbahnhöfe Deutschlands. Hier werden sich eine von Westen nach Osten führende ICE-Strecke mit einer solchen, die Nord und Süd verbindet, kreuzen. Hinzu kommen in beiden Richtungen S-Bahn-Trassen sowie eine Nord-Südverbindende U-Bahnlinie. Die Nord-Süd-Trasse verläuft 15 Meter unter der Erde in einem Tunnel, der auch die Spree und den Tiergarten unterquert. Die Ost-West-Trasse wird in Höhenlage 10 Meter über Straßenniveau geführt und entspricht somit dem Verlauf der bisherigen Bahnanlagen. Für diesen Kreuzungsbahnhof werden 30 Millionen Passagiere pro Jahr erwartet. Zusätzliche Bedeutung gewinnt der Bahnhof durch seine unmittelbare Nachbarschaft zum Regierungsviertel südlich des Spreebogens. Er dient aber gleichermaßen dem im Norden angrenzenden Stadtquartier von Berlin-Moabit. Der städtebaulichen und verkehrlichen Bedeutung dieses Verkehrsbauwerks trägt der Entwurf Rechnung. Die Ost-West-gerichtete 430 Meter lange Bahnsteighalle wird in voller Länge mit einer großen, filigranen Glashalle

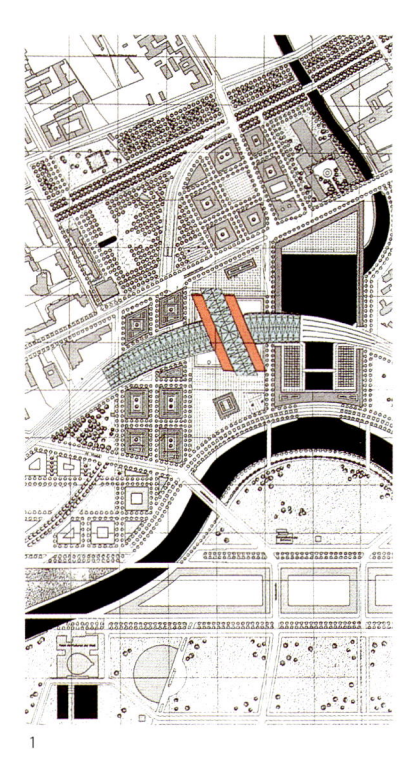

On one of the most important railway intersection stations is being designed on the historic site of the Lehrter Station to the west of the Humboldthafen. This is where the ICE-high speed train line from west to east will cross another similar line running from north to south. Additionally there are district train lines, S-Bahn, in both directions, together with a north-south

Linke Seite:
Querschnitt, Modellansicht: Der Nord-Süd-Bahnhof liegt 15 Meter unter Straßenniveau und ist strukturell von Gewölbekonstruktionen geprägt. Der Ost-West-Bahnhof ist als Brückenkonstruktion mit einer filigranen Glasmembran überspannt.

1 Lageplan: Das städtebauliche Umfeld nach Entwürfen von O. M. Ungers und M. Dudler.

Previous Page:
Model cross section: the north-south station lies 15 m below street level and is barrel-vaulted. The east-west station is a bridge structure, covered by a filigree steel-and-glass envelope

1 Layout plan: the urban surroundings designed by O. M. Ungers and M. Dudler.

überspannt. Sie durchschneidet zwei Gebäudescheiben, die in ihrer Lage und Ausrichtung den unterirdisch gelegenen Nord-Süd-Bahnhofsteil im Stadtraum markant abbilden. Zwischen den beiden Gebäudescheiben liegt die 50 Meter breite und 170 Meter lange Bahnhofshalle, die von einem gleichartig filigranen Glasdach überdeckt wird. Diese Bahnhofshalle artikuliert zum Stadtteil Moabit gleichermaßen eine einladende Torgeste wie nach Süden zum Regierungsviertel. Damit übernimmt die Bahnhofshalle über ihre originäre Funktion hinaus eine stadträumliche Klammerfunktion zwischen Regierungsviertel und Stadtquartier. Große Öffnungen im Boden der Bahnhofshalle sorgen dafür, daß Tageslicht bis auf die

underground U-Bahn railway link line. The north-south line runs in a tunnel at a depth of 15 metres below grade, also crossing under the Spree and the Tiergarten. The east-west line is elevated at 10 metres above street level, at the same level as the present railway line. An annual passenger traffic volume of about 30 million is anticipated at this railway interchange. Its proximity to the government district south of the Spreebogen adds to the importance of the station. It also serves the district of Berlin-Moabit to the north. The design of this building is strongly influenced by its urban and traffic planning importance. The platform hall running in an east-west direction and 430 metres long is fully covered by a delicate glass roof. It penetrates two building slabs which signify the north-south underground station. The station hall lies between both building slabs, 50 metres wide and 170 metres long, and will be covered by a similar glass roof. The station hall forms a welcoming gateway in the direction of Moabit and to the government district to the south. The station building thus combines the function of being a station with the function of forming an urban link between government and town districts. Large

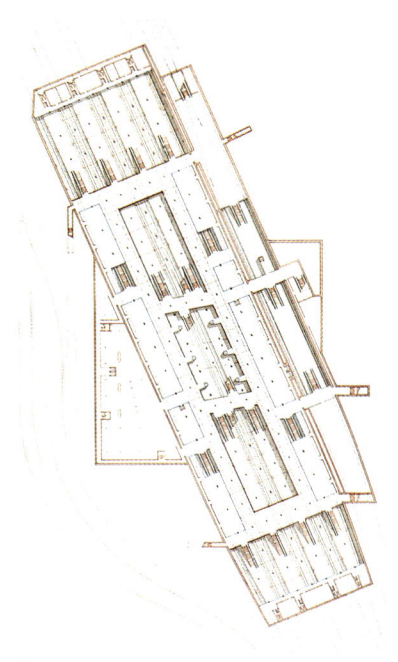

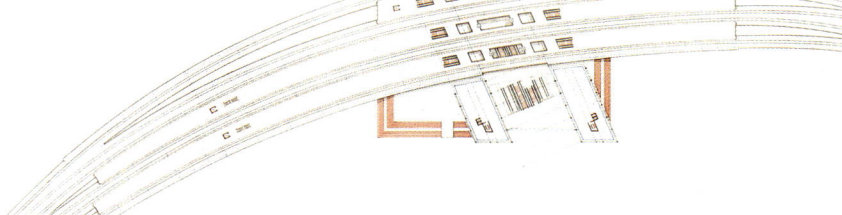

1 Erdgeschoß.
2 Ebene - 1,0, Verteilerebene.
3 Ebene + 5,0.
Rechte Seite:
   Ideenskizze Meinhard v. Gerkan.

1 Ground floor plan.
2 Level -1.0, distribution level.
3 Level +5.0.
Next page:
   One of the first sketches by Meinhard v. Gerkan.

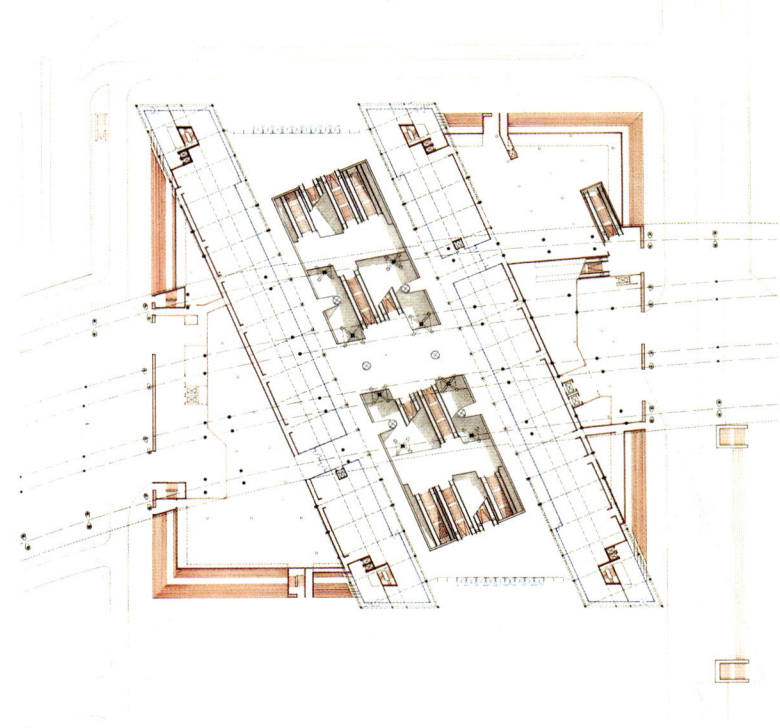

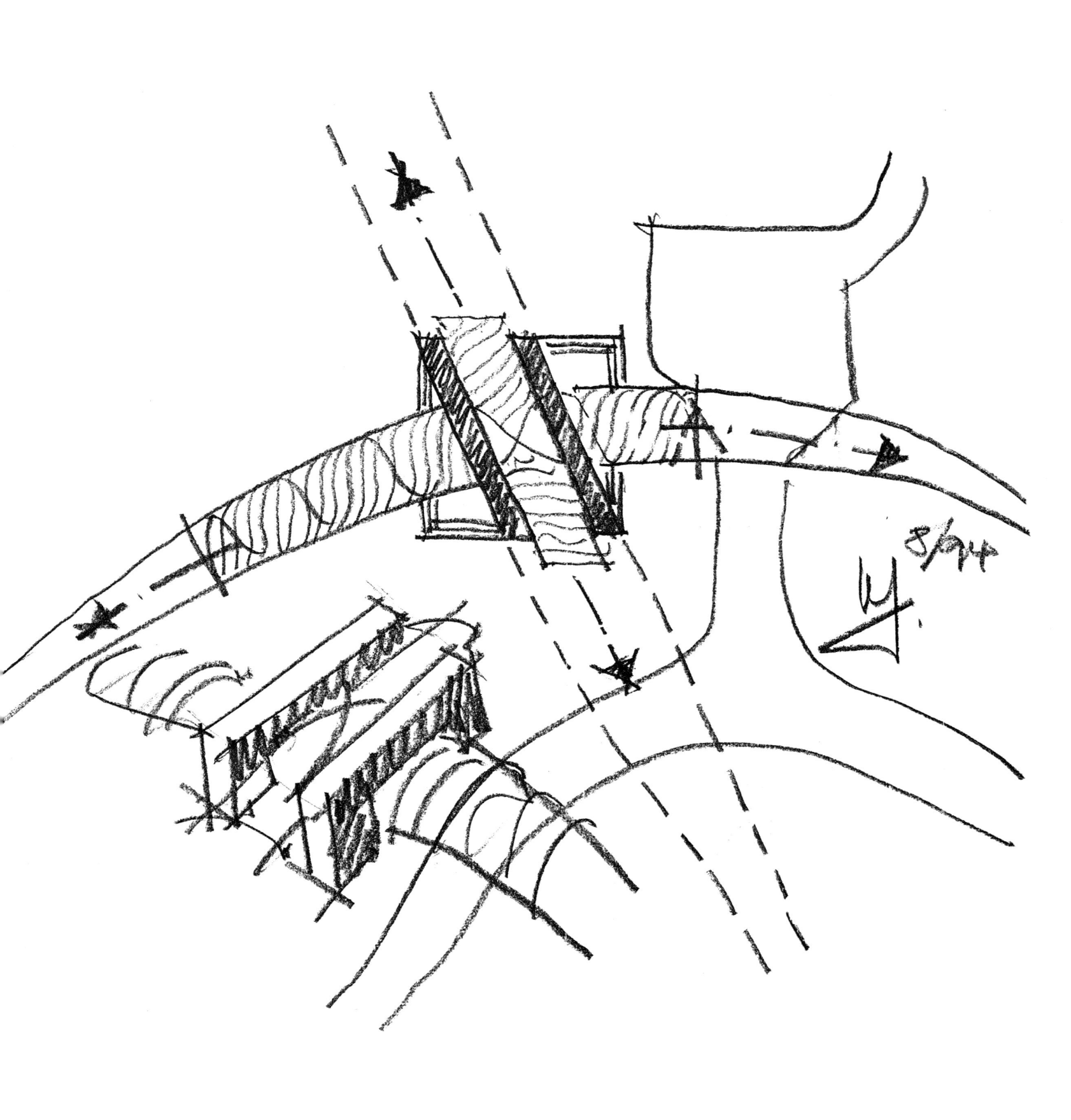

Architektur für den Schienenverkehr / Architecture for rail traffic 139

Bahnsteigebene tief unter der Erde gelangt und eine gute räumliche Übersicht und klare Orientierung gewährleistet wird. Die im Tunnel gelegenen Bahnsteighallen werden durch Tonnengewölbe formal geprägt. Eingebunden wird die dominante Figur der beiden diagonalen Gebäudescheiben durch einen rechteckigen Sockel, der mit einer Höhe von 4,40 Metern über Straßenniveau zu einem öffentlich begehbaren Teil des Stadtraumes wird. Er unterstreicht die Solitärwirkung des Bahnhofsgebäudes und macht zugleich die auf erhöhtem Niveau gelegenen Dienstleistungsflächen zugänglich. Die als Dreibund ausgebildeten 45 Meter hohen Gebäudescheiben überspannen die Ost-West-Trasse über eine Breite von 70 Metern brückenartig und ermöglichen unterschiedliche Nutzungen für Dienstleistungen, Büros oder auch ein Hotel. Die stählerne konstruktive Struktur der Gebäudescheiben wird sichtbar in die vordere Fassadenebene gelegt, in der auch die Seilführung der Brückenkonstruktion sichtbar integriert ist.

openings in the floor of the station hall provide adequate natural lighting down to the platform level deep underground, guaranteeing good spatial understanding and clear orientation. The design of the platform hall is based on a barrel vault. The dominant shape of the two diagonal building slabs is integrated into the complex by a 4.4-metre-high rectangular plinth above street level, forming an open public area. It stresses the solitary appearance of the station building whilst opening up service areas at an elevated level. The three 45-metre-high band are bridged east-west along a line of 70 metres, allowing a variety of service facilities, offices or also a hotel. The steel-like structure of the building slabs is read in the outer façade, also visibly integrating the cable structure of the bridge. The design intends to reflect the steel and glass delicacy of the glazedplatform glass halls and the network structure of building

1 Die stählerne Tragkonstruktion der Gebäudescheiben ist sichtbar in die vordere Fassadenebene gelegt, die sichtbaren Zugseile dienen der Brückenkonstruktion.
2 Querschnitt durch die Bahnhofshalle im Modell. Die Bogenträger werden durch Unter- bzw. Überspannungen dem Verlauf der Momentenlinie konstruktiv angepaßt. Längsträger und Diagonalseile dienen der Aussteifung.

1 The visible steel skeleton of the building slabs is integrated into the outer façade, tension cables form part of the bridge structure.
2 Section through the platform hall (model). The arched girders are structurally adapted to the moment curve by means of tensile stiffening above and below the arch. Longitudinal girders and diagonal ties ensure the stability of the structure.

Architektur für den Schienenverkehr / Architecture for rail traffic

Der Entwurf intendiert, die stählerne und gläserne Filigranität der Bahnhofsglashallen analog in der Gitterstruktur der Fassaden der Scheibenhäuser aufzunehmen. Die Glasdächer stellen ein Gitterschalennetz dar, das aus nahezu quadratischen 1,2 x 1,2 Meter messenden Netzmaschen gefügt ist. Jede dieser Maschen ist durch Seile ausgekreuzt. Durch das Zusammenwirken von Bögen, Längsträgern und Diagonalseilen entsteht ein schalenartiges Tragverhalten. Biegesteife Rahmen in einem Abstand von 20 bis 30 Metern sorgen für die notwendige Aussteifung. Diese werden in vorgespannte Seilbinder aufgelöst. Insgesamt beinhaltet die Baumaßnahme eine Fläche von 164.000 qm, davon dienen ca. 75.000 qm einer kommerziellen Nutzung, 4.300 qm dem Bahnbetrieb sowie 19.500 qm als Verkehrs- und Verteilfläche. Die Bahnsteige nehmen eine Fläche von 35.000 qm ein.

slab-façades. The glass roofs represent a meshwork of almost quadratic. 1.2 by 1.2 metre grids. Each grid unit is braced by diagonal cables. A shell-like structural system is achieved using a structural mixture of bows, beams and diagonal cables. Supporting frames at a spacing of 20 to 30 metres provide the necessary bracing. These dissolve into prestressed cable beams. The total project covers 164,000 square metres with 75,000 square metres serving commercial uses, 4,300 square metres railway facilities as well as 19,500 square metres transport and distribution. The platforms cover an area of 35,000 square metres.

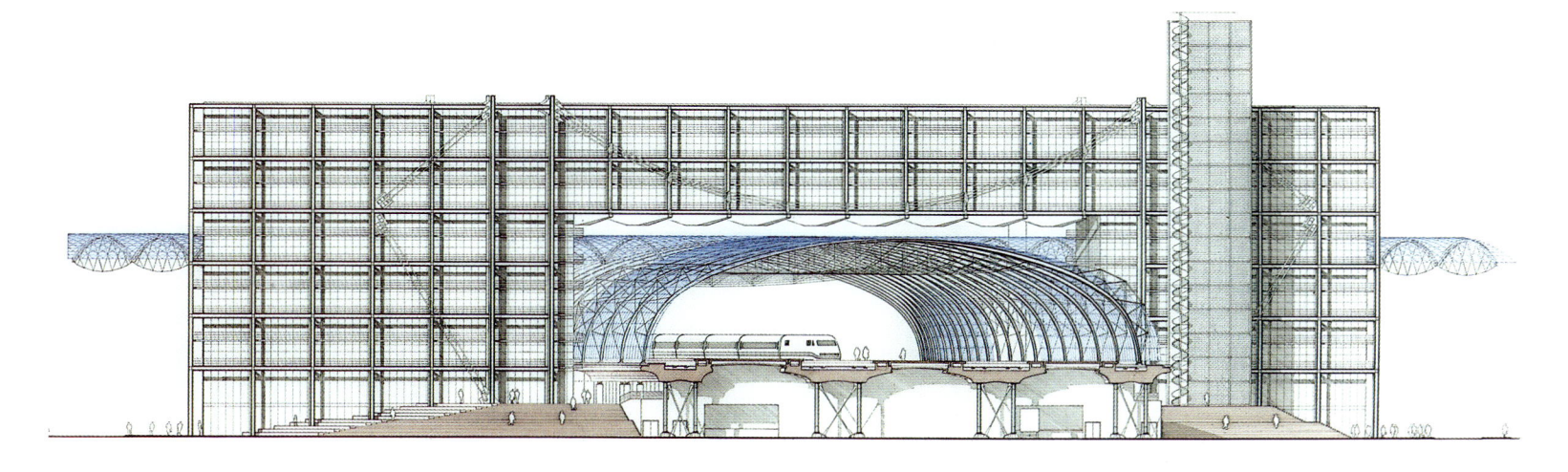

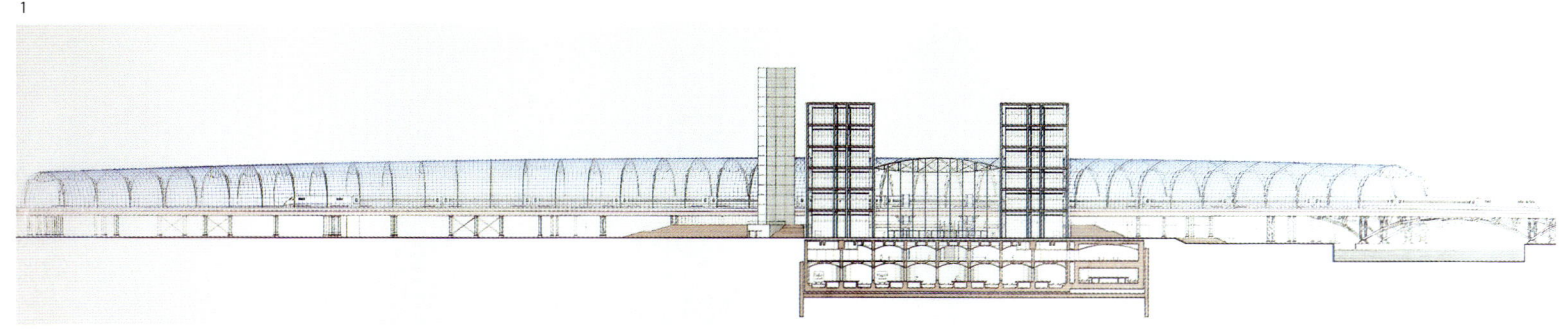

1

2

1 Querschnitt.
2 Längsschnitt und Ansicht.
3 Paralelle Reitergebäude überklammern den Fernbahnhof der Ost-West-Trasse. Der Gebäudesockel ist als allseitig begehbares Postament ausgebildet.

1 Cross section.
2 Longitudinal section.
3 Parallel buildings straddle the station of the east-west long-distance line. The plinth functions throughout as a pedestrian precinct.

1 Ansicht von Süden, das Tor zum Regierungsviertel.
2 Ansicht von Nordosten. Im Vordergrund der Humboldhafen.
Rechte Seite: Massenmodellstudie.

1 South view – the 'gateway' to the government district.
2 Northeast view – with the Humboldthafen in the foreground.
Next page: Study model of building´s mass and volume.

144 Architektur für den Schienenverkehr / **Architecture for rail traffic**

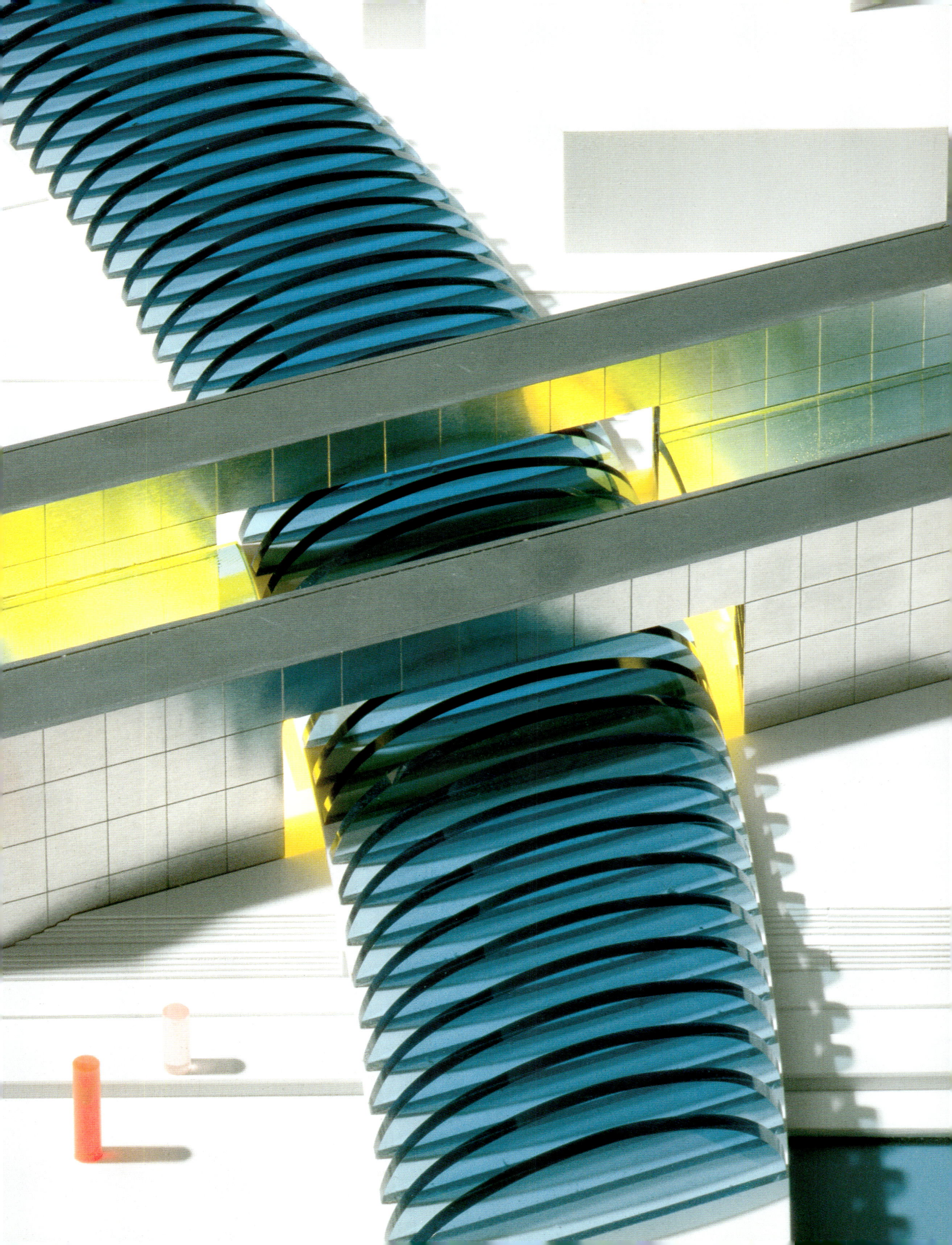

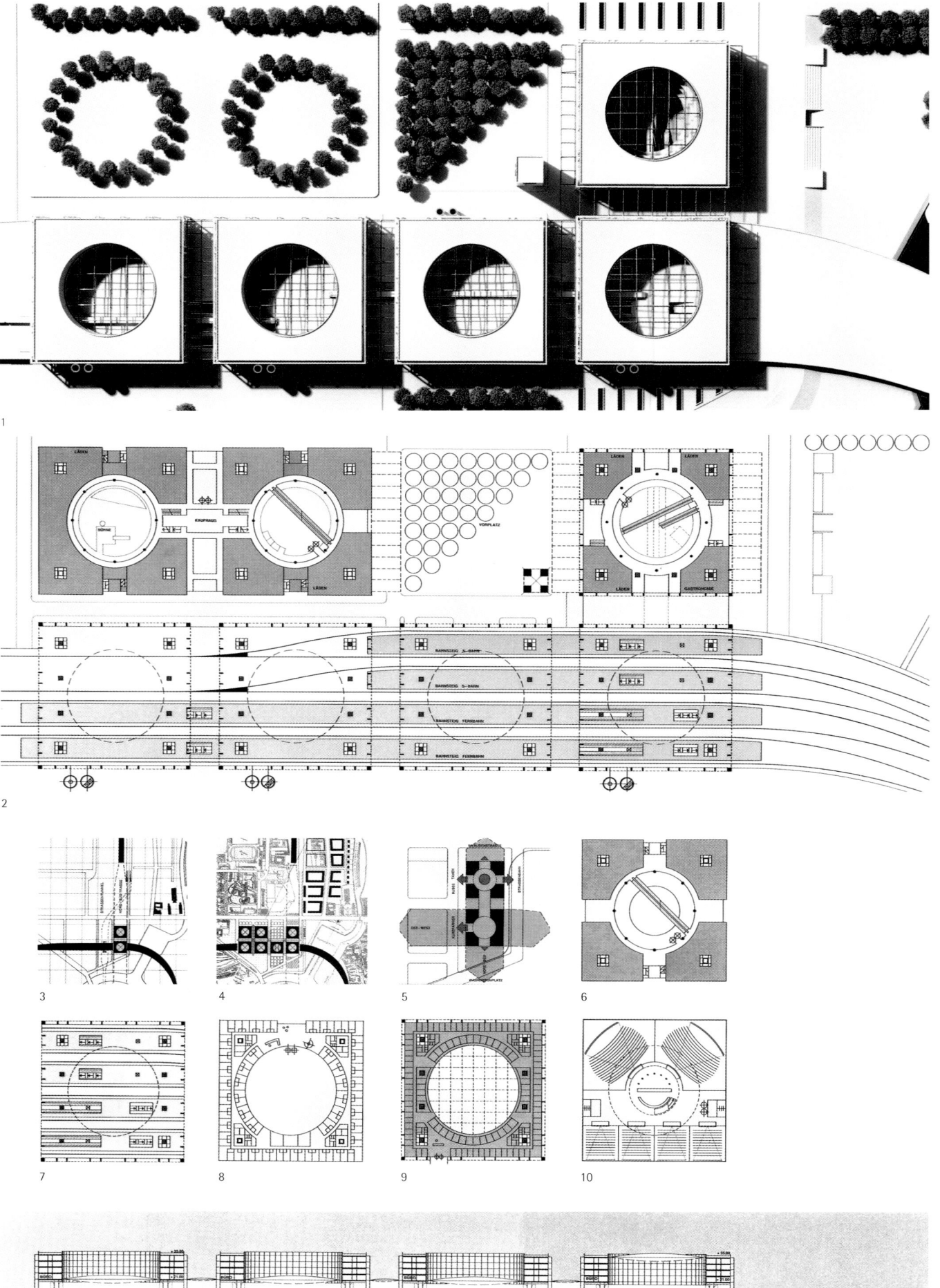

1 Draufsicht Modell.
2 Bahnsteigebene.
3 Erste Baustufe.
4 Endausbau.
5 Funktionale Verknüpfung.
6 Grundriß Kaufhaus.
7 Nutzungsvarianten – Überbauung Bahnhof.
8 Grundriß Hotel.
9 Grundriß Büro.
10 Grundriß Kino.
11 Schnitt Ost-West.
12 Querschnitt Modell.
13 Entwicklungsstufen des Bausteinprinzips.

1 Model, bird's-eye view.
2 Platform level.
3 First Phase.
4 Final layout.
5 Interconnections.
6 Department store, floor plan.
7 Station build-up – functional alternatives
8 Hotel, floor plan.
9 Office, floor plan.
10 Cinema, floor plan.
11 East-west section.
12 Model, section.
13 Development strategy.

Lehrter Bahnhof, Berlin, Variante 0.3, 1993
Lehrter Bahnhof, Berlin, model 0.3, 1993

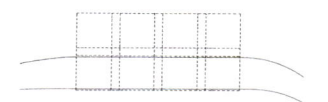

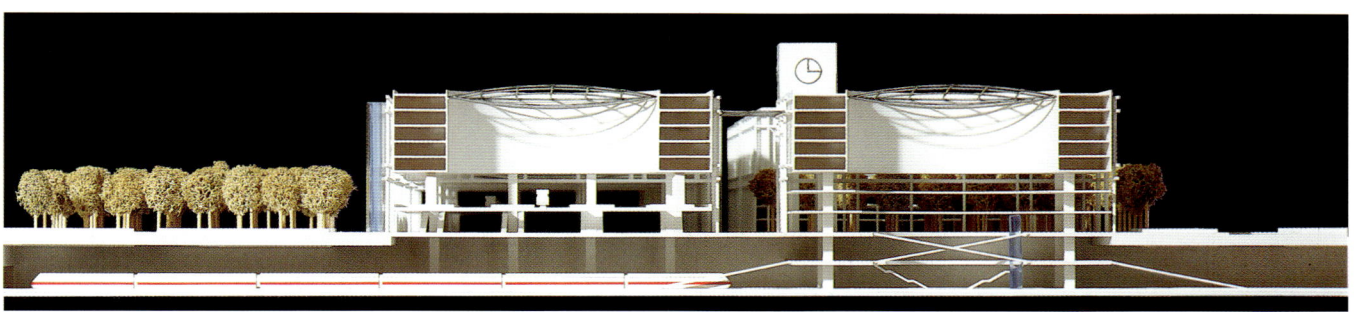

Im Endausbauzustand sieht diese Entwurfsvariante sieben Bausteine vor, die auf einer quadratischen Fläche von 80 x 80 Metern basieren und eine Bauhöhe von 35 Metern aufweisen. In diese quadratische Grundfläche ist im Inneren eine zylindrische Freifläche mit einem Durchmesser von 55 Metern einbeschrieben. Diese Fläche kann entweder als Hof oder als überglaste Halle ausgebildet werden. Die einzelnen Bausteine stehen in einem Abstand von 20 Metern zueinander und sind ebenfalls durch Glasdächer miteinander verbunden. Die Struktur der Baukörper zeichnet sich durch ein „Stecksystem" aus, bei dem die notwendigen Vertikalelemente für Konstruktion und Logistik oberhalb der Bahnanlagen durch die Bahnsteige „hindurchgesteckt" werden, ohne deren Nutzung und Funktion zu beeinträchtigen.

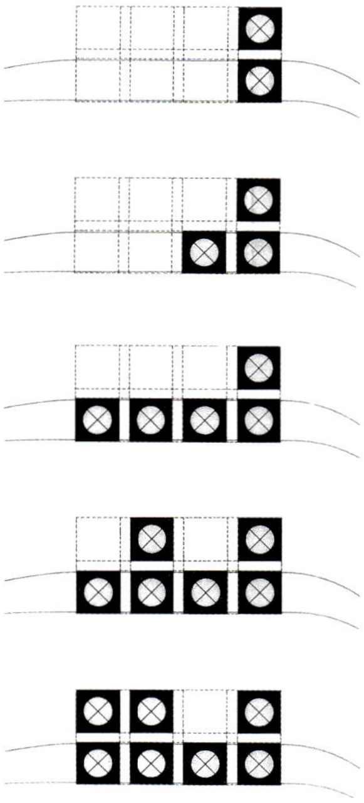

In the final completion stage this design variation proposes seven building blocks, which are based on a 80 by 80 metres square site and a building height of 35 metres. In the interior of this square set is a cylindrical open space with a diameter of 55 metres. This space can either be a courtyard or a glazed hall. The separate building elements stand 20 metres apart and are also linked by glass roofs. The structure of the building forms a 'plug in' system, in which the necessary vertical elements for the construction and control functions of the railway above are 'plugged in' down through the platforms, without disturbing their use or function.

12

13

SPANDAU

Bahnhof Spandau, Berlin, 1993
Spandau railway station, Berlin, 1993

Zwei Zugangsbauwerke erschließen die in Hochlage befindlichen Bahnsteige. Die „Bahnhofshalle" stellt eine 16 Meter breite Passage von 63 Metern Länge dar. Von hier aus führen feste sowie Rolltreppen auf die Bahnsteige. Ein zweiter Zugang erfolgt über eine Unterquerung in Höhe der Wilhelmshavener Straße. Dominierendes Gestaltungsmittel der unter den Gleisen befindlichen Verkehrszonen stellt die Ausbildung einer gewellten Deckenstruktur dar. Während die Wellenberge indirekt angestrahlt werden, sind in den Wellentälern nach unten gerichtete Lichtstreifen integriert. Die Verkleidung der Decke erfolgt mit Metalltafeln. Die Wandflächen sind als Werbeträger ausgebildet und mit Diorama-Kästen gestaltet. Die Gleisanlagen sind in voller Länge durch eine Glasdachkonstruktion überdeckt. In einem Abstand von 18 Metern wölben sich Hauptträger als Bögen von Bahnsteig zu Bahnsteig und bilden seitlich einen gebogenen Kragarm aus. Zwischen diese Bogenkonstruktion wird eine filigrane Gitterstruktur aus Stahlvollwandprofilen mit diagonaler Seilverspannung eingefügt. Die Dachflächen werden mit Glas geschlossen.

Two entrance buildings give access to the elevated platforms. The 'station hall' is 16 metres wide and 63 metres long. Escalators and staircases lead to the platforms from here. A second entry is made via a tunnel at the level of the Wilhelmshavener Strasse. A waved ceiling structure forms a dominant design element in the traffic zone under the tracks. The wave peaks are indirectly lit and the wave valleys are integrated in the bands of direct lighting. The ceiling is clad in metal panelling. The wall areas are used for advertising with illuminated display panels. The tracks are completely covered by a glass roof system. Main beams curve over from platform to platform at 18 metre centres and form a curved cantilevered side. A delicate network of massive steel panelling with diagonal bracing will be placed between the curved beams. The roof surface is enclosed in glass.

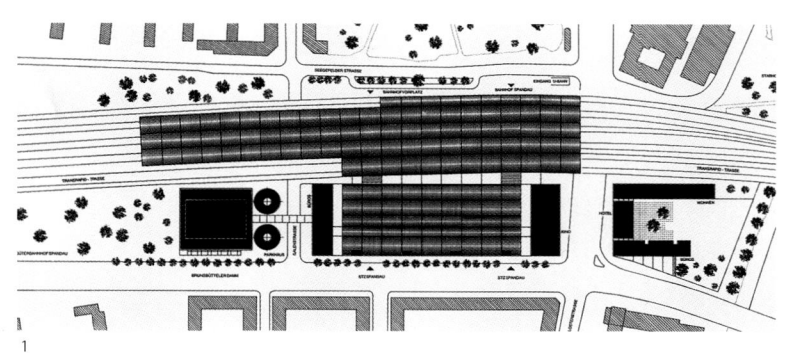

Linke Seite:
Zugang zur Bahnhofshalle.
1 Lageplan mit anschließendem Einkaufscenter und Parkhaus.

Previous page:
Entrance to the station hall.
1 Layout plan with adjoining shopping centre and multi-storey car park.

Linke Seite:
Zwischen Bogenkonstruktionen ist eine filigrane Gitterstruktur aus Stahlvollwandprofilen mit diagonaler Seilverspannung eingefügt.
1 Gläserne Dachflächen unterstreichen den Charakter der filigranen Konstruktion.
2 Grundriß Bahnhofshalle.
3 Ansicht.
4 Längsschnitt.
5 Querschnitt.
Nächste Doppelseite:
Im inszenierten Lichtspiel erzeugt die gewellt ausgebildete Deckenstruktur der unter den Gleisen befindlichen Verkehrszonen ihre räumliche Ausprägung.

Previous page:
A filigree lattice of steel plain web girders with diagonal tension cables fills in the arched structure.
1 Glass roof surfaces emphasize the filigree character of the building.
2 Floor plan of station hall.
3 View.
4 Longitudinal section.
5 Cross section.
Next double page:
The curved ceiling structure of the circulation areas below the tracks and platforms moulds the character of space enhanced by specially designed lighting.

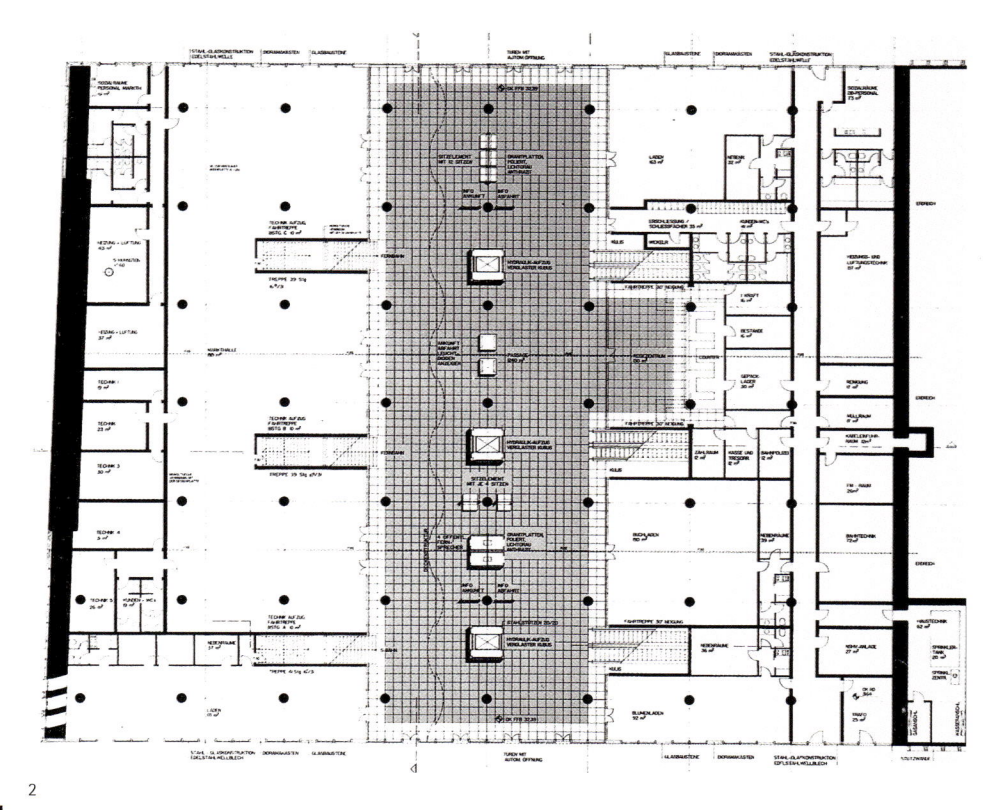

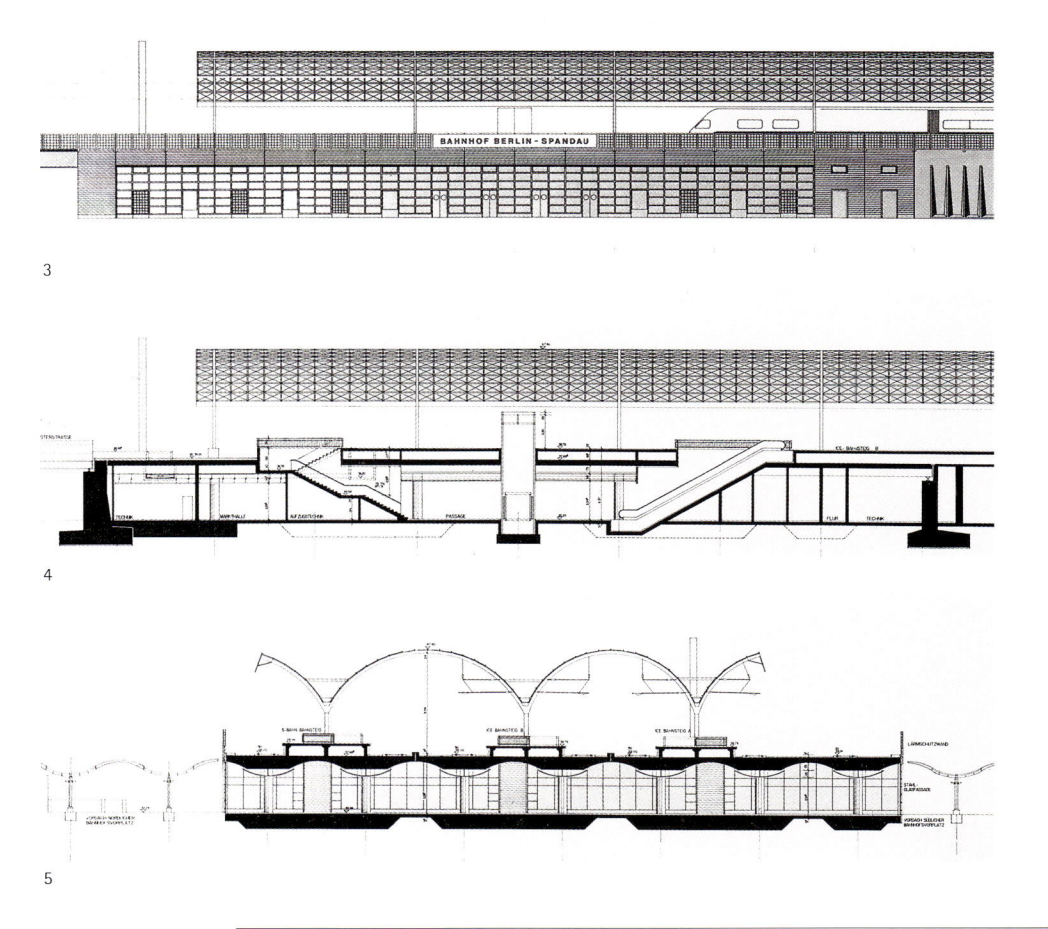

Architektur für den Schienenverkehr / **Architecture for rail traffic**

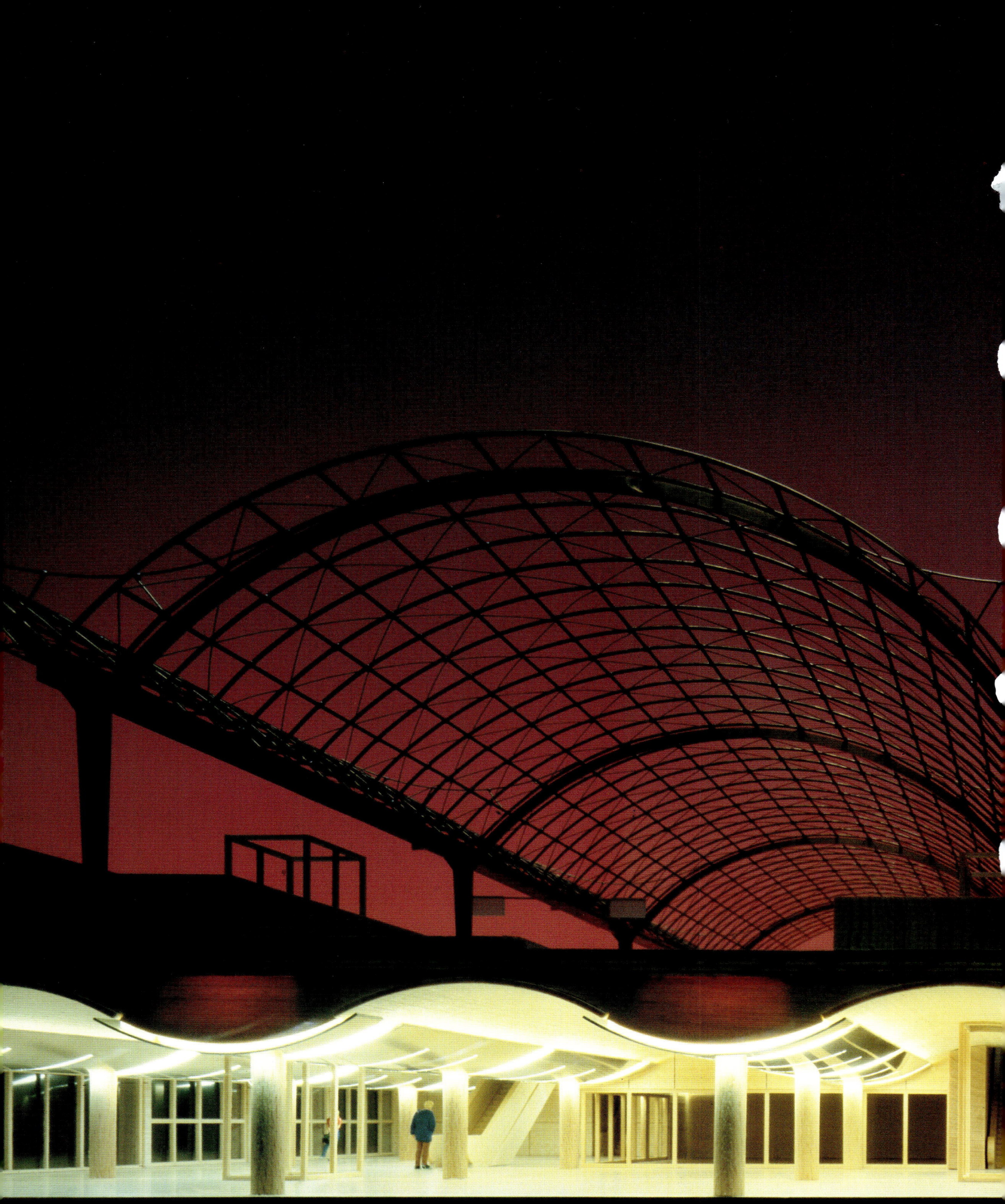

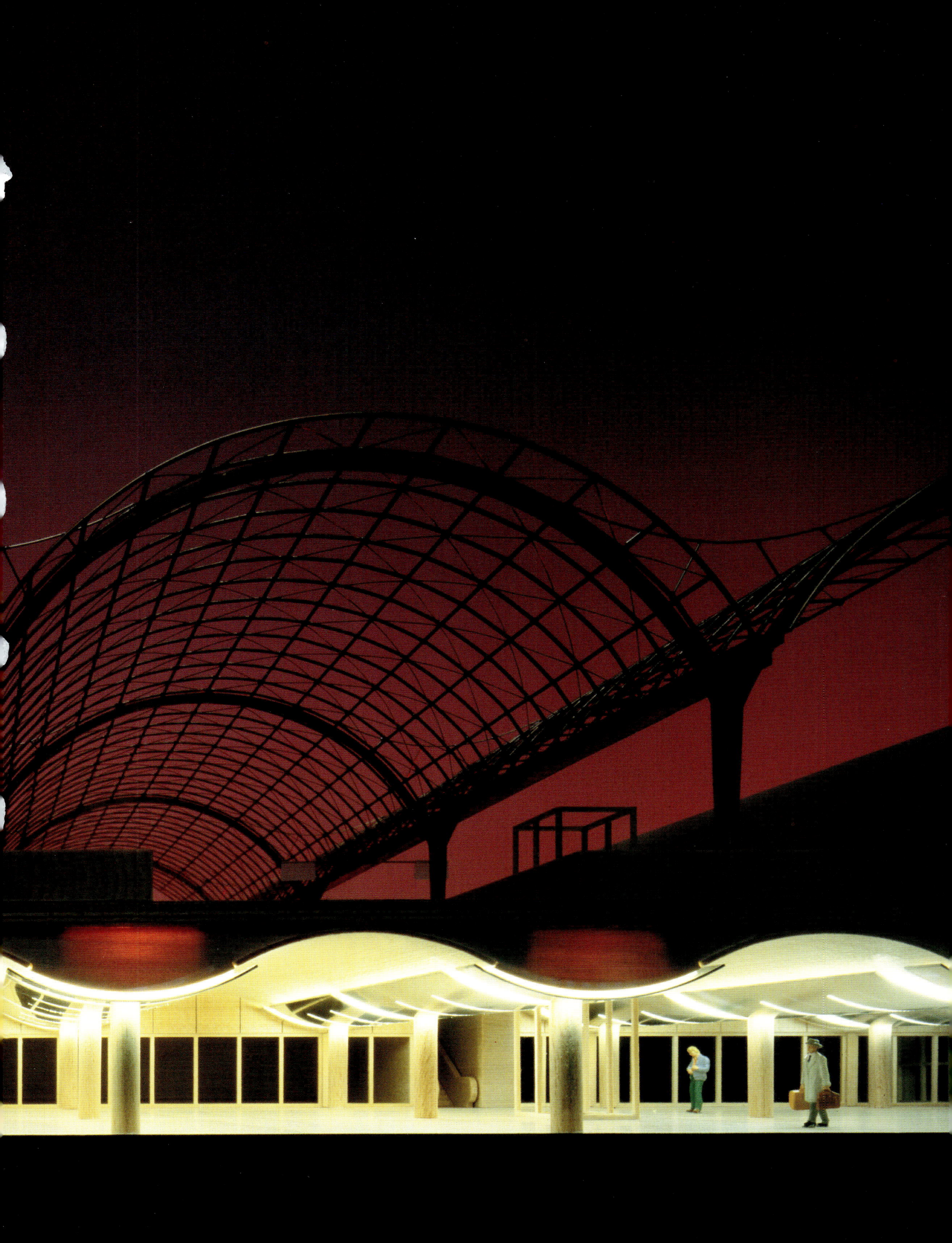

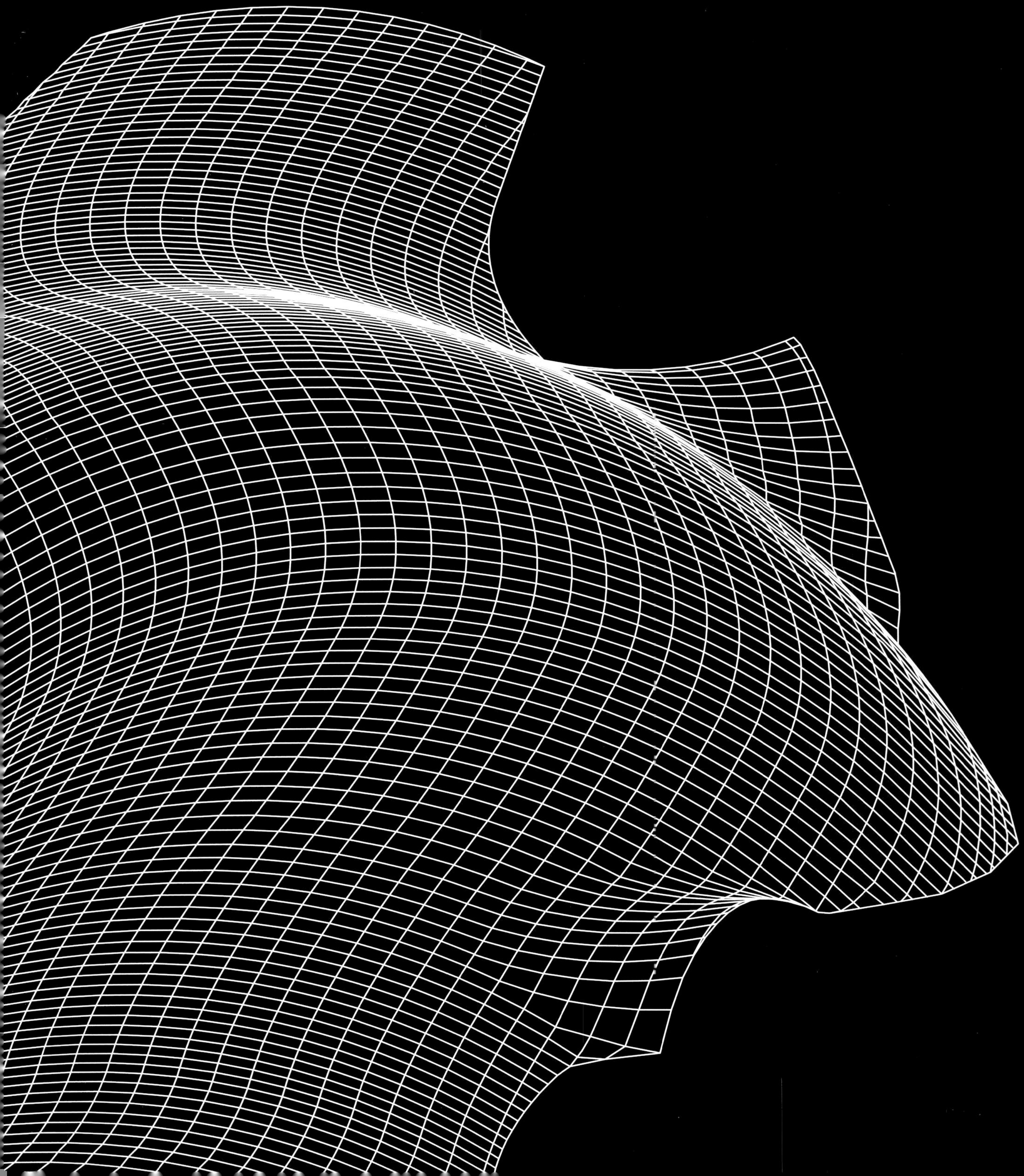

Messebahnhof, EXPO 2000, Hannover, 1995
Trade fair station, EXPO 2000, Hanover, 1995

Der Bahnhof als „Pavillon des Verkehrs im 21. Jahrhundert" wird zum Thema der EXPO und zum Zentrum des Quartiers ausgebildet. Die Konzeption des Gebäudes folgt technischen Idealen des 19. Jahrhunderts und knüpft an den Kristallpalast Joseph Paxtons an. Ein großes, freigespanntes Dach wird organisch über die Gleisanlagen in Nord-Süd-Richtung ausgelegt und überspannt damit den Kreuzungspunkt der Schienen mit der Münchner Straße. Ein nach Osten ausschwingender Platz akzentuiert als grüne Mitte den Haupteingang. Er ist mit einer Marktnutzung versehen.

Das Tragverhalten des im Prinzip einfachen Tonnengewölbes basiert auf einer kontinuierlichen Randstützung. Aus einer zweisinnigen Krümmung im Mittelbereich resultiert eine Kuppelschalenwirkung. In Querrichtung erfolgt eine Aussteifung mit vertikal abgespannten Speichenrädern. Die

The railway station, the '21st century traffic pavilion', is being developed as the theme of EXPO and the focal point of the whole urban district. The design follows 19th century technological ideals and was influenced by Joseph Paxton's Crystal Palace. A large, free-span roof covers the track system set on a north-south axis, reminiscent of an organic structure; spanning the railway route's crossing with Münchner Strasse. There is a public square which opens up towards the east. As a green centre, it sets a special accent in front of the main station entrance and is used as a market place.

The station roof adapts skillfully to the diverse requirements of the building programme and the urban context. The dialogue between the different visitor levels, sloping upwards or downwards to accommodate the various streams of traffic,

Linke Seite:
Die Struktur des Daches resultiert aus Funktion und Konstruktion, frei von jeder geometrischen Bindung.
1 Das Bahnhofsdach reagiert sinnfällig auf die Situation, indem es sich wie ein Fangnetz über die amorphe Form der Gleisanlagen legt.

Previous page:
The shell roof structure is a result of function and construction, and not tied down to geometry.
1 The station roof suitably adapts to the architectural situation in spanning the amorphous shape of the track system like a net.

1

Architektur für den Schienenverkehr / Architecture for rail traffic   155

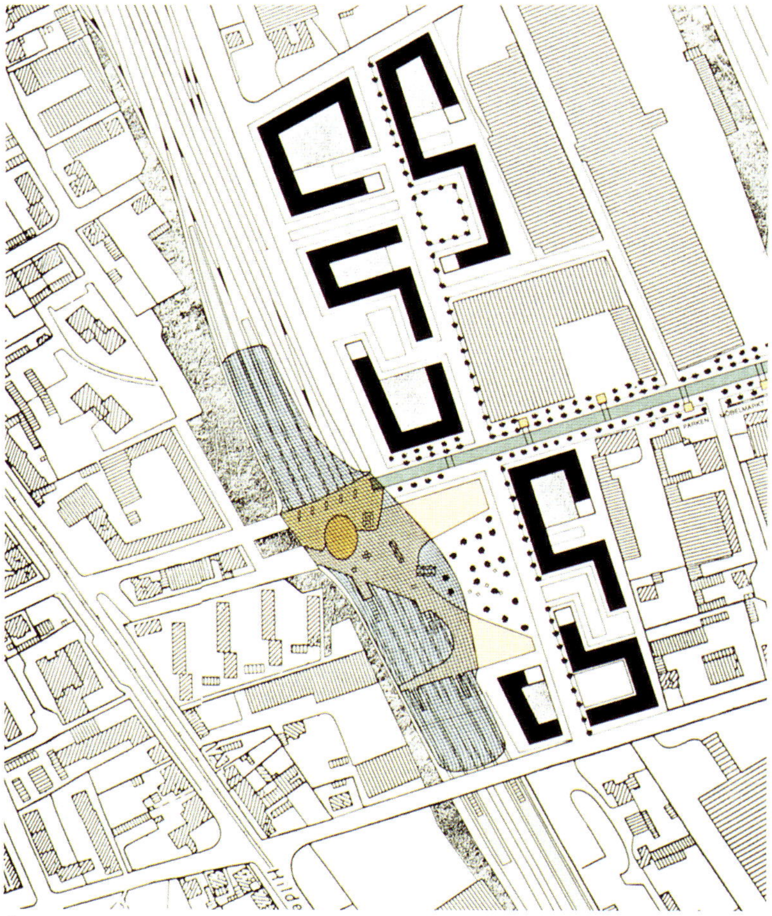

Geometrie der doppelt gekrümmten Dachfläche ermöglicht eine Verglasung mit ebenen Glasscheiben. Das Bahnhofsdach reagiert sinnfällig auf die diversen Programmanforderungen und städtebaulichen Bezüge. Im Dialog mit den auf die Verkehrsströme zugeschnittenen auf- und abschwingenden Besucherebenen entsteht ein unverkrampfter Charakter, der der intendierten heiteren Atmosphäre der EXPO gerecht wird, die „Lust auf Zukunft" machen wird. Tagsüber erleben die Besucher die Verformung eines nicht mehr filigraner zu denkenden Gitters mit freiem Blick in den Himmel, abends wird der „leuchtende Rücken" zur festlichen Erinnerung eines Messetages. Viereckige Stahlmaschen aus Rechteckhohlprofilen sind diagonal so ausgekreuzt, daß das Tragverhalten einer idealen Membranschale entsteht. Alle Stäbe (außer am Rand) sind gleichlang (Maschenweite 1,5 Meter). Die Maschenweiten sind veränderlich mit CNC-gefertigten Knoten, die Seile durchgehend an den Knoten geklemmt, das Tragverhalten wegen

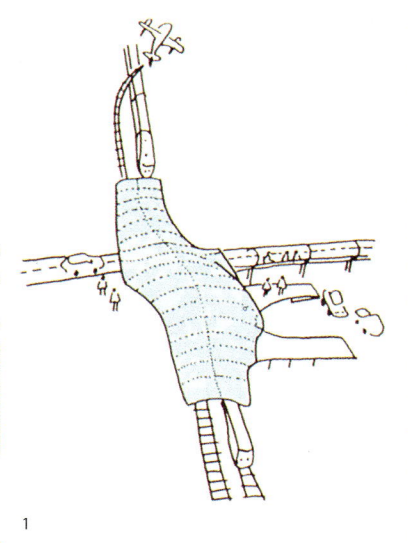

makes for a relaxed ambience, doing justice to the intended serene character of EXPO, which is intended to induce a 'zest for the future'. During daytime, visitors experience a modulated lattice structure whose bars are as filigree as can possibly be conceived, affording a free view of the sky. At night, the 'luminous barrel-vault turns into a festive memorial to a trade fair day'.

Squared lattice elements are diagonally arranged in such a way that the roof produces the load-bearing characteristics of an ideal membrane-like shell. All members are of the same length, except those at the edge, and each lattice element forms a 1.5 metres square. Lattice corners are variably fixed by means of CNC nodes in close succession, ropes running along all the way without breaks. The structural behaviour of this basically simple barrel-vault structure relies on a regular line of peripheral supports. The central roof curvature above the distribution level gives the impression of a domed shell, transversally stiffened against wind and snow on the outside and against indentation by means of vertically anchored radiating rods. These prestressed vertical tie bars appear as intermediate supports, reducing the effective span of the roof bracing elements down to a third, affecting both the flow of forces and cost.

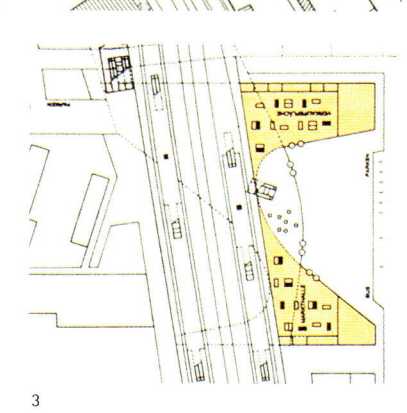

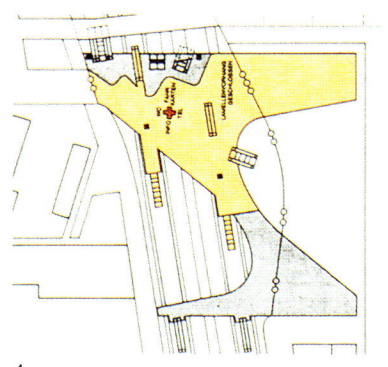

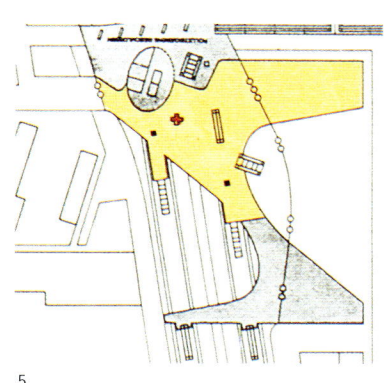

The geometry of the two-fold, curved roof surface allows it to be glazed with flat glass. The ridge forms a perpendicular load-bearing line – the generator – repeated at intervals. The masts of this translation shell have quadratic

1 „Pavillon des Verkehrs im 21. Jahrhundert".
2 Lageplan.
3 Bahnsteigebene.
4 Verteilerebene.
5 Rollsteigebene.
6 Übersicht Modell.
7 Ansicht West.
8 Ansicht Ost.
9 Ansicht des Zentrums im Ausschnitt von Osten.

1 '21st Century Traffic Pavilion'.
2 Site plan.
3 Station square level.
4 Distribution level.
5 People mover level.
6 Model, bird's-eye view.
7 West elevation.
8 East elevation.
9 Drawing of the centre (detail), seen from the east.

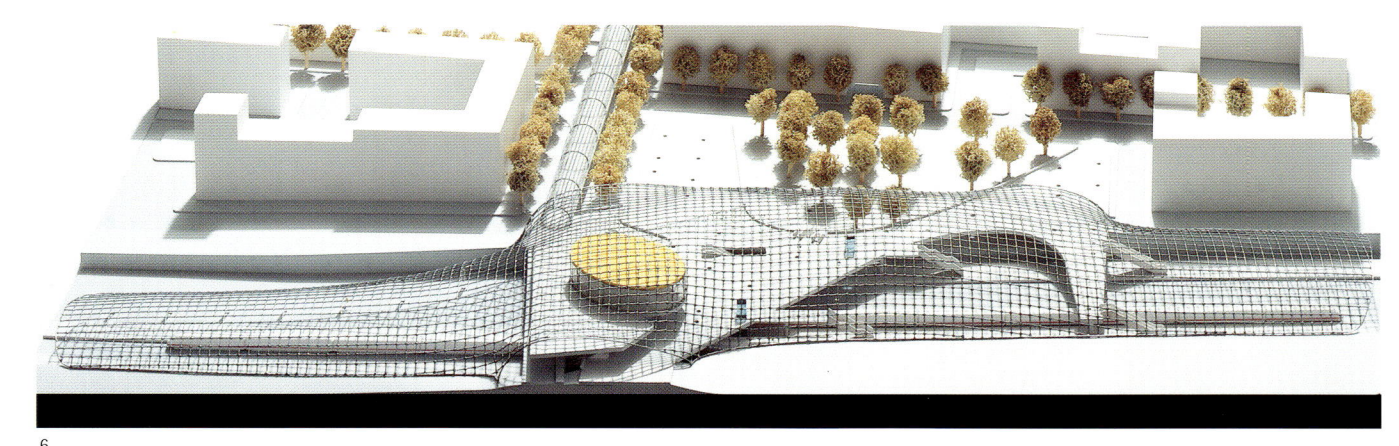

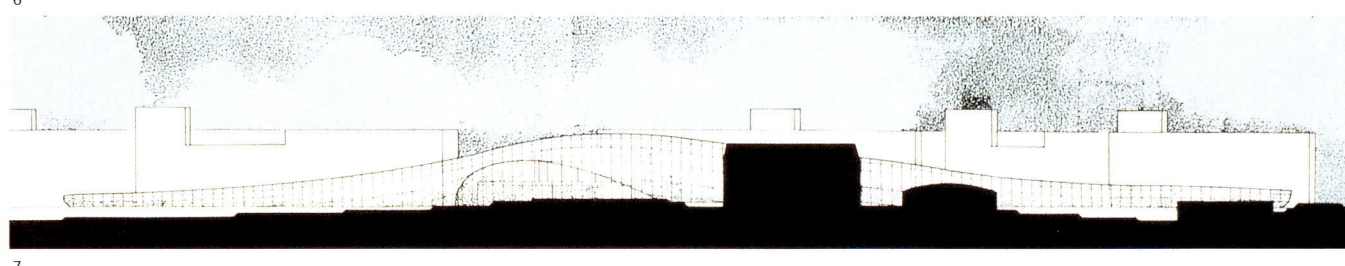

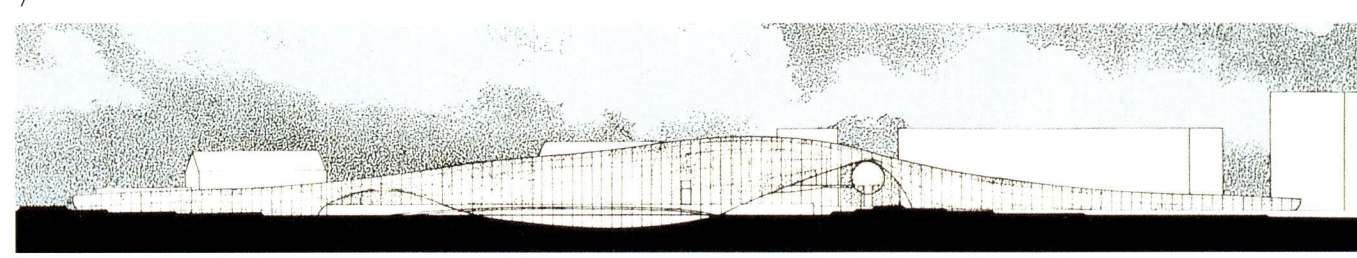

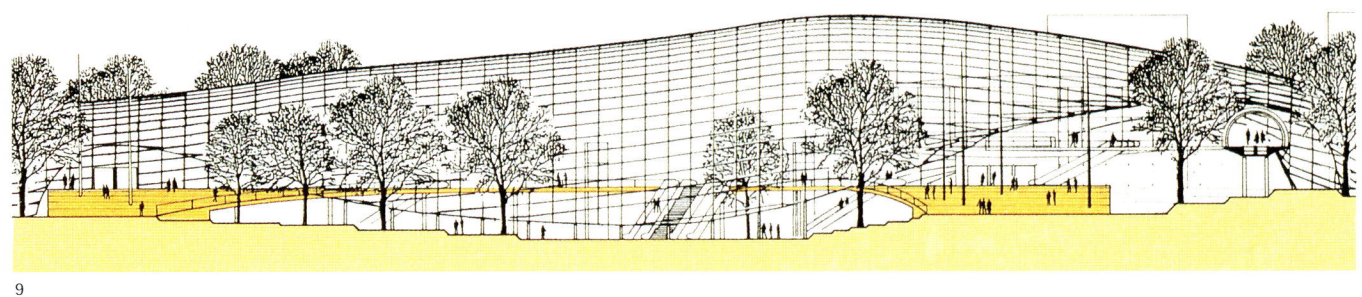

Architektur für den Schienenverkehr / **Architecture for rail traffic**

kontinuierlicher Randstützung im Prinzip einfaches Tonnengewölbe, im Mittelbereich über der Verteilerebene eine Kuppelschalenwirkung wegen zweisinniger Krümmung, in Querrichtung Aussteifung mit Speichenrädern gegen einseitig Wind, Schnee und Beulen. Die Speicherräder sind vertikal zum Boden hin abgespannt. Diese vorgespannten Abspannseile wirken wie Zwischenstützen, so daß die wirksame (die Kräfte und Kosten bestimmende) Spannweite der Aussteifungsschotte des Daches L auf ca. L/3 reduziert wird. Geometrie: Verglasung der doppelt gekrümmten Dachfläche mit ebenen Glasscheiben. Entlang der Firstlinie als Leitlinie wird in Querrichtung eine Stützlinie als Erzeugende paralell verschoben. Die Viereckmasten dieser Translationsschale sind eben. Die Geometrie der Leitlinie und der Erzeugenden ergeben sich aus dem gewünschten Höhen- urd Grundrißverlauf des Daches. Trotz seiner großen Abmessungen und seiner freien Form läßt sich dieses Dach also einfach herstellen (alle Stäbe elementiert, eben Scheiben) und kommt mit relativ leichten Querschnitten aus (kleine effektive Spannweiten). Ein ebenes, vorgespanntes Seilnetz (Maschenweite 1,5/1,5 m) steift die Eingangsbögen sehr wirksam aus und trägt in seinen Knoten befestigt die ebenen Glasscheiben. Das Dach hat am unteren Rand Zuluftöffnungen, entlang der Firstlinie Abluftöffnungen. Verstärkt durch die natürliche Druck-/Sogverteilung aus Wind über den Umfang der Tonne und weiter verstärkt durch den Aufwind unter dem Dach, entsteht eine natürliche Luftzirkulation mit Abzug der warmen Luft nach oben. Der Raum ist außerdem in Längsrichtung durchlüftet.

sectional plane sides. The geometry of both directrix and generator is a result of the desired heights and surface area for the roof. Despite its large dimensions and free form, this roof is easily constructed (all bars are standardized elements, i.e. panes) and makes do with relatively easy sections (small, efficient spans). The flat pretensioned cable net (lattice width 1.5/1.5 m) braces the entrance arch very effectively, its nodes are the fixing points for the float glass panels. The lower roof edge has openings for fresh air ventilation. Along the ridge, there are openings for exhaust ventilation. Wind pressure and suction across the barrel-vault, and the convection currents below the roof structure contribute to a natural air convection with the warm air escaping through the ridge slits. In addition the entire space is cross-ventilated along its length.

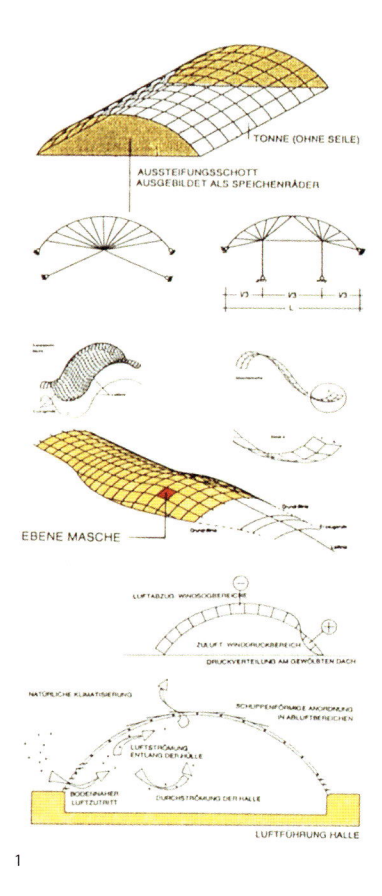

Linke Seite:
Die Geschichte vom Elephanten im „Der kleine Prinz" von Antoine de Saint Exupéry stand Pate für die Idee der Überdachung.
1 Tragverhalten, Raumklima.
2–9 Schnitte.

Previous page:
Antoine de Saint-Exupéry's drawing of the elephant for his 'Little Prince' modelled for the roof design idea.
1 Load-bearing behaviour and room climate diagrams.
2–9 Sections.

Architektur für den Schienenverkehr / Architecture for rail traffic 159

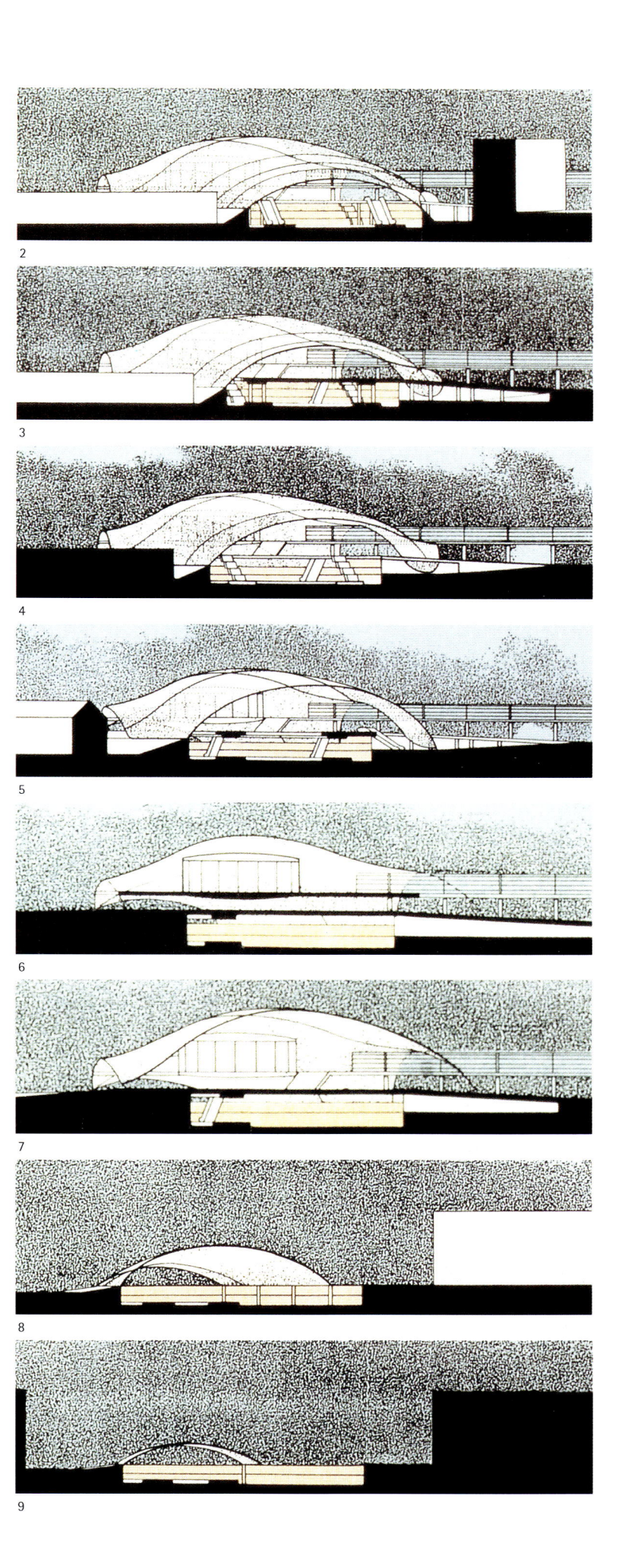

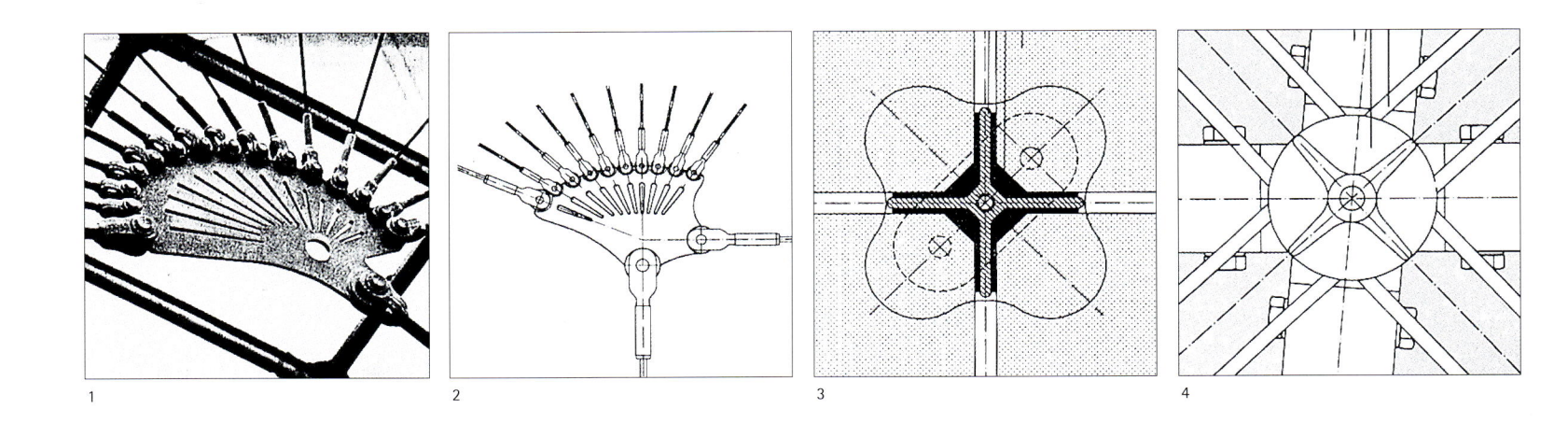

160 Architektur für den Schienenverkehr / **Architecture for rail traffic**

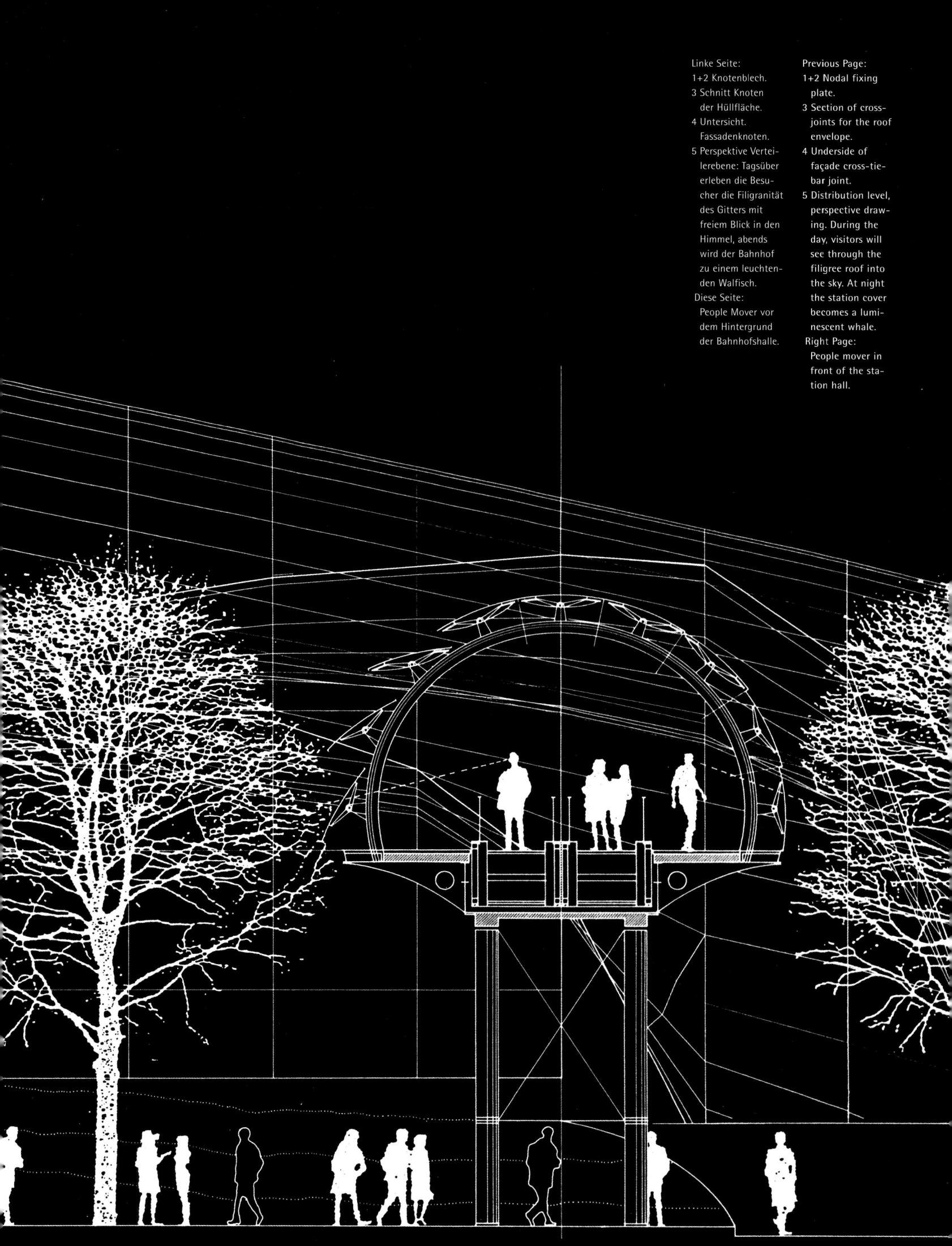

Linke Seite:
1+2 Knotenblech.
3 Schnitt Knoten der Hüllfläche.
4 Untersicht. Fassadenknoten.
5 Perspektive Verteilerebene: Tagsüber erleben die Besucher die Filigranität des Gitters mit freiem Blick in den Himmel, abends wird der Bahnhof zu einem leuchtenden Walfisch.
Diese Seite:
People Mover vor dem Hintergrund der Bahnhofshalle.

Previous Page:
1+2 Nodal fixing plate.
3 Section of cross-joints for the roof envelope.
4 Underside of façade cross-tie-bar joint.
5 Distribution level, perspective drawing. During the day, visitors will see through the filigree roof into the sky. At night the station cover becomes a luminescent whale.
Right Page:
People mover in front of the station hall.

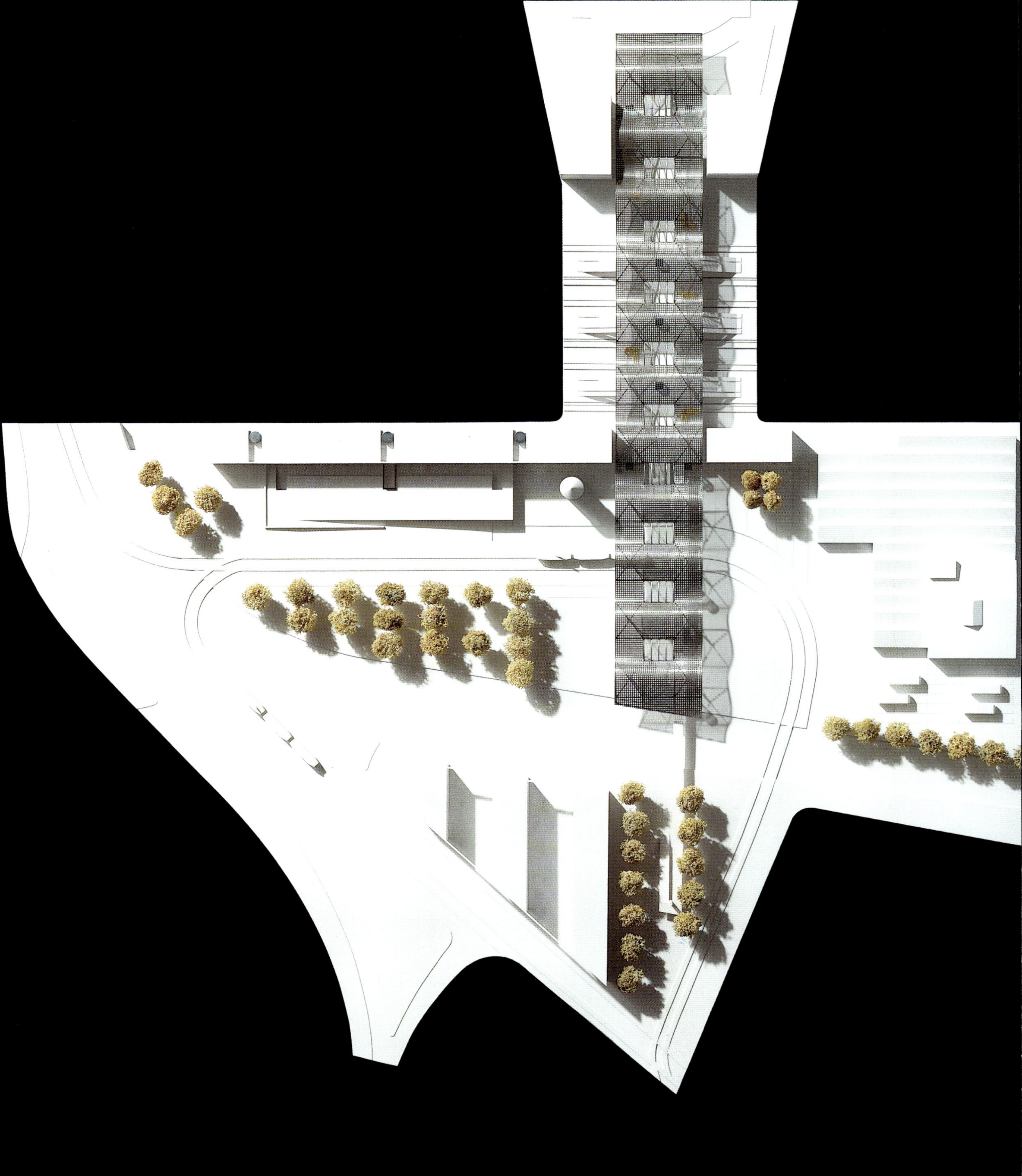

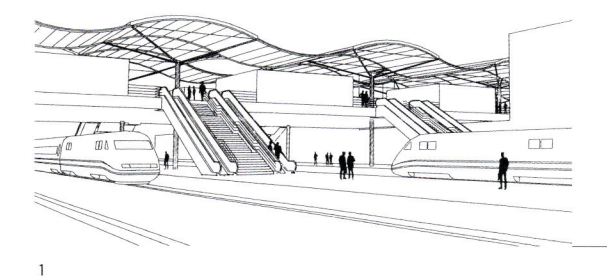

Hauptbahnhof Potsdam, 1995
Potsdam Hauptbahnhof, 1995

Eine Brücke, die Nord und Süd verbindet, verleiht dem Ort unverwechselbare Identität: Die Wellenform des Daches als zeichenhafte Geste eines Bandes findet dadurch eine funktional-inhaltliche Entsprechung, daß alle Fußgängerströme gebündelt und verknüpft werden.

Ein parallel zu den Gleisen angeordneter Gebäuderiegel mit Büros schirmt die Bahnanlagen gegenüber dem südlichen Platz ab. Ein Parkhaus schiebt sich unter den Riegel und in den Hang hinein. Die ehemalige Spritzhalle bleibt erhalten.

Das geschwungene Dach wird durch in Längsrichtung verlaufende Flachblechbänder gebildet, die über zweireihig angeordnete kammartige Stützen umgelenkt werden. Dadurch entstehen über den Stützen Wellenberge, zwischen ihnen Wellentäler mit einer Hängebandwirkung. Die filigrane Dachkonstruktion steht im bewußten kontrastierenden Dialog zur steinernen Massivität von Turm und Spritzhalle.

A bridge structure between the northern and the southern site area gives this location its inimitable identity: the wave configuration of the roof as a mediating gesture finds its functional, practical correspondence in merging and interconnecting of the streams of pedestrians.

A long rectangular office building is set parallel to the railway track, which serves as a protective barrier between the park to the south and the railway land. A multi-storey car park is built underneath the office block and projected into the hillside incline. The historic structure of the 'Spritzhalle' is preserved. The curved roof of the complex is made up of longitudinally laid strips of flat sheeting, which are turned up and around above two rows of comb-like supports. This creates 'wave crests' on top of the supports, and the effect of hanging loops of ribbon in between. This filigree roof structure is intended to enter into a contrasting 'dialogue' with the massive stone tower and the 'Spritzhalle'.

Linke Seite:
  Modell, Draufsicht.
1 Entwurfsskizze.
2 Das lange, gewellte Dach verbindet alle Verkehre.

Previous page:
  Model, bird's-eye view.
1 Design sketch.
2 The long ondulating roof shelters all the various transport systems.

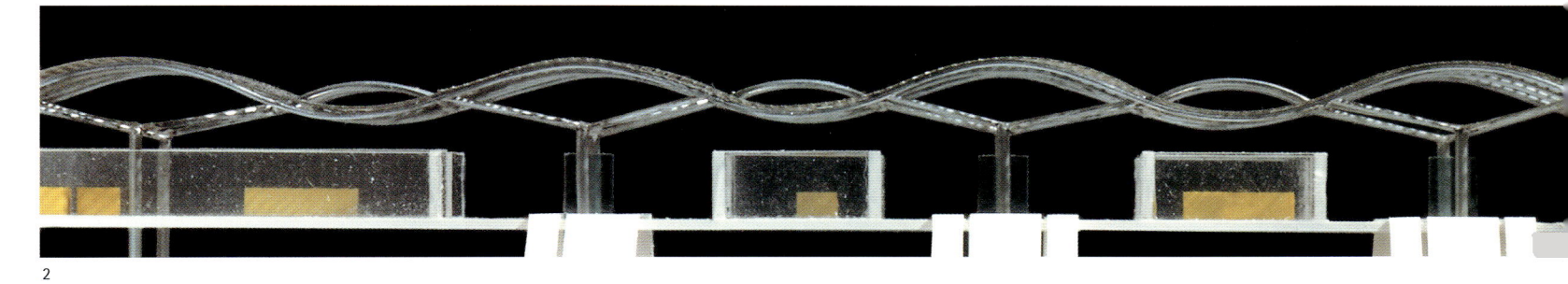

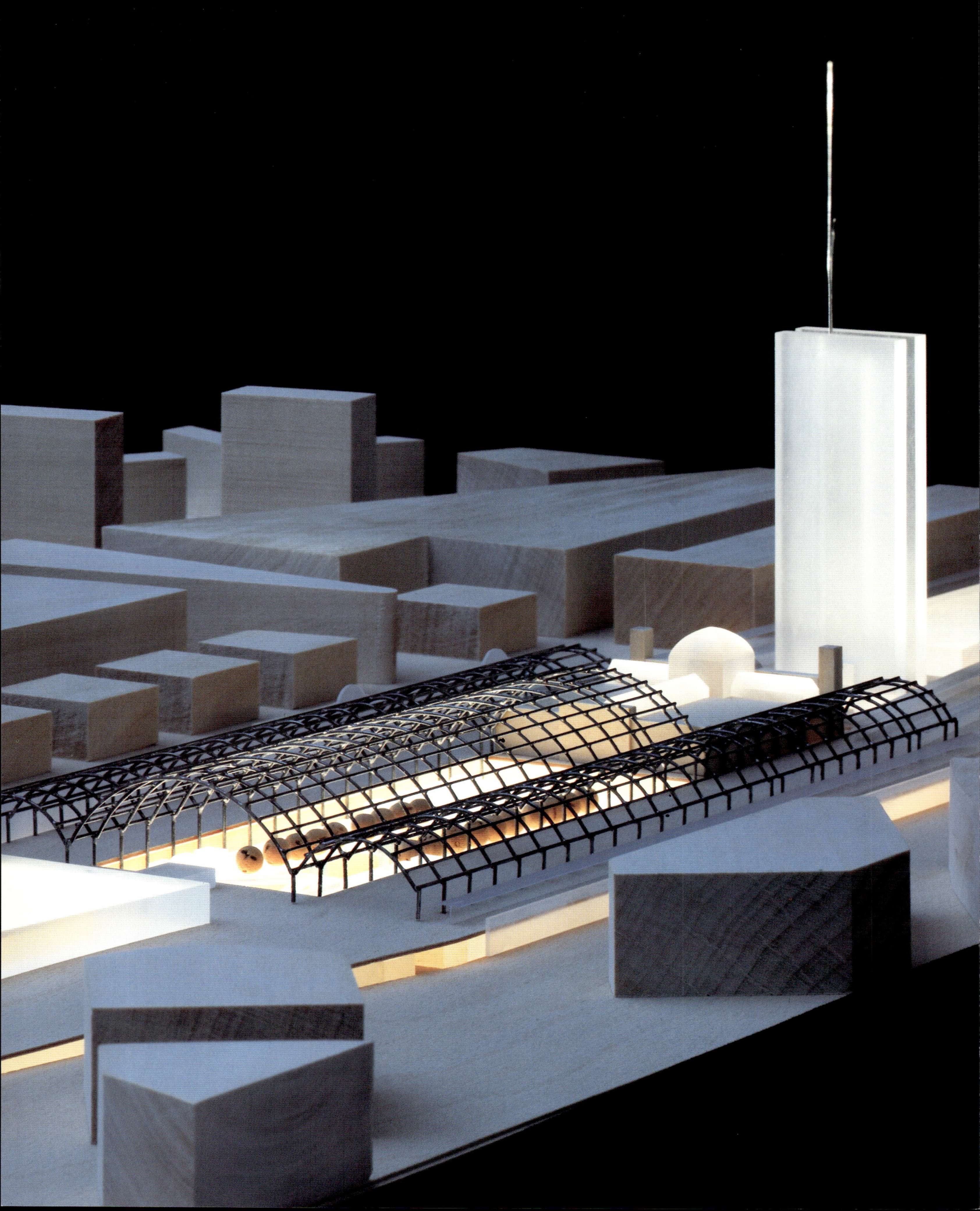

Hauptbahnhof Dresden, 1996
Dresden Hauptbahnhof, 1996

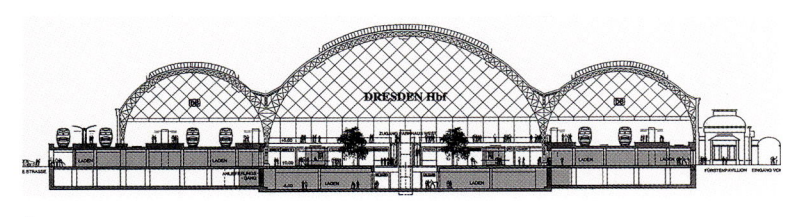

Durch Aufgabe der Kopfgleise und ohne aufwendige Umbaumaßnahmen erfährt die Immobilie Bahnhof quantitativ und qualitativ eine rentierliche Wertschöpfung: Das Baudenkmal und sein Charakter als repräsentativer Bahnhof wird in seiner ursprünglichen Großräumigkeit wiederhergestellt und bewahrt, die mittlere große Bahnsteighalle bleibt unverbaut und wird als Attraktion zu einem transparenten und überschaubaren Markt mit zentraler Mall umgestaltet. Die Nutzung durch Einzelhandels-, Dienstleistungs- und Freizeitflächenangebote trägt zur städtebaulichen Überwindung der trennenden Gleistrassen zwischen der Nord- und Südstadt von Dresden bei. Die Landmarke eines Hochhauses akzentuiert diesen Übergangspunkt.

The station is improved in terms of capacity and both quality and profitability by way of eliminating the terminal buffer-end tracks and without having to do substantial, costly rebuilding. The station is a historic architectural monument and a very impressive structure. It is reconstituted in its original spaciousness, the central large platform hall preserved and refurbished as an attractive, clearly organized market place with a central shopping mall.
The use of the new station by retailers, services and leisure facilities contributes to bridging the track system, a gap in the urban fabric, separating Dresden's north and south city districts from each other. A high-rise building landmark accentuates this place of transition.

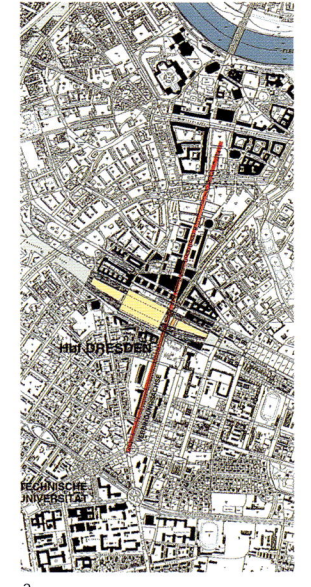

Linke Seite:
  Modell mit geplantem Hochhaus.
1 Schnitt.
2 Blick in die Halle.
3 Der Bahnhof im Gefüge der Stadt.

Previous page:
  Model.
1 Cross section.
2 Interior of platform hall.
3 The station complex in its urban context.

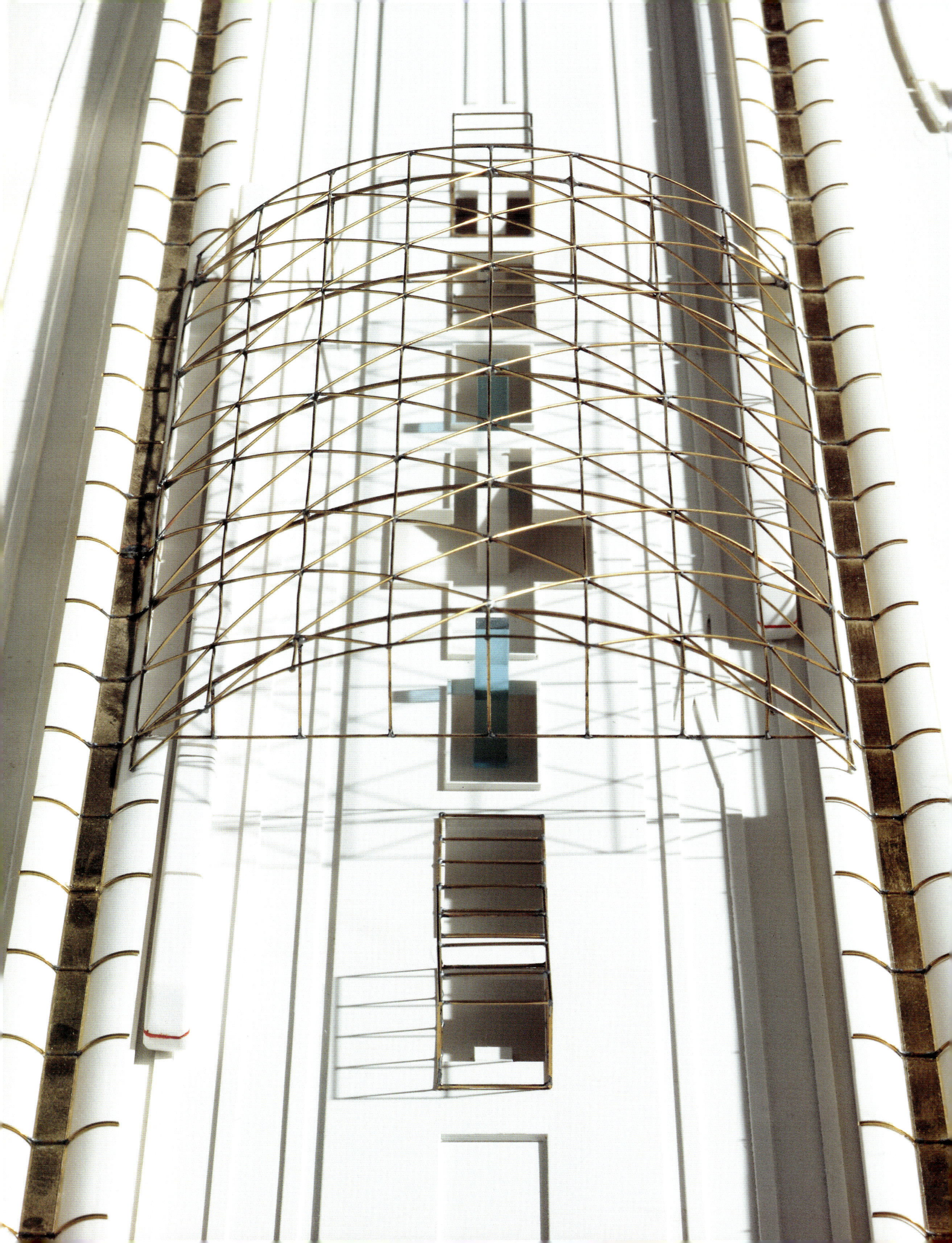

Linke Seite:
 Auskragende Bahnsteigdächer ergänzen die 100 Meter lange Bahnsteighalle.
1 Lageplan.
2 Die Mall unterhalb der Bahnsteige.
3 Die Bahnhofshalle.

Previous page:
 Cantilevered platform roofs form extensions of the 100-metre long station hall.
1 Layout.
2 The Mall underneath the platforms.
3 The station concourse.

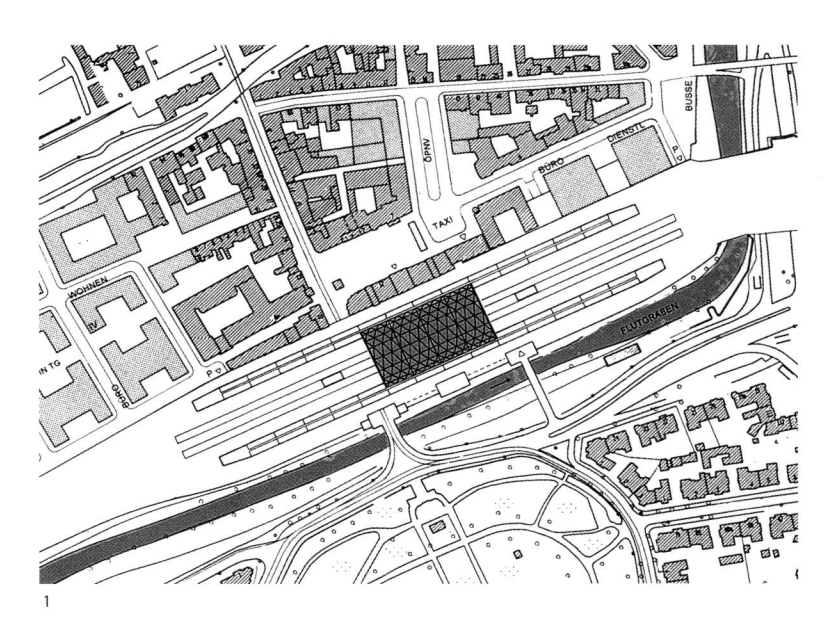

Hauptbahnhof Erfurt, 1995
Erfurt Hauptbahnhof, 1995

Eine Gitterschalenkonstruktion wölbt sich tonnenförmig über die Gleisanlage und bildet eine geschlossene, tageslichtdurchflutete Bahnhofshalle. Sie ist nahezu axialsymmetrisch dem historischen Bahnhofsgebäude zugeordnet und wird auf Straßenniveau durch das alte Bahnhofsgebäude hindurch erschlossen. Große Luftraumöffnungen in den Bahnsteigen stellen die räumliche und optische Verbindung zwischen der gläsernen Halle und den Erschließungswegen des Dienstleistungszentrums her. Der breite Mittelbahnsteig versorgt die daruntergelegene quergespannte Mall über große Öffnungen auf der gesamten Länge mit Tageslicht von oben und macht das Glasdach der Bahnsteighalle von der Verkaufsebene erlebbar. Diese Mall verbindet die drei nord-/südgerichteten Querachsen und bindet an ihren Eckpunkten direkt an die auf gleicher Ebene unterhalb des Bahnkörpers angeordneten Garagen an. Die drei Querachsen stellen eine Verbindung zwischen der Stadt und dem Stadtpark dar; sie werden auf der Südseite entlang des Stadtgrabens mit einer Arkade verbunden.

A lattice barrel-vault overarches the tracks and platforms, forming a closed train hall flooded with daylight. In near perfect axial symmetry to the historic station building, the train hall is approached at street level via the station concourse. Large openings in the platform floors provide a spatial and visual link with the traffic areas and the service centre on the lower level. The broad central platform also has these openings, letting daylight into the transverse underground shopping Mall and affording a view of the glass vault from down below. The Mall connects the three north-south-oriented transverse passage axes and has adjoining car parks on the same level in its four corners. The car parks are directly below the track beds. The three transverse passages form through-roads between the city and the municipal park. On the south side, along the Stadtgraben [city moat], they are linked by an arcade.

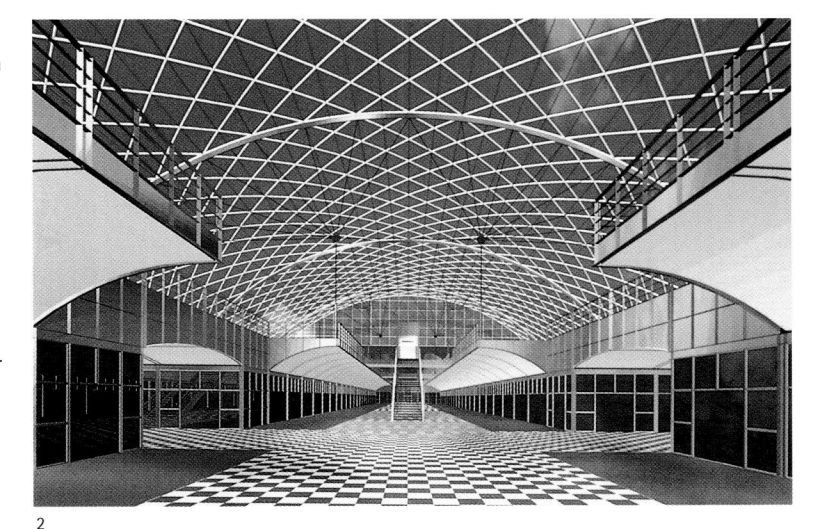

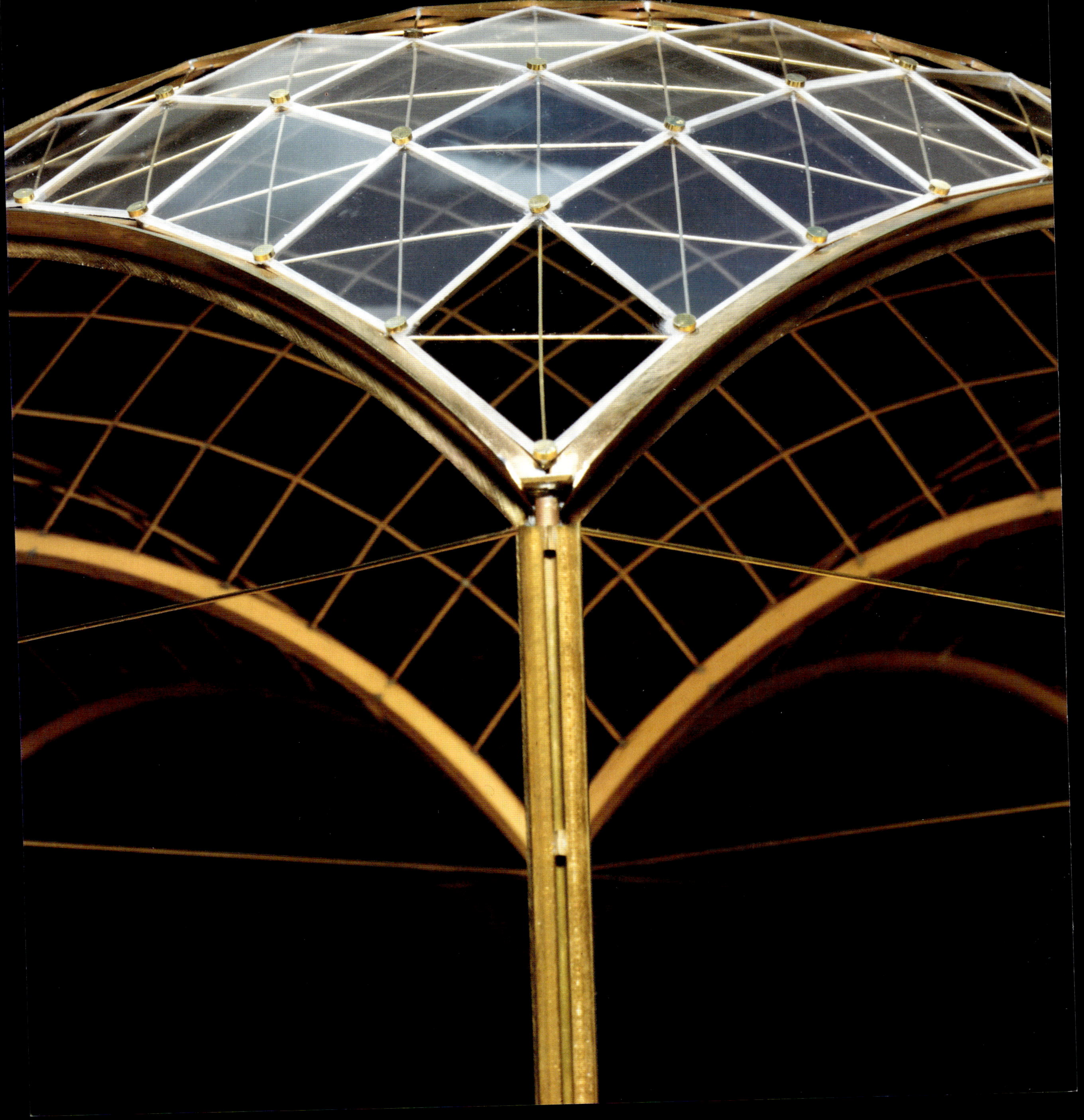

Bahnhof Helsinki, 1994
Helsinki station, 1994

Eliel Saarinens Bahnhof in Helsinki erhält eine gläserne Halle. Die modulare Schalenstruktur der Dächer ist deduktiv aus den örtlichen und technischen Gegebenheiten entwickelt worden. Allein die Krümmung der Randbögen für die Kugelschalen orientiert sich an der gestaltprägenden Bogengeometrie Saarinens und übernimmt damit eine optische Synchronisation. Dadurch entsteht ein Dialog zwischen alter Architektur und neuer Dachstruktur in ästhetischer Synthese. Eine Anbiederung wird ebenso vermieden wie ein kontrastierender Gegensatz. Die räumliche Dominanz des Bahnhofsgebäudes bleibt durch die modularen Schalen der Glashalle gewahrt.

Die neue Stahl-Glas-Struktur ist zugleich eine in mehrfacher Hinsicht neue Konstruktion: Die Teile des Daches sind selbsttragende Stahlgitterschalen für eine modularweise Montage. Die erzeugende Geometrie des Gitters besteht aus immer gleich gekrümmten Bögen, die, im rechten Winkel übereinander geführt, gleiche Stablängen bilden. Die darauf rahmenlos aufgelegten Scheiben sind trotz ihrer Großflächigkeit niemals gekrümmt, sondern immer eben.

A glazed station hall will be added to Eliel Saarinen's concourse building in Helsinki. The design of the modular shell roof structure was developed with reference to local contextual and technical conditions. For example, the arch-shaped edges of the spherical shells are influenced by the geometry of Saarinen's design-defining arches. This creates a synoptical effect, a dialogue between the historic archiecure and the new roof structure, an aesthetic synthesis, which avoids both ingratiation and conflict. The spatial dominance of the old station building remains unimpaired by the glass hall's modular shells.

This steel-glass structure is innovative in more than one respect: the roof elements are self-supportive steel lattice shells, mounted in a modular construction. The generating geometry of the grid consists of standard arches which, arranged at right angles one on top of the other, form equal bar lengths. The frameless float glass panes, that are fixed onto it though large, are also always flat.

Die leichten und transparenten Glasdächer sind modular aufgebaut.

The light, glazed roof structure is based on a modular system.

HELSINKI RAILWAY STATION - PLATFORM ROOFING

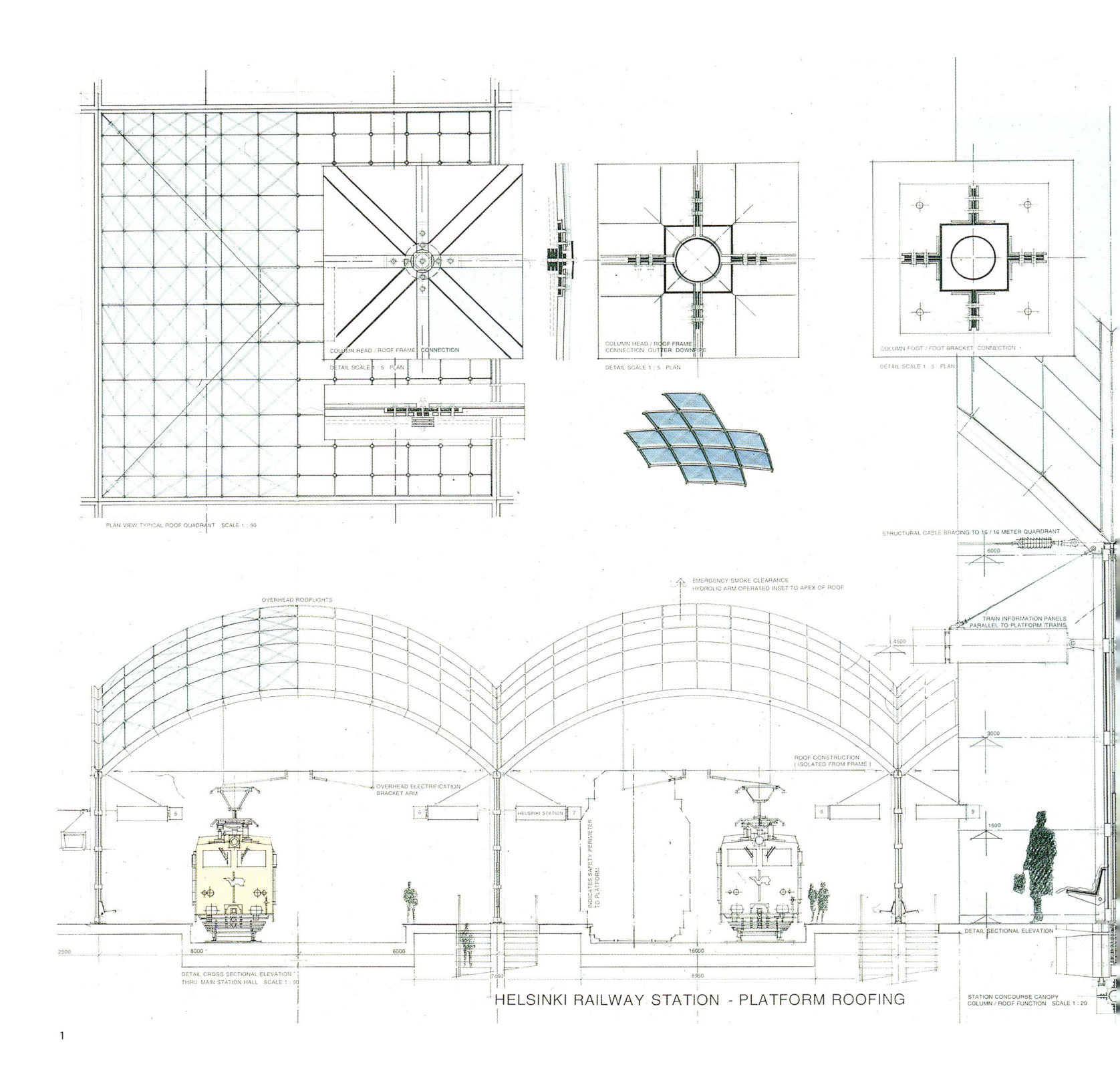

PLAN VIEW TYPICAL ROOF QUADRANT SCALE 1:50

COLUMN HEAD / ROOF FRAME CONNECTION
DETAIL SCALE 1:5 PLAN

COLUMN HEAD / ROOF FRAME CONNECTION GUTTER DOWNPIPE
DETAIL SCALE 1:5 PLAN

COLUMN FOOT / FOOT BRACKET CONNECTION
DETAIL SCALE 1:5 PLAN

STRUCTURAL CABLE BRACING TO 16/16 METER QUADRANT

OVERHEAD ROOFLIGHTS

EMERGENCY SMOKE CLEARANCE
HYDROLIC ARM OPERATED INSET TO APEX OF ROOF

TRAIN INFORMATION PANELS PARALLEL TO PLATFORM / TRAINS

ROOF CONSTRUCTION (ISOLATED FROM FRAME)

OVERHEAD ELECTRIFICATION BRACKET ARM

INDICATES SAFETY PERIMETER TO PLATFORM

DETAIL SECTIONAL ELEVATION

DETAIL CROSS SECTIONAL ELEVATION
THRU MAIN STATION HALL SCALE 1:50

STATION CONCOURSE CANOPY
COLUMN / ROOF FUNCTION SCALE 1:20

CODE 940959

DETAIL PLAN   SCALE 1 : 50 / 20 / 5

2

3

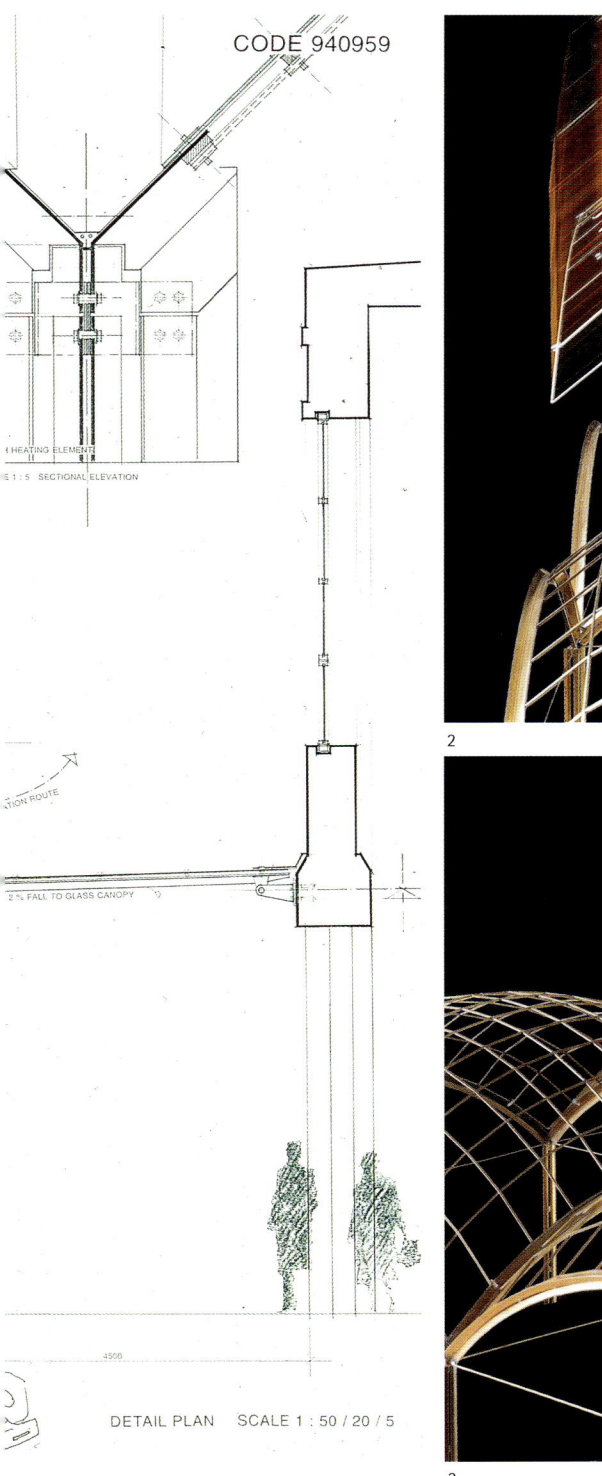

1 Querschnitt und Konstruktionsdetails.
2 Die leichte Konstruktion zeichnet sich durch Wirtschaftlichkeit aus.
3 Das quadratische, ungerichtete System mit Glaskuppeln auf Stützen basiert auf einem Raster von 16 x 16 Meter.

1 Cross section and details of the construction.
2 The light-weight structure is remarkable for its cost-efficiency.
3 The undirectional system of squares with glass domes resting on supports is based on a grid of 16 x 16 metres.

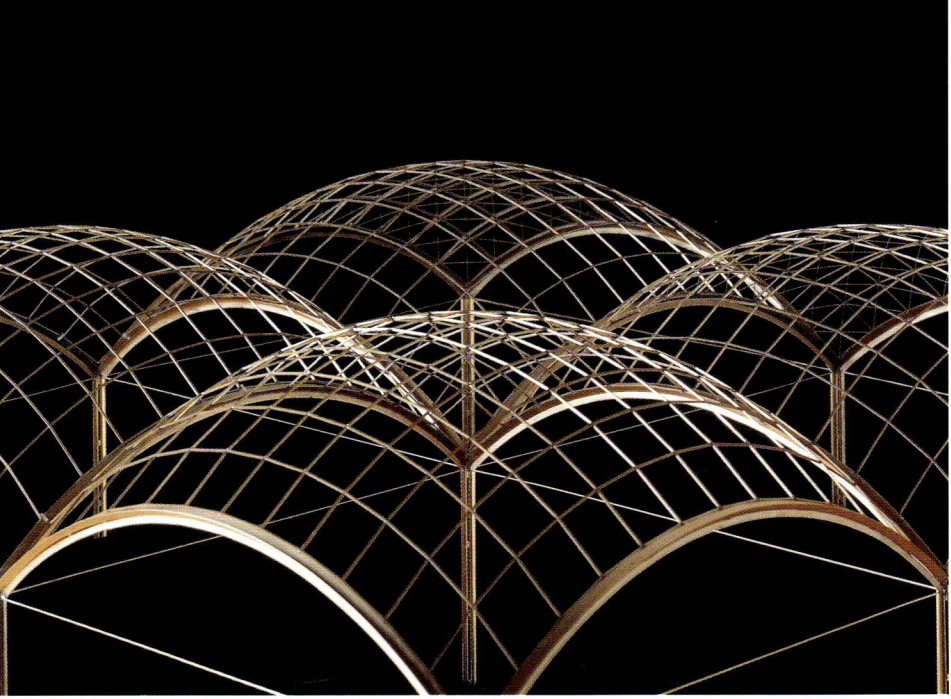

Architektur für den Schienenverkehr / **Architecture for rail traffic**   171

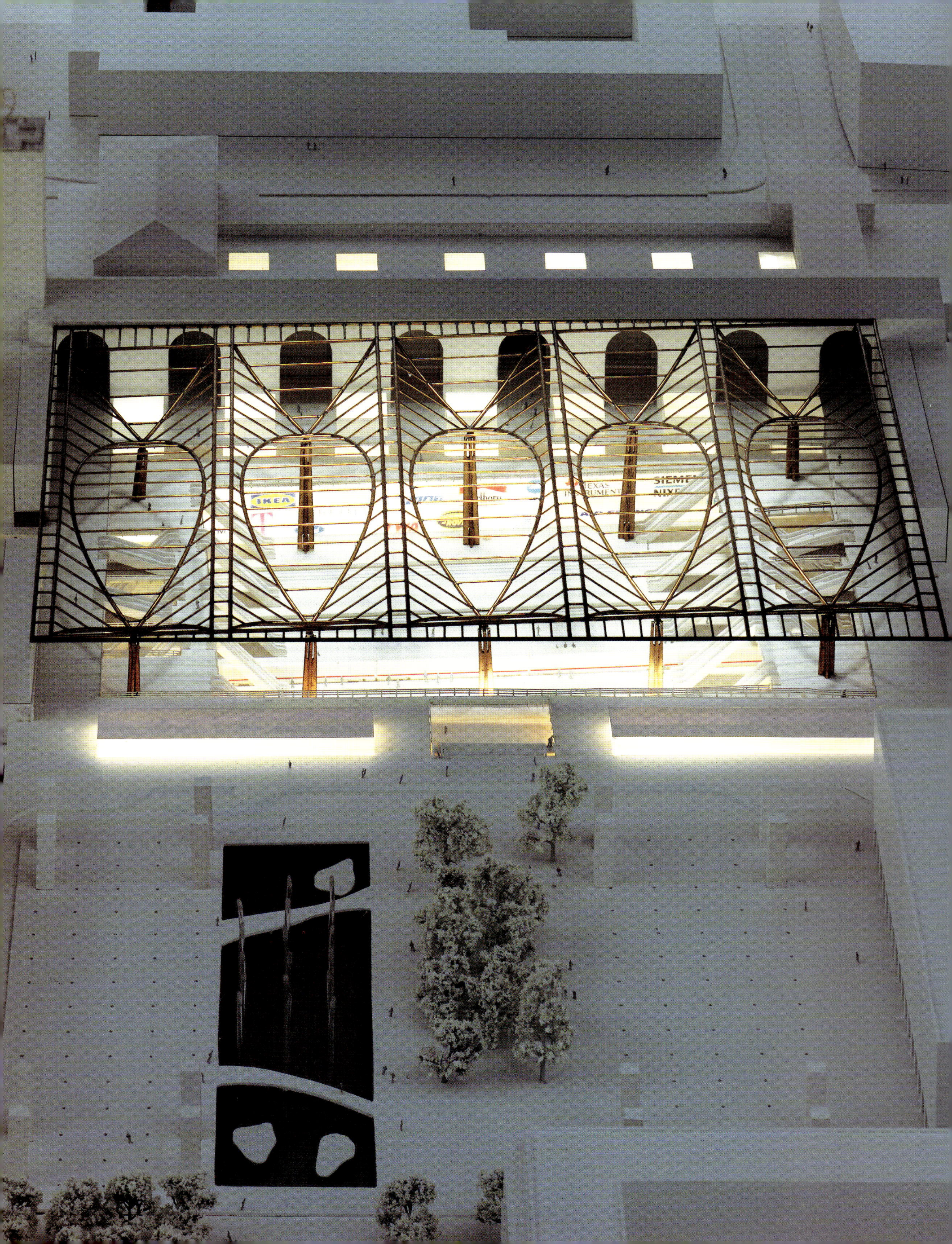
IKEA
TEXAS

Hauptbahnhof „Stuttgart 21", 1994
'Stuttgart 21' Hauptbahnhof, 1994

Der oberirdische Kopfbahnhof wird aufgegeben. Statt dessen entsteht ein unterirdischer, 14 Meter tiefer gelegener Durchgangsbahnhof, dessen Gleistrassen quer zum jetzigen Verlauf angeordnet sind. Mit den vorhandenen Gleisanlagen wird auch die Überdachung entfernt. Statt dessen entsteht ein großer Hallenraum, der eine weitgehende Öffnung bis auf die unterste Ebene vorsieht. Ein großes Glasdach, dessen bogenförmige Stahlstützen die steinernen Bögen des Bonatz-Baus transformieren, schließt ihn nach oben ab. Über die Funktion eines reinen Verkehrsbauwerkes hinausgehend, gewinnt der Bahnhofskomplex eine zusätzliche städtebauliche und funktionale Bedeutung dadurch, daß auf der Nordseite – nach Wegfall der Gleisanlagen – eine sehr große Stadterweiterung entsteht, die ein neues Stadtzentrum für Stuttgart bilden wird. Durch Umbauten in der vorhandenen Substanz und Zubauten entstehen ca. 35.000 qm Fläche für Dienstleistung und Einzelhandel. Die fußläufige Verbindung zwischen dem alten und dem neuen Stadtzentrum wird durch den Bahnhofskomplex hindurchgeführt, so daß dem neuen Bahnhof eine zweite „Torfunktion" zukommt. Der Hauptbahnhof verliert durch diese Umwandlungen seine Stellung als Endpunkt der Königsstraße bzw. der definierten Innenstadt. Er wird zum Mittelpunkt der neuen Innenstadt, zum Brennpunkt differenzierter Inhalte.

The surface terminus is to be closed. Instead an underground transitional station will be constructed 14 metres below, with the railway lines running at right angles to the present ones. The roofing of the present station will also be removed. A large hall is to be built instead, incorporating an opening down to the lowest level. A large glazed roof, whose arched steel stanchions transform the stone arches of the Bonatz-building, forming a cover overhead. The station complex gains an additional urban and functional importance beyond that of a simple transportation building because, after the demolition of the railway lines to the north, a very large urban development is created, forming a new city centre for Stuttgart. An area of 35,000 m² is created for services and retailing through alterations to existing buildings and additional new buildings. The pedestrian link between the old and the new city centre is directed through the station complex so that the new station has a second 'gateway function'. Through this redevelopment the Main Station loses its position as being the end of the Königsstrasse or defining the inner city.
It becomes the centre of the new inner city, a focus of new interests.

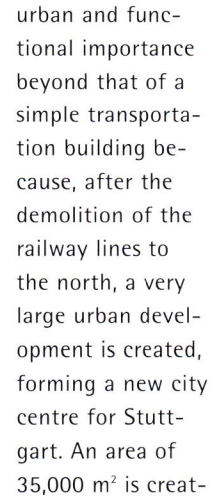

Linke Seite:
 Modell aus der Vogelperspektive.
1-2 Zwei Varianten für die Tagesbelichtung der Bahnsteige unter dem Schloßgarten.

Previous page:
 Model, bird's-eye perspective.
1-2 Two models for the daylighting of platforms underneath the Schlossgarten.

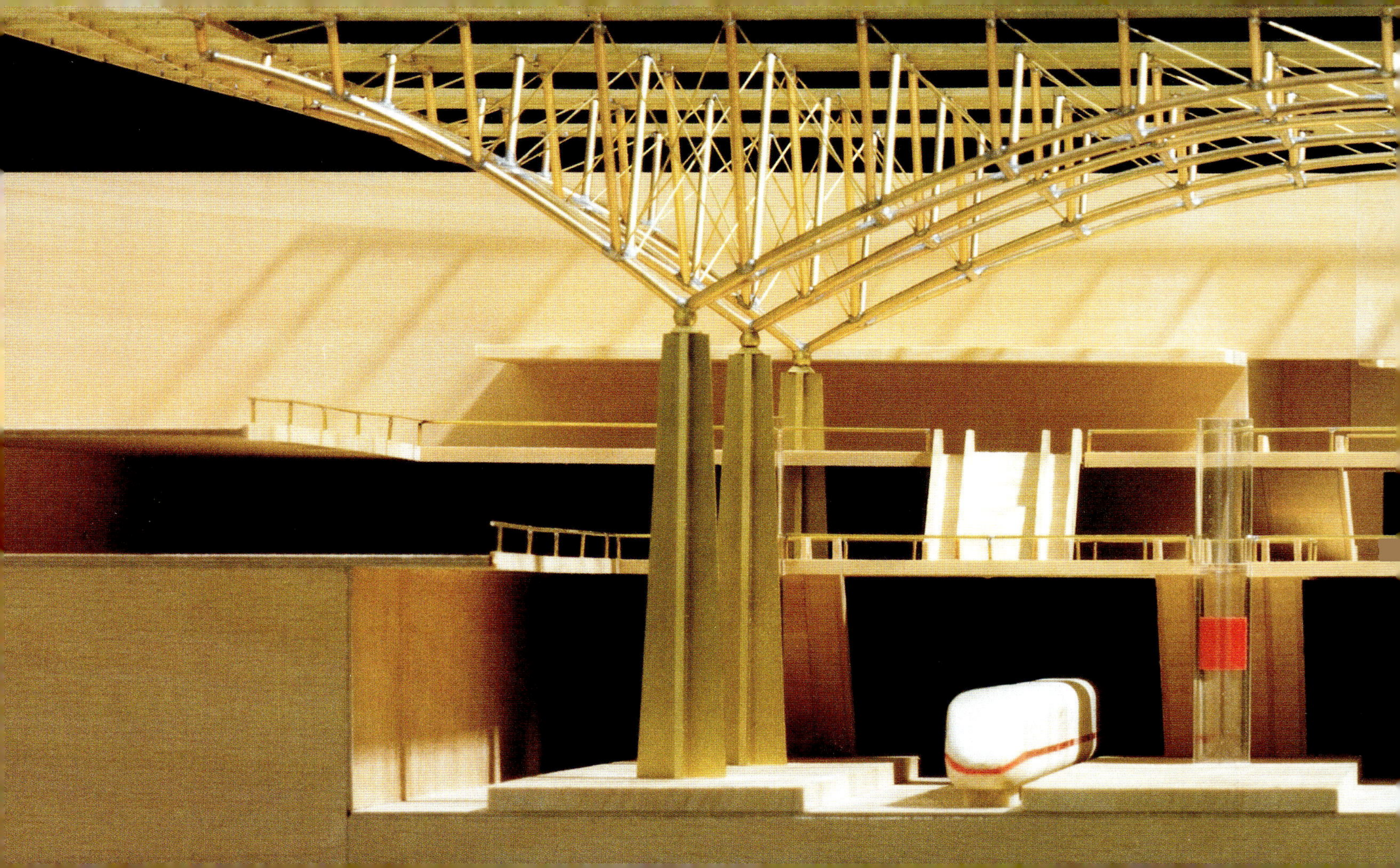

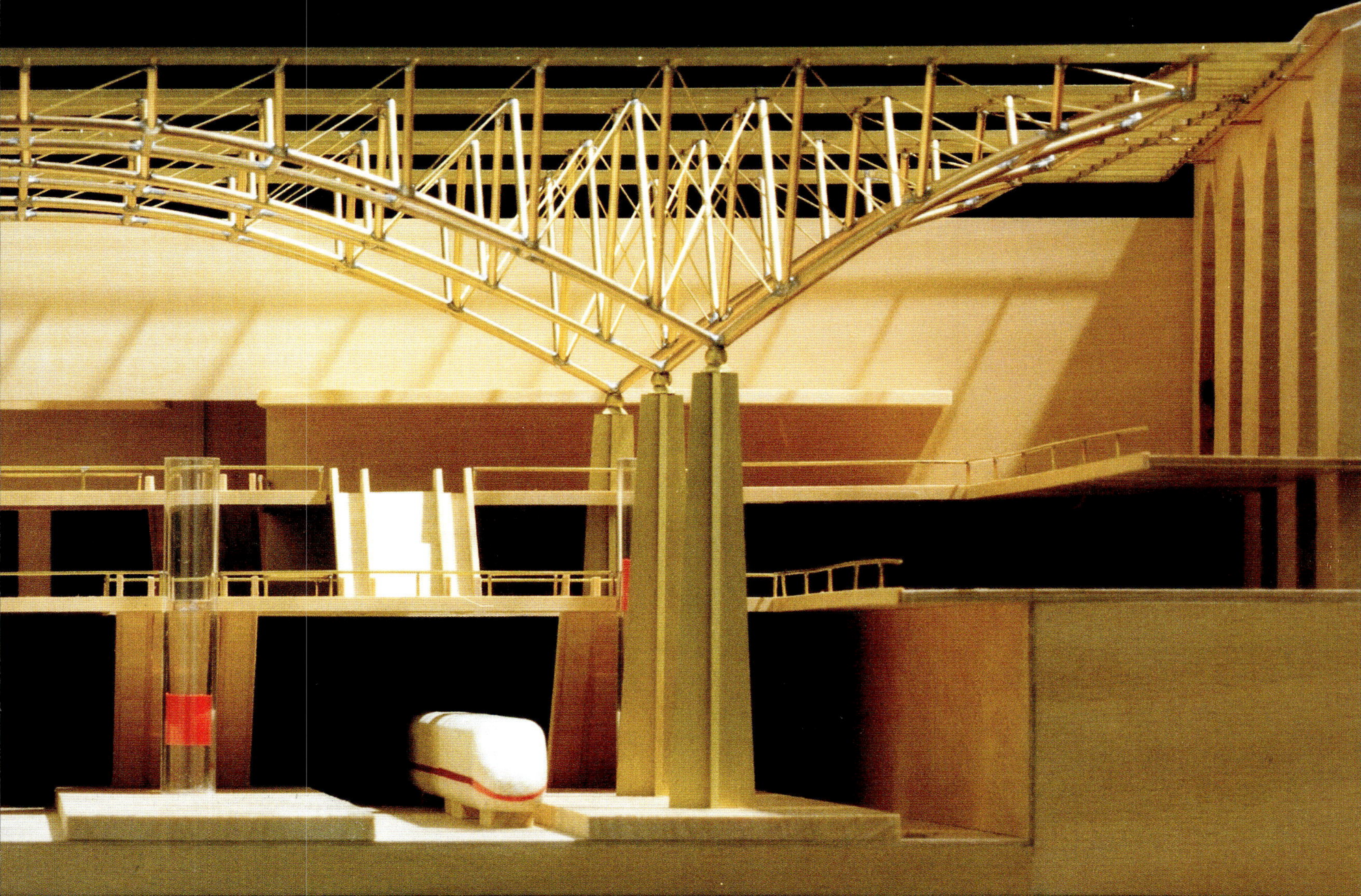

1 Die tiefer gelegte Bahnsteigebene wird von einer filigranen Stahl-Glas-Konstruktion überspannt.
2 Blick vom Neuen Vorplatz auf die Bahnhofshalle.
3 Variante B: Die Stahl-Glas-Konstruktion setzt sich im Schloßgarten fort.
4 Die transparente Dachstruktur gibt den Blick auf den markanten Turm des Bonatz-Bahnhofes frei.
5 Längsschnitt.
6 Querschnitt.

Nächste Doppelseite: Das große Glasdach ruht auf kreuzförmigen Stahlstützen.

1 The sunken platform level is arched over by a filigree steel-and-glass structure.
2 View from the new station square to the station building.
3 Model B: The steel-and-glass structure of the station building is continued into the Schlossgarten.
4 The transparent roof affords a view of the imposing tower of the 'Bonatz' station building.
5 Longitudinal section.
6 Cross section.

Next double-spread page:
A large glass roof rests on steel supports which are cross-shaped in section.

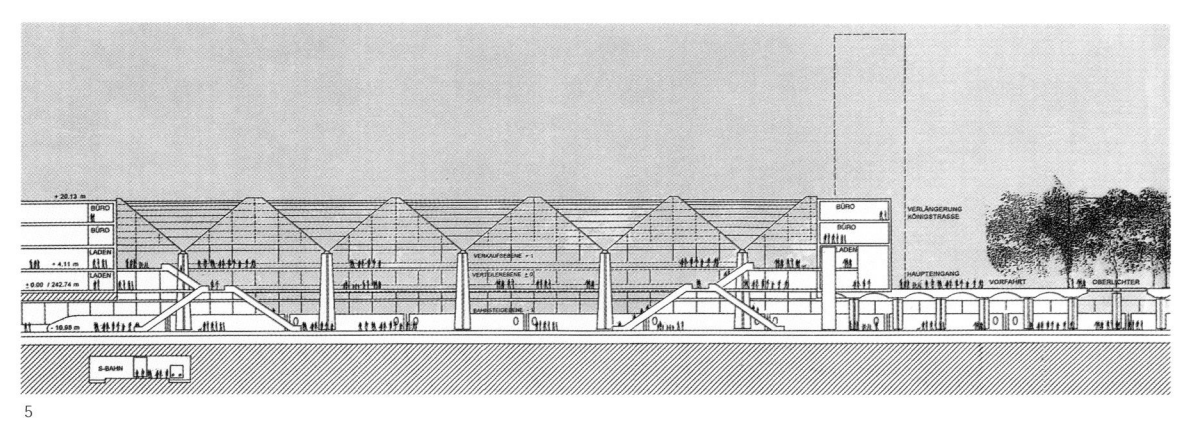

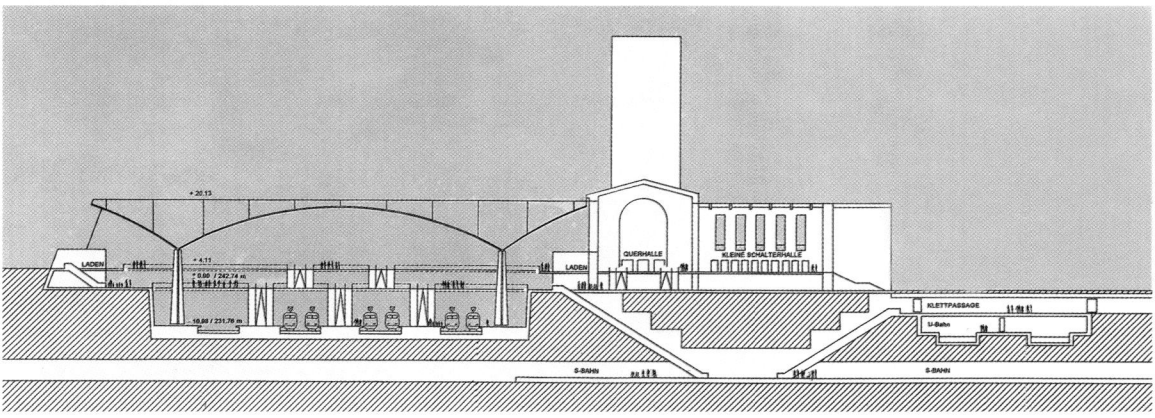

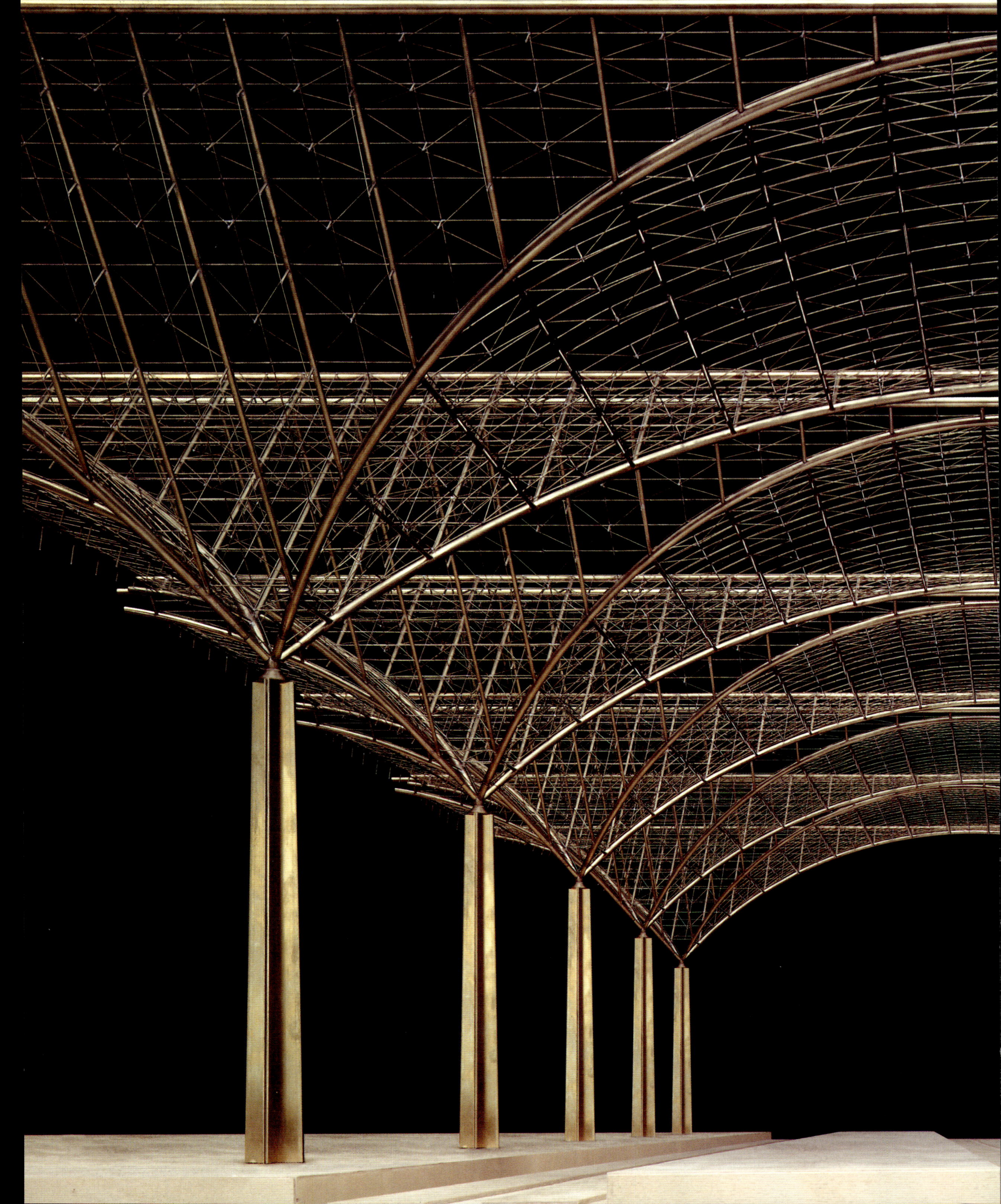

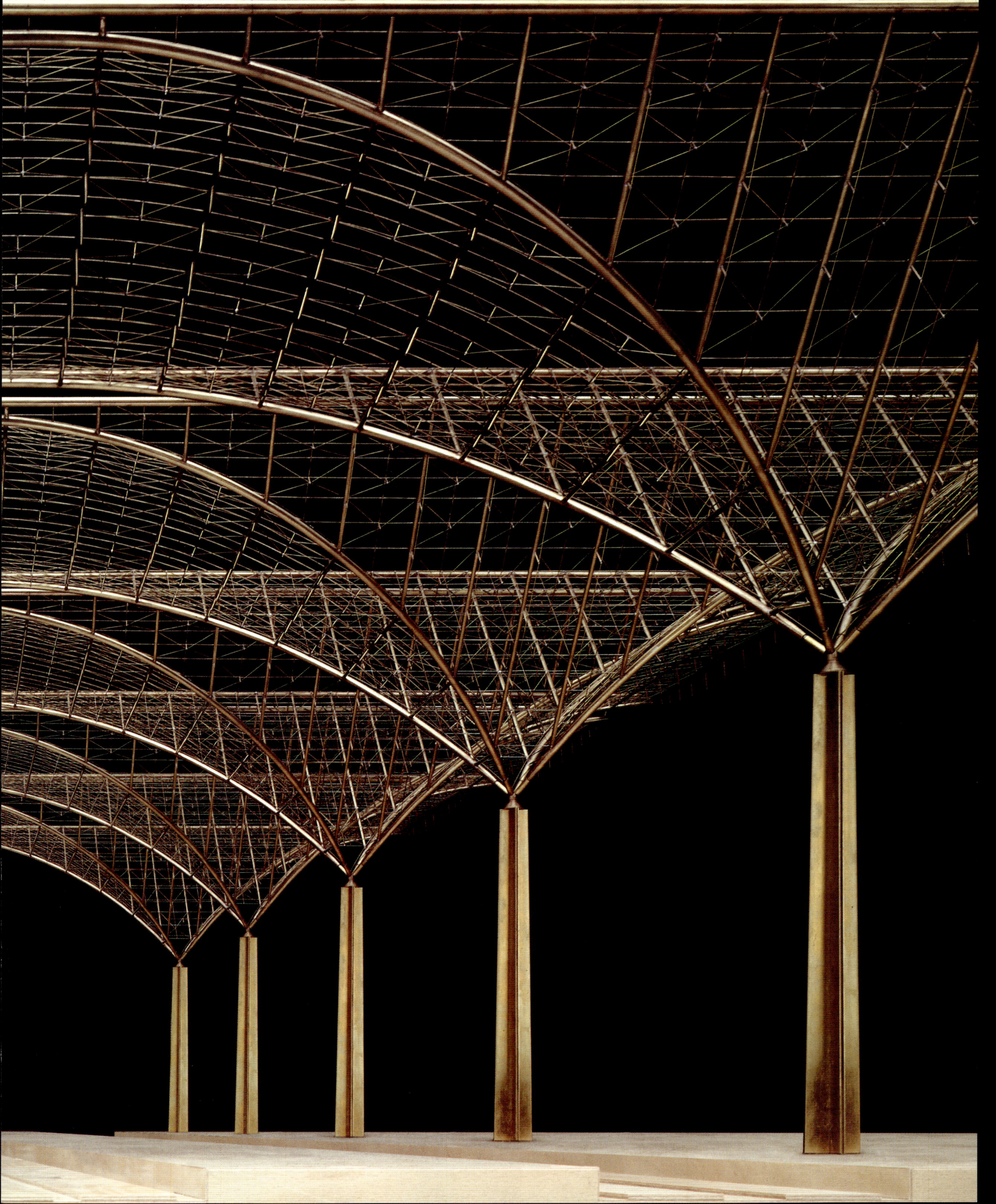

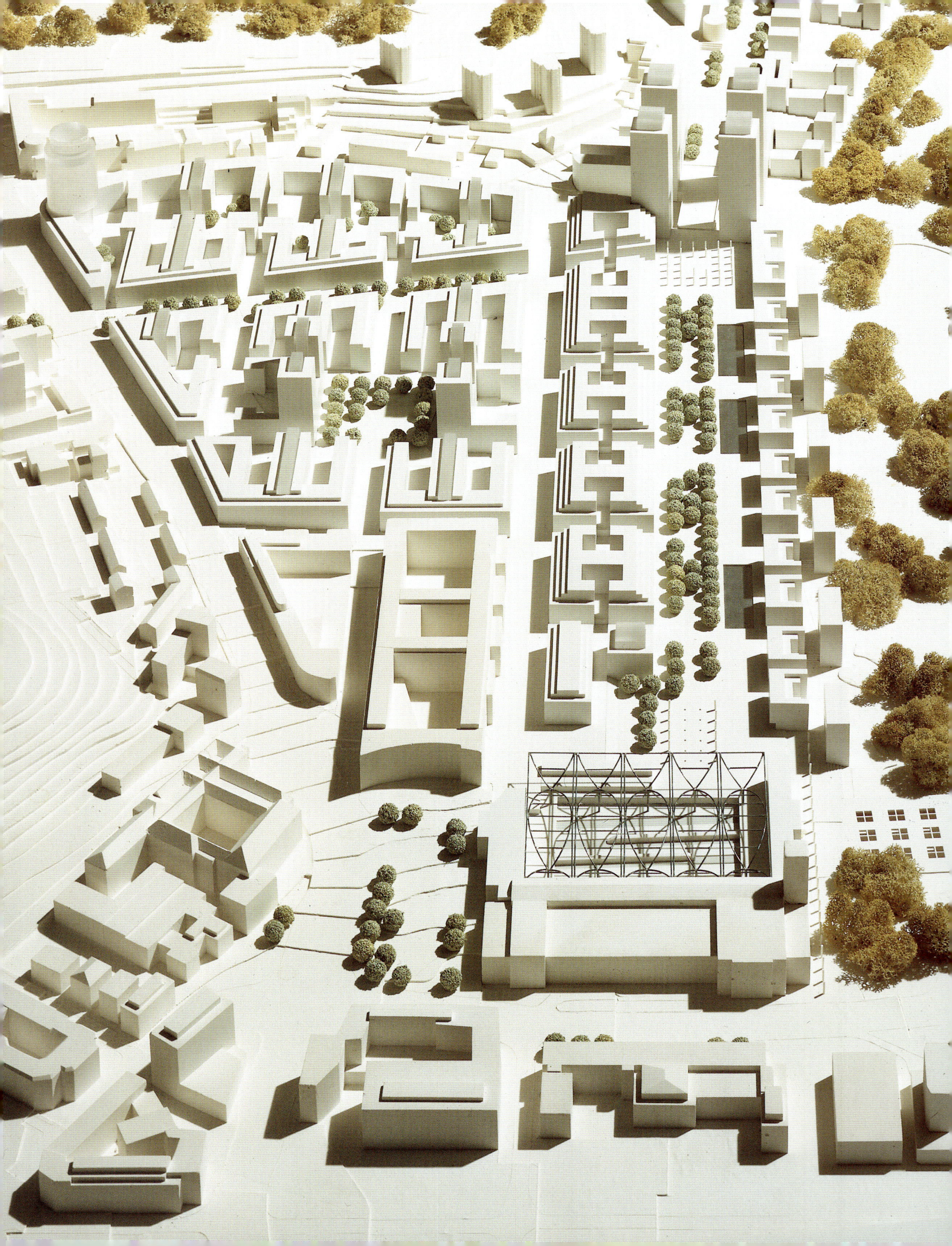

Städtebauliche Planung „Stuttgart 21", 1993
Urban design project 'Stuttgart 21', 1993

Alle vorhandenen Gleisanlagen mit Ausnahme der Trasse entlang des Schloßgartens werden aufgegeben. Daraus ergibt sich für die städtebauliche Entwicklung Stuttgarts eine epochal neue Option: die „Avenue 21". Dieses 2,2 Kilometer lange „Rückgrat" ist ein 70 Meter breiter, intensiv begrünter öffentlicher Raum, der das neu entwickelte Bahnhofszentrum mit dem Rosensteinpark verbindet. Diese städtebauliche Achse fügt der Stuttgarter Stadtstruktur eine völlig neue und großstädtische Komponente hinzu: An sie lagern sich die als Bauland neu gewonnenen Flächen an. Sie verknüpft räumlich die einzelnen Stadtquartiere mit verschiedenen Nutzungen und unterschiedlich intensiver Dichte; sie trennt aber zugleich auch, um die Identität der einzelnen Quartiere zu stärken. Im Herzen der Stadt entsteht eine repräsentative Dienstleistungsbebauung unter Einbeziehung des historischen „Bonatz"-Bahnhofes als Schwerpunkt. Zwischen der „Avenue 21" und dem Schloßgarten ist Wohnbebauung vorgesehen. Das neue Quartier auf dem jetzigen Nordgüterbahnhof erweitert die vorhandene Blockstruktur des Rosensteinviertels und erhält eine Nutzungsmischung von Wohnen und Arbeiten.

All existing platforms apart from the line next to the Schloßgarten will be closed. This results in an outstanding urban planning possibility for Stuttgart: the 'Avenue 21'. This 2.2-kilometre-long 'backbone' is a 70-metre-wide, intensively planted public space, which links the newly developed station centre to the Rosensteinpark. This urban axis gives the town structure of Stuttgart a new metropolitan component: the new building land is situated along it. It links spatially separate neighbourhoods with various uses and various densities; at the same time it divides in order to strengthen the identities of the individual neighbourhoods. A formal service building is created in the heart of the city integrating the historic station 'Bonatz' as a main feature. Residential accommodation is proposed between the 'Avenue 21' and the Schloßgarten. The new neighbourhood on the present north goods yard extends the existing block structure of the Rosenstein District, having a mixed use of living and working.

Linke Seite:
Der neue Bahnhof als Bindeglied zwischen alter und neuer Stadt.

Previous page:
The new station as a connecting link between the old and the new town.

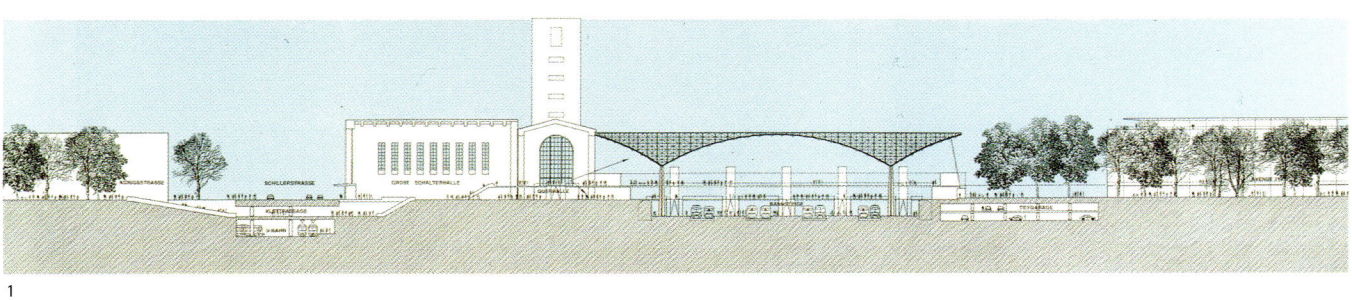

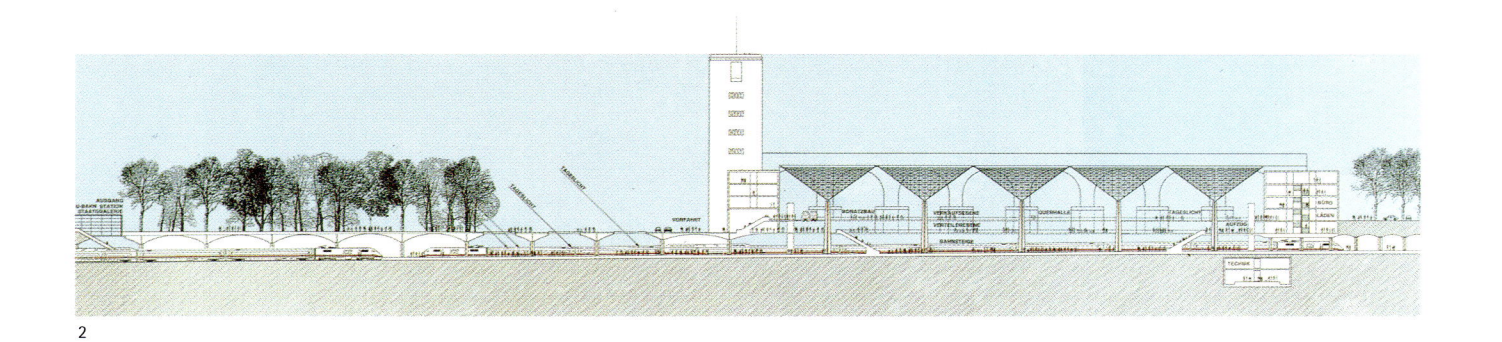

1 Längsschnitt.
2 Querschnitt.
3 Strukturplan.
4 Baustruktur.
5 Grundriß Ebene 0,0.

1 Longitudinal section.
2 Cross section.
3 Layout plan.
4 Planning concept.
5 Floor plan level 0,0.

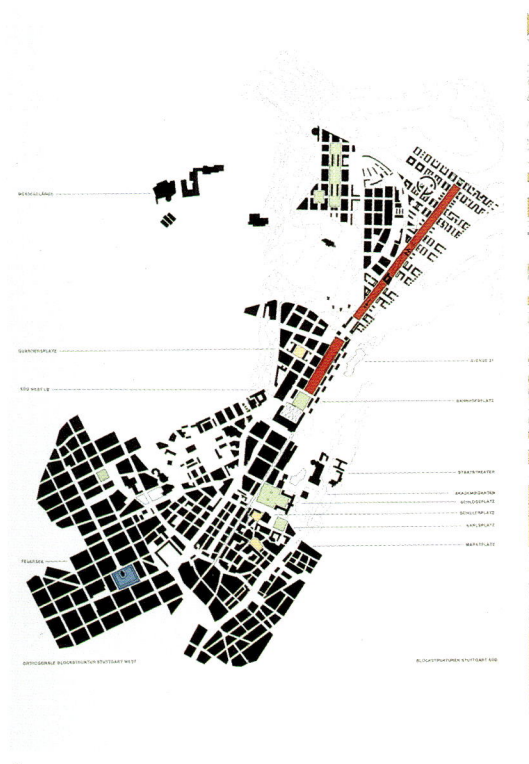

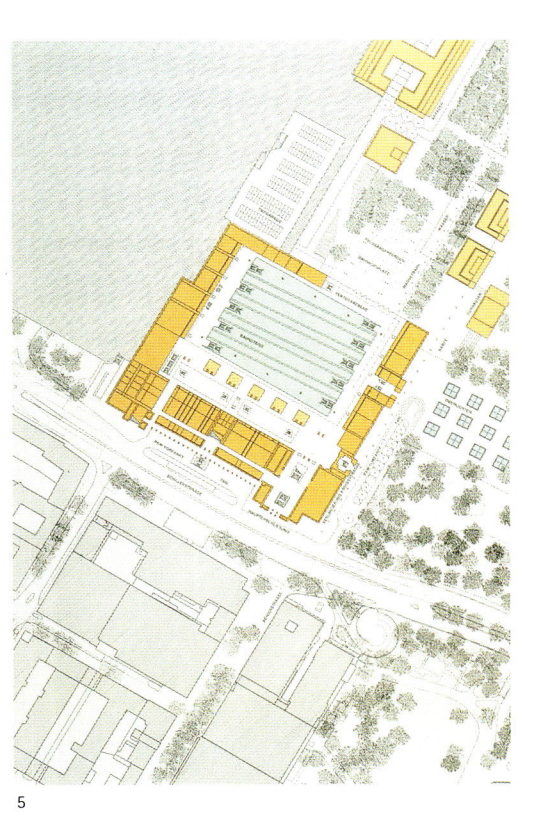

3

4

5

Architektur für den Schienenverkehr / **Architecture for rail traffic**   183

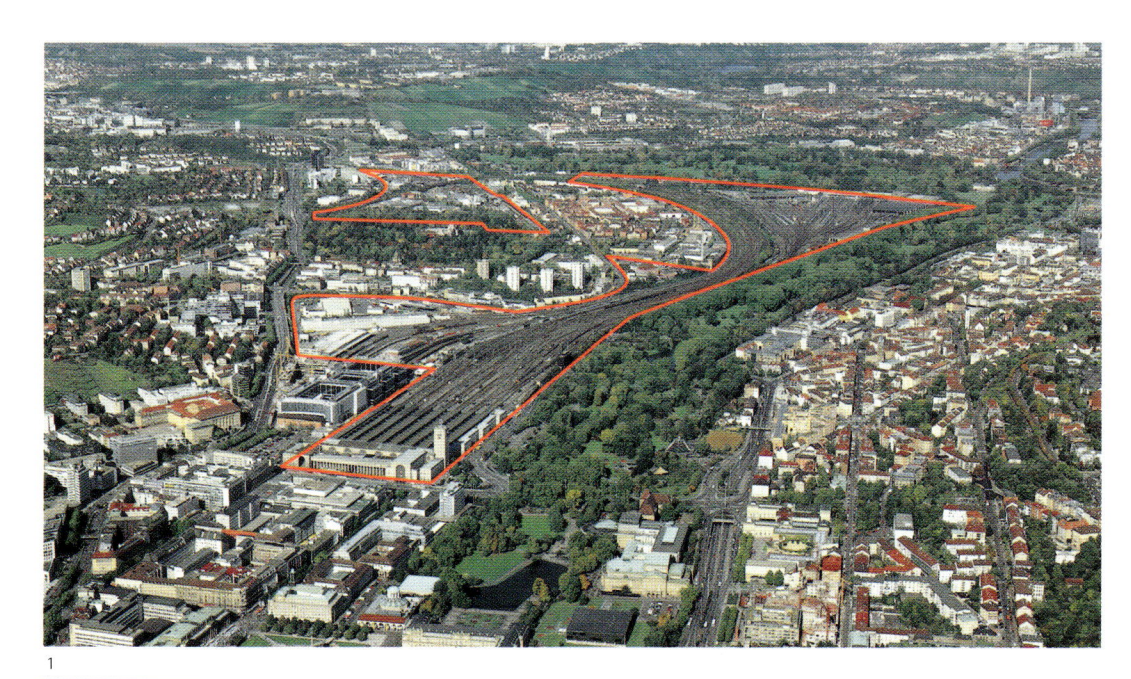

1 Durch Tieflage der Bahnsteigkörper werden Flächen von ca. 80 ha für die Stadtentwicklung verfügbar.
2 Wichtigstes Entwicklungselement ist die 2,2 km lange „Avenue 21". Sie ist Rückgrat und Adresse zugleich.

Rechte Seite:
Baustruktur und Grüngestaltung. Die fußläufige Verbindung zwischen dem alten und neuen Stadtzentrum wird durch den Bahnhofskomplex hindurchgeführt, so daß dem neuen Bahnhof eine „Torfunktion" zukommt.

1 Approx. 80 hectares are made available for urban redevelopment through the lowering of tracks and platform levels.
2 The most important element of the new development is the 'Avenue 21' (2.2 km), its backbone and its best address.

Next page:
Basic building types and layout plan. The pedestrian connection between the old and new town centres are directed through the station complex which makes it function like a 'gateway'.

184 Architektur für den Schienenverkehr / Architecture for rail traffic

MITTLERER
SCHLOSS
Rosenstein
Nikolaus-
Zeppelin
Schubart
URACH
PLATZ

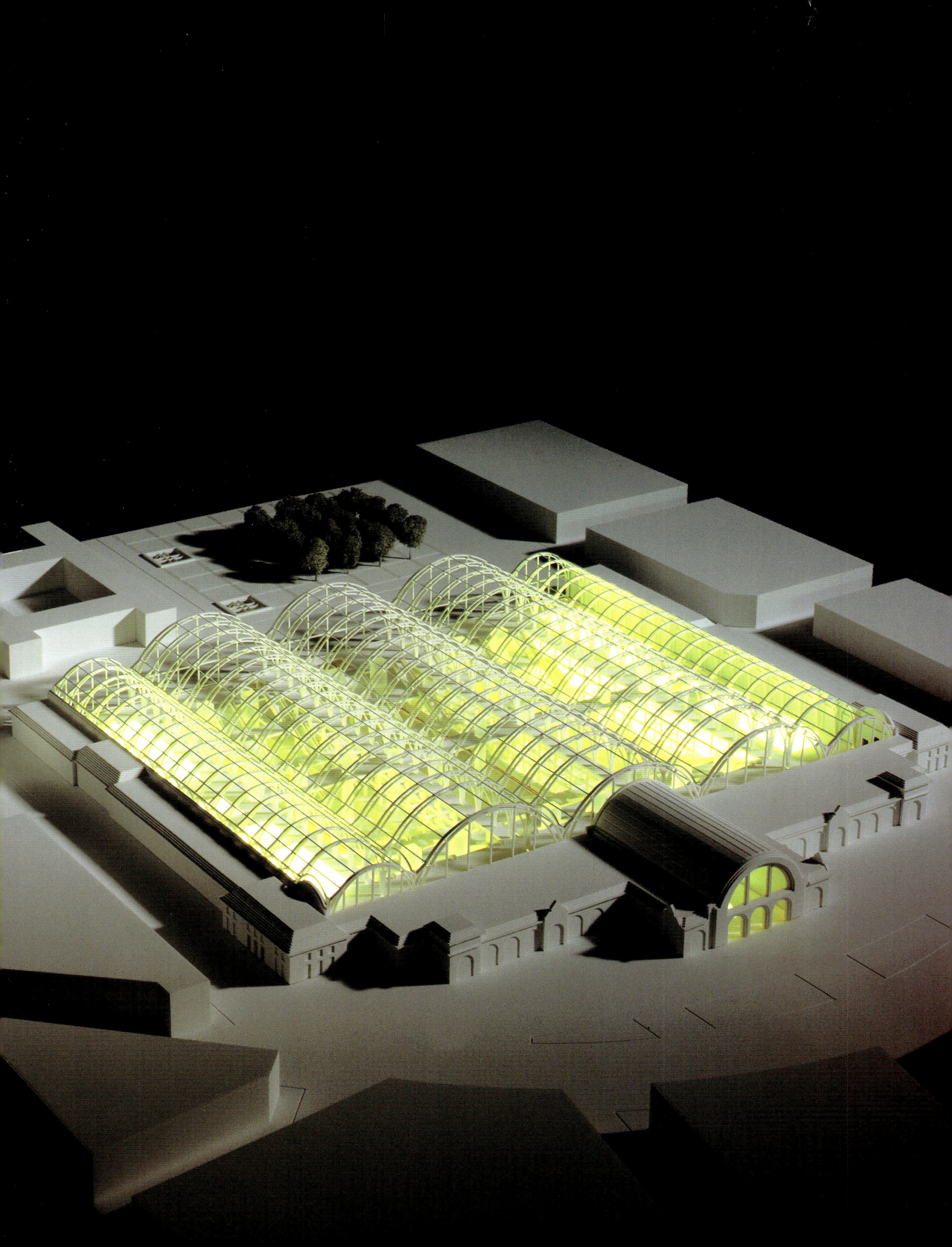

Hauptbahnhof „Frankfurt 21", 1996

'Frankfurt 21' Hauptbahnhof, 1996

Modellansichten:
Drei große Hallenschiffe prägen den Bahnhofinnenraum.

Model views:
three large barrel-vaults span the platform hall interior.

Der oberirdische Kopfbahnhof wird aufgegeben. Stattdessen entsteht unter Beibehaltung des denkmalgeschützten Bahnhofsgebäudes ein unterirdischer Durchgangsbahnhof. Drei große Hallenschiffe prägen den Bahnhofsinnenraum, die Bahnsteige sind in 20 Meter Tiefe angeordnet. Die Fußpunkte der Hallenkonstruktionen sind auf Bogenviadukte aus Stahlbeton gestellt. Diese nehmen die Erschließung auf und werden zum gestaltprägenden Element. Es entsteht ein weitgehend klimatisch kontrollierter Innenraum, der ein großzügiges Raumerlebnis mit Durchgangsmöglichkeiten zur Stadt bietet. Der Entwurf schafft mit seinen ca. 2 Kilometer Ladenfronten einen städtischen Erlebnisraum von großer Attraktivität.

The present surface terminus will be abandoned. Instead, a subterranean 'through station' will be built, while preserving the old station concourse building, a monument which is under a conservation order. Three large aisles define the interior of the train and platform hall. Platform levels lie at a depth of 20 metres. The supporting base points of the halls are arranged on a viaduct-like structural grid of reinforced concrete or steel, which accommodates access and distribution spaces and, at the same time, is the determining element of the design. The climatic conditions of the interior are largely controlled, and the hall conveys an experience of spatial generosity and creates a number of through-roads to the city. With its approximately two kilometres of shop fronts, this underground station complex will be a very attractive and exciting public urban space.

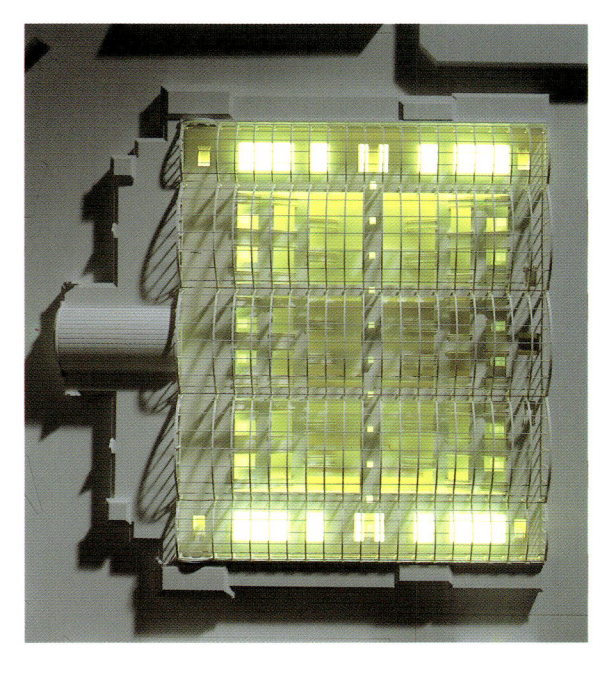

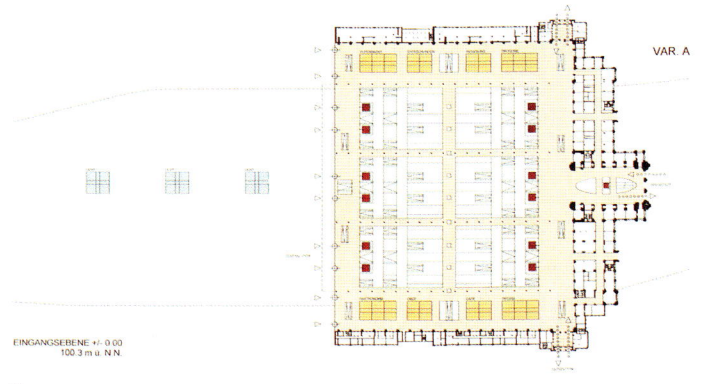

1 Der denkmalgeschützte Bahnhof bleibt erhalten. Die drei großen Hallenschiffe werden bis zu den Bahnsteigebenen geöffnet. Die Fußpunkte der Hallenkonstruktionsglieder ruhen auf Viadukten aus Stahlbeton.
2 Grundriß Eingangsebene.
3 Grundriß Bahnsteigebene.
4 An den Stirnseiten quer zu den Hallenschiffen bilden Treppenanlagen, Aufzüge und Brücken die Verbindung zu den 20 Meter tiefergelegten Bahnsteigebenen.
5 Längsschnitt.
6 Querschnitt.

1 The historic station building is preserved. The three large hall sections are opened right down to platform level. Reinforced concrete 'viaduct elements' support the hall's structural feet.
2 Entrance level, floor plan.
3 Platform level, floor plan.
4 Both ends of the platform hall are transversed by bridges, stairs and lifts forming the access and exit system for platforms which are set 20 metres below.
5 Longitudinal section.
6 Cross section.

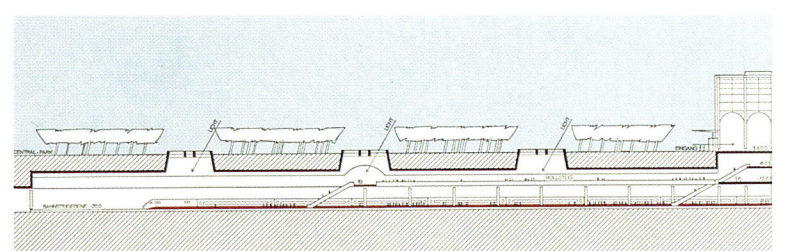

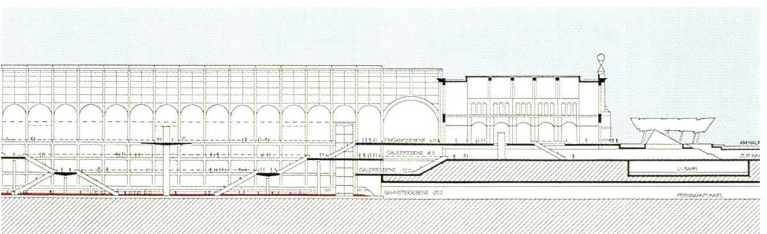

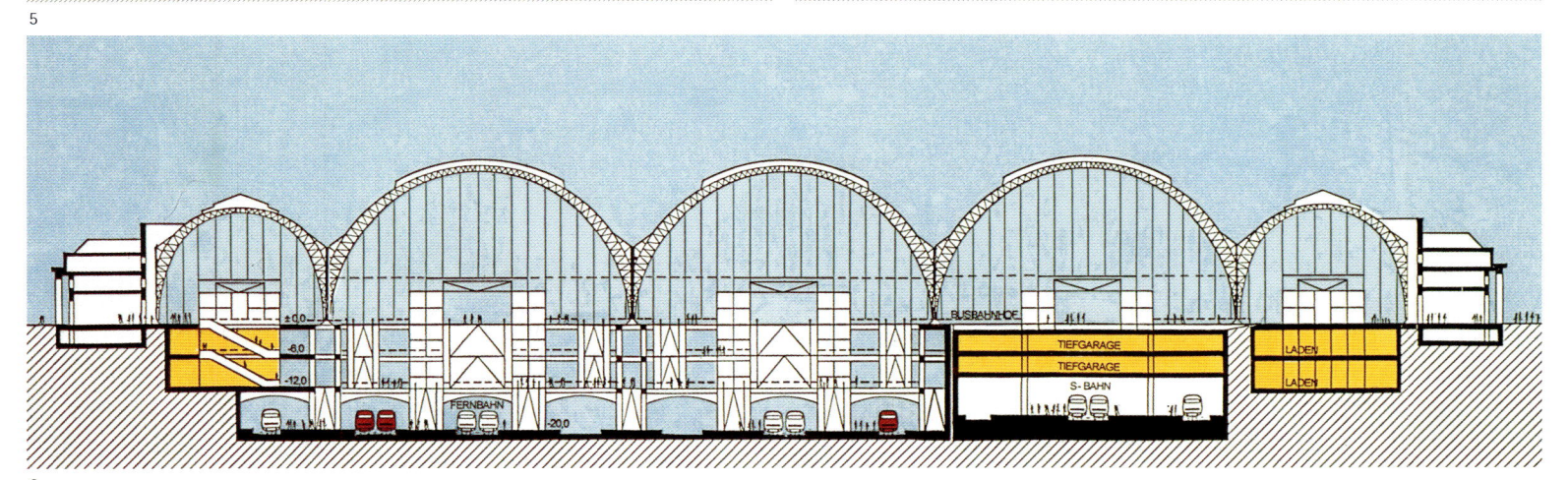

Architektur für den Schienenverkehr / **Architecture for rail traffic**

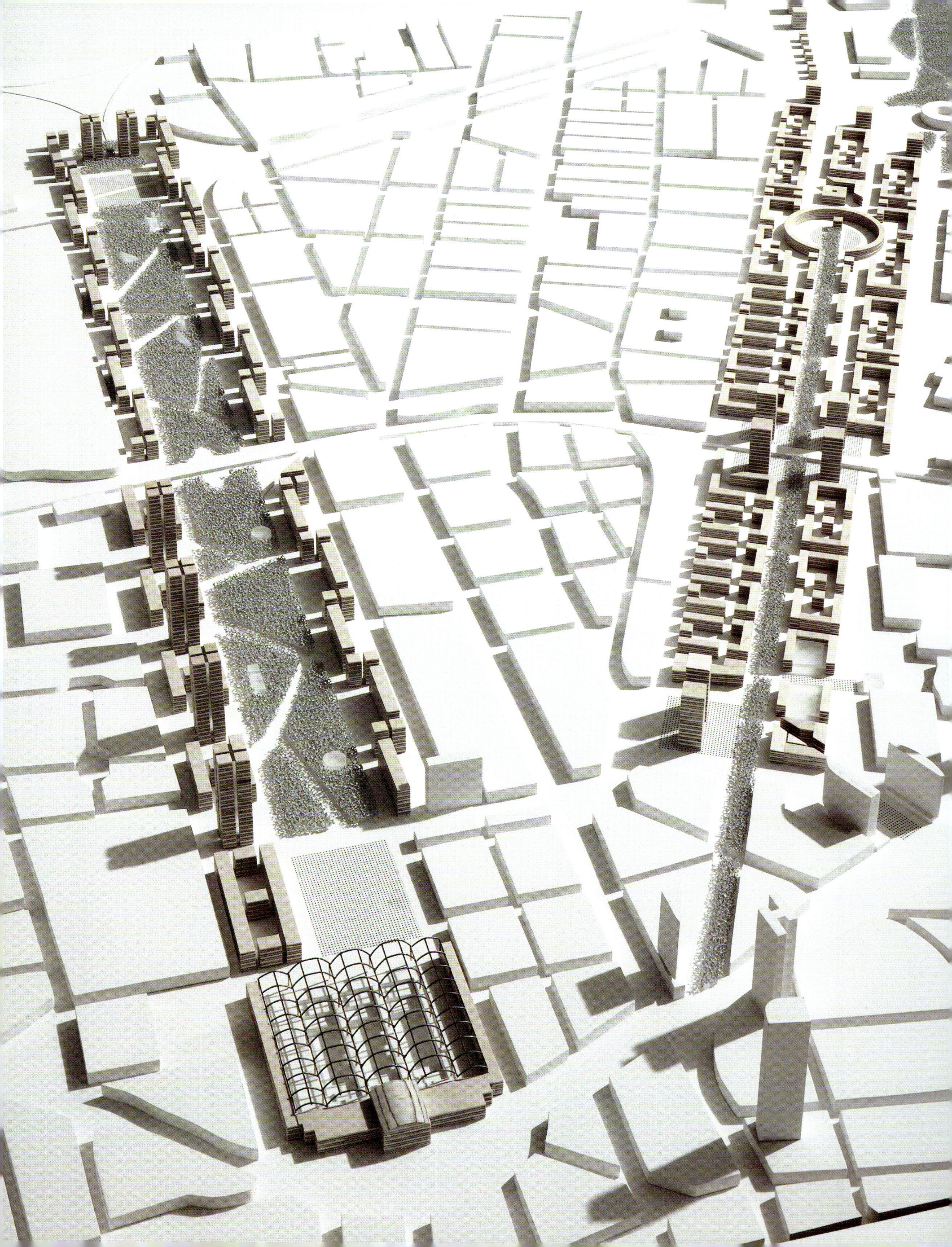

Durch Aufgabe des Hauptgüterbahnhofes und durch Tunnellage der notwenigen Gleisanlagen zwischen Gleisdreieck im Westen und der Tieflage der Bahnsteigebene im bestehenden Hauptbahnhof mit Tunnelweiterführung zum Ostbahnhof unter der Stadt hindurch können die nördlichen und die zum Main gelegenen südlichen Stadtbereiche zusammengeführt werden. Es entstehen im Bereich Hauptbahnhof ca. 67,5 ha und im Breich Hauptgüterbahnhof ca. 70,8 ha Freiflächen.

Im Areal Hauptgüterbahnhof bildet ein 60 Meter breiter und 2 Kilometer langer „Messeboulevard" die „grüne Mitte". Die flankierenden Bauflächen werden individuell mit unterschiedlichen Nutzungen aus Wohnen und Arbeiten gestaltet. Urbane Raumgliederungen akzentuieren den „Messeboulevard" mit einen städtischen Platz im Bereich Messeeingang Süd, dem Hochhausplatz an der Emser-Brücke und dem Rondeel im westlichen Wohngebiet in überschaubare Abschnitte. Dieses Areal verfügt über eine Ausnutzung von 1 Mio qm Bruttogeschoßfläche.

Im Areal Hauptbahnhof werden die Gleisanlagen in einem zur Mitte überhöhten Park in fast ebenartiger „Tunnellage" geführt. Im Bereich der Brücke Camberger Straße wird die Topographie elipsenartig aufgeschnitten. Paralell zu dem ca. 160 Meter breiten und ca. 3 Kilometer langen an die Charakteristik englischer Landschaftsparks angelehnten „Central Park" entsteht eine beidseitig angeordnete Bebauung mit hoher Verdichtung. Zum Gleisdreieck hin bilden zwei Punkthäuser einen räumlichen Abschluß. Der Standort Hauptbahnhof gerät zu einem „Stadttor".

The main freight station is to be abandoned, and the necessary track systems between the triple junction in the west are to be moved into an underground tunnel. The platform and track bed levels of the existing main terminus are to be lowered considerably, from its new level a tunnel will be driven further underneath the city towards the Ostbahnhof. This means that the northern city districts and the southern ones near the river Main will be joined together by new development areas. The clearing of Hauptbahnhof railway land will produce 67.5 hectares of building sites, and the dismantlement of the main freight station will provide another 70.8 hectares.

A 'trade fair boulevard', 60 metres wide and 2 kilometres long, on the freight station land will form a 'green middle' in the former freight station land. Sites on both sides will be built up individually and put to office and residential uses. Urban zoning plans are to accentuate and divide the 'trade fair boulevard' into easily surveyable sections by means of a public square in front of the trade fair entrance south, a so-called 'high-rise square' at Emser Brücke, and a circular public space set in the western residential neighbourhood. This whole development area will provide a total of 1 million square metres of gross usable floor space.

On the Hauptbahnhof development site, the track systems will be laid in a tunnel that is set almost at ground level, located in a park with an elevation in the middle. Near the bridge on the Camberger Strasse there will be an elliptical tunnel skylight set into the ground. Parallel to and on both sides of the approximately 160 metre-wide and 3 kilometre-long 'Central Park', the sites will be densely built up. Nearer to the triple junction, two tower houses form the end points of the park area. Thus, the Hauptbahnhof location becomes an entrance to the city.

Städtebauliche Planung „Frankfurt 21", 1996
Urban design project 'Frankfurt 21', 1996

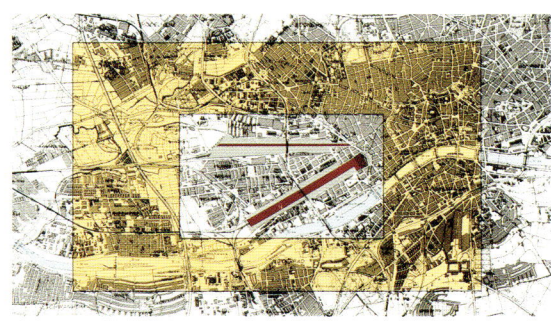

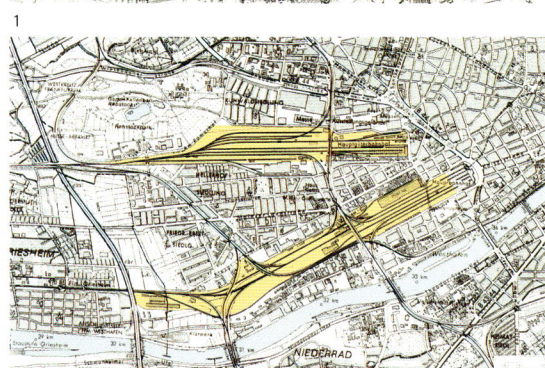

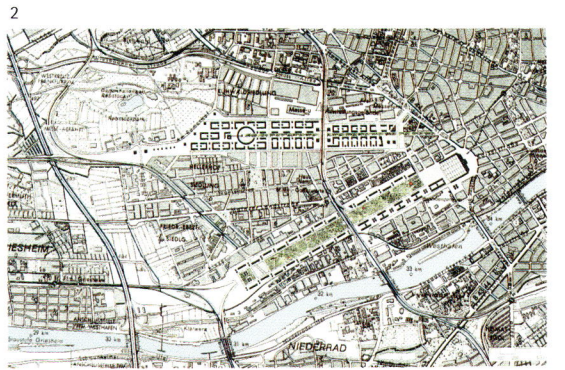

1

2

3

Linke Seite:
„Central Park" und „Messeboulevard" werden zu Identifikationsmerkmalen und dienen städtebaulich als ordnendes Element. Sie steigern zugleich mit angelagerten Nutzungen den Freizeitwert.
1 Übersicht Frankfurt am Main.
2 Übersicht Planungsgebiet.
3 Baustruktur.

Previous page:
'Central Park' and 'Trade Fair Boulevard' become identification signs and serve as an ordering urban device. At the same time they add 'leisure value' to the adjoining multifunctional buildings.
1 Inner city map of Frankfurt Main.
2 Urban layout of development area.
3 Planning concept.

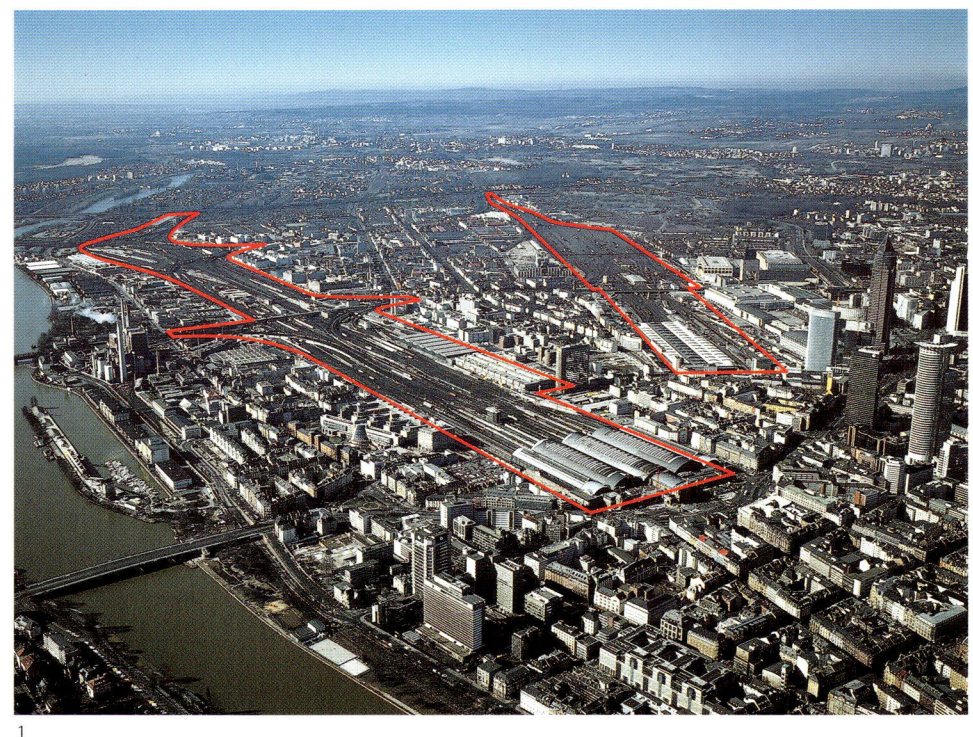

1-2 Planungsgebiet Situation 1996: Durch die neue Verkehrslösung des Hauptbahnhofes und die Aufgabe des Hauptgüterbahnhofes werden Flächen von 67,5 ha und 70,8 ha verfügbar.

3-4 Die Collage simuliert die Entwicklungsmöglichkeiten. Im Areal Hauptbahnhof entsteht ein 3 Kilometer langer und 160 Meter breiter Landschaftspark mit angrenzender Wohnungsnutzung. Als Schwerpunkt im Areal Hauptgüterbahnhof bildet der ca. 2 Kilometer lange und 60 Meter breite Messeboulevard eine „grüne Mitte".

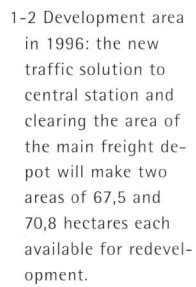

1-2 Development area in 1996: the new traffic solution to central station and clearing the area of the main freight depot will make two areas of 67,5 and 70,8 hectares each available for redevelopment.

3-4 The collage simulates potential development. Near the Hauptbahnhof lies a 3 km-long and 160 m-wide landscape park with adjoining residential buildings. The focus and 'green heart' of the old freight depot area will be a 2 km-long and 60 m-wide planted boulevard.

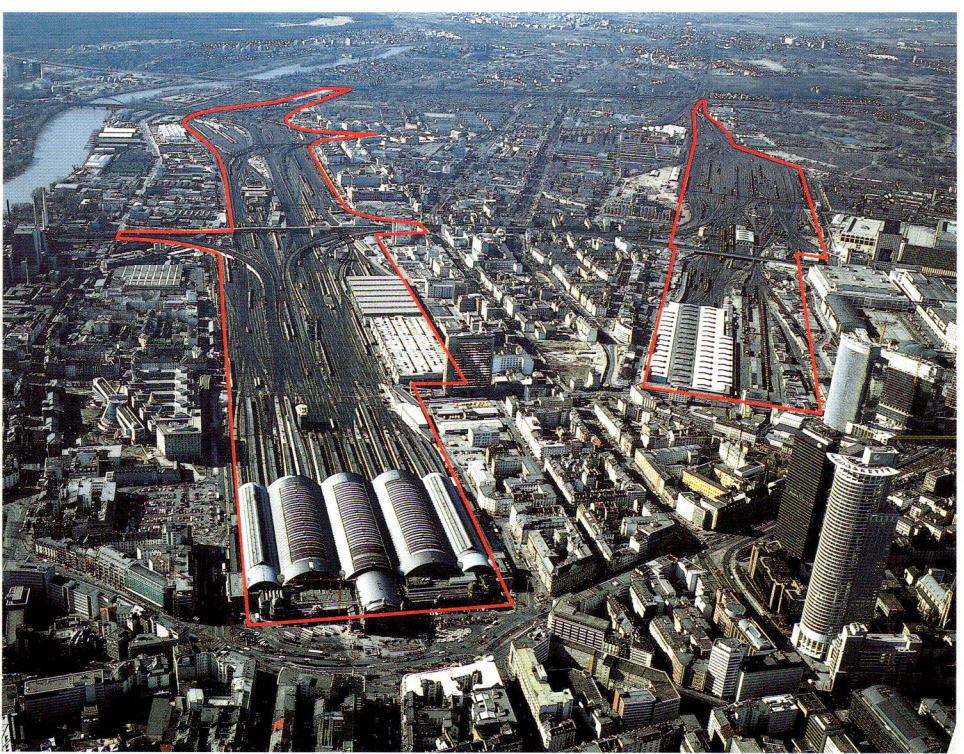

3

4

Architektur für den Schienenverkehr / Architecture for rail traffic   193

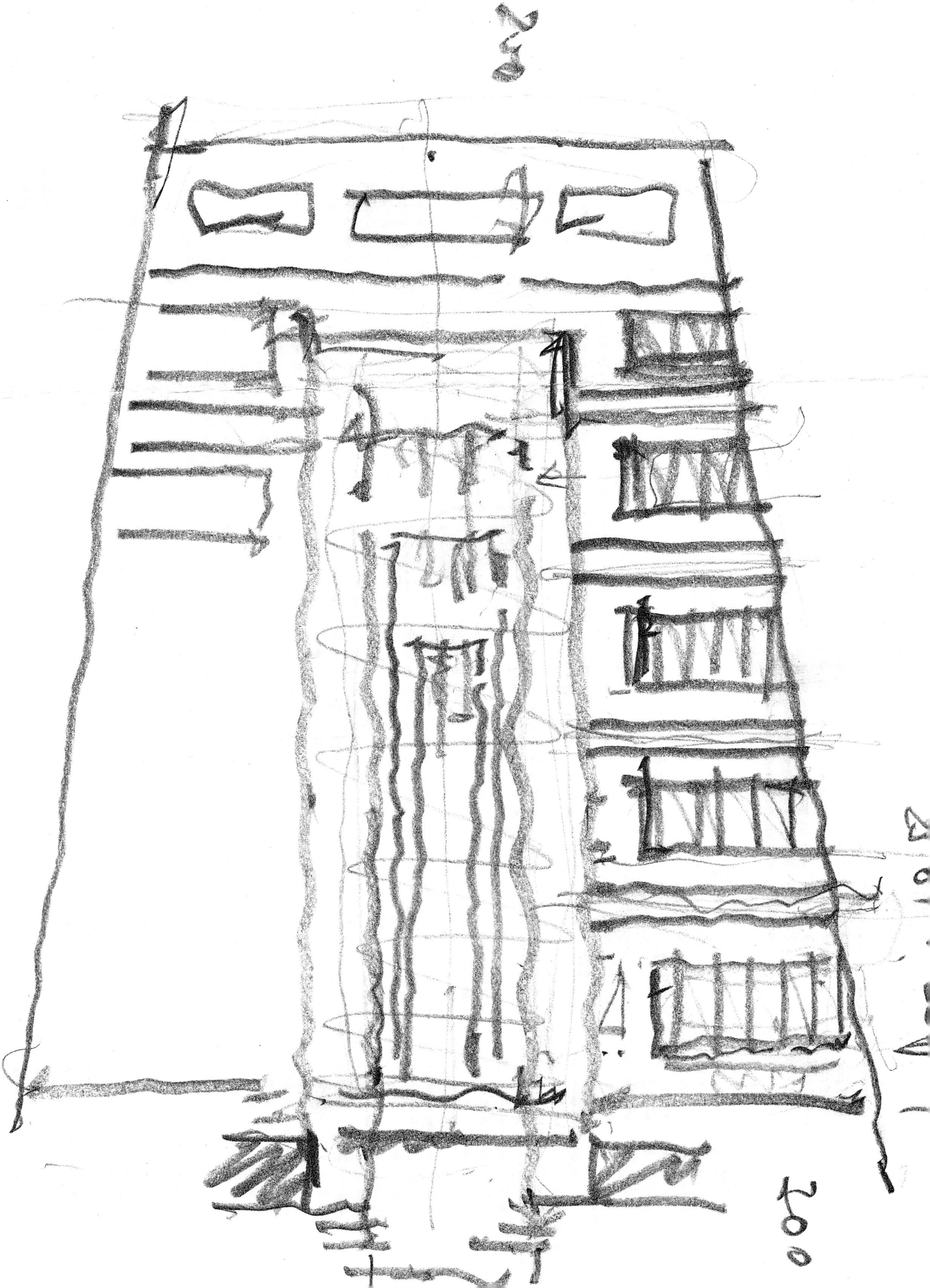

Hauptbahnhof „München 21", 1995
'Munich 21' Hauptbahnhof, 1995

Linke Seite:
Erste Entwurfsskizze Meinhard von Gerkans auf der Eisenbahnfahrt nach Auftragserteilung für das Projekt.
1 Lageplan des Bahnhofs.

Previous Page:
Initial design sketch on the train journey back from the first appointment meeting.
1 Station layout plan.

Der Hauptbahnhof als derzeitiger Kopfbahnhof wird aufgegeben. Stattdessen durchfährt der Fernverkehr in Tieflage einen Durchgangsbahnhof. Die in 37 Meter Tiefe angeordneten Bahnsteige befinden sich nicht in einer unterirdischen Tunnelröhre, sondern in einem imposanten großen Hallenraum. Er wird an den Längsseiten von sechs terrassierten Galerieebenen eingefaßt und findet in einer Höhe von ca. 50 Meter über der Bahnsteigebene durch ein etwa 110 Meter weitgespanntes filigranes Glasdach seinen Abschluß. Auch die beiden Stirnseiten sind weitgehend geschlossen, so daß ein klimatisch kontrollierter Innenraum entsteht, der taghell und übersichtlich ein faszinierendes Raumerlebnis bietet. Die teilweise verglaste Dachfläche ist von höchster Leichtigkeit, Konstruktionsfläche und Dachhaut sind identisch. Die neue Anlage verfügt über ca. 400.000 qm Geschoßfläche. Durch die zentrale Lage in der Stadt, die vorzügliche Infrastruktur und die terrassierte Baukörperkonfiguration entsteht unter Nutzung der vielseitigen Synergieeffekte einer der attraktivsten öffentlichen Orte in Europa.

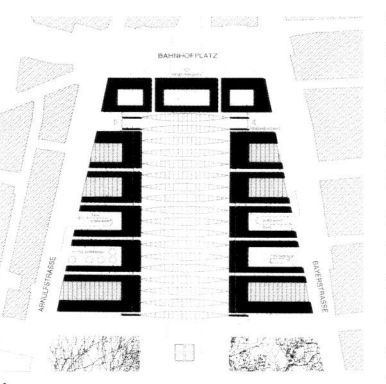

The main station will be closed down as a terminal station. Instead, through trains will pass down into in a lower transitional station. The platforms situated 37 metres deeper are not in an underground tunnel, but set into a large imposing hall. It is contained on the longest side by six terraced gallery levels and is covered at a height of 50 m above the platform by a 110 metre wide delicate glass roof span. Both ends are closed so that the internal space can be climatically regulated and is offering a daylit clear orientation and a fascinating spatial experience. The partially glazed roof area has a supreme lightness, the structural surface and roof skin are the same. The new complex has over 400,000 m² of space. Through the use of varied synergies, one of the most attractive public places in Europe will be created by means of its central location in the city, the excellent infrastructure and the terraces which mould its configuration.

REGELGESCHOSS +4.50 - 8.0 m

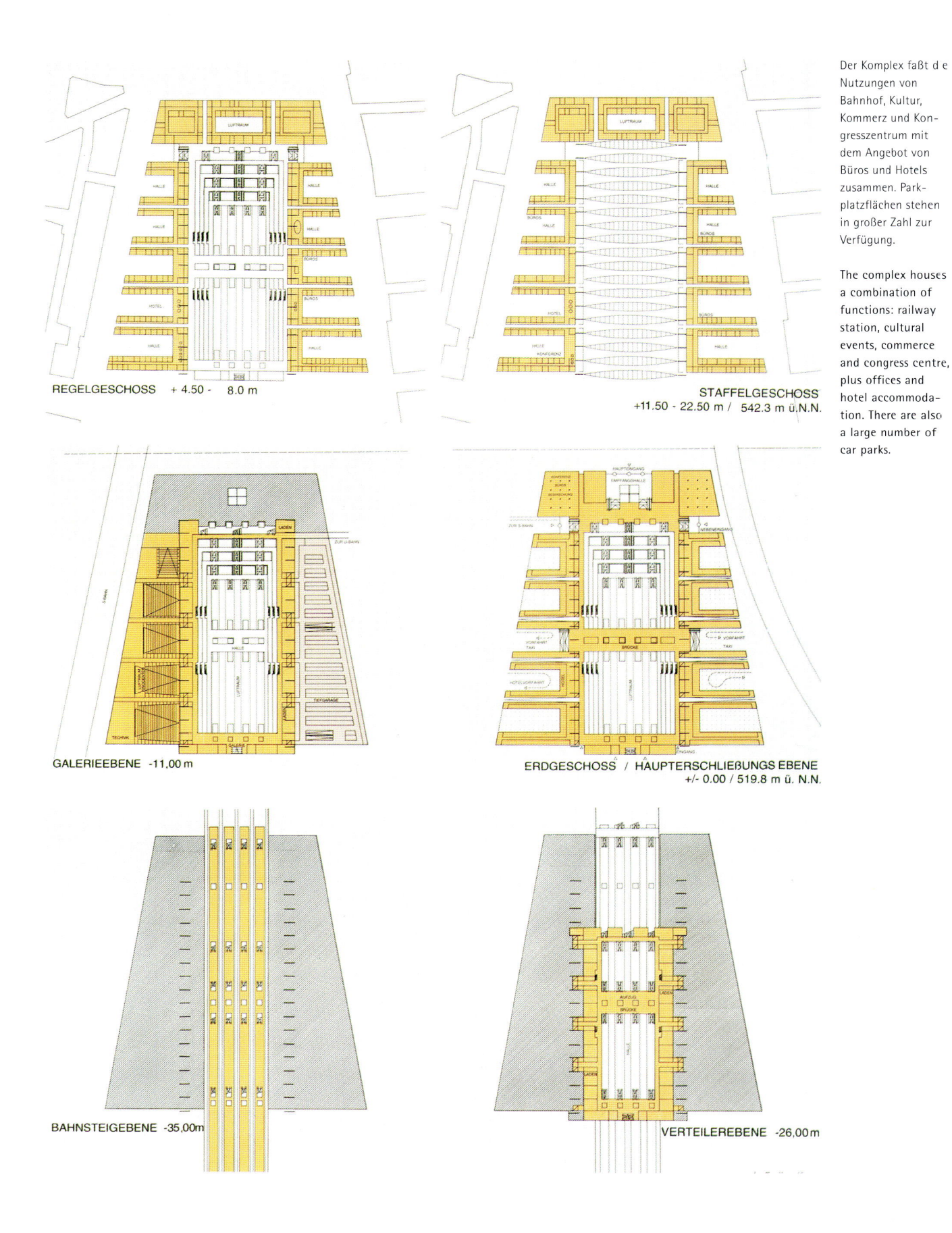

STAFFELGESCHOSS +11.50 - 22.50 m / 542.3 m ü.N.N.

GALERIEEBENE -11,00 m

ERDGESCHOSS / HAUPTERSCHLIEßUNGS EBENE +/- 0.00 / 519.8 m ü. N.N.

BAHNSTEIGEBENE -35,00 m

VERTEILEREBENE -26,00 m

Der Komplex faßt die Nutzungen von Bahnhof, Kultur, Kommerz und Kongresszentrum mit dem Angebot von Büros und Hotels zusammen. Parkplatzflächen stehen in großer Zahl zur Verfügung.

The complex houses a combination of functions: railway station, cultural events, commerce and congress centre, plus offices and hotel accommodation. There are also a large number of car parks.

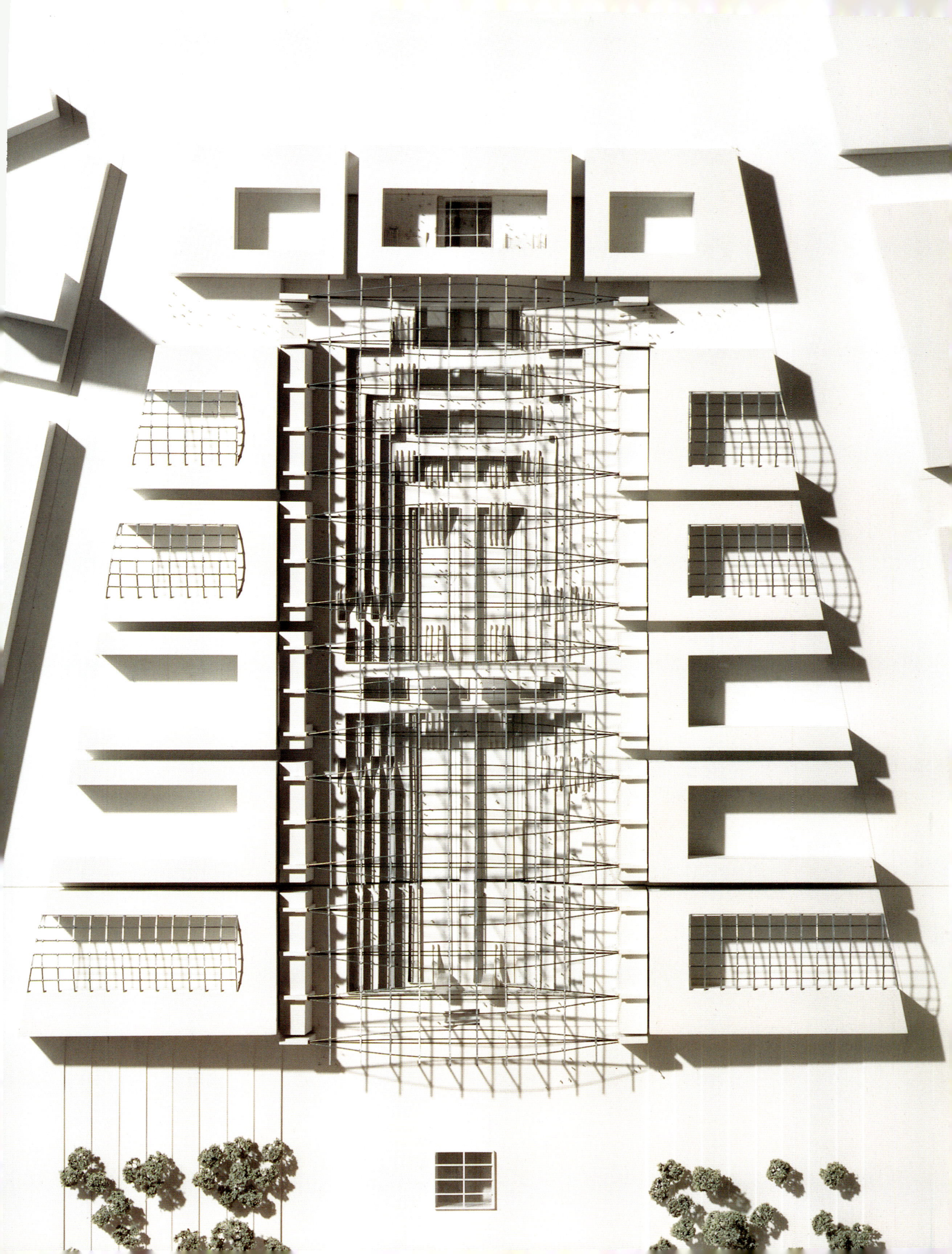

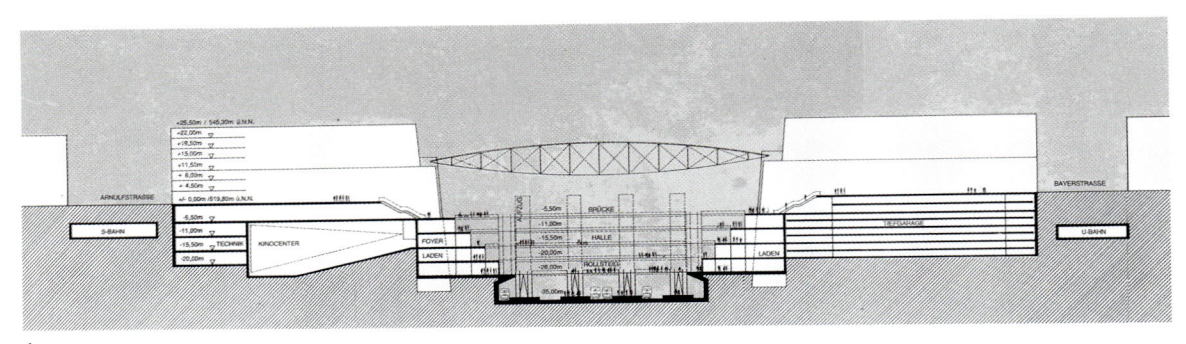

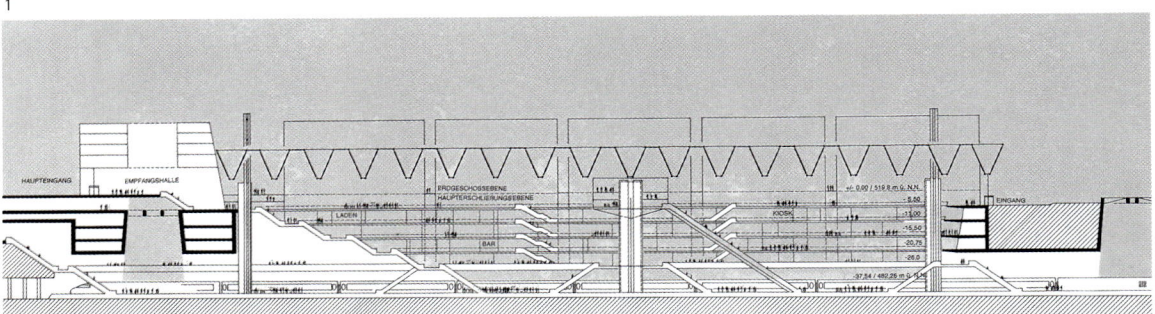

1 Querschnitt.
2 Längsschnitt.
3 Das Tragsystem zeichnet sich durch höchste Leichtigkeit und Effiziens aus: Zwischen den seitlichen Querscheiben werden Fischbauchträger mit verdoppeltem Ober- und Untergurt montiert. Die Druckkräfte der oberen Rohre sind durch die Verspannung der unteren Seile minimiert und damit Querschnitte und Gewicht reduziert.
4 Sechs terrassierte Galerieebenen fassen an den Längsseiten den Hallenraum ein.
5 Die Bahnsteige befinden sich nicht in einer unterirdischen Tunnelröhre, sondern in einem imposanten, großen Hallenraum.

1 Cross section.
2 Longitudinal section.
3 The structure is characterized by extreme lightness and efficiency. Bow trusses with double-girders above and beneath are fixed in between the lateral glass panes. The compression forces from upper tubes are reduced into the lower tensioned cable ties, these in turn reduce cross sections and weight.
4 Six stepped galleries flank the platform hall.
5 The platforms are placed in a wide, imposing hall rather than in the tunnel.

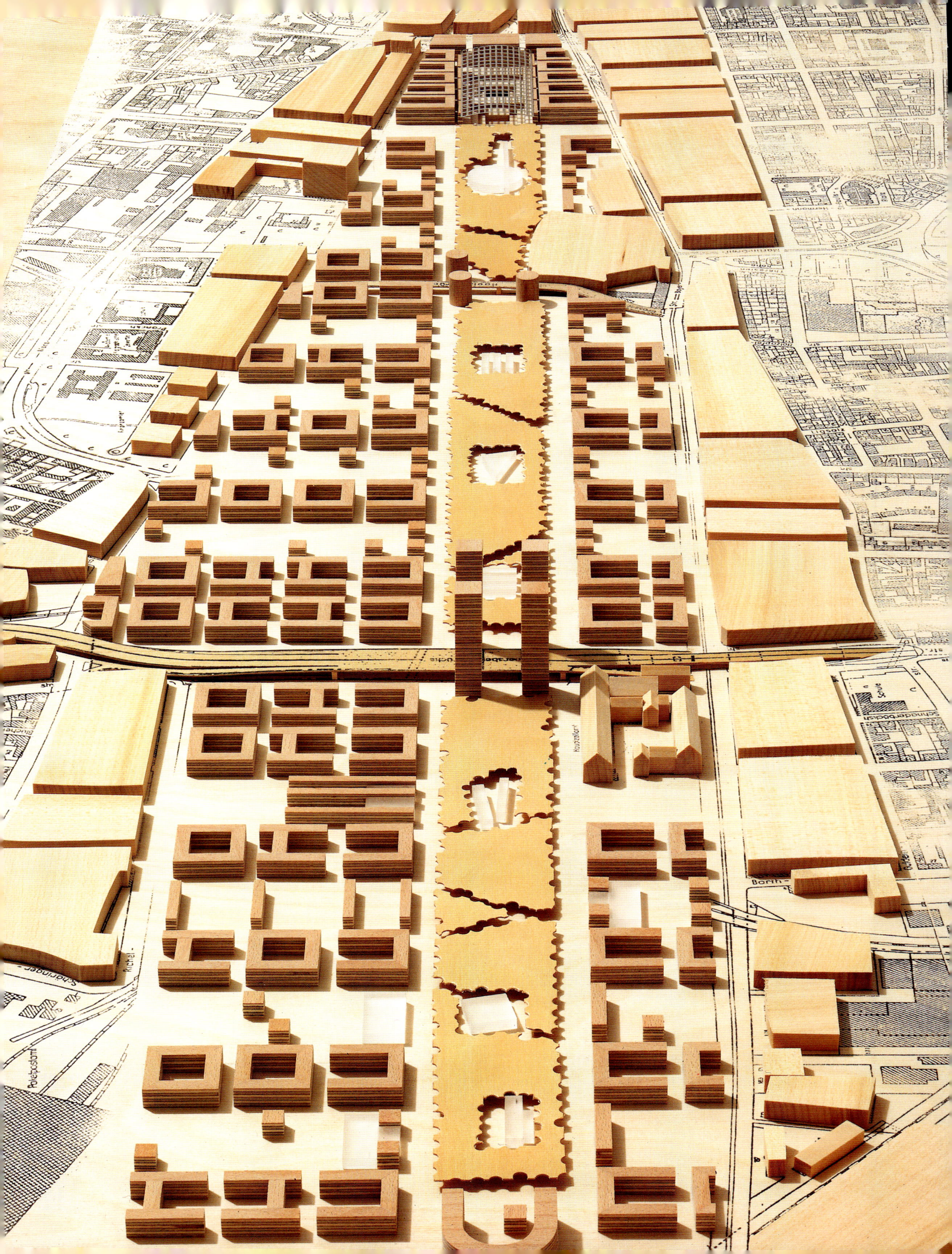

Linke Seite:
Der „Stadtpark 2000"
wird für München
Frischluftschneise
und erste Adresse
zugleich, für 1,5 Mio
Quadratmeter
Wohn- und Arbeits-
fläche.
1 Übersichtsplan
München.
2 Übersicht 120 ha
verfügbare Flächen.
3 Strukturplan.

Previous page:
The 'City Park 2000'
equips Munich with
a 'breathing space'
and a first-class ad-
dress with 1.5 mil-
lion square metres
of residential and
working space.
1 Urban layout.
2 120 hectares of
buildable area.
3 Layout plan.

Städtebauliche Planung „München 21", 1995
Urban design project 'München 21', 1995

Alle Gleisanlagen zwischen Hauptbahnhof München und der Friedenheimer Brücke werden aufgegeben. Dadurch ergibt sich in bester innerstädtischer Lage eine Fläche von ca. 120 Hektar: Der „Stadtpark 2000". Dieser 3 Kilometer lange und 160 Meter intensiv begrünte öffentliche Raum verbindet das neu entwickelte Bahnhofszentrum mit München-Laim. Die Weiträumigkeit der Fläche wird städtebaulich großzügig geordnet. Für die flankierenden Bauflächen ist ein rythmischer Wechsel von Block- und Zeilenstrukturen zu aufgelockerten Einzelhausbebauungen vorgesehen. An den Querungen des Areals über die Donnersberger und die Hacker Brücke sind solitäre Bebauungen des Grünstreifens vorgesehen. Dadurch ensthen zwei den Park in Längsrichtung gliedernde Torsituationen. Am Standort des heutigen Bahnofs entsteht ein repräsentatives Dienstleistungszentrum, ein neuer Schwerpunkt Münchens, der Kultur und Kommerz sinnvoll verbindet. Als Pendant hierzu bildet am Ende des „Stadtpark 2000" an der Friedenheimer Brücke eine Solitärbebauung den Abschluß, die Freizeit und Kultur vereint. Das gesamte Areal verfügt über eine Ausnutzungsfläche von 2 Mio qm. Es erhält eine Nutzungsmischung von Wohnen und Arbeiten.

All track systems between Munich Hauptbahnhof and the Friedenheimer Brücke [bridge] will be cleared, this will produce a development area of approximately 120 hectares in a prime inner city location: at the 'Metropolitan Park 2000'. This richly planted public space (three kilometres long and 160 metres wide) connects the newly developed railway station centre and the borough of Munich-Laim. This spacious city district is generously laid out in terms of its urban planning. Building sites on both sides of the avenue are to be covered by rhythmically alternating blocks and a row of structures. At the places where the avenue is traversed by the Donnersberger Strasse and the Hacker Brücke, single buildings are proposed in the green strip. This will create two gate-like structures cutting across the length of the avenue. The site of the present station complex will be developed as a comprehensive service centre, a new focus for the city of Munich, combining cultural and commercial uses. Its counterpart, at the other end of the 'Metropolitan Park 2000', will be a solitary building next to Friedenheimer Brücke, used for leisure and cultural events. The whole development will provide two million square metres of floor space for residential and business purposes.

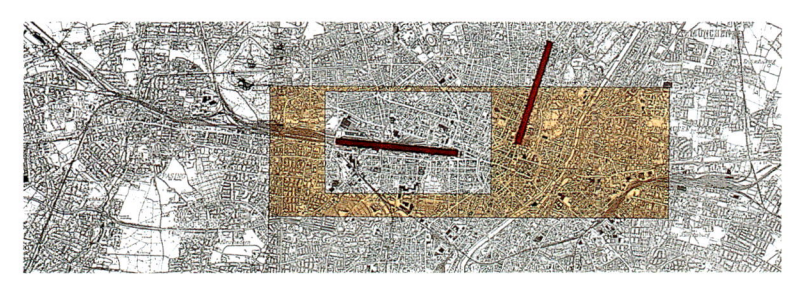

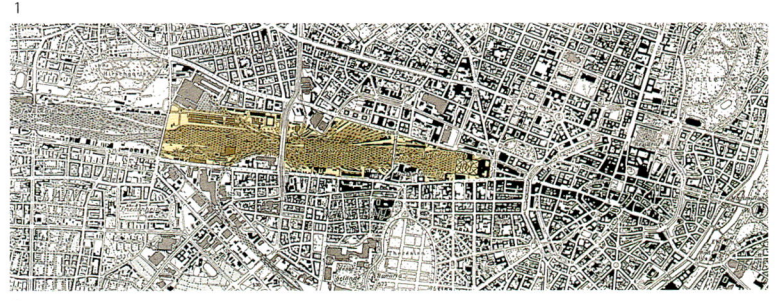

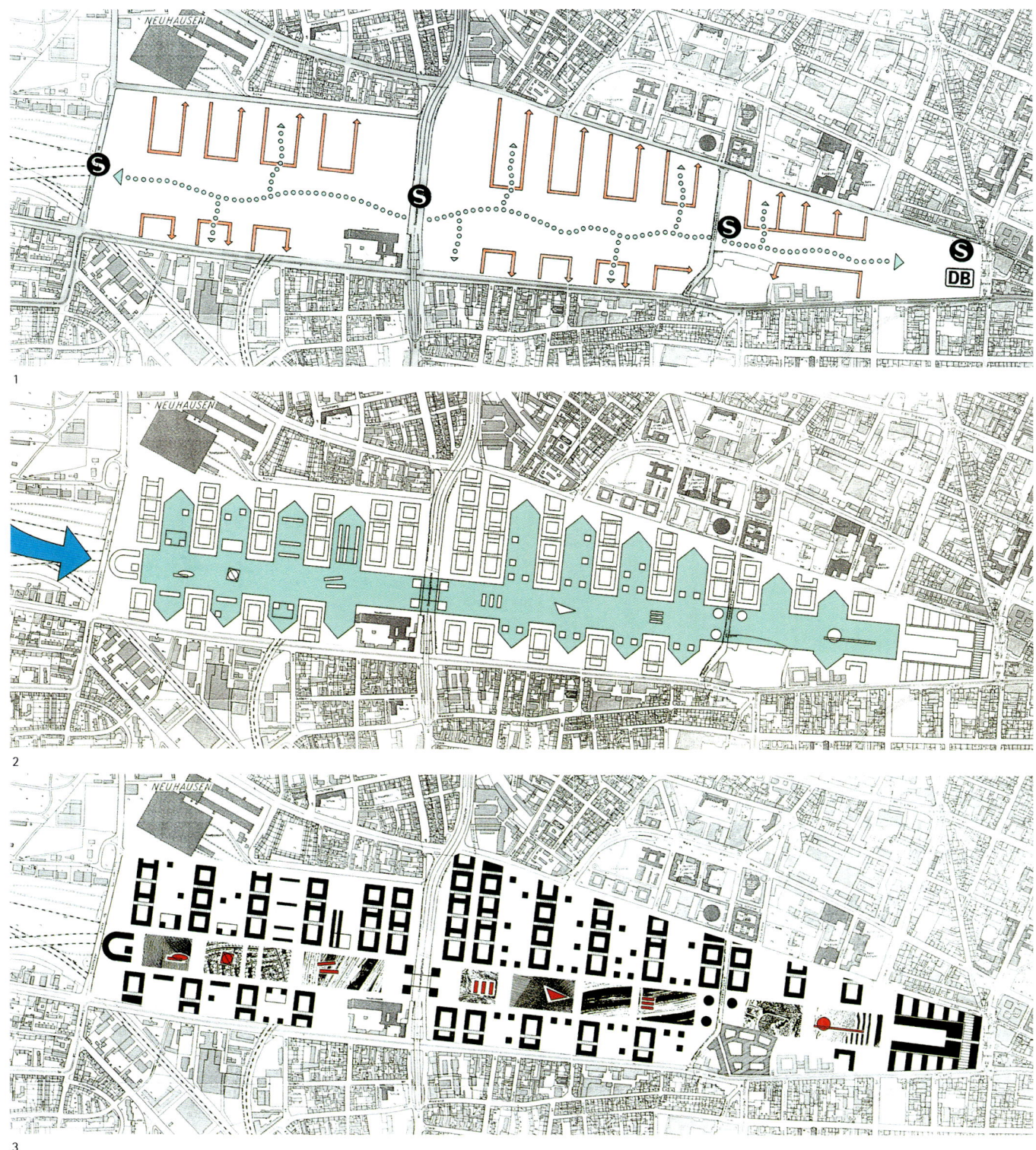

1

2

3

4

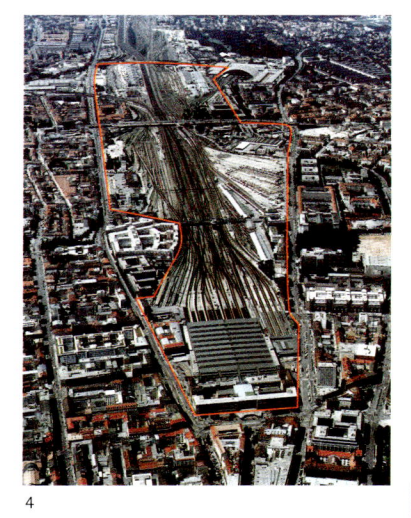

1 Verkehrskonzept.
2 Grünkonzept.
3 Baumassenplan.
4 Situation 1996: Durch Tieflage der Bahnsteigkörper werden Flächen von ca. 120 ha in bester innerstädtischer Lage verfügbar.
5 Die Collage simuliert die städtebauliche Entwicklungsmöglichkeit. Schwerpunkt der Neuplanung bildet der 160 Meter breite und 3 Kilometer lange „Stadtpark 2000", der axial und mittig auf den derzeitigen Gleisanlagen plaziert wird.

1 Traffic concept.
2 Greenbelt concept.
3 Distribution diagram of building volumes.
4 Situation in 1996: realignment of tracks below street level releases 120 hectares of prime inner city site.
5 The collage simulates the urban development potential. The focal point of the new development is a 60 m-wide and 3 km-long city park that is created in the middle of and along the axis of the present track system.

5

Architektur für den Schienenverkehr / **Architecture for rail traffic** 203

Averdunk Platz

Nord-S

Hauptp

Hauptbah

63

DRK. St.

38,6

Ott...keller-St.

Wirtsc
Oster
Ergänz
Duisb

30,74

1

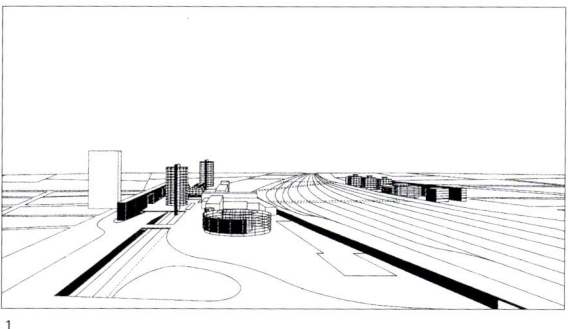

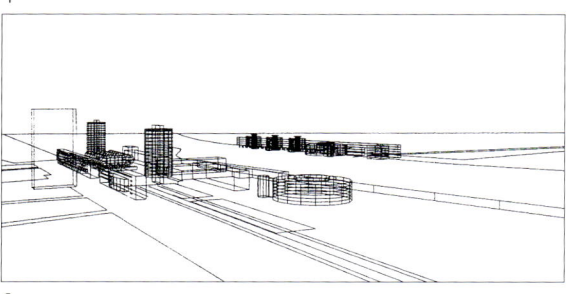

2

Linke Seite:
Arbeitsmodell.
1 Perspektive von Norden.
2 Perspektive von Nordosten.
3 Platzwand westlich des Bahnhofs. Das Tor verbindet Bahnhofsplatz und Innenstadt.

Previous page:
Working model.
1 View from the north, perspective.
2 View from the northeast, perspective.
3 The building forms a wall west of the station, the opening is a gateway between the station square and the city centre.

Hauptbahnhof Duisburg, 1990
Duisburg Hauptbahnhof, 1990

Um der Unmaßstäblichkeit und Unräumlichkeit der derzeitigen Situation entschieden zu begegnen, werden relativ radikale Maßnahmen vorgeschlagen, die mit großmaßstäblichen Baukörperelementen eindeutige Raumsituationen schaffen und Übergänge artikulieren.

Beidseits des Bahnhofs werden zwei langgestreckte, schlanke Häuser vorgeschlagen, die Bahnhofsvorplätze ausbilden und die mittels ausgeschnittener Portalrahmen Torsituationen zu den angrenzenden Stadträumen im Westen und Osten ausbilden. Auf diese Weise wird einerseits eine Analogie beider Seiten des Bahnhofes hergestellt: Der jeweilige Torrahmen stellt eine identifizierbare Geste als Zugang zum Bahnhof dar. Auch auf der Ostseite, wo der derzeitige Zugang nur wie ein Mauseloch in den Tunnel führt.

Diesen langgestreckten Baukörpern sind unterschiedliche Nutzungen und Bauformen angelagert und integriert. Sie bilden damit Variationen eines einheitlichen Themas.

Relatively radical interventions are suggested in order to decisively counter the lack of both scale and good spatial proportions inherent in the present configuration: large-scale building sections create clearly defined spaces and articulate transitional zones.

On both sides of the railway station two elongated slender wings are suggested which form station precincts and entrance situations to the adjoining urban area in the west and to the east (by means of cut-out portal frames).

In this way an analogy to both sides of the station is created: each portal frame represents an easily identifiable 'entrance gesture' to the station, even on the eastern side, where the entrance proper is a bit like a rabbit hole, leading into the tunnel.

Different ancillary functions and building forms are adjoining or integrated into these elongated sections which thus form variations on a unified theme.

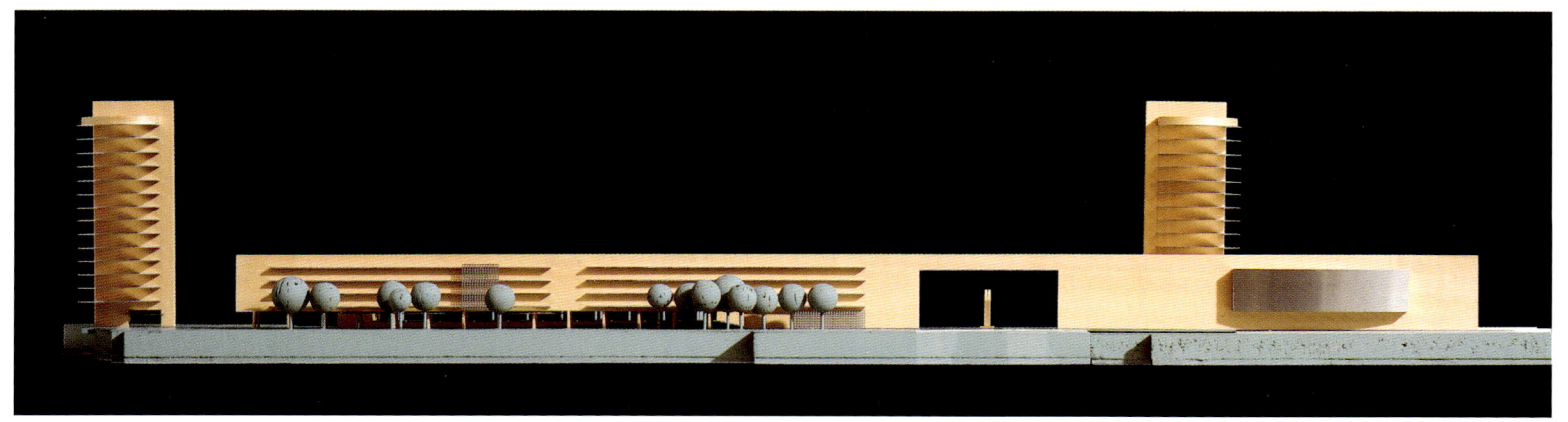

3

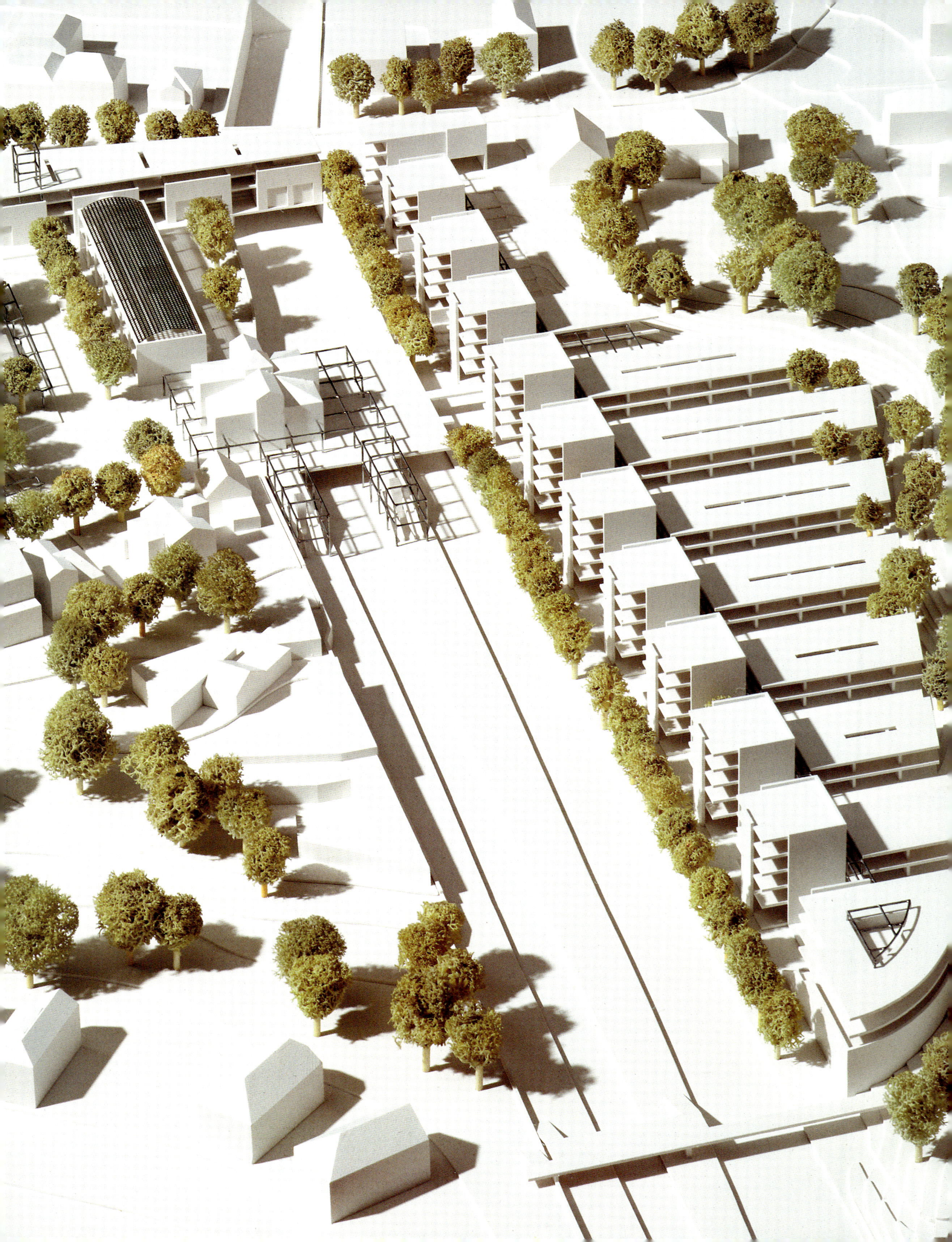

Linke Seite:
Alt und Neu im Wechselspiel: Der historische Bahnhof korrespondiert mit den „Bürovillen". Die Neubauten entstehen auf dem seit langem ungenutztem Bahnhofsareal neben den Gleisen.
1 Ansicht
2 Städtebauliche Struktur.

Previous page:
Correlation between the old and the new. The historic railway station in dialogue with the 'office villas'. The new buildings are erected on the long unused station site alongside the tracks.
1 View
2 Urban layout.

Bahnhof Blankenese, Hamburg, 1993
Blankenese station, Hamburg, 1993

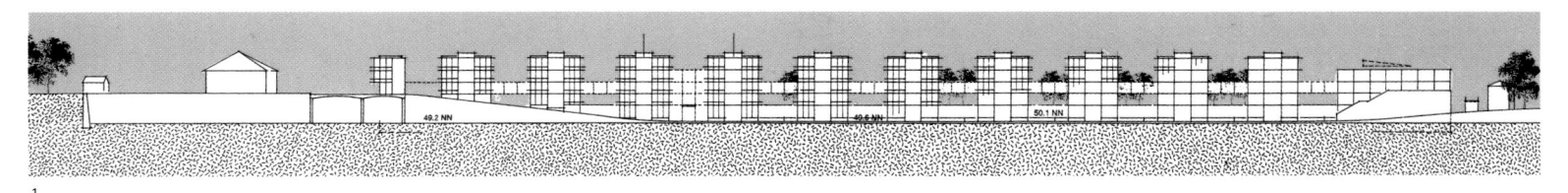

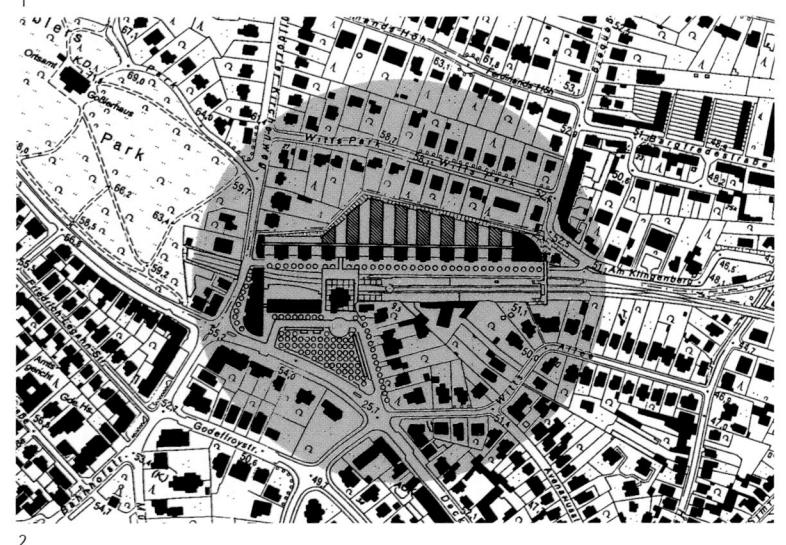

Der Kern des Entwurfs stellt den historischen Bahnhof als Baudenkmal frei, um seinen „Palladio"-ähnlichen Charakter zu betonen: Er wird von einer Glasgalerie umgeben. Eine angrenzende „Laden-Orangerie" und das den Bahnhofsplatz begrenzende Büro- und Geschäftshaus definieren den Platz zum Ortskern mit „kurstädtischem" Ambiente. Für das rückwärtige Bahngelände – erschlossen über die Bahnhofsbrücke – wird eine fünfgeschossige Bürobebauung mit „Bürovillen" parallel zu den Gleisen vorgeschlagen. Die zweigeschossigen Sockel schieben sich in den Hang hinein. Darunter ist eine „Park and ride"-Anlage angeordnet.

The design leaves the historic station free-standing, stressing its 'Palladio'-like character. It is surrounded by a glass gallery. An adjacent (shopping) Orangery and the station forecourt and commercial building define the central square having a 'Spa-town'-like environment. A five-storey development of 'office villas' parallel to the railway tracks is proposed for the area to the rear – connected via the station bridge. A two-storey plinth pushes into the slope of the site. A park-and-ride area is planned below.

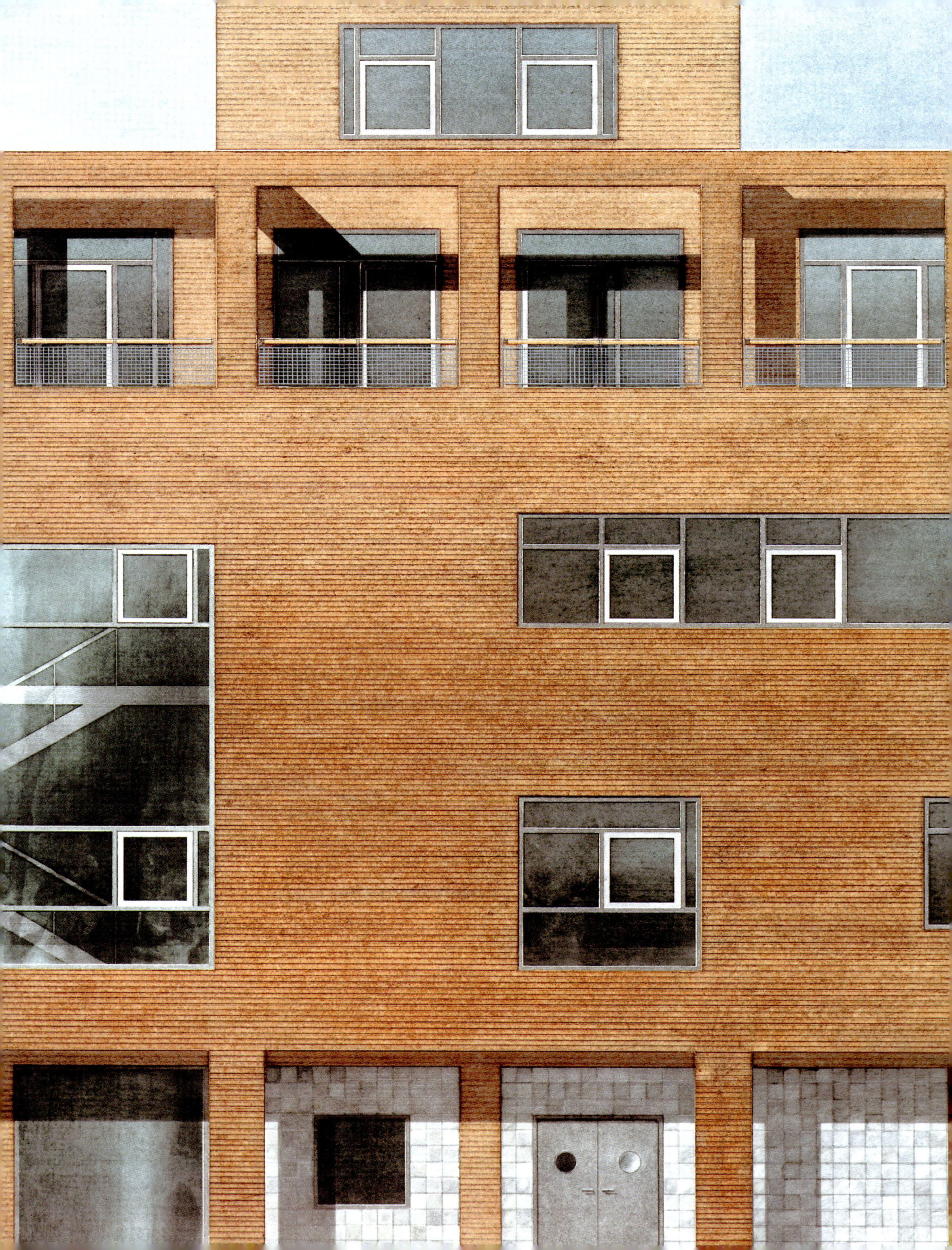

Linke Seite:
  Detail der Fassadenge-
  staltung.
1 Ansicht von Osten.
2 Entwurfsmodell.
3 Ausführungsmodell.

Previous page:
  Façade section.
1 View from the east.
2 Design model.
3 Construction model.

Bahnhof Wilhelmshaven, 1991
Wilhelmshaven station, 1991

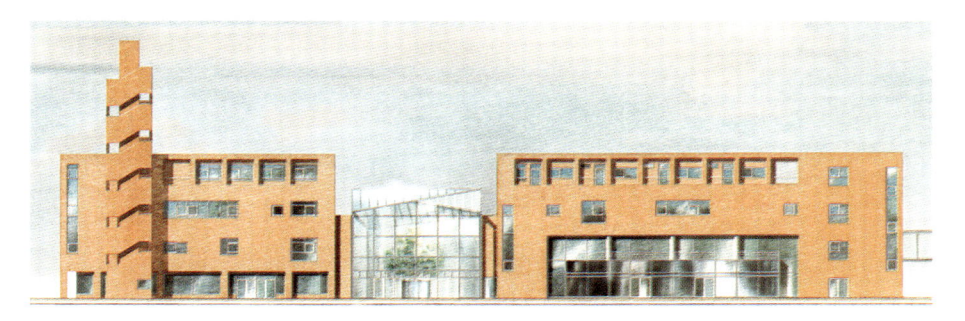

Der Komplex entsteht auf dem Gelände des ehemaligen Wilhelmshavener Bahnhofes. Das Einkaufszentrum ist 99 Meter breit und 280 Meter lang mit zwei Verkaufsebenen. Die Gebäudehöhe beträgt durchgehend 17,50 Meter. Ein 35 Meter hoher Turm wird zum Wahrzeichen. Die vier Hauptgleise des Bahnhofs, in deren Verlängerung die Hauptpassage verläuft, werden integriert. Zwei Querpassagen bilden eine Anbindung an das städtische Wegenetz. Zwei Parkhäuser sind beidseitig zu den Bahngleisen angeordnet. In den großen geschlossenen Fassadenflächen aus Klinker sind filigrane Verglasungen kontrastierend vorgesehen. Die Überdeckung der Passagen erfolgt mittels einer aus Dreiecksflächen „gefalteten" Shedstruktur.

The complex is to be built on the site of the former Wilhelmshaven railway station. The shopping centre is 99 metres wide and 280 metres long and has two shopping levels. The building height is 17.5 metres throughout. A 35 metre high tower becomes its symbol. The four main tracks of the station are integrated and define the main passage. Two cross passages form connecting links to the surrounding circulation network. Two carparks are located on the sides of the railway. Delicate glazing is provided in the large closed elevation surfaces brickwork. The passages contrasting with the surrounding are roofed by triangular 'folded' shed structures.

1

2

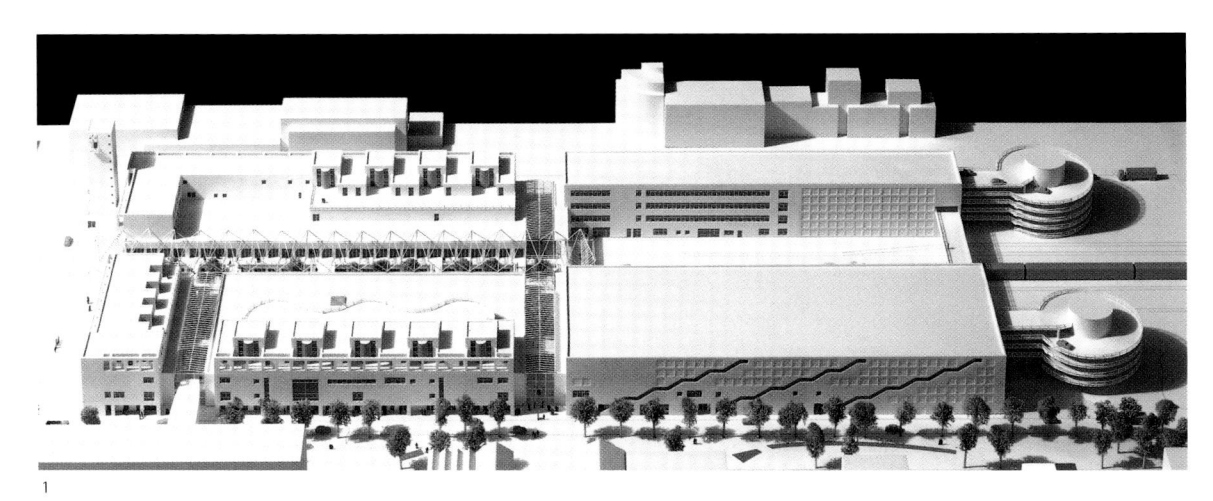

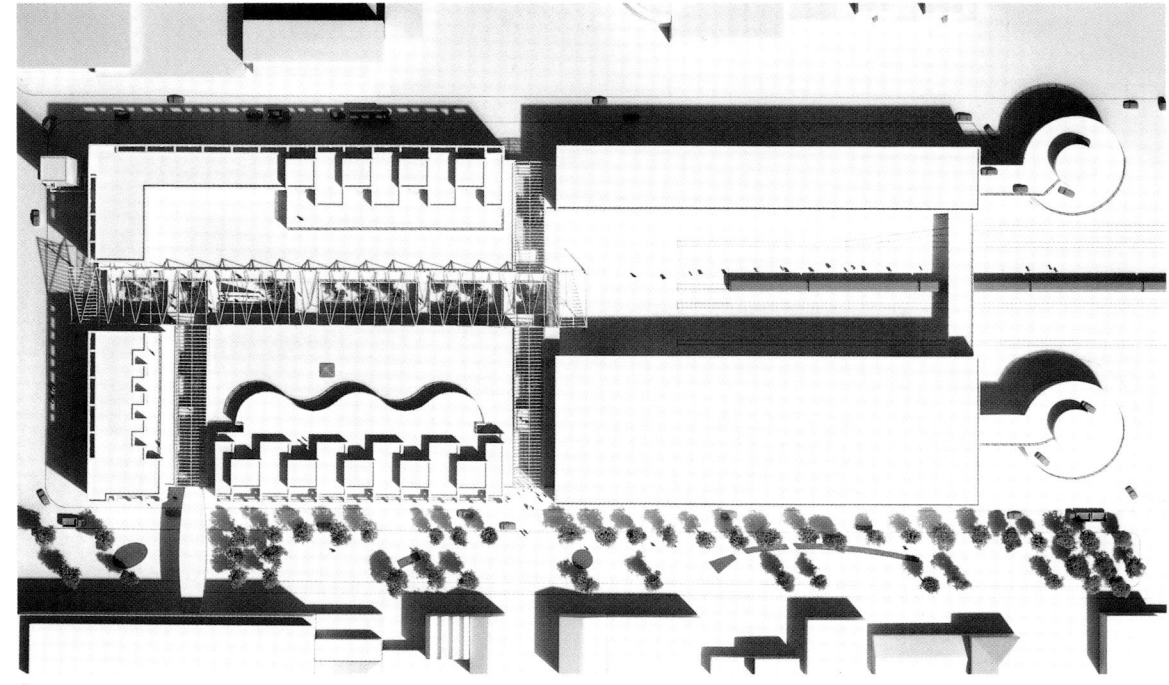

1 Modell aus der Vogelperspektive.
2 Modell in der Draufsicht
Rechte Seite:
Dachkonstruktion der Passage im Modell.

1 Bird's-eye view of model.
2 Top view of model.
3 Next page:
Model showing the passageway roof structure.

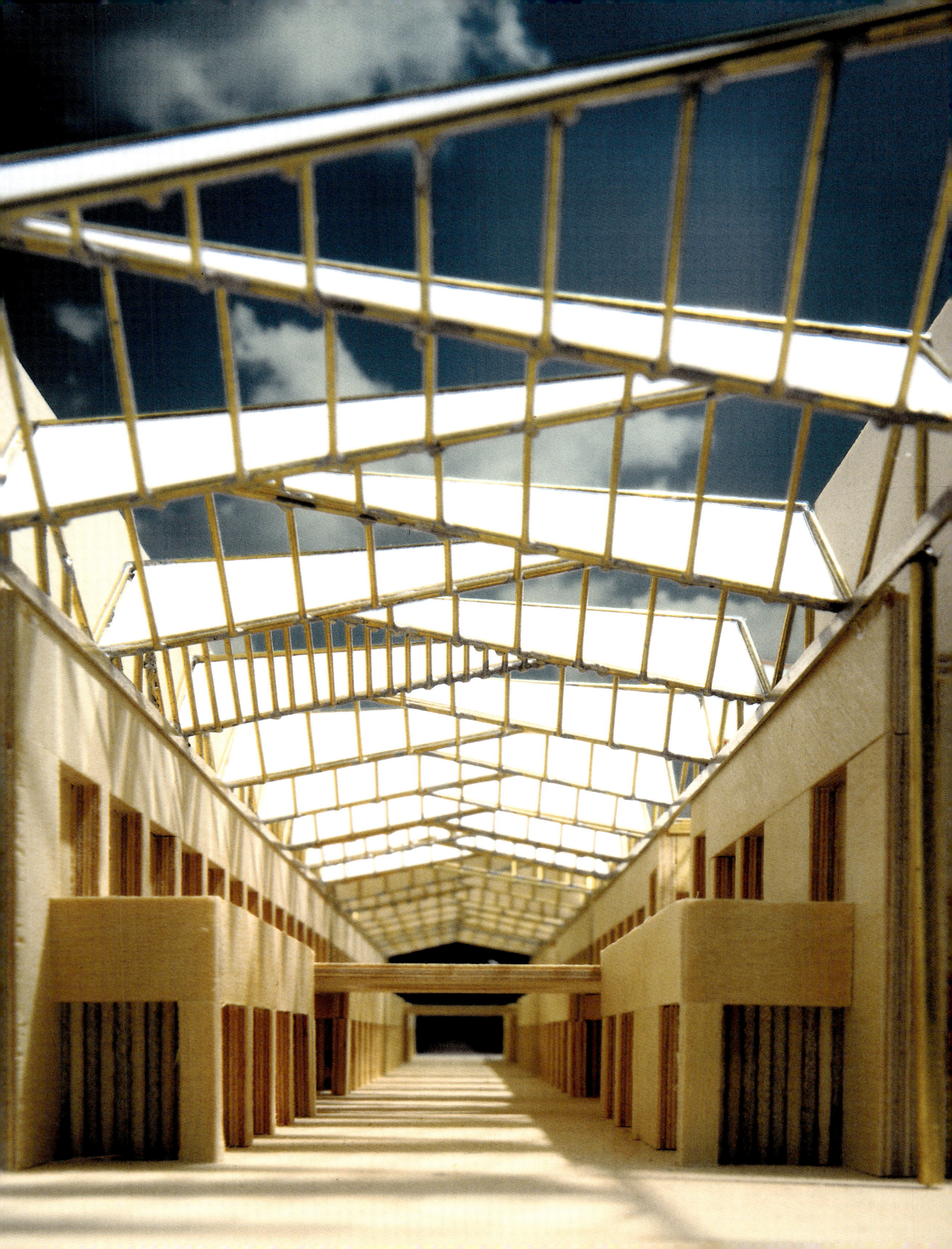

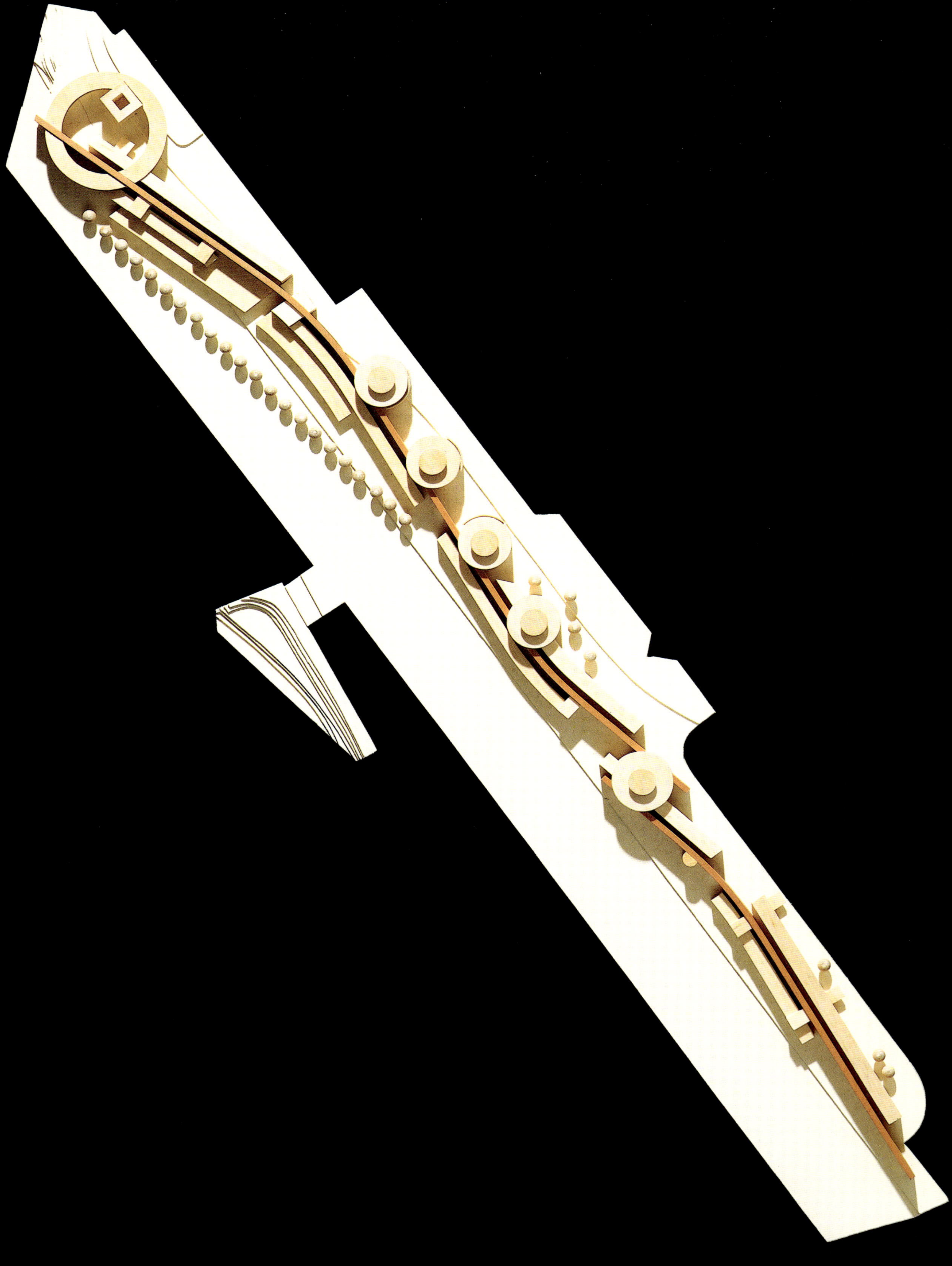

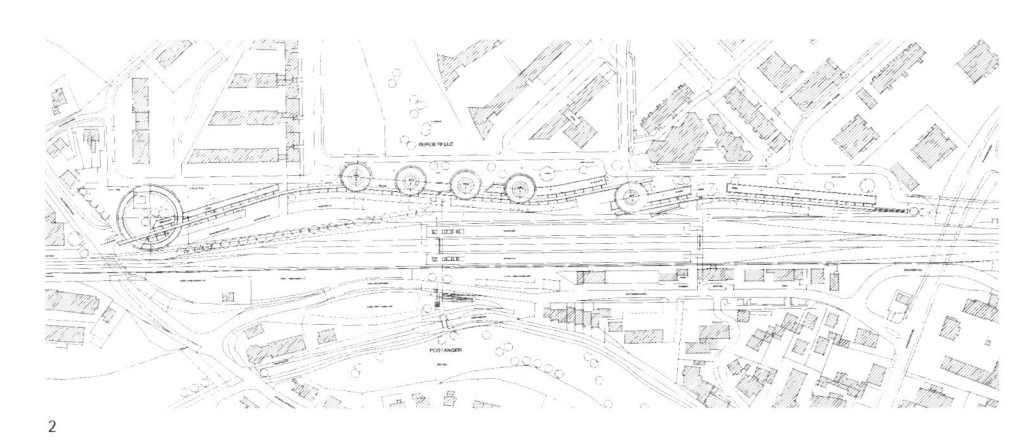

Schallschutzbebauung Burgfeld-Markt-Schwaben, 1992
Noise barrier in Burgfeld-Markt-Schwaben, 1992

Linke Seite:
 Modell.
1 Geländeschnitt.
2 Lageplan.

Previous page:
 Model views.
1 Terrain section.
2 Site plan.

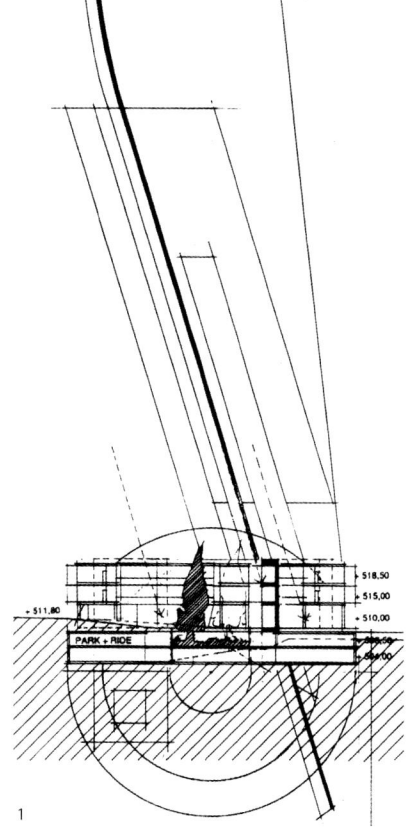

Der Entwurf dezimiert und beschönigt sich nicht durch angepaßte Kleinstadtarchitektur, sondern versucht durch eine poetische Ausdrucksform eine spezifische, den Ort prägende Identität zu gewinnen. Wie ein im Wind leicht bewegtes Band lagert sich die ein- bis zweimal unterbrochene „Wand" mäanderartig der streng gradlinigen Bahnstrecke an. Dem 600 Meter langen „Architekturband" sind differenzierte Baukörperelemente – runde Trullis, gradlinige Bürotrakte, Verkaufsflächen, gläserne Hallen sowie ein zylindrisches Parkhaus an- und vorgelagert. Sie sind im Gegensatz zum steinernen, geschlossenen und festen Band filigran, gläsern und transparent. Das Ensemble ist bewußt vielgestaltig und spielerisch, um die Einheit der großen Gesamtbaumaßnahme mit der Mannigfaltigkeit verschiedener Nutzungen und Bauformen zu überlagern.

The design proposal does not decimate or pretty itself up using elements of small town architecture, but tries to create its own poetic individual identity. Like a ribbon lightly swaying in the wind, the 'wall', interrupted once or twice, meanders along the rigid straight railway track. The 600-metre-long 'architectural band' has highly differentiated building elements – round 'trullis', straight office wings, sales areas, glass halls as well as a cylindrical car park – placed in front of it. Contrary to the solid ribbon, these functions are filigree, glazed and transparent. The whole complex is purposely varied and playful, and overlies the unity of the total building complex with its multiplicity of uses and building forms.

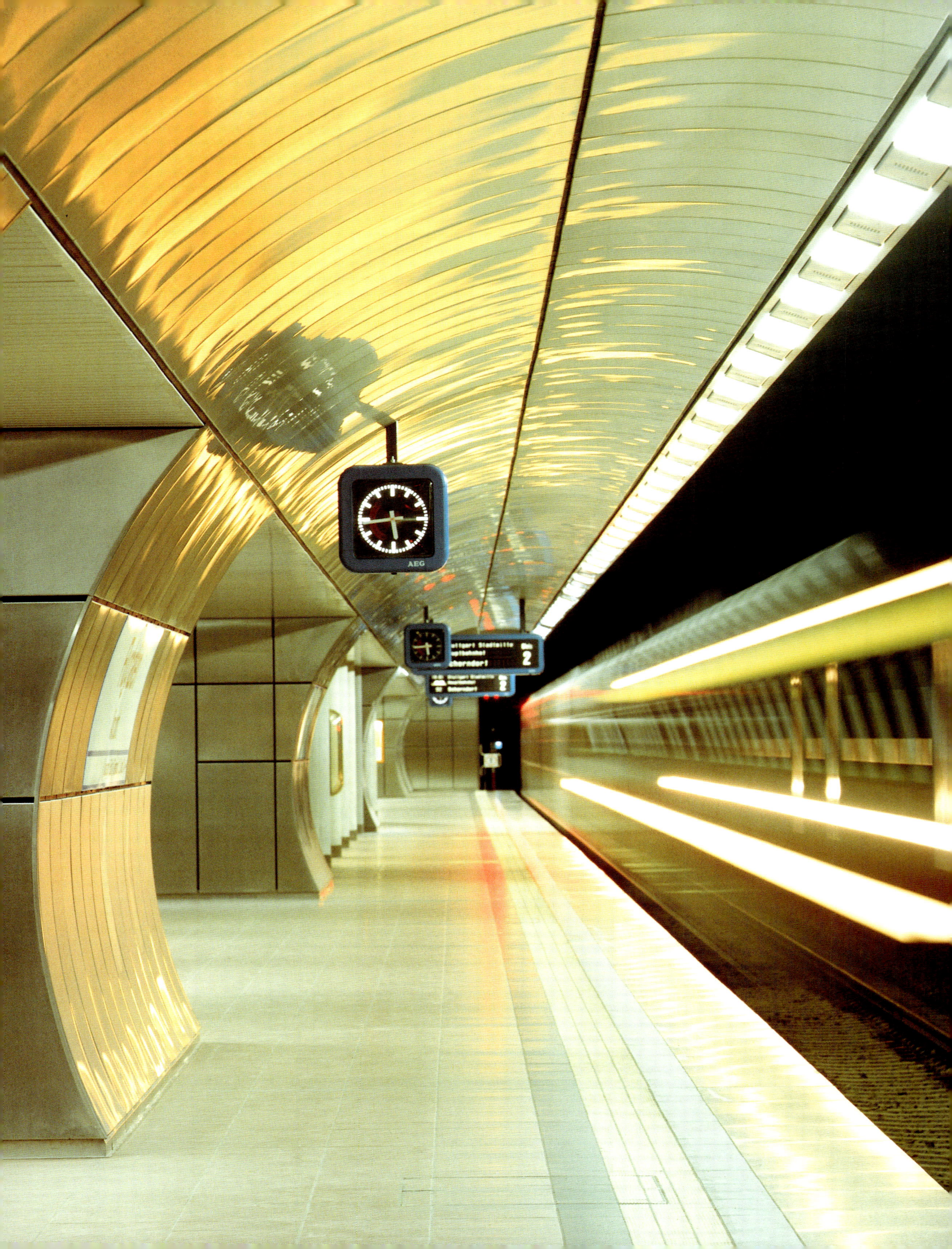
AEG

S-Bahnhof Flughafen, Stuttgart, 1992
S-Bahn Station Stuttgart Airport, 1992

Der Bahnhof ist nach dem Prinzip des Röhrenschildvortriebes gestaltet. Die Röhrenform wird durch die lineare Ausleuchtung betont. Die Gleisanlagen, die Wände und Decken der Gleisanlagen verbleiben im Dunkeln. Mittelstützen unterstreichen die Axialität. Die Materialien sind reflektierende Edelstahlbleche und Granit.

The station is designed along the lines of the tunnel tube construction method. The shape of the tube is accentuated by its linear lighting. The tracks, the walls and roof remain in darkness. Central columns stress the axialism. Materials are highly reflective stainless steel and granite.

Der einfahrende Zug mit den Brems- und Standlichtern „färbt" auf die Wände ab.

The incoming trains; signals and parking lights throw their colours onto the side walls.

Architektur für den Schienenverkehr / Architecture for rail traffic

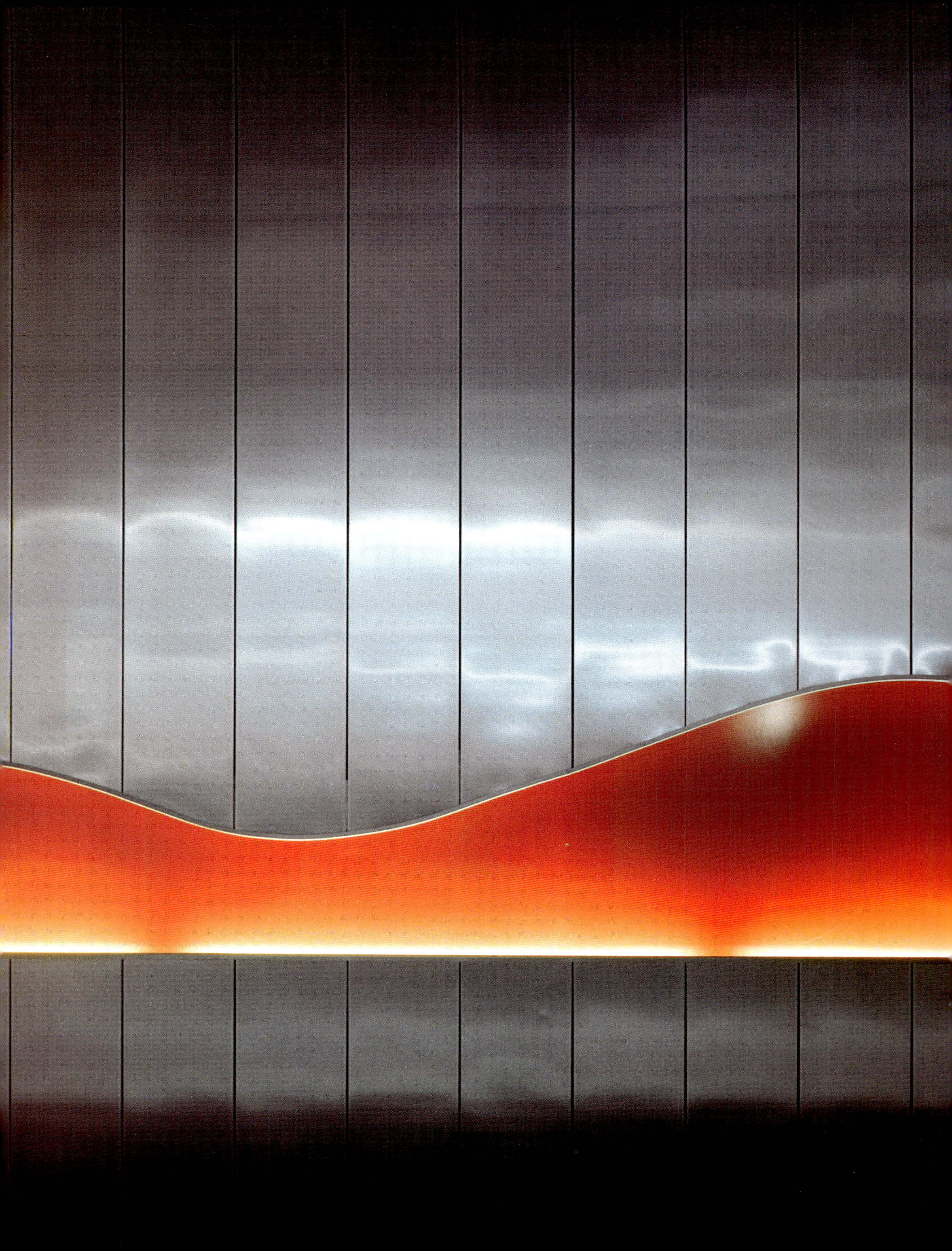

Stadtbahnhaltestelle Bielefeld, 1980/1990
Tram Station Bielefeld, 1980/1990

Ein gläsernes Zeltdach überdeckt im gleichen Neigungswinkel wie die Rollsteige den Zugang zur unterirdischen Stadtbahnhaltestelle. Der Grundriß bildet ebenso ein spitzwinkliges Dreieck wie die beiden seitlichen Aufrisse. Auch das Zugangsportal stellt ein Dreieck dar. Diese geometrisch reduzierte Elementarform wird zum abstrakt sinnbildlichen Ausdruck für den Eingang in die unterirdische Welt der Stadt. Hauptgestaltungselement für den Bahnhof ist der Einsatz von Licht: Lineare Lichträume verleihen durch Hell-, Dunkelabfolge dem Raum neue Erlebnisqualitäten. Indirekte Beleuchtung erhöht zu niedrige Raumhöhen und geometrische Leuchtenanordnungen untergliedern den Raum in Teilbereiche.

A glazed tent roof structure covers the access to the underground tram station, it has the same angle of gradient as the escalator. The ground plan and the two lateral elevations form acute triangles. The entrance portal forms another triangle. This geometrically-reduced basic form encapsulates the entrance into the town's underworld. The main design element of the tram station is lighting: linear light spaces change the ambience of the overall space by way of alternating dark and bright areas. Indirect lighting makes low spaces appear higher, and the geometric arrangement of light elements divides the overall space into different zones.

Farbige Wellenlinien markieren die verschiedenen Bahnsteige.

Coloured wave-lines mark the different platforms.

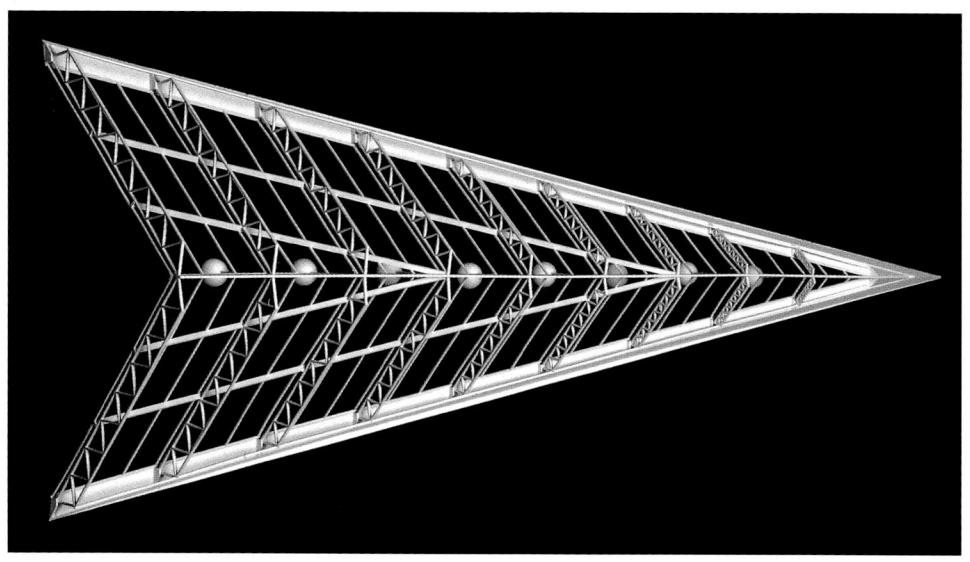

1 Das Eingangsbauwerk.
2 Entwurfsskizze
  Meinhard v. Gerkan.
3-4 Studien am Arbeitsmodell.
Rechte Seite:
  Blick durch das Eingangsbauwerk auf die Verteilerebene.

1 The entrance tent structure.
2 Design sketch by Meinhard v. Gerkan.
3-4 Working model studies.
Right Page:
  View through the entrance structure to the distribution level.

218 Architektur für den Schienenverkehr / Architecture for rail traffic

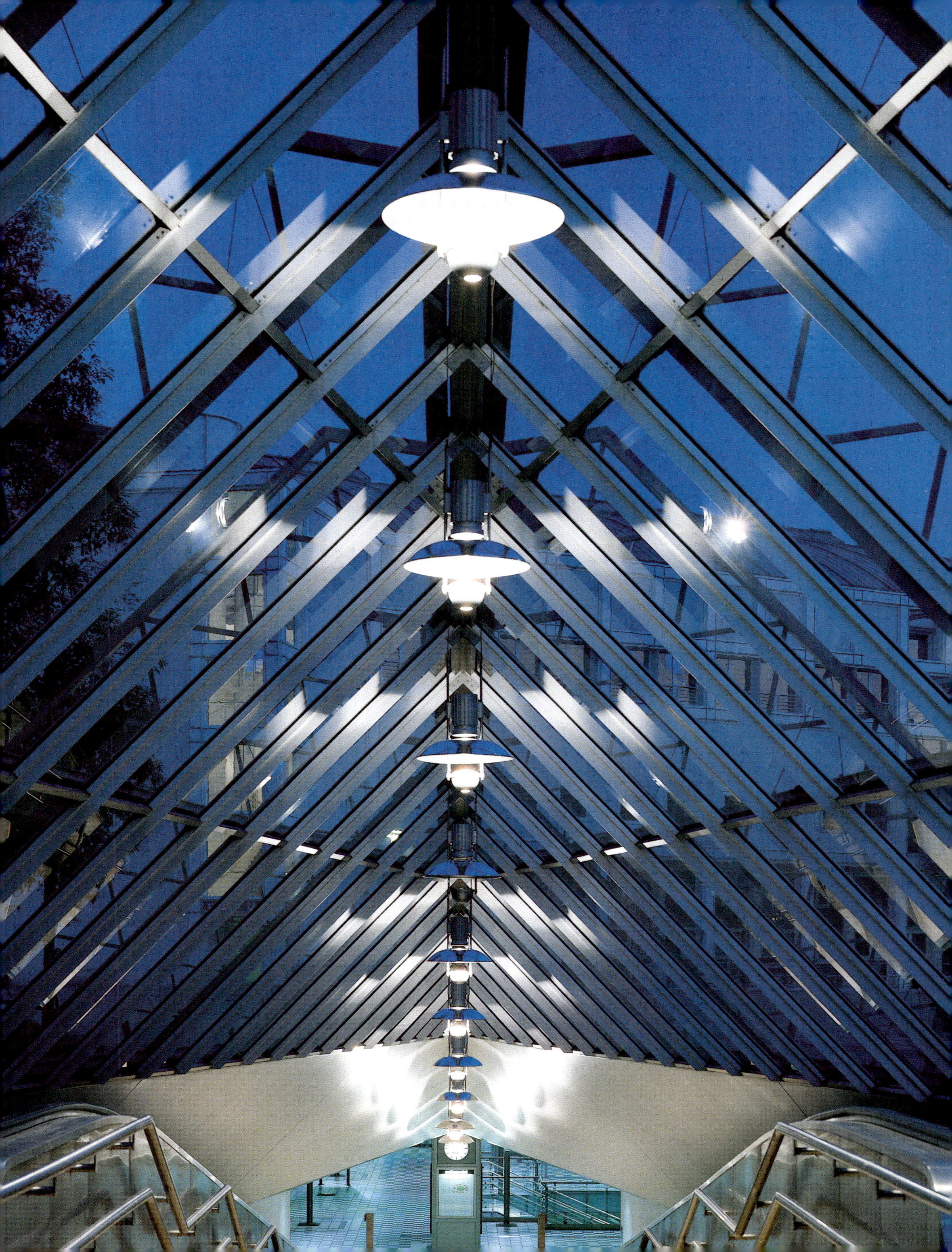

1 Die Wolkendecke verklammert die abrupten Höhenunterschiede der Räume.
2 Die konstruktiv bedingt niedrige Raumhöhe der Verteilerebene wird durch Spiegelung der Lichtpunkte optisch erhöht.
3 Die speziell entworfene Bahnsteigleuchte konzentriert das Licht nach unten und läßt die rohe Betondecke im Dunkeln.

1 The 'cloud-studded' ceiling makes the transition between the extreme differences of height from space to space.
2 For structural reasons the ceiling of the circulation level is low. Light reflectors contribute to making it appear higher.
3 The specially designed platform lighting provides a concentrated downlight, leaving the rough concrete ceiling dark.

Architektur für den Schienenverkehr / **Architecture for rail traffic**

FENSTER 15   MÜNCHEN - HAMBURG   GANG 15   WÜRZBURG - GÖTTINGEN

Bahn „2000", Innenraumgestaltung der Reisewagen, 1995
Rail '2000', Interieur Design of carriages, 1995

Natürliche Materialien und sorgfältige Details dienen dem neuen Image.

Natural materials and carefully designed details emphasize the new image.

Die Verwendung natürlicher Materialien bestimmt den Entwurf: Schichtholz, Bleche und Gewebe aus Edelstahl, Leder und Naturstoffe. Kunststoffe werden vermieden. Entsprechend ist die Farbigkeit reduziert: Metallischer Glanz, Naturholz, schwarzes Leder. Die Hochwertigkeit der Erscheinung erzeugt ein Ambiente, das erfahrungsgemäß gegenüber Vandalismus präventiv wirkt. Die Innenraumgliederung folgt einem horizontalen Gliederungsprinzip. Die Differenzierung zwischen Fern- und Nahverkehr sowie 1. und 2. Klasse wird durch die Wertigkeit der Materialien erzielt.

The use of natural materials is the main design influence: plywood, metal plate, stainless steel, leather and natural products. Plastic is avoided. The colours are similarily subdued: metallic shine, natural wood, black leather. The appearance of quality creates an atmosphere which is known to prevent vandalism. The interior planning is based on a system of horizontal modulation. The differentiation between long-distance and local traffic, as well as 1st and 2nd class, is achieved using various quality grades of material.

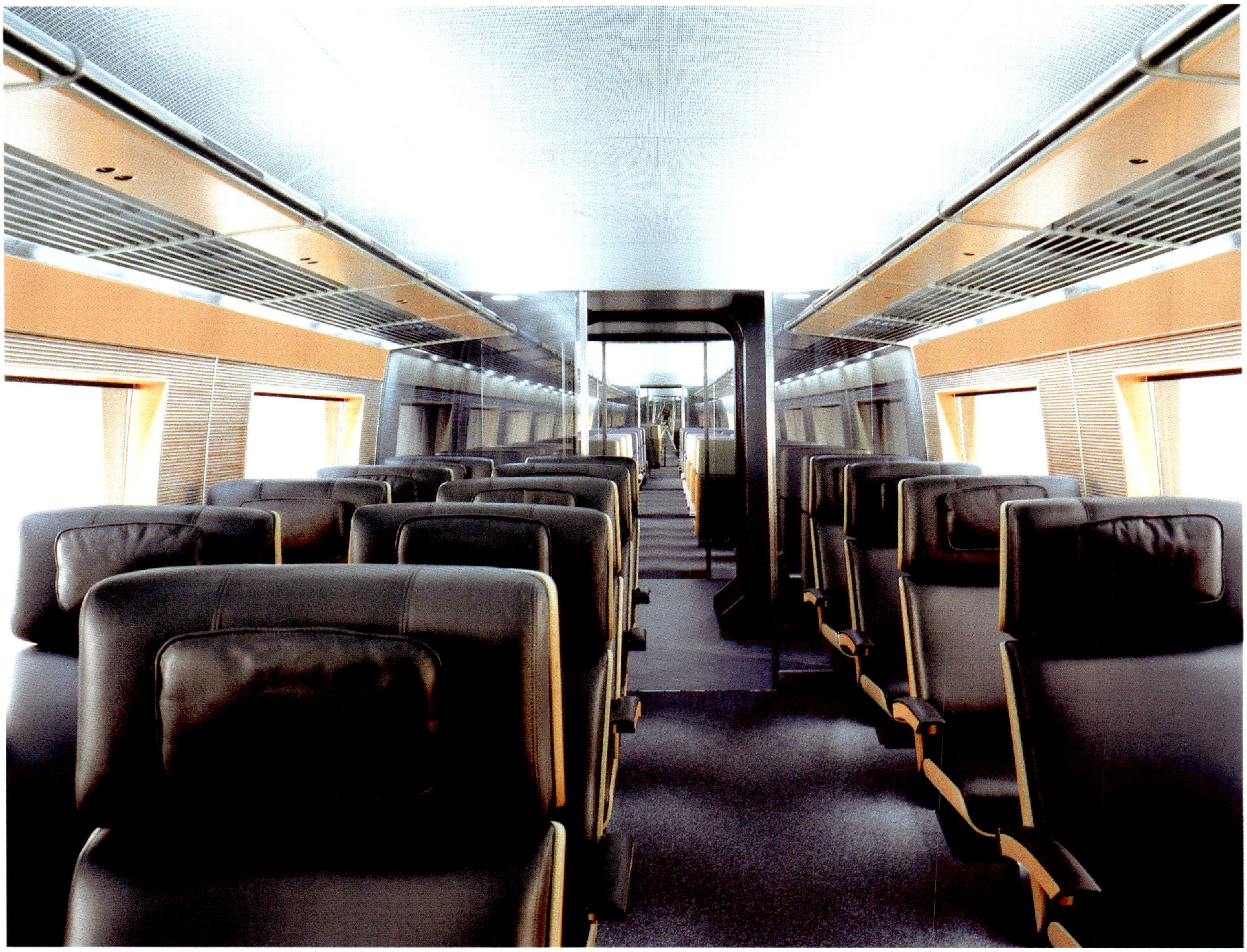

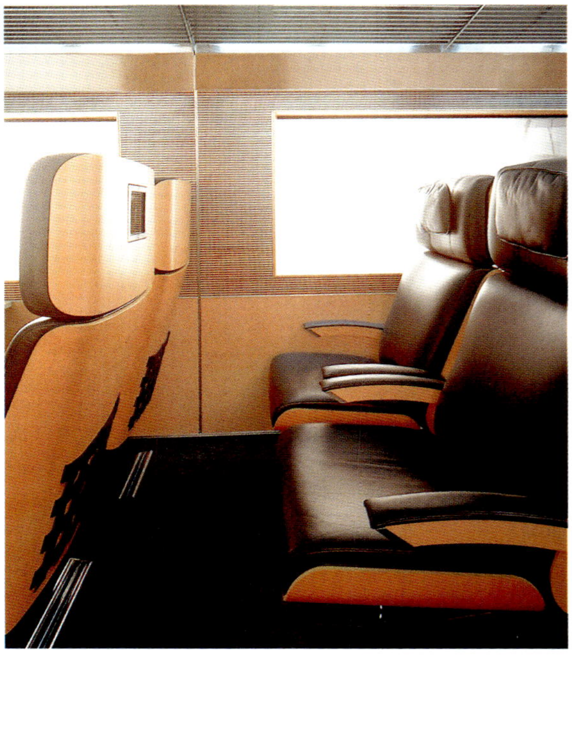

Linke Seite:
Die Innengestaltung der
1. Klasse Fernverkehr in
einem 1:1 Modell.

Horizontale Zonierung
der Seitenverkleidung.
Im Arm-Kopfbereich
sorgt eingelegtes Leder
für „haptische Wärme".

Left page:
The interior layout in
the 1st class area of an
express train.
1:1 model.

Horizontal zoning of
side cladding. Headrests
and armrests of leather
upholstery provide
'warmth to the touch'.

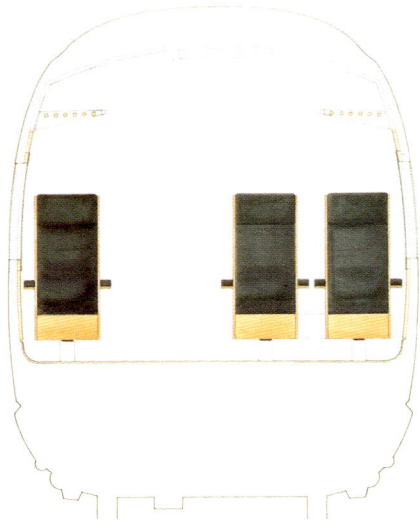

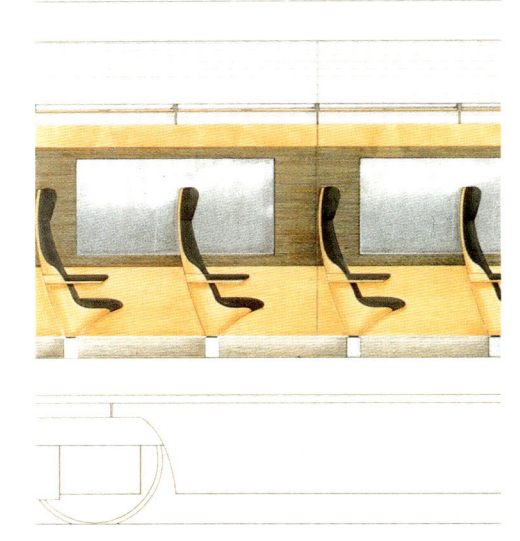

Decke:
Metallgewebe –
Edelstahl mit
Schallabsorbtionsvlies
hinterlegt

Gepäckablage:
Metalloberflächen –
Rohre und Konsolen,
Edelstahl gebürstet
Holzoberfläche –
Rundstäbe, Schweizer
Birnbaum

Fensterband:
Holzriemchen –
Schweizer Birnbaum
Kedern –
Echtleder, schwarz

Seitenverkleidung:
Holzoberfläche –
Schweizer Birnbaum

Bestuhlung:
Polsterbezug –
Echtleder, schwarz
Formholzschale –
Schweizer Birnbaum,
schichtverleimt

Schattenfugen:
Metallprofil –
Edelstahl, gebürstet

Bodenbelag:
Naturfaserteppich in
Grobstruktur, anthrazit

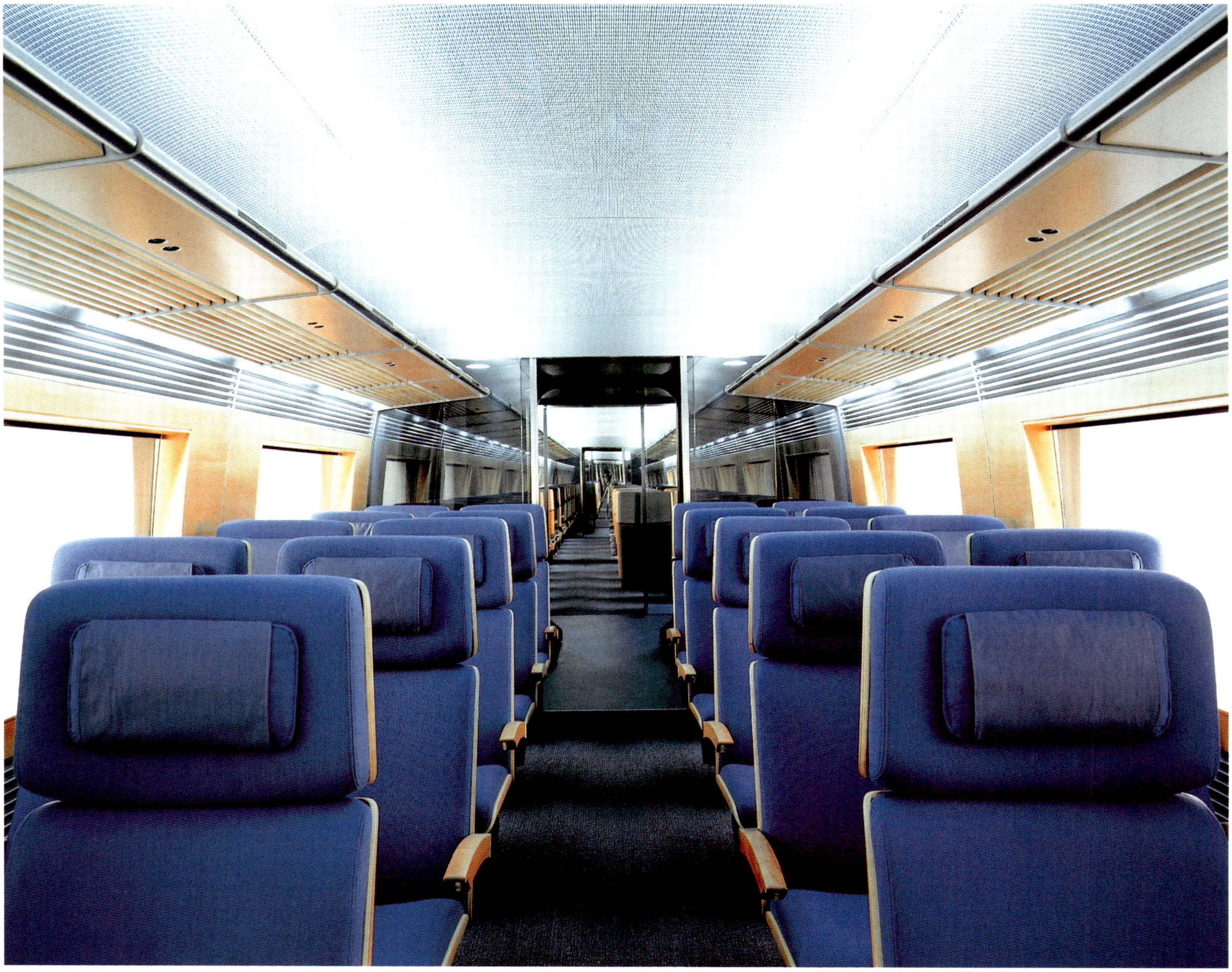

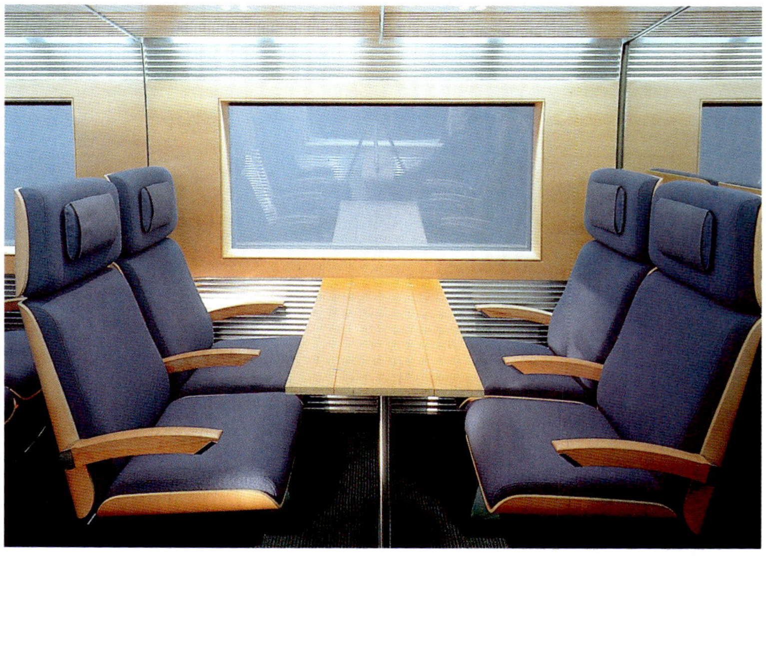

Linke Seite:
Die Zuginnengestaltung der 2. Klasse Fernverkehr im 1:1 Modell. Wellblech aus Edelstahl im Fußbereich ist resistent gegen Beschädigung und Verschmutzung.

Natürliche Materialien und Oberflächen werden bevorzugt, Farben nur sparsam, vor allem als Identitätskomponente eingesetzt.

Previous page:
The interior layout in the 2nd class area of an express train.
1:1 model.
Corrugated stainless steel plate set at skirting level is resistant to damage and easy to maintain.

Natural materials and surface textures are given preference. Colours are used sparingly, mostly for identification purposes.

Decke:
Metallgewebe – Edelstahl mit Schallabsorbtionsvlies hinterlegt

Gepäckablage:
Metalloberflächen – Rohre und Konsolen, Edelstahl, gebürstet
Holzoberfläche – Rundstäbe, Schweizer Birnbaum

Fensterband:
Holzriemchen – Schweizer Birnbaum
Kedern – Textil mit Webstruktur, blau

Seitenverkleidung:
Holzoberfläche – Schweizer Birnbaum

Bestuhlung:
Polsterbezug – Textil mit Webstruktur, blau
Formholzschale – Schweizer Birnbaum, schichtverleimt

Schattenfugen:
Metallprofil – Edelstahl, gebürstet

Bodenbelag:
Naturfaserteppich in Grobstruktur, anthrazit

Architektur für den Schienenverkehr / Architecture for rail traffic

Meinhard von Gerkan

Architektur für den Straßenverkeh
Architecture for road transportation

Das Auto hat unser Leben inhaltlich stärker gewandelt als jedes andere Phänomen der Neuzeit. Die Bedeutung des Autos geht weit über seine Funktion als Verkehrsmittel hinaus, dessen hochgeschätzte Vorzüge des Komforts und der Flexibilität durch kein anderes Gerät wettzumachen sind. Selbst die eklatanten Probleme der Vermassung – verstopfte Straßen, Verspätungen und ohnmächtiges Warten in kilometerlangen Staus vermögen die Faszination des Autos und seine Vormachtstellung nicht zu brechen.

Am sichtbarsten treten die Auswirkungen des Autos in der gebauten Umwelt zutage. Es gibt keine Stadt, die auto- und menschengerecht zugleich ist. Mitteleuropäische Städte mit feingliedrigen Strukturen haben durch die schmerzhaften Kompromisse, die sie dem Auto zugestehen mußten, oftmals ihre Identität eingebüßt oder sie haben sich durch Rückbau und Ausgrenzung des Autos für eine museale Touristenidylle entschieden.

Zur Urbanität gehört Verkehr. Mobilität ist ein wesentlicher Teil von Urbanität, und zwar Verkehr verschiedenster Art: Fußgänger sowieso, öffentlicher Verkehr unter, auf und über der Erde geradezu selbstverständlich, aber auch der individuelle Autoverkehr. Trotz aller üblen Begleiterscheinungen bedeutet die Ausgrenzung des Autos immer einen Verlust an Urbanität.

Es gibt keine echte Metropole ohne Autoverkehr. Fußgängerzonen sind Privilegien der Provinz. Die Metropole muß mit dem Auto leben oder sie wird keine. Aber es gilt zu differenzieren. Mit dem Auto in der Straße zu leben muß nicht heißen, daß für jedes Auto, das in die City will, ein Abstellplatz geschaffen wird. Dann würde die Stadt am Individualverkehr ersticken.

Das wirkungsvollste Regulativ zur Dosierung und Kanalisierung des Privatautos stellen Angebot und Preis der Abstellplätze dar. Städte wie London, Paris oder auch New York würden am Individualverkehr ersticken, wären die Parkplätze nicht stark begrenzt und horrent teuer. Erst die Tatsache, daß ein Abstellplatz in der City die Hälfte der Mieter einer Einraumwohnung erreicht, bewirkt den Verzicht auf das Auto zum täglichen Arbeitsplatz. Trotzdem bleibt die Stadt mit dem Auto erreichbar, gegebenenfalls mit dem Taxi.

Neben der Notwendigkeit, dem Mißbrauch wilden und damit kostenfreien Parkens durch scharfe Kontrollen und hohe Strafen zu begegnen, ergibt sich aus dieser sinnfälligen Politik aber auch eine wichtige Gestaltungsaufgabe. Abgestellte Autos dürfen die Verweilqualität in Straßen- und Plätzen nicht indoktrinieren. Urbanes Ambiente braucht Freiräume, die nicht durch Autos verstellt sind. Urbanität verträgt aber auch keine Brachen, die mit Autos zugeparkt werden. Deswegen muß der „ruhende Verkehr" behaust werden.

Für die Stadtraumqualität sind Tiefgaragen die eleganteste, wenngleich teuerste Lösung mit zugleich sehr eingeschränkter Akzeptanz seitens der Benutzer. Garagen in Hochbauten müssen aber nicht nur organisatorisch funktionieren, sie haben auch eine Verpflichtung zur Wohlgestalt.

Die Bauaufgabe „Parkhaus" gebietet es, die Funktionalität sinnfällig und einfach zu organisieren und den Flächenverbrauch pro Pkw auf das Minimum zu reduzieren. Daraus entwickelt sich das D'Humy-System der Bauten in Braunschweig, Bremen oder Bielefeld, bzw. der Zylindertypus mit Doppelwendelrampe für den Hamburger Flughafen.

Die Fassaden der Parkhäuser verleugnen die Eigenschaft der Gebäude nicht, fügen sich gleichwohl dem städtischen Kontext ein.

Natürliche Durchlüftung und optische Abschirmung gegen den zumeist unschönen Einblick von außen sind die Nutzungsanforderungen, denen mit einfachen und robusten Werkstoffen eine charakteristische und unverwechselbare Gestalt zuteil wird.

Auch der Autotunnel unter dem Berliner Tiergarten ist ein Stück städtischer Erlebnisraum, für den es gegen alle Normen und technischen Vorurteile Gestaltqualität einzufordern gilt, auch wenn die Rolle des Architekten hierbei besonders wenig Resonanz findet.

The car has influenced our lives more than any other phenomena in modern times. The importance of the motor car extends far beyond transportation, its highly valued attributes of comfort and flexibility cannot be challenged by any other device. The dramatic and compounding problems of blocked streets, delays and frustration in kilometre long traffic jams are unable to break the human fascination with the car and it's supremacy.

The impact of car use is most strongly felt within the built environment. There are 'car-friendly' and equally human orientated cities. In middle European cities, with their delicate infrastructures, the compromises granted to the motor car have often led to a loss of identity, or worse by cutting the car out of their centres have become hybrid tourist theme parks.

Traffic belongs to urbanism. Mobility is the essence of urban life, meaning transportation of all kinds; pedestrian, public - under, on and above the earths surface - and also the individual car user. In spite of all undesireable side-effects the erradication of the motor car leads always to a loss of urbanism.

There is no such thing as modern metropolitan life without traffic. Pedestrianised areas are provincial priviledges. The metropolis has to live with the car or it will cease to be one. We need to differentiate here; living with the car in our streets does not mean that we have to provide for each car a parking space, the city would soon suffocate under the load of individual users.

The most effective way of regulating traffic flow within the city is via the supply and pricing of parking areas. Cities like London, Paris or New York would suffocate under their traffic loads if it was not for a strict control of parking and their horrendous prices. A parking space within the city can approach half the rent of a single-roomed flat, it's only through this fact, that daily commuting by car can be discouraged. Nevertheless the city remains within reach of the car, if necessary by taxi.

Next to the need to combat uncontrolled 'free' parking with strict measures and high financial penalties, an important design task results out of this essential policy. Abandoned cars should not be allowed to inhibit the enjoyment of our streets and squares. Urban 'ambience' needs free space, uncongested by the motor car. Urbanism does not fit well with large back-water areas of our cities being covered with masses of parked cars. This explains why 'passive traffic' has to be dealt with.

Underground car-parking offer car-space quality and the most elegant design solution, although also the most expensive option with limited acceptance among car users. Garage areas within buildings have not only a functional requirement they also are obliged to create attractive city forms.

The task of designing multi-storey car-parking has the key objective of creating functional yet at the same time simple systems, reducing vehicle space requirements down to the minimum. From these issues came the D'Humy-system solution typified
in our projects in Braunschweig, Bremen, Bielefeld and the cylindrical solution with the double spiral vamp shown in the Hamburg airport scheme.

The façades of these multi-storey car park projects do not deny the nature of the schemes, they consciously fit into the urban context.

Natural ventilation and screening unsightly views from the outside are parts of the initial utalitarian requirements, through the selection of simple and robust materials they grant the form a characteristic and defining appearance.

The road tunnel under Berlin Tiergarten is an urban spatial experience where against all norms and technical predjudices, we have called for design quality, although it may seem that the role of the architect finds little resonance.

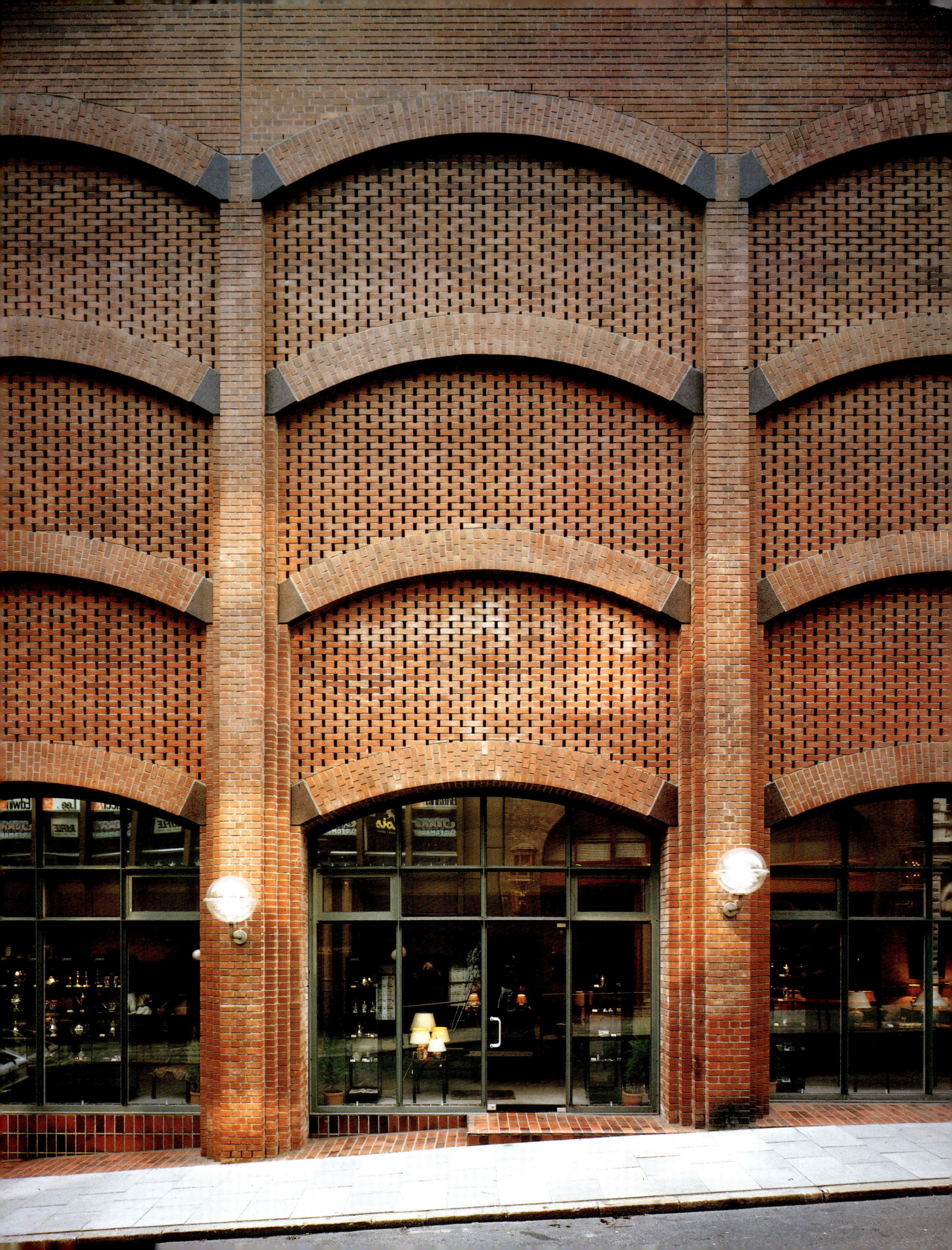

Parkhaus Poststraße, Hamburg, 1978/1983
Multi-storey car park Poststraße, Hamburg, 1978/1983

Das Hanse Viertel wurde durch ein Parkhaus mit 442 Einstellplätzen ergänzt. Es hat zwölf Geschosse mit versetzten Ebenen, wovon drei unterhalb des Terrains liegen. Die Traufhöhen der benachbarten Bauten werden aufgenommen. Durch Rückstaffelung der obersten Geschosse bleibt das Erscheinungsbild des Gebäudes im Straßenbild niedrig. Im Erdgeschoß angeordnete Läden vermeiden den Charakter einer geschlossenen Gebäudefront.

Die tragenden Säulen markieren die starke Vertikalbetonung. Zwischen die sich schichtenförmig nach oben verjüngenden Säulenquerschnitte sind Mauerwerksbogen gespannt, auf denen die gitterförmig gemauerten Ziegelflächen lagern. Der hohe Anteil offengelassener Fugen in diesem Ornamentsmauerwerk gewährleistet die notwendige natürliche Querlüftung der dahinterliegenden Parkgeschosse.

The Hanse quarter is complemented with a multi-storey car park, accommodating 442 vehicles on twelve staggered levels, three of them below street level. The building correlates to the eaves height of neighbouring buildings by means of stepped receding upper storeys so that it appears low when viewed from street level. Shops on the ground floor help avoid the character of a closed frontage.

The façade supports define the strong verticality of the structure. Shallow masonry arches articulate the infills between the columns which taper off towards the top in stepped sections. The arches support pierced ornamental masonry panels. A high proportion of openings guarantee the required natural cross-ventilation to the parking decks.

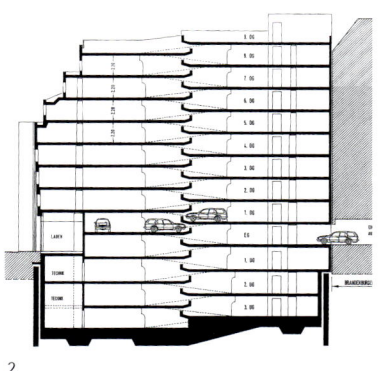

Linke Seite:
Die Gitterschale der Ziegelfassade sorgt für natürliche Durchlüftung und optische Geschlossenheit.
1 Gemauerte Bögen tragen die Fassadenschicht. Im Glasturm fährt der gläserne Fahrstuhl.
2 Querschnitt.

Previous page:
The 'Freize-like' encasing of the brick masonry façade provides natural ventilation and visual unity.
1 Brick masonry arches support the façade. The glazed lift cabin moves inside a circular glass tower.
2 Cross section.

Architektur für den Straßenverkehr / Architecture for road traffic

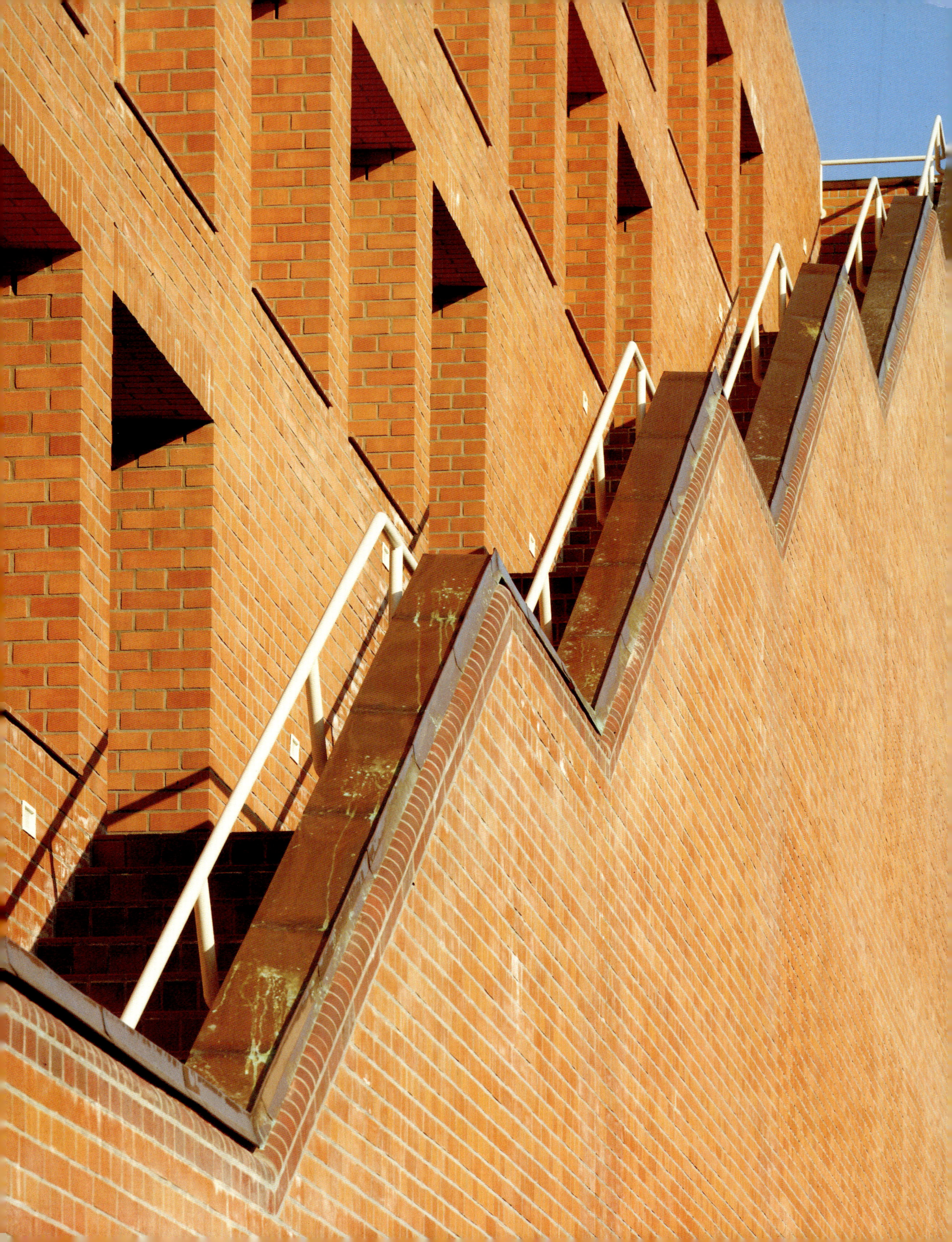

529 Einstellplätze sind auf sieben Ebenen mit Halb-(d'Humy-) Rampen angeordnet. Auf- und Abfahrt erfolgt getrennt. Der Kontrast geschlossener und durchbrochener Fassadenflächen und die Anordnung einer diagonal über die Front verlaufenden Erschließungstreppe vermeidet die Monotonie. Sie verleugnet jedoch nicht die Nutzung als Parkhaus. Ein erkerartig angeordnetes Glastreppenhaus akzentuiert die Fassade am Philosophenweg.

Für die großen Mauerwerksflächen wurden zwei ganz monochrome Farben „wild" gemischt. Stürze, Konsolen und Sockel wurden aus einem dunkelgebrannten Klinker gefertigt. Die Mauerwerksflächen haben offene Querschnitte, die eine natürliche Querlüftung gewährleisten.

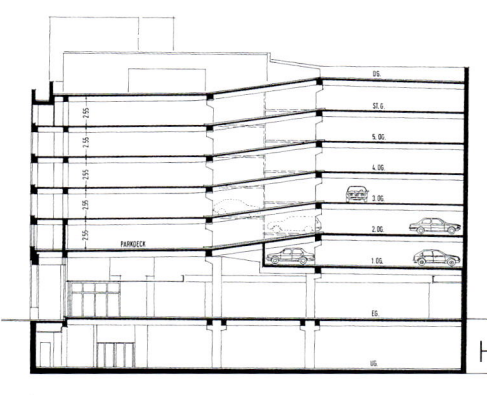

Hillmann-Garage, Bremen, 1983/1984
Hillmann car park, Bremen, 1983/1984

529 parking spaces are accommodated on seven staggered levels with mezzazine ramps (D'Humy system) with separate circulation for access and exit. Pierced and closed facade elements and an open, diagonally ascending external staircase help to avoid any monotony. Still, the building is easily identified as a multi-storey car park. A glazed external stairwell, reminiscent of an oriel, accentuates the façade to Philosophenweg. Two monochrome colours alternate 'at random' in the large masonry facade surfaces. Lintels, consoles and plinth are of dark-fired engineering brick. The openings are filled in with pierced masonry work to ensure a natural cross-ventilation.

Linke Seite:
Die diagonal über die Fassade geführte Freitreppe dient als Fluchtweg.
1 Schnitt.
2 Das Treppenhaus am Philosophenweg ist in die steinerne Front als gläserner Erker eingefügt.

Previous page:
The external stairs, which diagonally cut across the facade, serve as the emergency exit.
1 Section.
2 On the Philosophenweg side, the stairwell is inserted in the stone front forming a glazed oriel element.

1 Die diagonale Außentreppe legt sich zwischen die beiden Schichten der Fassade.
2 Blick von innen durch die Gitterstruktur der Ziegelfassade, die eine natürliche Durchlüftung gewährleistet.
3 Treppenhaus am Philosophenweg.

1 The diagonal external staircase is inserted in between the two façade layers.
1 View through the pierced masonry facade which provide natural cross-ventilation.
3 Stairwell on Philosophenweg.

3

Architektur für den Straßenverkehr / **Architecture for road traffic**

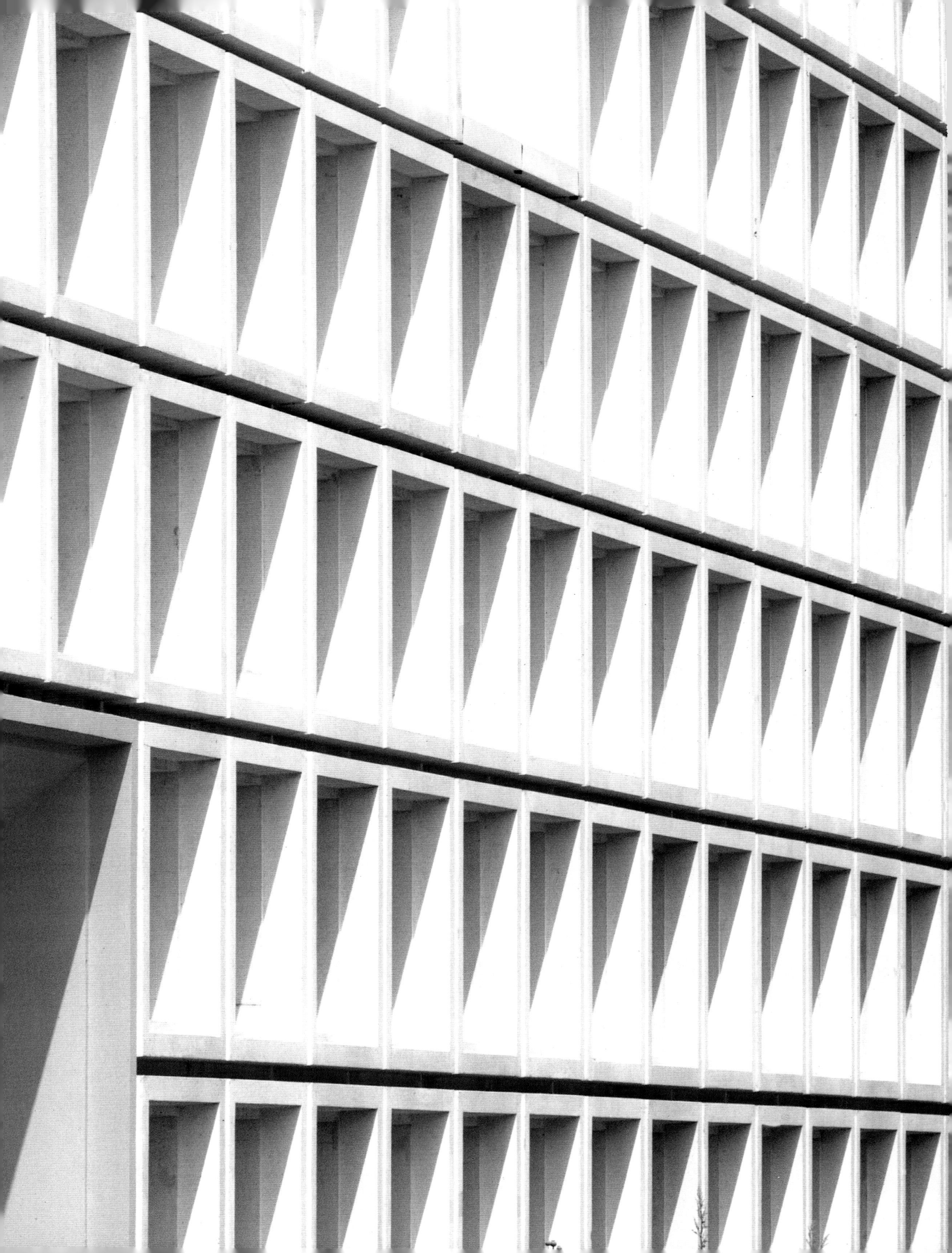

Paarkhaus Oberpostdirektion Braunschweig, 1984/1986
Multi-storey car park, Regional Postal Directorate, 1984/1986

Das Parkhaus mit 240 Stellplätzen ist im Halb-(d'Humy-) Rampensystem angelegt. Auf- und Abfahrten sind getrennt angeordnet. Ein modulares Wabensystem gewährleistet eine freie Durchlüftung der Parkpaletten, die Tiefe der Waben, deren Plastizität und Kulissenwirkung läßt die Fassade optisch geschlossen wirken. Das Quadratmaß der einzelnen Wabe beträgt 1,30 Meter, die Tiefe 0,65 Meter. Jeweils zwei der Waben entsprechen mit 2,60 Meter der Geschoßhöhe der Parkpaletten sowie der Stellplatzbreite für die Autos.
Zur Kontrastierung der gerasterten Fassadenfläche sind die äußeren Erschließungstreppen diagonal hochgeführt und bieten auf jeder Ebene einen direkten Zugang. Ein in der Mitte des Gebäudes gelegenes Treppenhaus verbindet die versetzten Parkebenen und hat im Dachgeschoß einen wettergeschützten Ausgang.

The car park designed for 240 vehicles is built on a mezzanine ramp system (D'Humy) with separate circulation ramps for access and exit. An open facade of square-moduled latticework provides a free cross-ventilation of the parking decks. The recess depth of the modules the appear sculptural and a bit like the side drops of a theatre stage whereas the facade is perceived as a closed surface. Each square measures 1.30 x 1.30 m, with a corresponding depth of 0.65 m, meaning that two modules correspond to the floor height of 2.60 m for each parking deck and the same width for each parking space.
Contrasting to the modular façades the outer access stairs form a diagonally ascending element with direct access to each deck. In the centre of the building a stairwell connects the staggered parking levels. It has a weather-protected exit at roof-top level.

Linke Seite:
Die Tiefe der Waben bewirkt eine optische Geschlossenheit der Fassade.
1 Axonometrie des Gebäudes.
2 Die Erschließungstreppe liegt außen vor den Betonwaben.

Previous page:
The recessed modules entrance an optical homogeneity to the façade.
1 Axonometric of the structure.
2 Exterior access stairs.

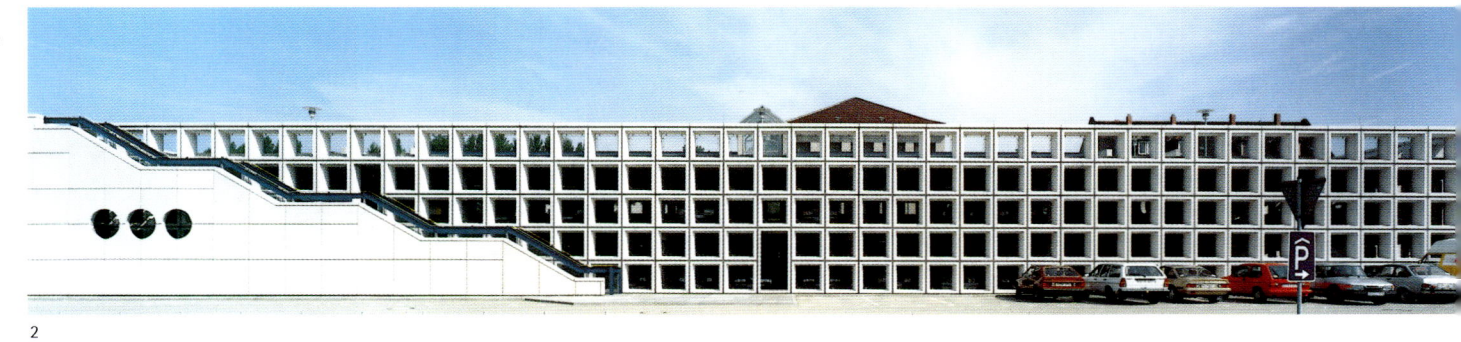

1

1 Die Stahlkonstruktionen von Treppe und Geländer stehen im Kontrast zu den massiv plastischen Stahlbetonfertigteilen.
Rechte Seite:
Das gesamte Gebäude ist aus gleich großen modularen Bauelementen zusammengefügt: 130 x 130 x 65 cm.

1 The streel structures of stairs and railings represent a contrast to the massive, sculpturally formed prefabricated elements of reinforced concrete.
Next page:
The entire building is made up of building modules of equal dimensions:

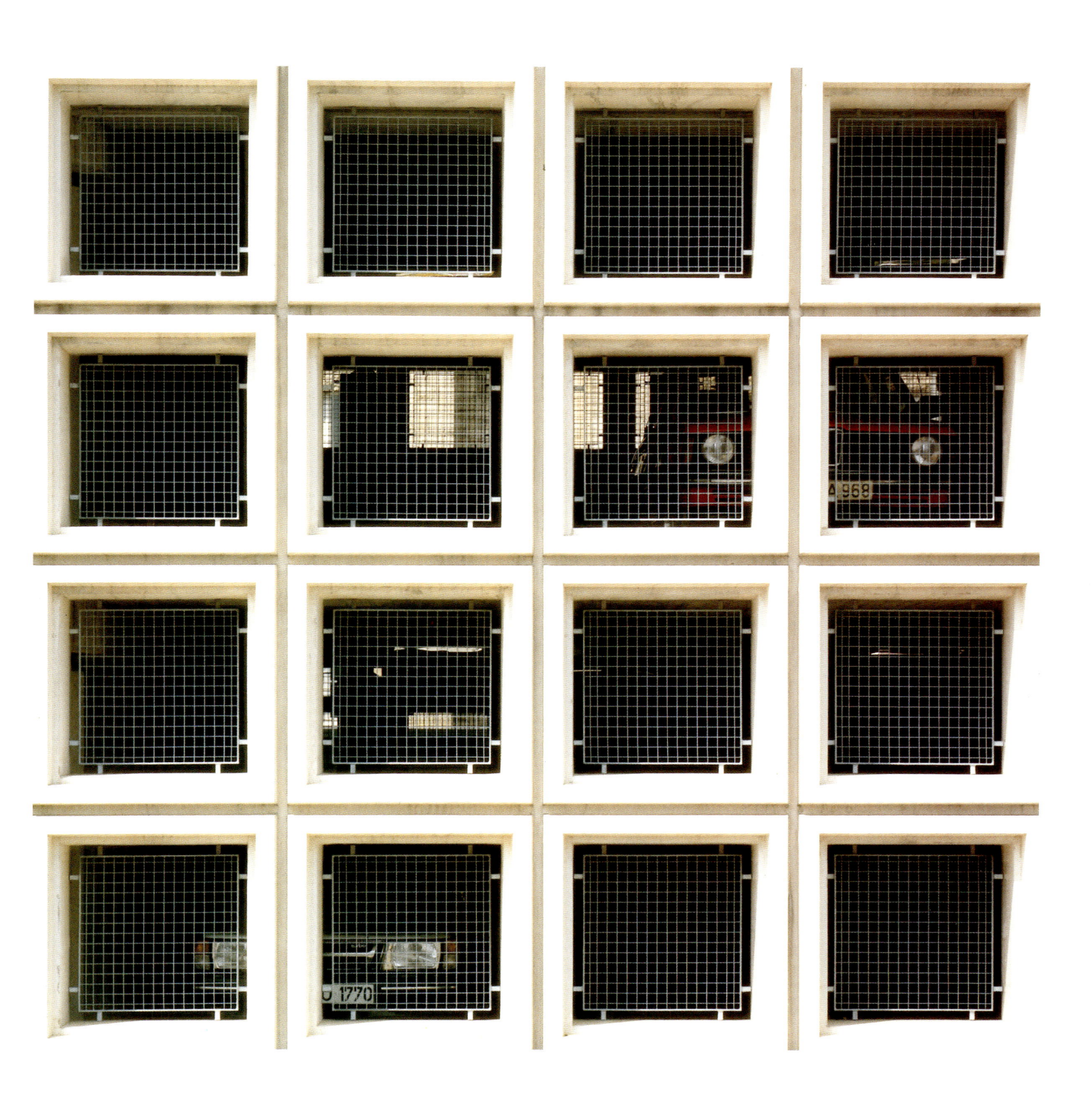

Architektur für den Straßenverkehr / **Architecture for road traffic** 239

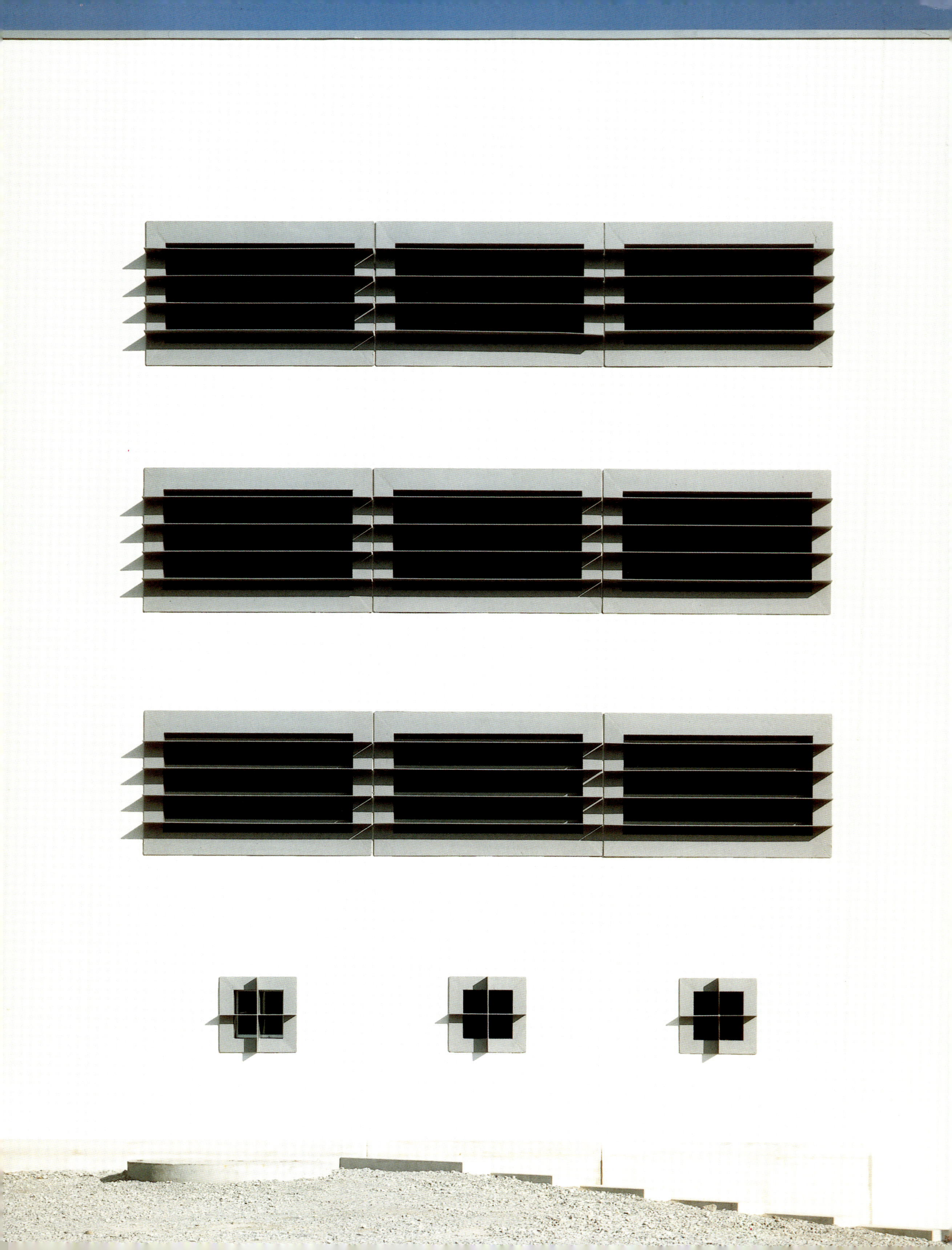

Parkhaus Stadthalle Bielefeld, 1980/1990
Multi-storey car park, Stadthalle Bielefeld, 1980/1990

Am Heck der Stadthalle ist ein fünfgeschossiges Parkhaus mit 450 Stellplätzen angefügt. Auf- und Abfahrten erfolgen getrennt auf Geschoßrampen. Gestalterisch und in der Wahl von Materialien und Farben ist das Gebäude einfach konzipiert: Alle Elemente ordnen sich der geometrischen Gesamtstruktur unter, um das Ordnungsgefüge zu betonen.
Die Gestaltung der Fassade beschränkt sich, neben einigen metallischen Tönen der Sekundärelemente wie die Sichtblenden vor den Öffnungen, auf eine Farbgebung von gebrochenem Weiß. Die Öffnungen gewährleisten eine natürliche Belüftung. An der Längsfront des Gebäudes entlang der Herforder Straße führt eine arkadenförmig eingeschnittene Freitreppe vom obersten Parkdeck bis zum Eingang hinunter.

A five-storey car park for 450 vehicles is attached to the rear of the civil hall. There are separate ramps for access and exit circulation between the various levels. The building is simple in terms of both its design criteria and choice of materials and colours: all elements are subject to a geometric overall order and this emphasizes the architectural structure.

The colour of the facade is restricted to off-white apart from secondary elements, like the screening slats in front of the openings, which are metallic. The façade openings guarantee a natural cross-ventilation. On the long side of the building on the Herforder Strasse an external arcaded staircase leads from the uppermost parking deck down to entrance level.

Linke Seite:
Sichtblenden vor den Öffnungen zum Parkhaus.
1 In der zweischichtigen Fassade verläuft die geradlinige Treppe zum rückwärtigen Parkhaus.
2 Die Stadthalle im Stadtgefüge, Situation 1994.

Previous page:
Screening slats in front of the car park's façade openings.
1 The flight leading stairs to the multi-storey car park behind the Stadthalle runs in between the two façade layers.
2 The civic hall in the urban context (1994).

1

1 Das Parkhaus fügt sich an die Stadthalle an.
Rechte Seite: Markenzeichen des Architekten.

1 The car park is attached to the Stadthalle.
Next page: The 'hallmark' of the architect.

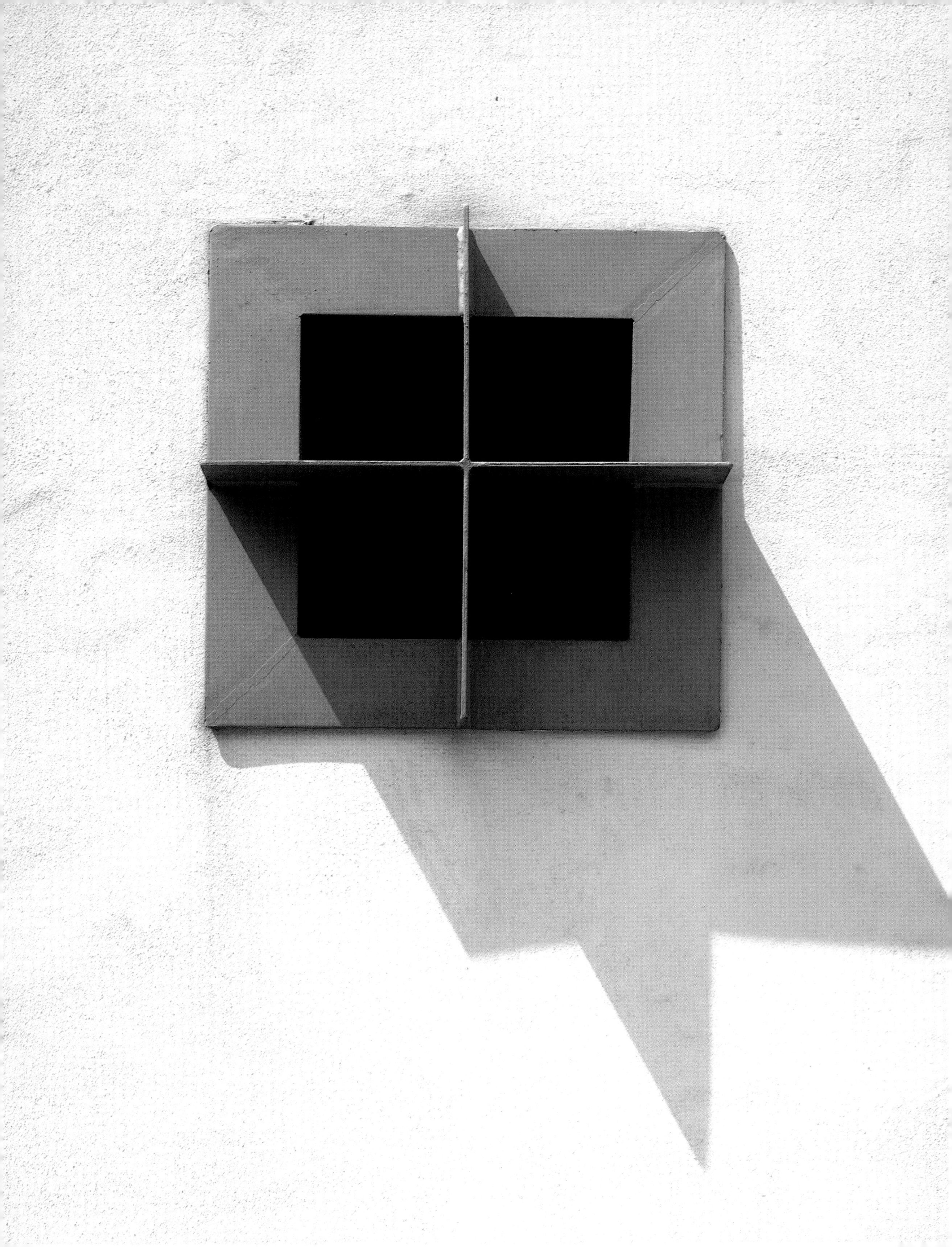

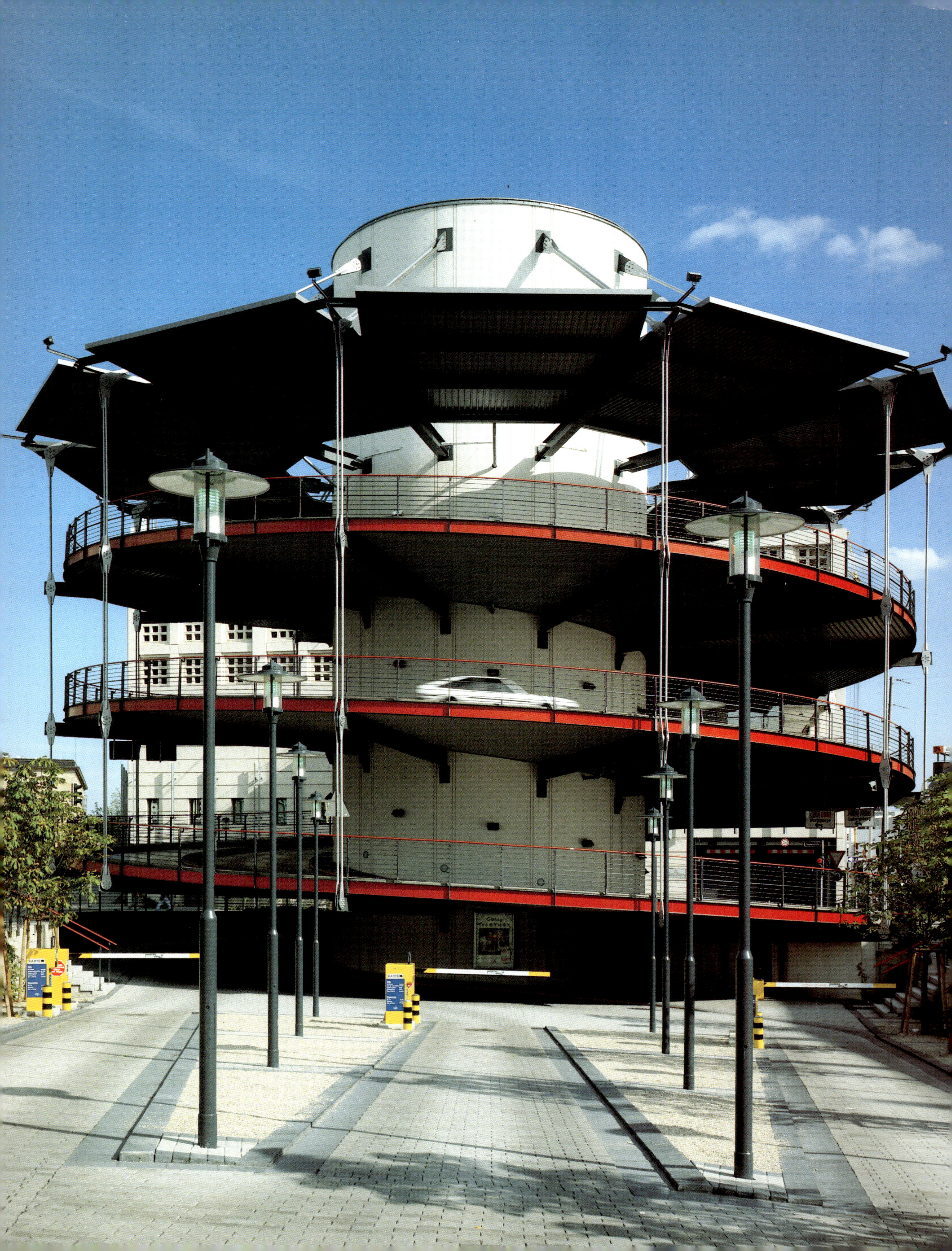

Parkhaus Saargalerie, Saarbrücken, 1988/1991
Multi-storey car park, Saargalerie, Saarbrücken, 1991

Die Saar-Galerie wird durch ein Parkhaus mit 1.200 Stellplätzen ergänzt. Es hat vier Ebenen. Die äußeren Parkhauswände sind zwischen den Hauptstützachsen mit filigranen, lichtdurchlässigen Betonfertigteilen in Quadratmodulen verkleidet. Die lange Flucht mit dem wiederkehrenden Rhythmus der Fertigteilraster ist durch Zäsuren gegliedert. In den zurückspringenden Nischen sind die Fluchttreppenhäuser eingestellt. Die Fertigteile sind weiß und bilden einen Kontrast zu den dunklen Stahlkonstruktionen. Den Abschluß des Gebäudeensembles bildet eine PKW-Rampe zu den Parkgeschossen. Die Spindel ist als an Seilen abgehängte Stahlkonstruktion konzipiert.

The Saar Gallery complex is extended with a four-level car park for 1,200 vehicles. Bays between the main façade achses are filled in with light, perforated concrete lattice modules. The building's alignment with its repeated rhythm of prefab elements is articulated by the recessed sections, i.e. the emergency stairwells. The white façade modules set a contrast to the dark structural steel parts. A car ramp formed as a cable-suspended spiral steel structure leads to the parking decks and constitutes the ends to the building complex.

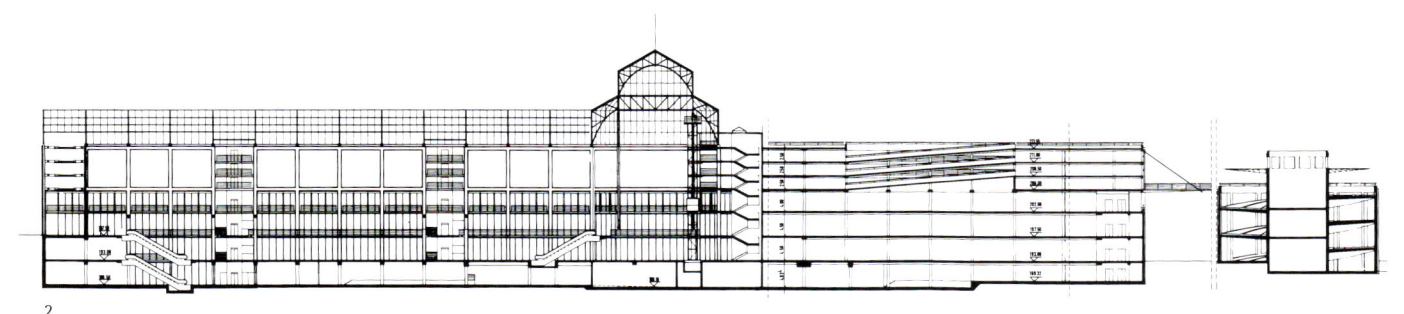

Linke Seite:
Die Zufahrtrampe ist als leichte Stahlkonstruktion an Seilen aufgehängt.
1 Eine Brücke verbindet die Spindelrampe mit dem Parkhaus.
2 Längsschnitt.

Previous page:
The access ramp is a light-weight cable-suspended steel structure.
1 A bridge links the spiral ramp and multi-storey car park.
2 Longitudinal section.

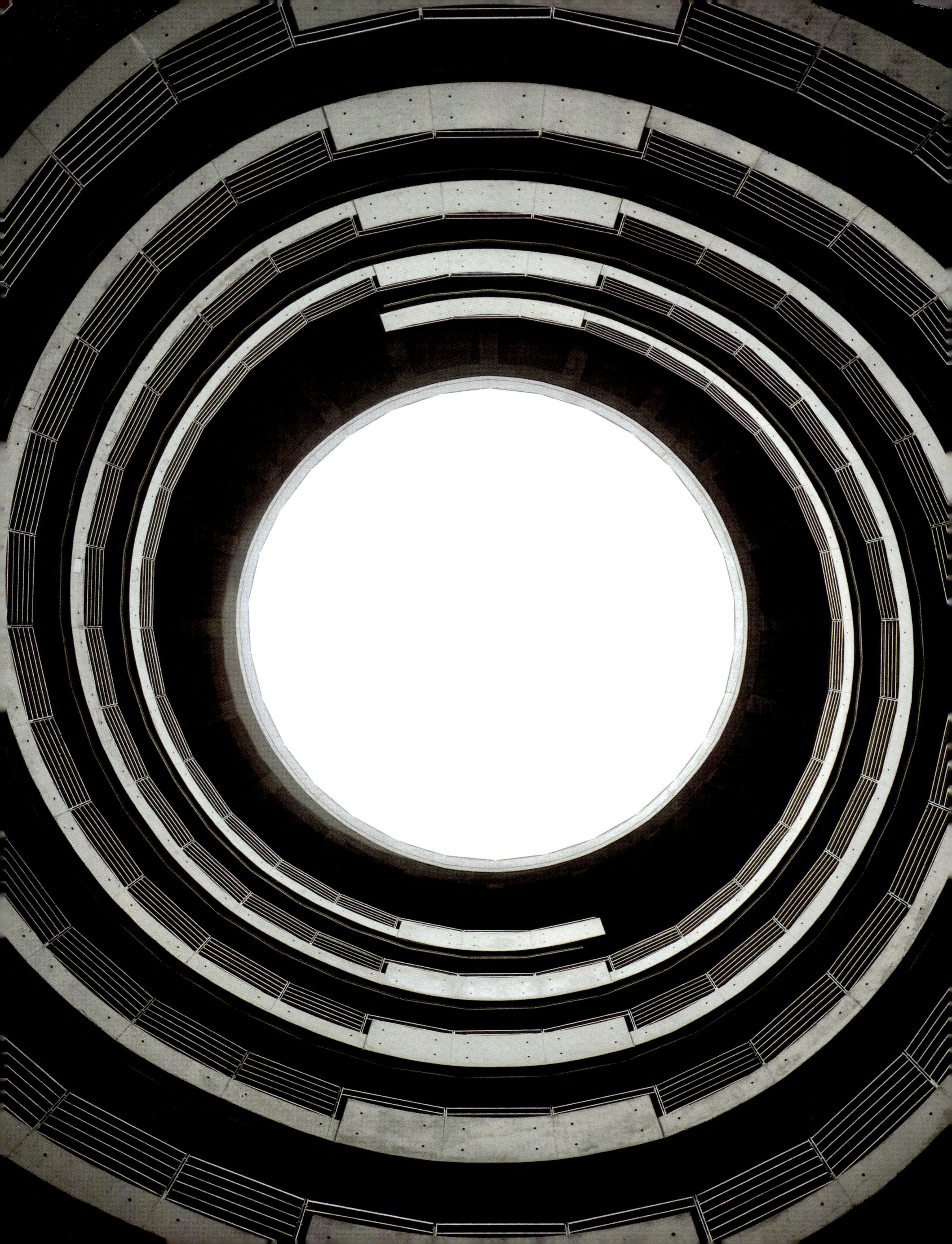

Parkhaus Flughafen Fuhlsbüttel, Hamburg, 1990
Multi-storey car park, Hamburg Airport, 1990

Linke Seite:
Blick von unten in die Doppelwendelrampe.
1 Normalgeschoß-grundriß.

Previous page:
View from below up into the double helix ramps.
1 Floor layout plan.

Das Parkhaus bildet durch seine Lage und Formensprache den städtebaulichen Dreh- und Gelenkpunkt zwischen unterschiedlichen Gebäudeausrichtungen und Bereichen des Flughafens. 800 Stellplätze auf neun Parkebenen sind beidseitig an einer ringförmigen Fahrgasse angeordnet. Die Ebenen werden durch zwei gegeneinander versetzte, spindelförmige Rampen für Auf- und Abwärtsverkehr im Mittelpunkt des Kreises erschlossen (Doppelwendelrampe). Jede Ebene kann gezielt angefahren werden. Auf den Rampen und den Parkdecks herrscht Einbahnverkehr, Verkehrsüberschneidungen gibt es nur an den Ein- bzw. Ausfahrten. Die Fußgängererschließung erfolgt an der Nordseite vis-à-vis zum Abfertigungsgebäude. Der Treppenturm mit seiner Fassade aus Glasbausteinen ist durch leichte Brücken mit dem Parkhaus verbunden. Ein zurückgestuftes Technikgeschoß deckt die Spindelrampe gegen Witterungseinflüsse ab. Wesentliches Gestaltungselement des Parkhauses ist neben der dominieren-

This multi-storey, by its position and language of forms, marks the pivot of the airport's urban design layout, a hub to the different building zones and airport areas. 800 parking spaces on nine levels are placed on both sides of a double spiral ramp for separate access and exit circulation (double helix ramp). Each level is directly accessible. There is one-way circulation on all ramps and parking decks, the only crossings are at the entrances and exits respectively.
Pedestrian circulation is located on the north side opposite the terminal building. The stair tower is clad with glass blocks and linked to the parking decks via light-weight bridges. A set-back floor and plant room forms the weather-protection cover for the uppermost spiral ramp levels.
Apart from the dominating geometric form of the circle, a further essential design element of the car park is the articulation of floor levels by means of a partial curtain.

den geometrischen Kreisform die Gliederung der Geschosse durch einen teilweise vorgehängten „screen" aus Stahlrosten. Er gewährleistet Ausblick und Durchlüftung, ist zugleich aber „optische Haut". Die Anlage ist auf praktische Benutzung ausgelegt, mit einfachsten Materialien wird das Gebäude umhüllt. Materialien und Details sind mit hoher Disziplin zusammengefügt.

wall 'screen' which allows views outside and at the same time provides cross-ventilation. The car park design is geared to the building's function. It is enveloped in the simplest materials which are detailed and combined in a highly disciplined manner.

1 Optischer Schirm des Technikgeschosses.
2 Das Parkhaus als vorgezogene Maßnahme auf der Flughafenbaustelle 1990.
3 Blick von Norden.
Rechte Seite: Fassadendetail. Gitterroste bilden als screen eine „optische Haut".

1 Screening to plant room floor.
2 The carpark as initial built element to the airport infrastructure 1990.
3 View from the north.
Next page: Façade detail. Gratings forming screen and exterial 'skin'.

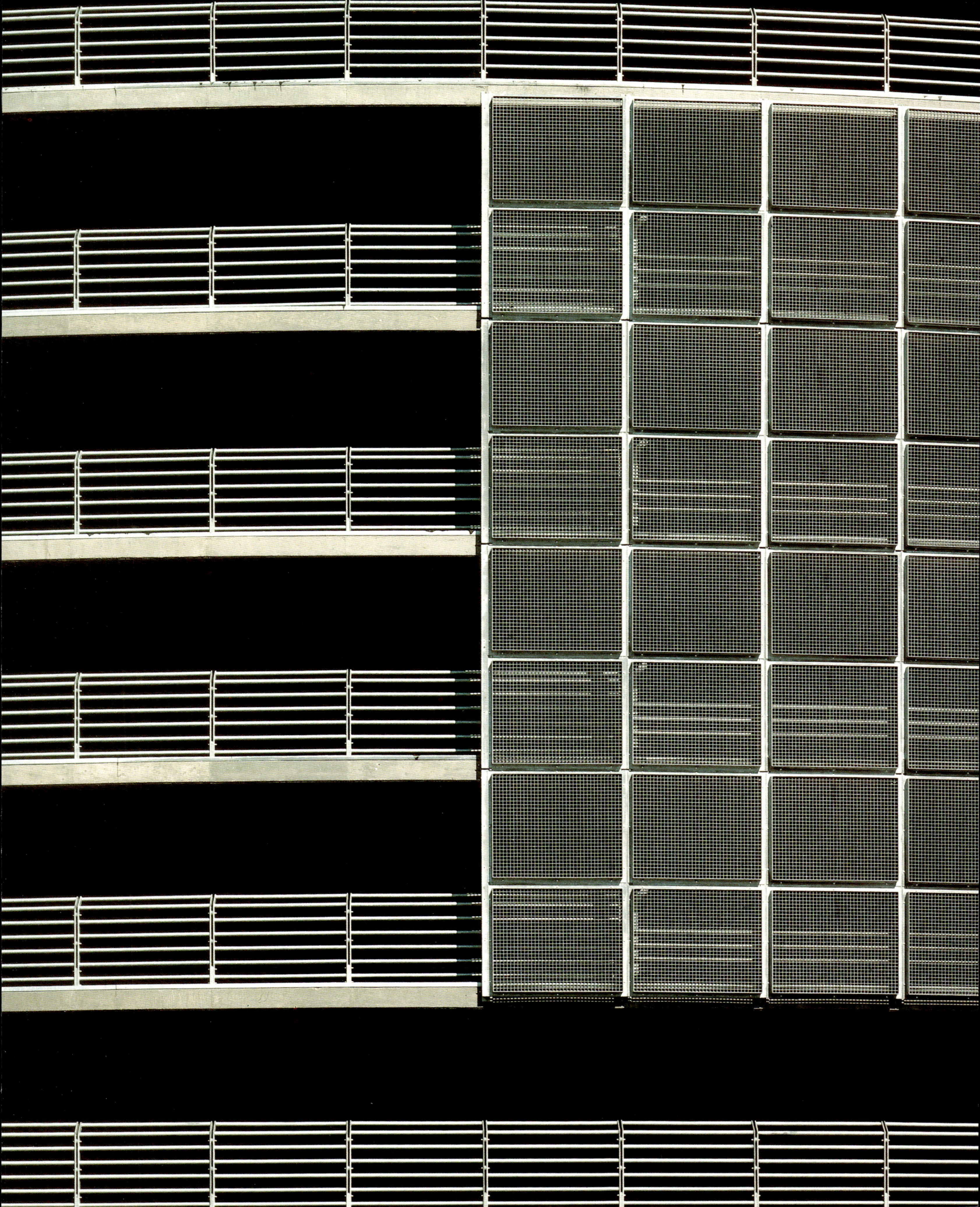

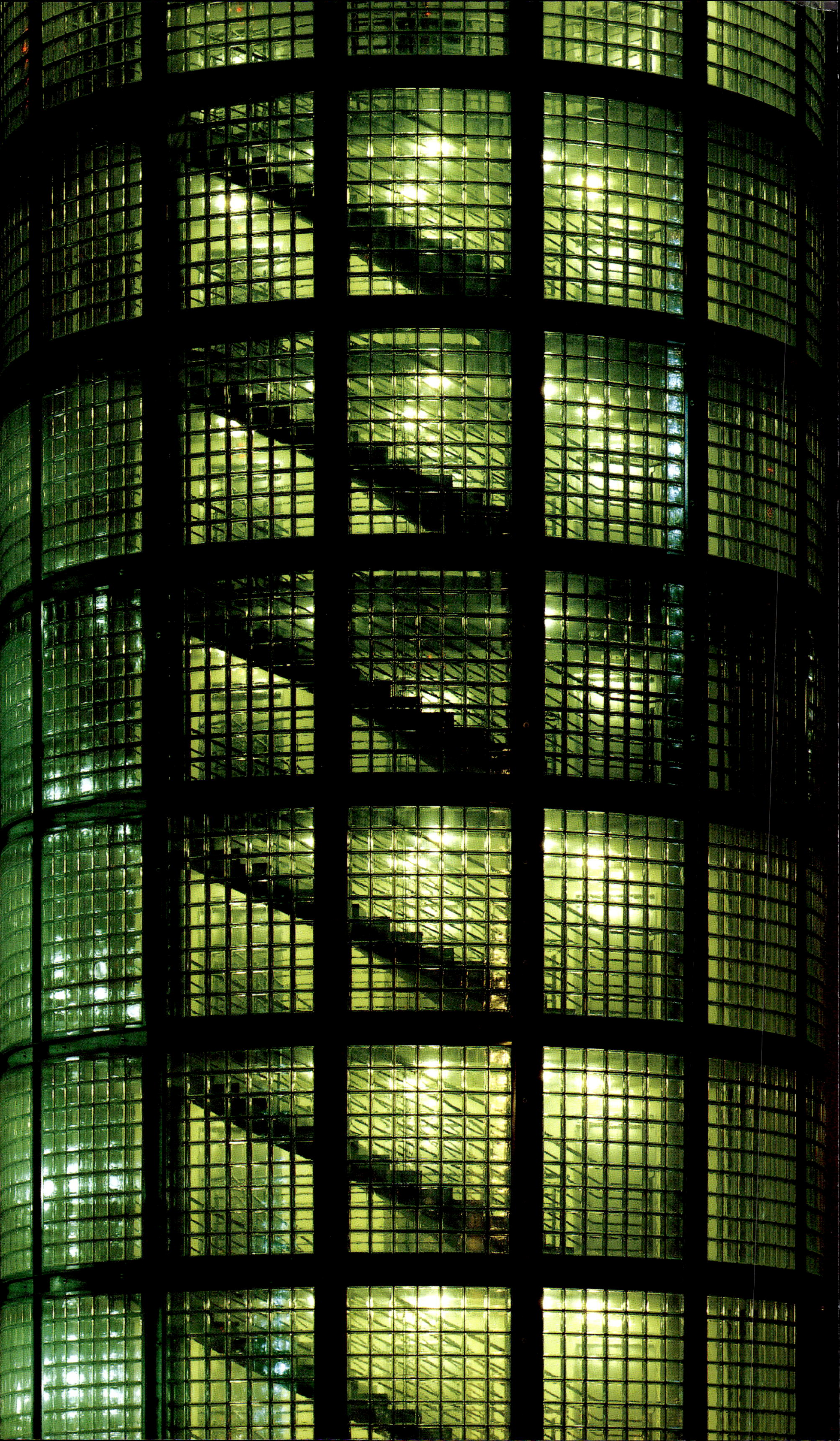

Rechte Seite: Treppenhaus bei Nacht.
1 Glasbausteine als Ausfachung der Stahlkonstruktion sorgen für Tageslicht im Erschließungskern ohne Einblicke zu gewähren.

Previous page: Stairwell by night.
1 Glass blockwork as infill panel within the steel structure into the circulation area without allowing a direct view through.

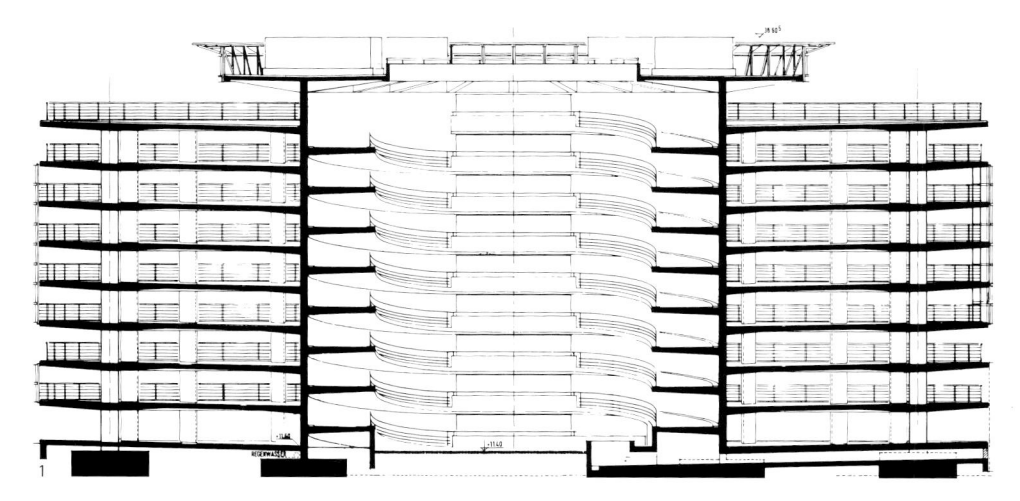

1 Schnitt durch das Parkhaus.
2 Blick von innen gegen den screen aus Gitterrosten.
Rechte Seite:
Die Struktur der Doppelwendelrampe, mit Tageslicht von oben versorgt.

1 Section through the carpark.
2 View from inside against the grating screen.
Next page:
The structure of the double helix ramp with daylight provided from above.

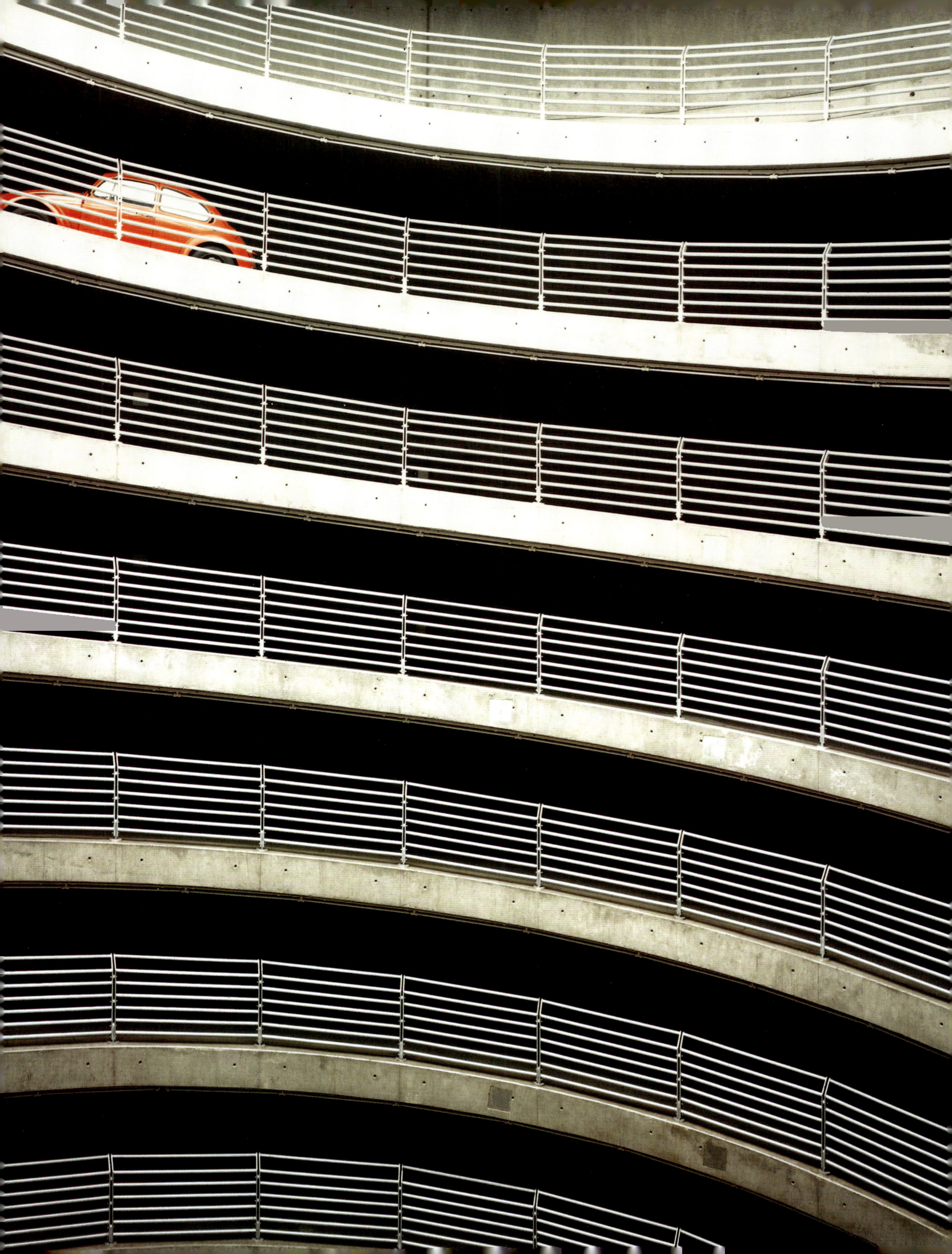

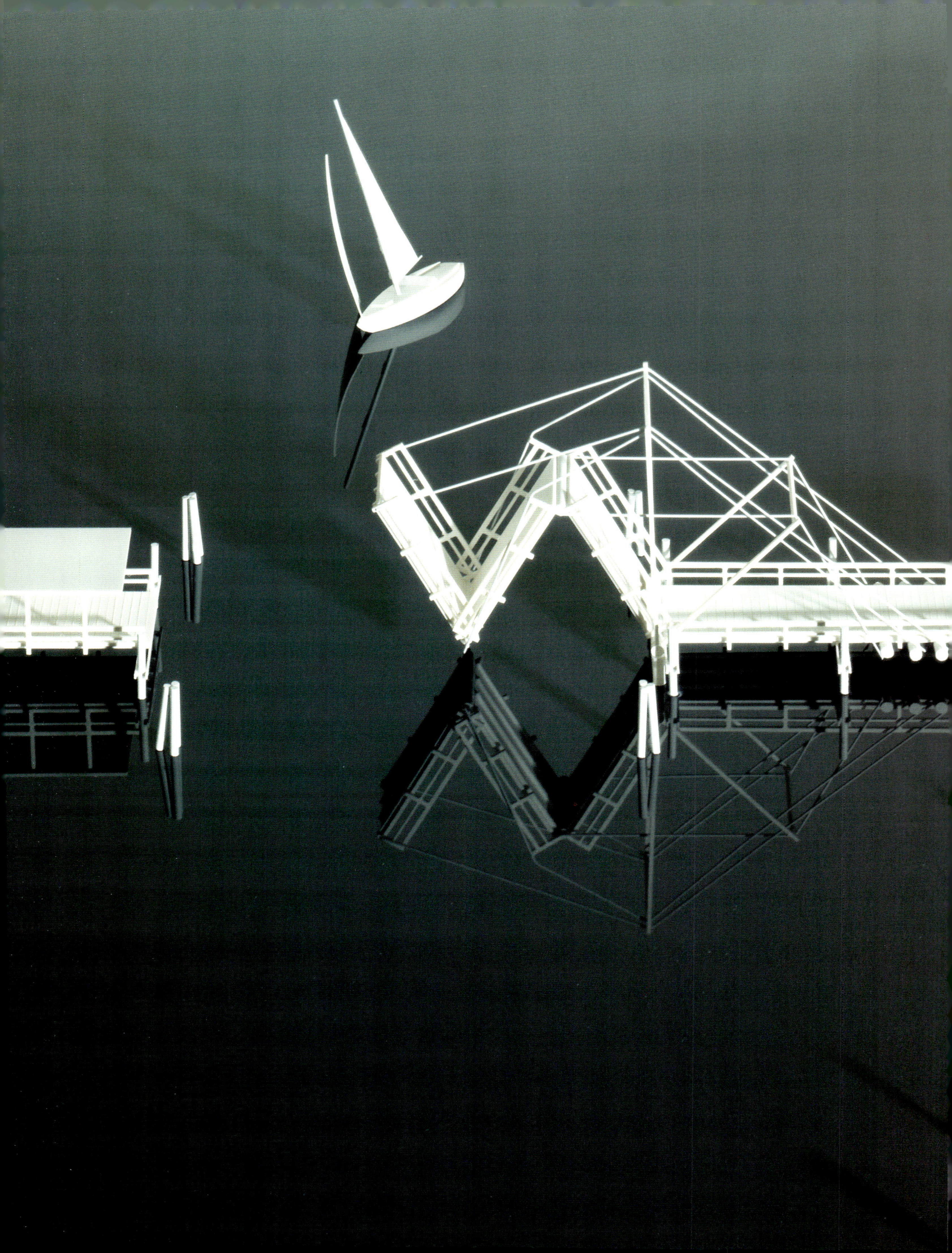

Fußgängerbrücke, Kiel, 1994

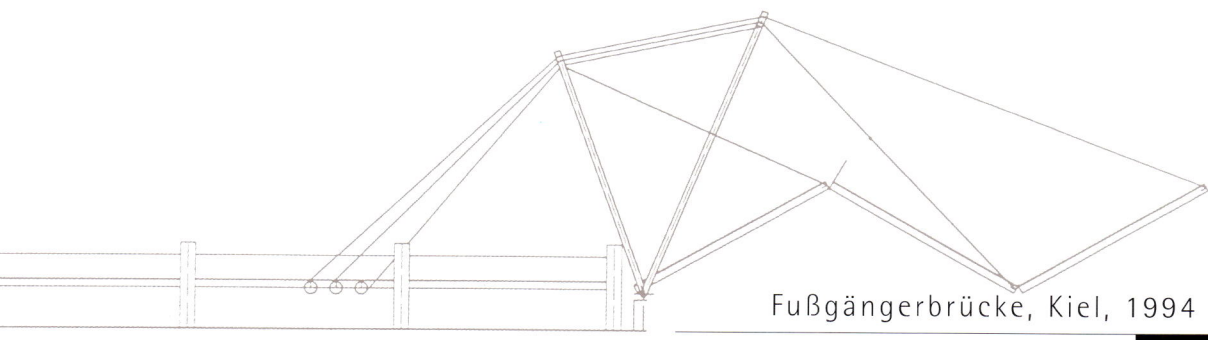

Pedestrian Bridge, Kiel, 1994

Der Brückenschlag erleichtert die städtebauliche Entwicklung über die Hörn hinweg. Die Hörnbrücke schafft als Seesteg eine optimale Nähe zum Wasser und Verweilqualitäten. Ihre Ausbildung als gleichzeitiger Anlegesteg erlaubt die Bildung eines Kristallisationspunktes für ein maritimes Hafenleben an dieser Übergangsstelle. Die Trennung der analog konstruierten und gestalteten Stege für Brücke und Anleger sichert die Optimierung auch nautischer Erfordernisse. Der Verzicht auf eine Hochlage minimiert den baulichen Aufwand. Die dreiteilige Zug-Klapp-Brücke symbolisiert darüber hinaus auch die Weiterentwicklung der konstruktiven Fähigkeiten seit dem Mittelalter. Anstelle eines großen turmartigen Pfeilerbauwerkes und aufwendig weitgespannter Brückenbögen liegt die Attraktion der Brücke in der sichtbaren Konstruktion, ihrer Kinetik im Ruhezustand und in der Bewegung. Drei Brückenteile können „zusammengefaltet" werden. Jeder Faltung ist eine Seilwinde zugeordnet: Der äußere Gehwegteil wird über die Pylonköpfe umgelenkt, der mittlere wird über die Neigung des längeren Pylons gesteuert; der kürzere Pylon kippt nach hinten und faltet damit den ersten Gehwegteil auf.

The building of the bridge eases further urban development beyond the Hörn. The Hörnbrücke, being a pontoon, is a perfect attraction close to the water. Also designed as a mooring point, it encourages the creation of maritime activity at this crossing point. The division of similarly constructed landings for bridges and moorings provides optical nautical facilities. By avoiding height the complexing of structure is minimised. The three-part tension-folding bridge also symbolises the development of constructional methods since the Middle Ages. Instead of a large tower-like pier construction and expensive, long span bridge arches the attraction of the bridge lies in its visible structure, its kinetics qualities; when it is motionless and when it is moving. Three bridge sections can be 'folded together'. Each fold has a pulley: the external foot-bridge section will be transferred over the pylon heads, the middle will be over the angle of the longest pylon; the shortest support tips back and thus folds against the first foot bridge section.

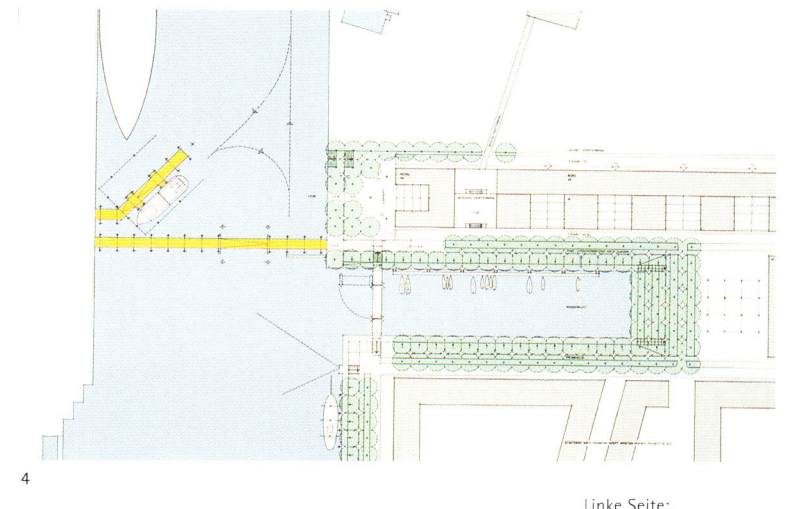

Linke Seite:
Die Brücke mit „aufgefaltetem" Mittelteil.
1–3 Phasen des Faltvorgangs.
4 Lageplan Ost-Wasserplatz.

Previous page:
The bridge with folded mid-deck.
1–3 The middle deck folding in stages.
4 Site plan of eastern mooring point.

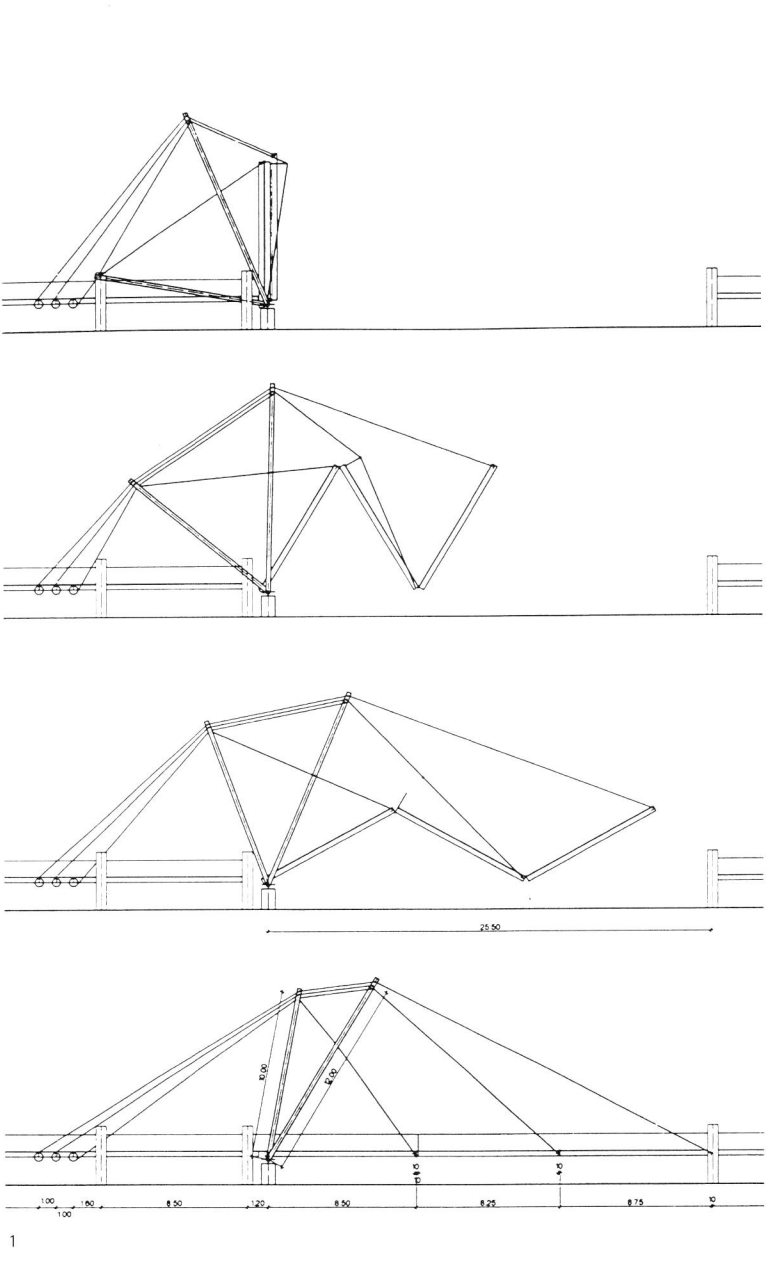

1–5 Die Brücke als funktionales Mobile.
6 Das mit Seilen und Kurbeln ausgestattete Modell simuliert alle Bewegungszustände.

1–5 The bridge as a functional mobile.
6 The model, fully fitted with cables and cranks, simulates every stage of the bridge's folding movement.

6

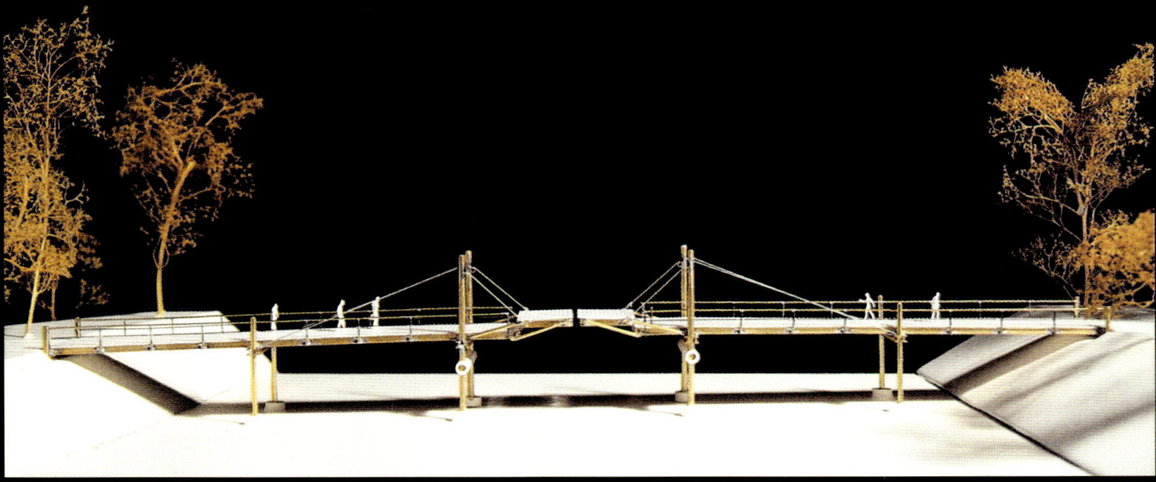

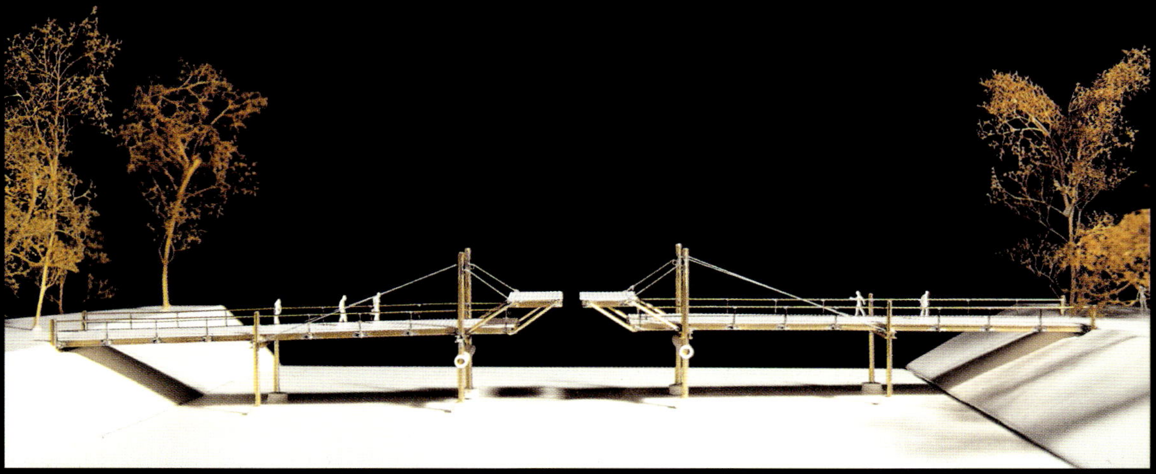

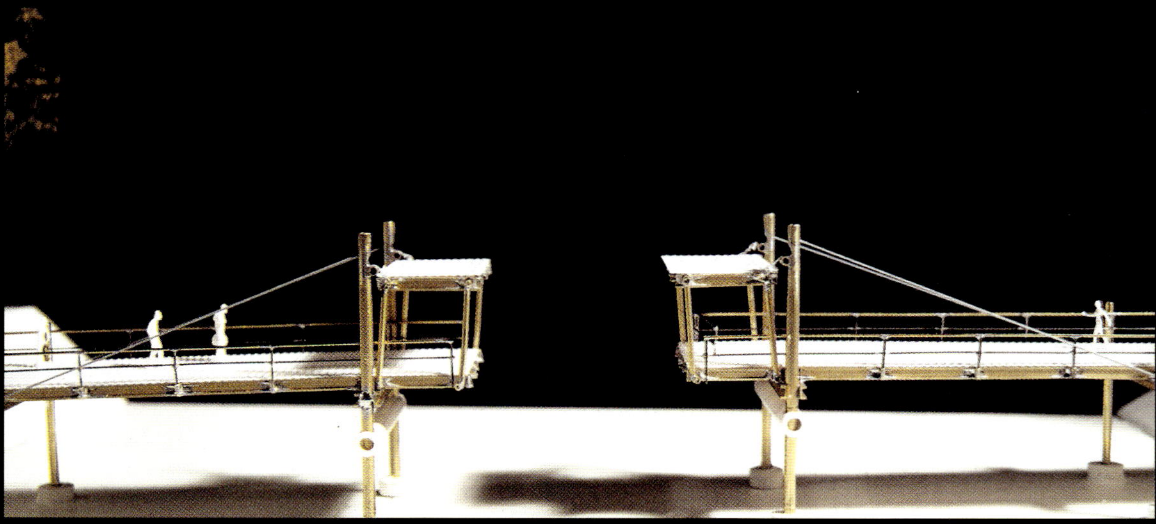

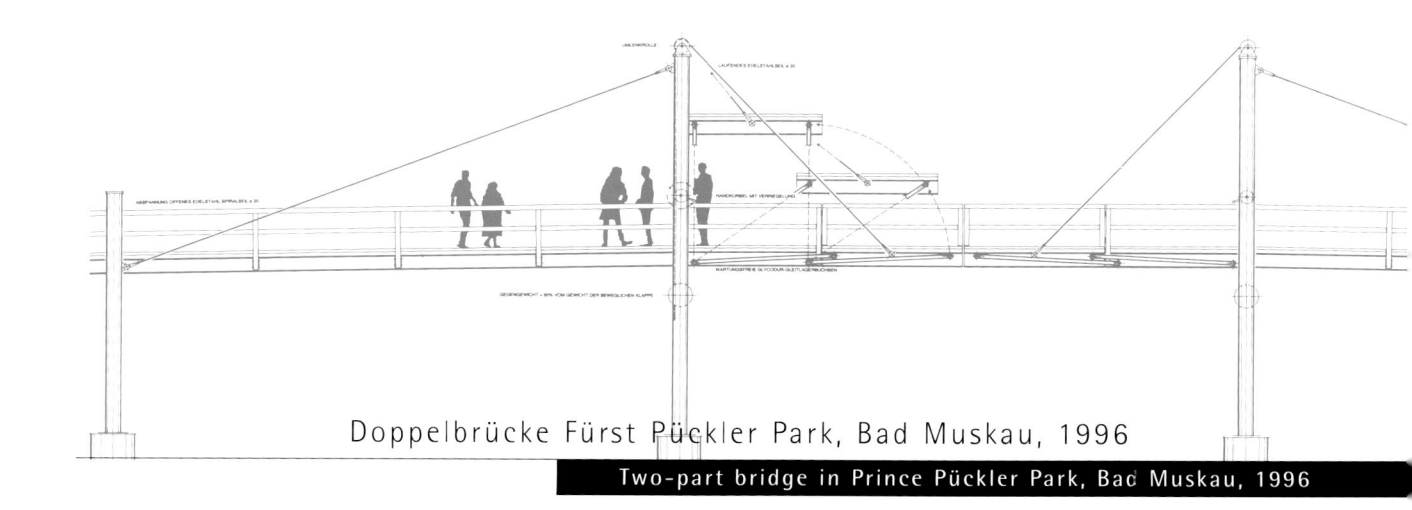

Doppelbrücke Fürst Pückler Park, Bad Muskau, 1996
Two-part bridge in Prince Pückler Park, Bad Muskau, 1996

Linke Seite:
Bewegungsphasen.
1 Seitenansicht und Lageplan.

Previous page:
The three stages in the bridge deck movement.
1 Side elevation and site plan.

Die Doppelbrücke über die Jeannetteinsel thematisiert die Grenze zwischen Polen und Deutschland architektonisch als Ort des freundschaftlichen Gegenübers und der menschlichen Begegnung: In heutiger Architektursprache bereichert die vorgeschlagene Lauben-Klappbrücke ebenso wie die Tempel-Drehbrücke das üppige Typenrepertoire des arkadischen Landschaftsgartens. Die Lauben-Klappbrücke ist mit schlichter Zweckhaftigkeit konstruiert. Die Materialien sind Stahl und Holz. Für den gesamten Bewegungsvorgang der Konstruktion sind keine elektrischen oder hydraulischen Antriebskomponenten erforderlich, der Antrieb erfolgt per Hand.

This two-part bridge across Jeannette Island links both banks of the river Neisse. It takes the border between Poland and Germany as its central architectural design theme: a place of human encounter, translated into a movable bridge with gallery-like structures on both decks. It enriches the lavish typology of its 'Arcadian' landscape and is built simply and functionally in steel and timber. The decks are moved with the aid of hand cranks.

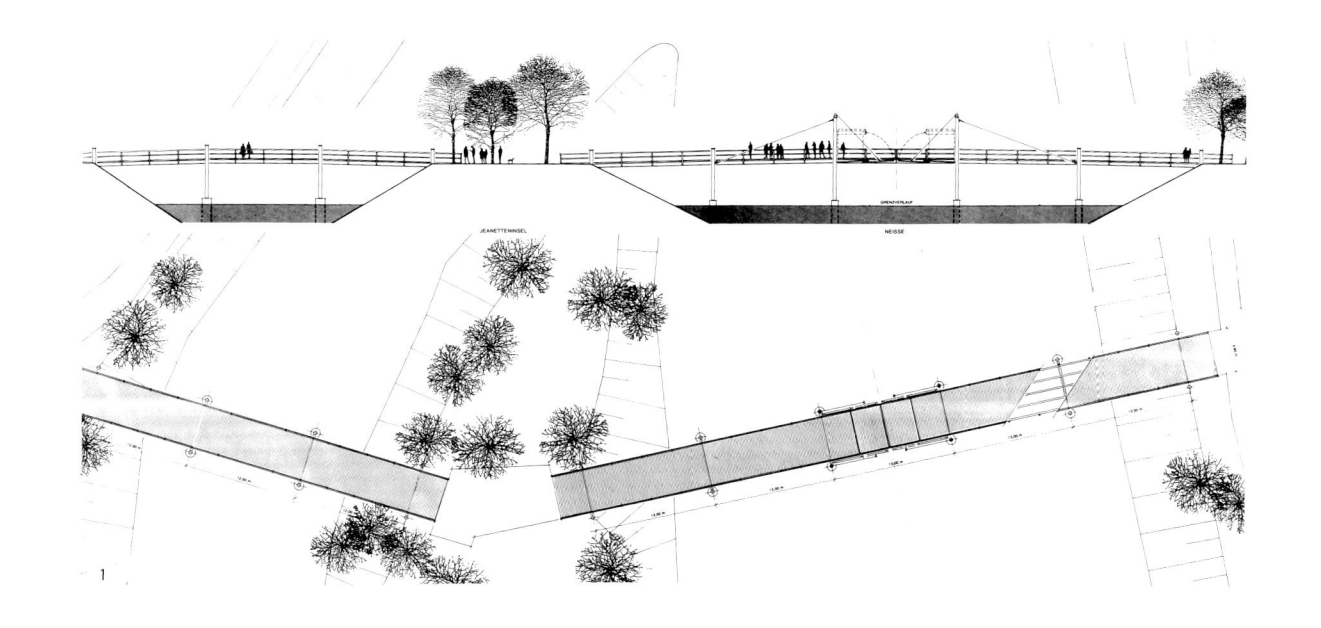

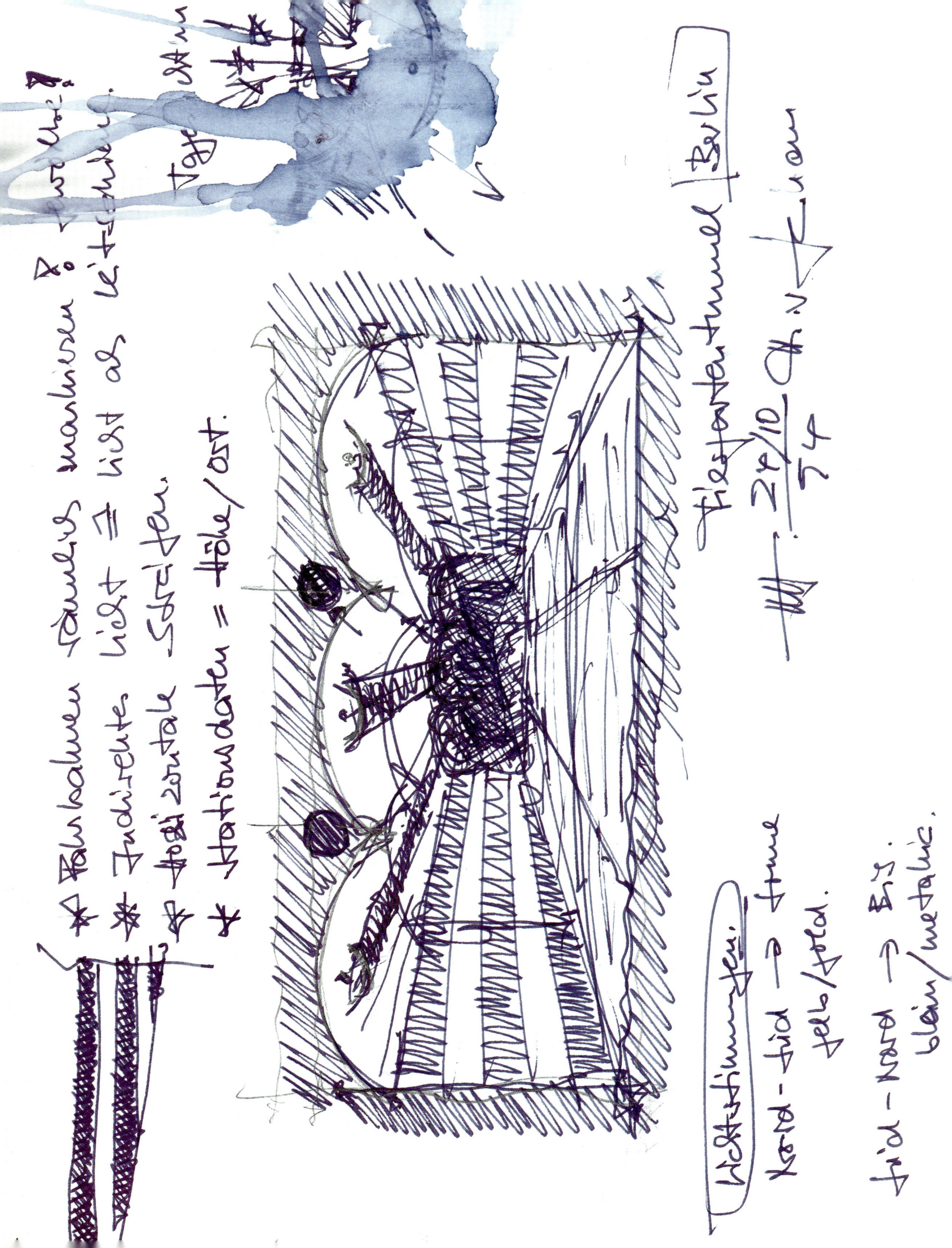

* Fahrbahnen sauber markieren & ausrollen?
* Indirektes Licht = Licht als Leitschiene.
* Horizontale Streifen.
* Stationsdaten = Höhe / Ost.

Flughafentunnel / Berlin
→ 25/10 Ch. v. Kram
74

Lichtstimmungen.
Nord–Süd → true
gelb/gold.

Süd–Nord → B.J.
blau/metallic.

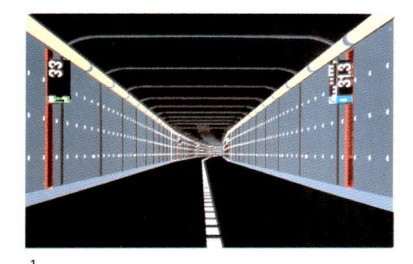

Tiergartentunnel, Berlin, 1994
Tiergarten Tunnel, Berlin, 1994

Kontinuität und Rhythmus als gestalterische Mittel unterstützen die Aufmerksamkeit des Autofahrers. Höhen- und Streckenkoordinaten sind als integrierte Bausteine der farblich akzentuierten Notruf- und Fluchttürnischen vorgesehen. Notausgänge und Notrufnischen treten beidseitig der Fahrbahn als leuchtend rote, wandhohe Flächen optisch hervor. Zusätzlich betonte Blockfugen lassen die Wände als große, paneelartig zusammengesetzte Flächen erscheinen. Die neuartige durchgehende Beleuchtung erzeugt eine visuell angenehme, helle Lichtstimmung und gewährleistet zudem eine gleichmäßige Ausleuchtung des Tunnelinnenraumes.

Im Tunnelbereich ist keine natürliche Horizontlinie vorhanden. Die mit einem horizontal ausgerichteten Raster aus Straßenmarkierungsnägeln überzogenen Tunnelwände lassen dennoch Steigungen und Gefällestrecken erfahrbar werden. Die vertikal und horizontal gegliederten Trogwände in den Rampenbereichen lassen das "Eintauchen" in den Tunnel und das "Auftauchen" visuell erlebbar werden. Die Rampenbereiche sind gestalterisch so auf die Umgebung abgestimmt, daß die Orte in ihrer Unterschiedlichkeit mit einem Blick wahrgenommen werden.

Continuity and tempo used as design devices underpin attentiveness of the car driver. The recessed emergency call booths and exits form integrated building blocks which are accentuated with colour. These are coordinates for tunnel height and road routing: on both sides of the carriage-way they are marked by bright red wall surfaces from floor to ceiling. Specially emphasized grooves make the side walls appear like large panels joined together. The innovative lighting system creates a pleasant bright and light ambience also guaranteeing an even light distribution inside the tunnel.

There is no apparent horizon inside the tunnel. However, its side walls are covered with a horizontally aligned grid décor of road marker studs so that varying carriage-way gradients are registered in passing. The vertically and horizontally articulated channel walls along the tunnel access ramps turn the 'dive' into the tunnel, and the 'surging' out of it, into a visual experience. The ramps are co-ordinated and tuned into their own surroundings allowing the differing characteristics of these places to be read at a glance.

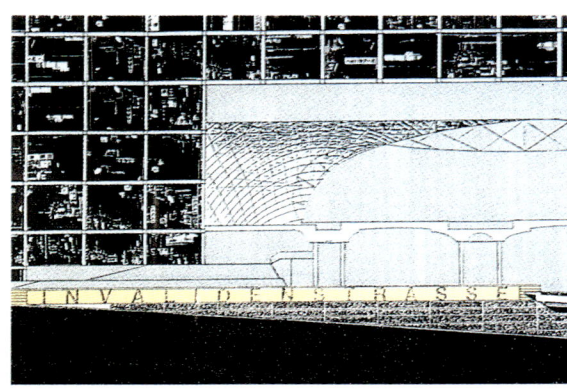

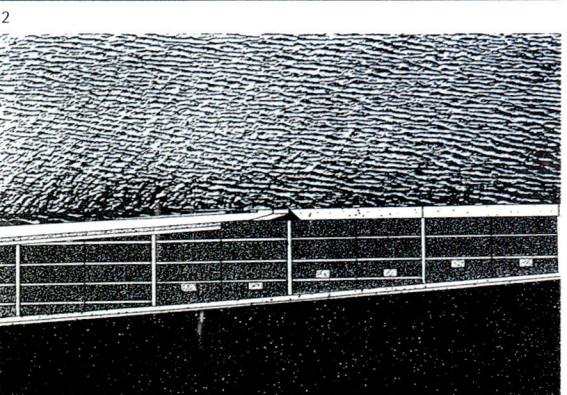

Linke Seite:
Erste Entwurfskizze Meinhard v. Gerkan.
1 Kontinuierliche Leuchtröhren dienen als optische Leitschienen.
2-4 Rampenbereiche im Bereich Lehrter Bahnhof, Reichspietschufer und Kemperplatz.

Previous page:
First design sketch by Meinhard v. Gerkan.
1 Continuous rows of luminescent tubes serve as guiding light beams.
2-4 Tunnel ramps and side walls at Lehrter Bahnhof, Reichspietschufer and Kemperplatz.

Anhang
Appendix

Werkverzeichnis / List of projects

Flughafen Hannover-Langenhagen, 1964
Diplomarbeit
Entwurf: M. v. Gerkan

**Flughafen Berlin-Tegel, 1965
fertiggestellt 1975
Wettbewerb, 1. Preis**
Entwurf: M. v. Gerkan, K. Nickels
Partner: K. Staratzke, K. Brauer, R. Niedballa
Mitarbeiter: W. Hertel, H. Herzlieb, W. Hönnicke,
M. Illig, D. Perisic, P. Römer, G. Seule, H. Pitz,
W. Zimmer, S. Droigk, H. Nüske, H.-J. Roeske

**Flughafen Berlin-Tegel,
Flugzeugwartungshalle, 1971
fertiggestellt 1975**
Entwurf: M. v. Gerkan
Partner: K. Staratzke, K. Brauer, R. Niedballa
Mitarbeiter: R. Henning

**Flughafen Berlin-Tegel,
Lärmschutzkabine
fertiggestellt 1975**
Entwurf: M. v. Gerkan
Partner: K. Staratzke, K. Brauer, R. Niedballa

**Flughafen Berlin-Tegel, Energiezentrale
und betriebstechnische Anlagen
fertiggestellt 1975**
Entwurf: M. v. Gerkan
Partner: K. Staratzke, K. Brauer, R. Niedballa
Mitarbeiter: W. Hönicke, L. Gerhardt, M. Auder,
C. Grzimek, R. Henning

**Flughafen Berlin-Tegel, Frachtanlage
fertiggestellt 1975**
Entwurf: M. v. Gerkan
Partner: K. Staratzke, K. Brauer, R. Niedballa
Mitarbeiter: W. Hönnecke

**Flughafen Berlin-Tegel,
Überdachung der Taxi-Vorfahrt
fertiggestellt 1978**
Entwurf: M. v. Gerkan
Partner: K. Staratzke, K. Brauer, R. Niedballa
Mitarbeiter: M. Auder, P. Römer

Flughafen Hamburg-Kaltenkirchen, 1968
Gutachten
Entwurf: M. v. Gerkan
Mitarbeiter: K. Brauer, C. Kurzweg, E. Wiehe,
R. Wuttke

Flughafen München II, 1975
Wettbewerb, 1. Rang
Entwurf: M. v. Gerkan
Partner: K. Brauer
Mitarbeiter: M. Auder, R. Henning, D. Perisic,
P. Römer

Flughafen Moskau, 1976
Wettbewerb, 1. Preis
Entwurf: M. v. Gerkan
Partner: K. Brauer, K. Staratzke
Mitarbeiter: P. Römer, R. Henning

**Flughafen Algier, Passagier-Terminal und
Frachtanlage, 1976, im Bau
Wettbewerb, Version A - 1. Preis / Version B**
Entwurf: M. v. Gerkan
Partner: K. Brauer
Mitarbeiter: M. Auder, R. Henning, D. Perisic,
P. Römer

**Parkhaus Poststraße, Hamburg, 1978
fertiggestellt 1983**
Entwurf: V. Marg
Partner: K. Staratzke
Mitarbeiter: R. Born, R. Henning, R. Seiferrt,
P. Sembritzki

**Parkhaus Stadthalle Bielefeld, 1980
fertiggestellt 1990
Wettbewerb**
Entwurf: M. v. Gerkan
Projektleitung: M. Zimmermann
Mitarbeiter: M. Ebeling, P. Kroop, S. Rimpf,
T. Rinne, P. Sembritzki
Bauleitung: D. Tholotowsky, H. Schröder

**Flughafen Stuttgart, 1980
fertiggestellt 1990/1993
Wettbewerb, 1. Preis**
Entwurf: M. v. Gerkan, K. Brauer
Partner: K. Staratzke
Mitarbeiter: A. Buchholz-Berger, M. Dittmer,
O. Dorn, M. Ebeling, E. Grimmer, G. Hagemeister,
R. Henning, B. Kiel, A. Lucks, M. Mews,
H.-H. Möller, D. Perisic, K.-H. Petersen,
U. Pörksen, S. Rimpf, H. Thimian, C. Timm-
Schwarz, T. Tran-Viet, H. Ueda

**Hillmann-Garage, Bremen, 1983
fertiggestellt 1984**
Entwurf: M.v. Gerkan, K. Staratzke
Mitarbeiter: P. Sembritzki, K. Lübbert,
T. Tran-Viet

**Stadtbahnhaltestelle Bielefeld, 1983
fertiggestellt 1991**
Entwurf: M. v. Gerkan mit H.-H. Möller

**Parkhaus der OPD Braunschweig, 1984
fertiggestellt 1986**
Entwurf: M. v. Gerkan
Projektleitung: B. Albers
Mitarbeiter: K. Maass, A. Lucks

International Airport Pjöngjang/ Nord-
Korea, Entwürfe A und D, 1985 und 1986
Entwurf: M. v. Gerkan, K. Brauer
Mitarbeiter: T. Bieling, T. Tran-Viet, U. Welp

VIP State Pavillon International Airport
Pjöngjang, Entwurf 1986
Entwurf: M. v. Gerkan mit T. Tran-Viet

Flugzeuglackierhalle der Deutschen Luft-
hansa, Hamburg, 1986
Gutachterliche Projektstudie
Entwurf: M. v. Gerkan, K. Brauer
Mitarbeiter: U. Welp

**„Jumbohalle" - Überholungshalle 7 der
Deutschen Lufthansa, Hamburg, 1986
fertiggestellt 1992**
Entwurf: M. v. Gerkan, K. Brauer
Partner: K. Staratzke
Projektleitung: M. Stanek, R. Niehoff
Mitarbeiter: M. Engel, C. Schönherr, D. Winter,
W. Gust, G. Maaß,

**Werkstätten der Deutschen
Lufthansa, Hamburg, 1986,
fertiggestellt 1992**
Entwurf: M. v. Gerkan
Arbeitsgemeinschaft: Pysall, Stahrenberg &
Partner; Krämer
Partner: K. Staratzke

Flughafen Fuhlsbüttel, Hamburg, 1986
fertiggestellt 1993
Wettbewerb, 1. Preis
Entwurf: M. v. Gerkan mit K. Brauer
Projektleitung: J. Hillmer
Mitarbeiter: A. Alkuru, T. Bieling, R. Dipper,
R. Franke, S. v. Gerkan, K. Hoyer, F. Merkel,
M. Mews, T. Rinne, U. Schümann, C. Timm-
Schwarz, P. Autzen, K.-H. Follert, W. Gust,
T. Hinz, G. v. Stülpnagel

Lagergebäude Lufthansa-Werft,
Flughafen-Hamburg, 1989
Entwurf: M. v. Gerkan
Mitarbeiter: T. Fulda

Parkhaus Flughafen Fuhlsbüttel,
Hamburg, 1989,
fertiggestellt 1990
Entwurf: M. v. Gerkan, K. Bauer
Mitarbeiter: K. Hoyer, U. Pörksen

Parkhaus Saargalerie, Saarbrücken, 1988
fertiggestellt 1991,
Wettbewerb
Entwurf: V. Marg
Mitarbeiter: H. Akyol, C. Hoffmann, H. Nienhoff,
J. Rind, M. Bleckmann, B. Bergfeld, R. Dorn,
J. Hartmann-Pohl

VIP Empfangsgebäude,
Flughafen Köln-Wahn, 1989
Wettbewerb, 2. Preis
Entwurf: M. v. Gerkan
Mitarbeiter: V. Sievers

Flughafen Paderborn, 1989
Wettbewerb
Entwurf: M. v. Gerkan
Mitarbeiter: H. Büttner

S-Bahnhof, Flughafen Stuttgart, 1989
fertiggestellt 1992
Entwurf: K. Staratzke
Mitarbeiter: D. Perisic, B. Kiel

Duisburg Hauptbahnhof, 1990
Gutachten
Entwurf: M. v. Gerkan
Mitarbeiter: K. Voß, H. Büttner, K. Schroeder

Airport-Center Flughafen Hamburg, 1990
Projektstudie
Entwurf: M. v. Gerkan, K. Brauer

Aero-City, Flughafen Stuttgart, 1990
Projektstudie
Entwurf: M. v. Gerkan
Mitarbeiter: H. Büttner

Einkaufszentrum Wilhelmshaven, 1991
im Bau
Entwurf: M. v. Gerkan
Partner: K. Staratzke
Projektleitung: V. Sievers
Mitarbeiter: H. Eustrup, M. Lucht, R. Schmitz,
K. Heckel, G. Gullotta, K. Krause

Flughafen Stuttgart A-Mitte
Terminal II, 1991, fertiggestellt 1993
Entwurf: M. v. Gerkan mit K. Staratzke
Projektleitung: B. Albers
Mitarbeiter: G. Staack, A. Szablowski,
J. Steinwender, E. Grimmer, H. Ueda,
D. Papendick

Schallschutzbebauung,
Markt-Schwaben, 1992
Wettbewerb, 2. Preis
Entwurf: M. v. Gerkan
Mitarbeiter: C. Schneider

Lehrter Bahnhof, Berlin, 1993
in Planung
Gutachten, 1. Rang
Entwurf: M. v. Gerkan
Mitarbeiter: J. Kalkbrenner, M. Stanek
Partner: J. Hillmer
Mitarbeiter: S. Winter, P. Bucher, B. Föllmer,
S. Gressel, B. Queck, K. Hoyer, R. Blume

Eisenbahnbrücke Lehrter Bahnhof, 1993
in Planung
Entwurf: J. Schlaich mit M. v. Gerkan

Bahnhof Blankenese, Hamburg, 1993
Städtebauliches Projekt
Entwurf: M. v. Gerkan mit N. Goetze

Fernbahnhof Berlin-Spandau, 1993
in Planung
Wettbewerb, 3. Preis
Entwurf: M. v. Gerkan
Mitarbeiter: S. Zittlau-Kroos, B. Claasen,
M. Stanek, J. Kalkbrenner, K. Struckmeyer,
P. Schuck, B. Keul, R. Lauer

Havelbrücke, Spandau, 1994
Entwurf: J. Schlaich mit M. v. Gerkan

Stuttgart 21, 1993
in Planung
Gutachten
Entwurf: M. v. Gerkan mit C. de Picciotto
Mitarbeiter: K. Blötz, R. Giesecke

Hauptbahnhof Stuttgart 21, 1994
in Planung
Entwurf: M. v. Gerkan mit C. de Picciotto

Neues Zentrum,
Flughafen Berlin-Schönefeld, 1994
Wettbewerb, 1. Rang
Entwurf: M. v. Gerkan
Mitarbeiter: C. de Picciotto, A. Lapp,
H. Schlattmeier, W. Gebhardt

Fußgängerbrücke Kiel-Hörn, 1994
in Planung
Entwurf: V. Marg
Mitarbeiter: R. Schröder, J. Baumeister,
D. Vollrath, C. Momberg
Arbeitsgemeinschaft: J. Schlaich

Hauptbahnhof Leipzig, 1994
Wettbewerb
Entwurf: M. v. Gerkan
Arbeitsgemeinschaft: Amorelli, Sembritzki,
Tran-Viet

Standardisierte Bahnhofsdächer, 1994
im Bau
Entwurf: M. v. Gerkan
Partner.: J. Hillmer
Mitarbeiter: K. Nolting, C. Grewing

Hauptbahnhof Helsinki, 1994,
Wettbewerb
Entwurf: V. Marg
Mitarbeiter: H. Akyol, R. Schröder, I. Pentland,
U. Heiwoldt, R. Blume, A.-K. Rose

Tiergartentunnel, Berlin, 1994
in Planung
Entwurf: M. v. Gerkan
Mitarbeiter: D. Schäffler, S. Schütz, H. Tieben

Flughafen Zürich, 1994
Studie
Entwurf: M. v. Gerkan mit K. Lenz
Mitarbeiter: K. Ritzke
Arbeitsgemeinschaft: agiplan AG, Flughafen
München GmbH, Architekturbüro A. Roost

Hauptbahnhof München 21, 1995
Gutachten
Entwurf: M. v. Gerkan
Mitarbeiter: C. de Picciotto

München 21, 1995
Gutachten
Entwurf: M. v. Gerkan
Mitarbeiter: C. de Picciotto

Bahn 2000, Innenraumgestaltung
der Reisewagen ICE 2.2, 1995
Entwurf: M. v. Gerkan, J. Hillmer
Mitarbeiter: R. Dipper, B. Föllmer, B. Stehle,
A. Buchholz-Berger,

Hauptbahnhof Erfurt, 1995
Wettbewerb, Ankauf
Entwurf: M. v. Gerkan
Mitarbeiter: A. Lapp

Hauptbahnhof Potsdam, 1995
Wettbewerb, 1. Preis
Entwurf: M. v. Gerkan
Mitarbeiter: J. Klement, J. v. Mansberg

EXPO 2000 und Messebahnhof,
Hannover, 1995
Wettbewerb, 5. Preis
Entwurf: M. v. Gerkan
Mitarbeiter: D. Schäffler, S. Schütz,
H. Tieben, G. Hoheisel

Doppelbrücke Fürst Pückler Park,
Bad Muskau, 1996
Wettbewerb, 3. Preis
Entwurf: V. Marg
Mitarbeiter: R. Schröder, M. Watenphul,
M. Ziemons
Arbeitsgemeinschaft: Schlaich, Bergermann
und Partner

Flughafen Zürich,
Midfield und Flughafenkopf, 1996
Studienauftrag
Entwurf: M. v. Gerkan, K. Lenz
in Arbeitsgemeinschaft mit T. Hotz, Zürich
Mitarbeiter gmp: N. Pix, S. Rewolle,
K. Petersson, M. Fouhedi
Mitarbeiter Hotz: S. Adler, P. Berger, H. Moser,
T. Brügger, A. Zitzwitz, O. Strässle

Hauptbahnhof Dresden, 1996
Studie
Entwurf: V. Marg
Mitarbeiter: Chr. Hoffmann, M. Nowak,
F. Jaspert, M. Schnepper

Hauptbahnhof Frankfurt/Main 21, 1996
Studie
Entwurf: M.v. Gerkan, J. Zais
Mitarbeiter: A. Schneider, S. Schwappach,
O. Schlüter

Frankfurt/Main 21, 1996
Studie
Entwurf: M. v. Gerkan, J. Zais
Mitarbeiter: A. Schneider, S. Schwappach

Abbildungsverzeichnis / Picture Credits:

Archimation
S. 165, 176, 188, 189, 198, 199.
Gerhard Aumer
S. 92, 231.
Berlinische Galerie, Landesmuseum für
Moderne Kunst, Photographie und Archi-
tektur/ Heiner Leiska
S. 145.
Richard Bryant
S. 75, 77, 79, 80, 84, 220, 221
Bernt Federau
S. 48, 50, 51, 52, 53, 54, 55, 57.
Flughafen Stuttgart GmbH
S. 71.
Klaus Frahm
S. 88, 94, 95, 96, 97, 98, 100, 101, 102, 103,
108, 110, 111, 112, 113, 114/115, 116, 117, 118,
119, 219, 22, 224, 226, 243, 244, 245.
Tilman Fulda
S. 208, 209 o..
Christoph Gebler
S. 21, 99 u., 104/105, 250
Wolf-Dieter Gericke
S. 70, 72, 73, 74, 76, 77, 78, 81, 82, 83, 214,
215.
Bernadette Grimmenstein
S. 93, 95 o., 99 m., 130, 131, 133, 134/135.
Landesbildstelle Berlin
S. 37.
Heiner Leiska
S. 15, 58, 60, 61, 62, 63, 66, 68, 72 l., 86, 87,
89, 92 l., 106, 107, 109, 120, 122, 123, 124, 126,
127, 132, 136, 140/141, 141, 143, 144, 146,
147, 148, 150/151, 152/153, 155, 157, 162, 163,
164, 166, 168, 171, 172, 173, 174/175, 177,
178/179, 230, 231, 232, 233, 234, 235, 236,
237, 238, 239, 240, 241 l., 246, 248 o., 248 r.,
249, 251, 252, 253, 254, 257.
Uwe Rau
S. 37 u., 38, 39, 41.
Michael Stumpfe
S. 182 (Montage), 192 (Montage),
193 (Montage), 203 (Montage).
Siegfried Tautz
S. 186, 187.
Wilfried Täubner
S. 42, 46, 47.
Oswald Mathias Ungers
S. 137.
Tuyen Tran Viet
S. 8/9, 26/27.
Peter Wels
S. 64.
Michael Wortmann
S. 216 o., 217, 218, 221 u., 242.

Anhang / Appendix   263